U0943222

SISTERS IN LAW

"国家治理研究院学术系列" 丛书

[美] 琳达 · 赫什曼 (Linda Hirshman) / 著　　郭 烁 / 译

温柔的正义

美国最高法院大法官
奥康纳和金斯伯格如何改变世界

How
SANDRA DAY O'CONNOR
and
RUTH BADER GINSBURG
went to the Supreme Court and
CHANGED THE WORLD

中国法制出版社
CHINA LEGAL PUBLISHING HOUSE

献给我的姐姐，朱迪思·R. 科伦，1948 年开始启蒙我阅读，一直陪伴我的成长；

献给我的女儿，费城律师莎拉·夏皮罗，还有我的外孙女西尔维和悉尼，感恩她们生活在一个新世界。

代　序

她们配得上“伟大”的字眼

孟宪范[①]

这是一部使人感奋的书。

关于这本书，作者赫什曼在本书导言中的两句话可做概括：两位主人公奥康纳和金斯伯格，是“推行男女平等的先驱”；该书“讲述了站在司法权力顶端的她们，如何共同使女性在法律面前获得平等”。当前，我国妇女维权正面临大量新的问题，译介这两位为男女平权努力奋斗的当代大法官，是一件极有意义的事情。

伟大的代价是责任

两位先驱不凡的奋斗精神让我再次体会到伟大和责任的关系。丘吉尔 1943 年在哈佛大学演讲中有一句名言：“伟大的代价是责任（The price of greatness is responsibility）。”这句话凝聚着他的人生体验。在这次演讲之前的 1940—1941 年，他以钢铁般的意志带领人民取得了英德大规模空战——不列

① 孟宪范，女，1942 年生人，中国社会科学杂志社编审。

颠战役的胜利，使得德国不得不放弃入侵英国的作战计划。不难想象，丘吉尔说出这句话时他胸中汹涌的波涛。推而广之，想想那些在人类历史上作出非凡贡献的人，哪一个不是体悟到自己身负更多的责任呢？这类责任的具体内容虽然千差万别，但无一不具有超越个人的内涵。可以说，一个人对自己身负的责任感悟到什么程度，他的努力就可能达到什么高度。

我们看到，居于最高法院大法官高位的奥康纳和金斯伯格，是如此自觉地担负起为女性争取与男性同等权利的责任，使得这种责任在她们心中有如信仰，坚定而执着。她们配得上“伟大”的字眼。

金斯伯格的下面三件事突出体现了这种坚定执着的精神。一是进入最高法院前的1970—1980年的十年间，她参与了300多个性别歧视案子，并且将六个案子打到了最高法院并亲自辩护，赢了其中五个，在既定的宪法框架下，将现有的法律推到了极致，最大限度地打击了针对女性的歧视。二是通过十年的诉讼，金斯伯格最终做到了性别歧视适用违宪审核标准的“中级审查标准”，将以法律保障女性权益的进程推进了一大步——1868年宪法第十四修正案对公民权利的平等法律保护条款最初禁止的是种族歧视，却并不禁止性别歧视。三是当庭宣读异议意见书。2005年奥康纳退休后，金斯伯格失去了最坚固的同盟，无法通过最高法院的判决来实现她想要的社会正义。在这样的情况下，金斯伯格采取了当庭宣读她的异议意见书这一方式来表达她的不同意见。这种方式是在多数判决宣读完毕后，在媒体的瞩目下宣读自己的异议意见书。显然，这是一种激烈的反对方式，她公开宣布自己与大法官的多数判决意见相左，并认为多数判决是绝对错误的。

如果说前两件事中金斯伯格如同战士的话，后一件事中她则如同勇士。什么是先驱？先驱是在开创性理想的感召下，突破现有体制，致力于前人未曾做过的事业的人。为此，他们必是怀抱“虽千万人吾往矣”的精神去披荆斩棘。在性别歧视的社会中，金斯伯格赋予了自己推进男女平等的历史责任，不怕孤独，不畏挫折，不屈不挠。她配得上“伟大”的字眼。

道阻且长

作为中国读者，我最大的一个感触是“道阻且长”。试想，1776年的美国《独立宣言》、1787年的《美利坚合众国宪法》，对人权有许多美丽的承诺，而美国妇女在一百多年后的1920年才取得选举权；为了争取女性进入弗吉尼亚军事学院的平等机会，金斯伯格公布的最高法院针对美利坚合众国诉弗吉尼亚一案的判决，则是在1996年。这一年，距离《独立宣言》和《美利坚合众国宪法》的发布已经有二百多年。试想，这其中的时间距离是以百年为单位，真可谓“道阻且长”！

回望中国，困难可能更为突出。一方面，我们1954年《中华人民共和国宪法》规定：“中华人民共和国妇女在政治的、经济的、文化的、社会的和家庭的生活各方面享有同男子平等的权利”，并且2005年重新修订的《妇女权益保障法》更是将“男女平等”作为基本国策写入法律：“实行男女平等是国家的基本国策，国家采取必要的措施，逐步完善保障妇女权益的各项制度，消除对妇女一切形式的歧视”；另一方面，我们有两千年的专制统治历史，有与其相应的儒家学说，其“三纲”中的“夫为妻纲”还为性别歧视提供了充足的伦理依据。因此，面对这一两千年的传统，清除性别歧视恶习就更是“道路阻且长”了。何况，法律的实施从来就不像“水之就下”那么容易。法律规范只是一种应然状态，它规定的是抽象行为模式；而事实证明，由应然状态到实然状态，由抽象行为模式变成人们的具体行为，不会一蹴而就。具体来说，一个新法的确立，是对既有权利格局的改变，这就意味着，要想使其真正得以实施，需要社会有相应的系统变化，包括结构性变化，以及人们行为模式、思维模式、价值观念的变化。因此，法定权利的实现并不简单。

我国的1954年宪法已经颁行了半个多世纪，直到今天，这些法条的落实还存在许多问题。例如，在女性的经济权益上，最近的土地确权中，一些地区农村妇女因婚姻变迁而出现的土地两头落空等情况未能得到解决，仍然有农村妇女的土地权益在确权中“消失”；女大学生就业中的性别歧视更是常见。而在文化生活上，问题则更多。其中，我们周围无处不在的传媒，充斥着的是男权文化，是它对女性的集体想象，其核心是不把女性看作平等的主体，而是供其消费的客体，如将女性躯体商品化，夸大女性年轻美貌的外在价值，屏蔽女性的内在价值，在消费文化的狂欢中误导女性甘于成为男性的附属品，使其失去自己的自主性和独立性。进一步说，这类文化垃圾的存在本身倒还不令人忧虑，使人忧虑的是，这类文化垃圾竟然可以长期大行其道，人们对它习焉不察。商家追求利润，影视追求投资回报，媒体要谋利，但这些都应当有底线。我们急需一个倡导和监督机制来遏制越线行为。

既然这样，我们就需要一大批奥康纳和金斯伯格式的、以真正实现男女平权为信仰的学者和实务工作者，共同构建有效推进男女平权的机制，希望不要再用百年作为进展的时间计量单位了！

郭烁译书的联想

郭烁作为男性翻译这本书，初闻有点意外，继之又有些感动。我们一直欢迎女性研究领域有男性加入，他们对问题的独特体悟不但可以提供宝贵的视角，而且这本身就是男女两性携手发展的一种具象。进言之，我们推进使女性享有与男性同等的权利，不是为了使两性对立起来，而是为了两性和谐相处、协调发展，“美美与共”。郭烁这个年轻的男性学者关注女性问题，真是让人感到振奋。

郭烁这个青年才俊，平时中文文字才情斐然，不乏灵动幽默之笔；该书译笔流畅，也很难得。当今中文翻译问题不少，除去“常凯申”之类知识性的错误，因中西思维方式的差异，中西文句子长短、结构的不同，翻译时需要调整一些句子成分的位置，这就要弄清句子内部的逻辑关系，还要符合中文表达的习惯，避免晦涩难懂的“翻译腔”。所以，真真是“译事不易”。而好的译文不仅要看译者的专业知识，还要看其母语的水平。所以，该书文字的流畅足见译者的功力，何况其中还时不时会冒出一些神来之笔。我还知道，郭烁为书中某些用语的汉译颇费心思，还曾请教他人，力求其“信”，这也是需要点赞的。

我自 20 世纪 90 年代写作若干研究女性的作品，后任中国社会科学院妇女 / 性别研究中心副主任，多少接触了女性研究。不过，近来关注的重点已经在其他领域，现在为这样一本描写当代女性法学家的作品作序，本想推辞，但既然郭烁一再坚持，我就勉为其难，心想也好，可以因此梳理一下自己这些年来有关女性问题的若干想法。而没有想到的是，为写序言进行的阅读，使我对美国争取男女法律权利平等的历史，以及两位伟大先驱的生命轨迹和精神有了认识，并深受教益。为此，我得感谢郭烁。

郭烁是我退休之后才到我原工作单位中国社会科学杂志社就职的，其实我们并无工作交集，但阴错阳差的机缘，使他和我们一帮杂志社退休的老朋友打成一片，周游四海，是年轻人中的异数。他的学术—语言功力和公益心，让我有什么文字上的事情，常常不讲理地交给他来做。他现在到了北京交通大学从事教学科研工作，我们的交流反倒更多。

时代不同了，年轻学人思路开阔，外语过关，透过郭烁的微信朋友圈能看到全世界的风景，也是我退休生活的一桩乐事。他取得的任何成绩我们都愿意鼓掌，当然包括这本两位伟大女性大法官合传的出版。

是为序。

2017 年 4 月 30 日于北京

目　录

序幕：荷叶领

每年7月4日，举国欢庆这个民主国家诞生的时候，最高法院的九位大法官大多已经出了远门。但在为夏季休庭而离开首都之前，他们必须先对去年10月以来业已受理的所有案件作出判决。最高法院并非通过民主选举产生，一旦它强令社会做出重大改变，这样的案件就最为棘手也最具争议性。所以，类似的案件常常留到最后处理。时间嘀嗒流逝，在6月的最后几个判决日里，法庭上的紧张气氛犹如华盛顿夏天的空气一般，燥热而沉重。

1996年6月26日上午，鲁斯·巴德·金斯伯格（Ruth Bader Ginsburg）——美国联邦最高法院成立以来的第二位女性大法官，穿过法官席后的红色天鹅绒垂帘，坐在最靠外的座位上。座椅排成一条庄严的曲线，五张椅子开外，坐着桑德拉·戴·奥康纳（Sandra Day O'Connor）大法官——1981年被任命的、联邦最高法院创建以来的第一位女性大法官；或者像她调皮地称呼自己那样，叫作FWOTSC（First Woman on the Supreme Court）。每位女法官都穿着配有白色荷叶领装饰的暗黑色法袍。[①] 除此之外，第一和第二位女法官之间的联系并不比其他法

① William Peacock, "Friday Frills: The Jabot (or Neck Doily)," *Findlaw Supreme Court*, February 7, 2014, http://blogs.findlaw.com/supreme_court/2014/02/friday-frills-the-jabot-or-neck-doily.html.

官之间的更多。然而就在那一天，公众有幸目睹了美国最具影响力的两位女性的共同点。

金斯伯格大法官从那超过她瘦小身材的高背椅深处，公布了法庭针对美利坚合众国诉弗吉尼亚一案（United States v. Virginia）的判决。[①]自1996年6月的那个早上之后，弗吉尼亚军事学院，这个在美国南北战争前就已经训练了不少男性学员的军校，必须将女学生也纳入招生范围。
xi 美国宪法要求包括女性在内的所有人都应当受到法律的平等保护。

让女人住进弗吉尼亚军事学院的营房里；让女人参加传统的戏谑项目，在泥潭里打滚；让女人剪短头发穿上硬挺的灰色制服，这让她们看起来就像一个世纪前弗吉尼亚军事学院派往南北战争战场的南方士兵那样诡异。金斯伯格的六个大法官同僚支持了她的意见——弗吉尼亚军事学院必须招收女兵。然而比起这七张绝对多数赞同票，该案本身更具争议性，影响也更为深远。直到那一天，弗吉尼亚军事学院早已是世界区分男女各自角色的重要象征。在这个案子被送到最高法院之前，下级法院已经支持了该学院的性别隔离制度。多年来，女权主义的反对者一直以军事设置这一背景作为他们的主要论据，论述如果真的像对待男人一样平等对待女人，这个世界将会变得多么荒唐。该学院是男女区别对待的最后堡垒之一。现在的大法官金斯伯格，几年前作为律师，就已经是性别平等的首要倡导者——“女权运动的瑟古德·马歇尔（Thurgood Marshall）”——将判令人们活在一个勇敢的性别平等的新世界。

金斯伯格的姐妹奥康纳决定由她在庭上发言，在场旁听的人几乎不知道这一点。经过法官会议上的投票，多数法官投票赞同弗吉尼亚军事学院应该接纳女性学员。之后，多数派法官中资格最老的法官有权指定任何一名多数方法官撰写该方法庭意见。他指派资深女性大法官桑德

---

① 518 U.S. 515（1996），http://www.oyez.org/cases/1990-1999/1995/1995_94_1941.

拉·戴·奥康纳完成，但她并不接受。她知道在1970年到1980年间，是谁为美国公民自由联盟①效劳，经常作为律师出现在最高法院，是谁在努力促使最高法院号召性别平等。而现在，这项工作已经完成了。“这非鲁斯莫属。”她这样说道。②

在判决当日，大法官们不会宣读通常长达几十页的完整的法庭意见书。当天早上，金斯伯格决定在她当庭宣读的梗概意见中引用奥康纳在1982年针对霍根诉密西西比州（Hogan v. Mississippi）一案中的法庭意见，将其中关于禁止密西西比州在州立大学护理学院进行性别隔离的做法作为参考。金斯伯格提醒旁听者注意，奥康纳在霍根一案的法庭意见 xii
书确立了这样一个规则——各州不能“基于男女之间角色与能力不同的固有观念，而（对特定人群）关上大门”。这位传奇而含蓄的大法官在此处稍作停顿，从意见书上挪开视线，与她的前辈对视了一下。她想到这两份判决意见的契合点，点了点头，③继续宣读法庭意见书。

---

① 美国公民自由联盟（American Civil Liberties Union，简称ACLU），是一个美国的大型非营利性组织，总部设于纽约市，其目的是“捍卫和维护美国宪法和其他法律赋予的、这个国度里每个公民享有的个人的权利和自由”。联盟透过诉讼、推动立法以及社区教育达到其目的。该联盟成立于1920年，现拥有超过50万会员和超过1亿美元的年度预算。——译者注

② Nina Totenberg，interview with the author，September 6，2013. Nina Totenberg，Introduction to *The Legacy of Ruth Bader Ginsburg*，edited by Scott Dodson（New York：Cambridge University Press，2015），p. 18 of draft; Totenberg apparently means Justice Stevens，who would have been the assigning justice if Rehnquist had voted for VMI. Stevens has no memory of the conversation（Justice John Paul Stevens，interview with author，July 21，2014）. Rehnquist ultimately concurred with the majority，so it may have been Justice Rehnquist whom O'Connor approached.

③ Linda Greenhouse，“From the High Court，a Voice Quite Distinctly a Woman's，” *New York Times*，May 26，1999; Lyle Denniston，“Justice's Crusade：‘We the People’ Includes Women—Ginsburg Led Military-School Ruling，” *Seattle Times*，June 27，1996，http://community.seattletimes.nwsource.com/archive/?date=19960627&slug=2336534.

1996年6月的那一天，仿佛全美女性都来到了法庭。无论你是战斗在最高法院的律师还是全职妈妈，无论你支持还是反对堕胎，无论你未婚还是已婚，无论你有过性行为还是正准备奔赴一场贞洁舞会[①]（purity ball），在通往那一天的旅途中，抑或正在经历那一天，这两位女士改变了女人们的生活，也因此改变了男人们的生活。奥康纳与金斯伯格大法官在各类案件判决中取得了辉煌的历史成就。但本书只讲述站在司法权力顶端的她们，如何共同使女性在法律面前获得平等。她们坚决主张男女平等，她们就是“男女平等”活生生的例证，并且，由于她们在女权运动结束前就已就任，所以她们还是推行男女平等的先驱。当女性被平等对待时，正如盖尔·柯林斯（Gail Collins）在其最畅销的书中说过的那句耐人寻味的话——“一切都在改变”。[②]

1969年我从法学院毕业的时候，一个150人的班级中，包括我在内只有7名女生。毕业后，作为律所60位员工中唯一的女性律师，我开始了自己的职业生涯。那时，我觉得法律世界是最不可能发生改变的地方。面试官毫不避讳地告诉我说他们不会雇用一个女人，他们也并不在乎我是否在法学院的《法律评论》工作过。7年后，当我为自己的第一个最高法院案子辩护时，我面对的是9位清一色的男性大法官。但从1967年数量可观的女性获准进入法学院就读开始，到1971年最高法院公布里德诉里德一案（Reed v. Reed）的判决——该判决部分得益于金斯伯格在美国公民自由联盟所做的工作，世界开始改变。规定性别不平等的法律，就像那些关于女性生活的陈旧观念被摈弃，从成文法中删除。1981

---

① 贞洁舞会，是一种父亲和女儿参加的正式性的舞会。参加舞会的父亲承诺保证女儿的贞洁，直到结婚。用以维护年轻女孩心灵、身体和灵魂的纯洁。——译者注

② Gail Collins’s excellent history of the modern women’s movement is *When Everything Changed*: *The Amazing Journey of American Women from* 1960 *to the Present*（Boston: Little，Brown，2009）.

年，也就是金斯伯格在美国公民自由联盟开启改革运动的十年后，罗纳德·里根（Ronald Reagan）总统任命名不见经传的亚利桑那州上诉法院法官——桑德拉·戴·奥康纳作为联邦最高法院大法官，这次任命为美国女性平权运动树立了一个勇敢而坚毅的楷模。“成为第一位女性大法官，无妨”，奥康纳大法官在收到任命文件时说，同时她希望自己不是最后一个。 xiii

当她们为女性能够在法律及更广阔的领域取得成功而诉求，并凭借自身展示了这种成功的可能性，我的世界发生了翻天覆地的变化。在法律领域，我从一个异类变成一个再正常不过的从业者。诚然，不能说女性在20世纪70年代在法律职业中能够占到一定比例都是她们的功劳，但她们在其中所起的作用可能比其他任何人都重要。1982年，我第二次站在最高法院，奥康纳大法官回头看了看我。尽管她没有支持我的辩护，但我仍然很高兴她能够在那儿。当我作为一名法学教授和一名哲学家开始撰写关于女权运动的文章时，我将鲁斯·巴德·金斯伯格针对性别平等作出的轰动一时的引证纳入自己的分析中，作为第一手素材使用。

所有的运动都诞生英雄，而英雄通常备受争议。但她们是例外。她们当然并不完美，但奥康纳与金斯伯格大法官毫无疑问是女权运动的英雄。每个人都需要英雄。我通往最高法院的人生旅途开始于在俄亥俄州克利夫兰上小学的时候。我在我们学校后面的小图书馆里找到了我的人生楷模。这个图书馆拥有许多适合女孩子阅读的人物传记类图书，这是我一生的幸运。弗拉伦斯·南丁格尔（Florence Nightingale）、简·亚当斯（Jane Addams）以及撰写了共和国战争赞美诗的朱丽叶·沃德·华尔（Julia Ward Howe），还有帮助策划美国军事策略的安妮·卡罗尔（Anne Carroll）和露西·斯通（Lucy Stone）等女性权利论者。当读完苏珊·布朗内尔·安东尼（Susan B. Anthony）的故事，我完成了自己的人生规划。桑德拉·戴·奥康纳和鲁斯·巴德·金斯伯格是简·亚当斯和苏珊·布朗内尔·安东尼的继承者。

抵达人生巅峰前，每个人都要经历一段漫长而艰难的旅程。在弗吉尼亚军事学院一案宣判的四十多年前，奥康纳只是一个刚从法学院毕业
xiv 的学生，获得了一份法律助理的工作。1956 年，金斯伯格到哈佛大学求学，法学院院长向她班里所有的 9 名女学生问了一个同样的问题，她们要如何证明自己占据了本该属于男人的席位的合理性？在充满阻碍的四十年间，奥康纳与金斯伯格越过这个充满敌意的社会，到达了她们职业的巅峰。了解她们做了什么，又是如何做到的，就是在见证两条十分不同而又出奇相似的通往绚丽人生的道路。

奥康纳是在 1981 年被一位以压倒性胜利赢得大选的共和党总统任命的大法官；而金斯伯格则是被一位在大选中选票甚至未过半数的温和民主党人推上大法官席位的。她们两个出身完全不同：一个是共和党人，一个是民主党人；一个是戈德华特[①]的支持者，一个是自由主义者；一个来自亚利桑那，一个来自布鲁克林。金斯伯格，这个黑色头发，喜欢戏剧的纽约人，习惯称呼她的金发同事为来自西金区的女孩。[②]奥康纳被任命为最高法院大法官时，金斯伯格已从事了十年的女权主义运动，那时她甚至不知道奥康纳是谁。[③]

奥康纳和金斯伯格并不是性情相投的姐妹朋友。奥康纳，这个从不抱怨、坦率、开朗又充满活力的西部女子，在 1981 年被任命后很快就被她的同事们接纳。就像约翰·保罗·史蒂文斯（John Paul Stevens）

---

① 戈德华特（Goldwater），主张重新蓄奴、实行种族隔离，极端的右翼政客。——译者注

② Aryeh Neier，interview with the author，July 8，2013.

③ Mike Sacks，“Women Supreme Court Justices Celebrate 30 Years Since Court’s First Female,” *Huffington Post*，April 11，2012，http://www.huffingtonpost.com/2012/04/11/supreme-court-women-justices_n_1419183.html.

大法官40年后说的那样，“她从不抱怨或者要求什么特殊待遇。她总是能够按时完成她的工作，从不令我们失望。”①金斯伯格，这位才华横溢、孤独的女权主义运动呼吁者，一来到最高法院，就带来了她对于宪法坚定的看法和她一生在政治运动中所获得的丰厚经验。为了更好地钻研工作，她选择了与其他所有法官不同楼层的办公室。如果她没能从最高法院得到她想要的，她会通过国会或者利用媒体向公众呼吁。

但她们在最高法院却胜似亲姐妹。金斯伯格不知说过多少次，她1993年刚到最高法院，奥康纳来迎接她时，她有多开心。12年后，当战友退休时，她又有多孤独。这是一部讲述两位拥有不同的背景，却在美国联邦最高法院这块神圣的土地上互相认可、惺惺相惜的律政姐妹的故事，正是她们完成了改变美国女性法律地位这项伟大的事业。

她们是怎么做到的？首先，她们都是律师出身。她们没有领导过一场传统意义上以游行或静坐的方式进行的社会运动。奥康纳唯一正式加入的“女权主义”组织是极其主流的女法官协会。②金斯伯格——女权运动中的瑟古德·马歇尔，也不是一个激进运动分子。在1970年充满传奇色彩的性别平权罢工运动中，人们没看到她的身影，实际上，她没有参加过任何一次游行。她几乎都活跃在专业领域内——面向女法官、女律师演讲，参加律师协会、法学院的重大活动，在《法律评论》上发表文章。出人意料的是，她在晚年成了当下最流行的媒体——互联网上人们的偶像。

① Justice John Paul Stevens，interview with the author，July 21，2014.

② “Sandra Day O’Connor—Member，” Iraq Study Group Report，Future of the Book，http://www.futureofthebook.org/iraqreport/sandra- day-oconnor/index.html；“O’Connor is a member of the American Bar Association，the State Bar of Arizona，the State Bar of California，the Maricopa County Bar Association，the Arizona Judges’Association，the National Association of Women Judges，and the Arizona Women Lawyers’Association.”

在女权运动还没有任何声息时，她们选择成为律师，正是这样的职业选择使她们善于抓住一切机会，通过法律引领社会变革。借助法律推动社会变革是美国特有的现象。就像两个世纪前杰出的法国思想家亚历克西斯·德·托克维尔（Alexis de Tocqueville）评论美国民主时说的那样："在美国，任何没有解决的政治问题迟早都会变成司法问题，几无例外。"[①]自南北战争以来，美国大多数的社会运动都依赖于那部战后通过的、强有力的、平等实施的联邦宪法修正案。在20世纪四五十年代，作为律师的瑟古德·马歇尔（后来的联邦最高法院大法官）领导并开创了最成功的先例——通过推进法院适用联邦宪法修正案来推进种族平等。1964年国会通过《民权法案》，种族平等运动又多了一支利箭。所有成功的法律运动，在某种程度上都效仿了马歇尔通过修正法律来引领社会变革的策略。

奥康纳与金斯伯格都是美国的精英——她们分别在斯坦福、哈佛和哥伦比亚大学的法学院读书深造。不像其他大规模的社会运动，法律社会变革运动是自上而下的。他们借助最远离"民意"的机构，即法院，达到他们的目的。联邦法院通常实行法官职务终身制，并由如同这两位女法官一样具有精妙思维模式的社会精英阶层主事。

20世纪70年代初，奥康纳与金斯伯格从个人律师业务和教学事务
xvi 脱身，登上公共舞台，彼时女权运动正如火如荼地进行着，即将演变为下一场法律社会变革。种族平等运动后通过的1964年《民权法案》同样禁止性别歧视，因此，女权律师开始基于这部法案提起诉讼。这场复苏的女权运动甚至使一项20世纪20年代提出的古老议案重登历史舞台。

---

① Alexis de Tocqueville, Democracy in America, chapter 16, "Causes Which Mitigate the Tyranny of the Majority in the United States," http://xroads.virginia.edu/~Hyper/DETOC/1_ch16.htm.

就在1920年女性获得选举权后，当时最激进的妇女选举权领导者——爱丽丝·保罗（Alice Paul）提出了女性平权修正案，以此作为一举击溃整个歧视性法律体系的唯一途径。[①]然而，尽管保罗努力了半个世纪，女性平权修正案却毫无进展。随后，在那个令人振奋的70年代，似乎一切又具备了可能性。

这两朵玫瑰成为这场运动的领导者，起初是金斯伯格直接参与女性运动，奥康纳则是以身示范，成为女性运动的标志。当一场运动足以使法律社会发生变革时，常常有许多律师想要引领这场运动。但在这些人里，只有一部分能晋升到有话语权的职位；而在获得权力的人里，也只有一部分能够引领该场运动取得成功。这对姐妹花确实拥有了权力，也确实成功地引领了这场运动。金斯伯格是一位自觉的法律运动领导者。1972年到1980年间，她管理着杰出的女权法律团体，美国公民自由联盟的女权计划；同时，她还在哥伦比亚大学教授女性权利方面的课程。即使在1980年成为联邦法官后，她仍继续为女性权利演说和写作。在那几年，虽然奥康纳大法官没有像金斯伯格那样正式参加女性运动，但也极大地促进了女性在政治领域的平等。而在奥康纳于1981年被任命为最高法院的大法官之后，她成了这个星球上最著名的女权主义的活标志。并且，从1982年霍根诉密西西比州案中重要的第五票开始，她还在最高法院做出的每个关于女性权利的判决上拥有宝贵的一票。1993年，金斯伯格跟她一起站上了权力巅峰。奥康纳于2006年退休后，最高院保守派在女性权利上有所倒退，金斯伯格，这个耄耋之年的女权主义者，成了抵抗这种倒退的旗帜。

她们能够成功并非偶然，而在于具备了“成功的必要条件”。同时，

---

① Roberta W. Francis, “The History Behind the Equal Rights Amendment,” Equal Rights Amendment (website), http://www.equalrightsamendment.org/history.htm.

两人的差异又扩大了她们的影响范围，使自身更加强大。至少早在罗纳
xvii 德·里根当选的1980年起，这个国家就日益分化为两个阵营——共和党人的保守主义与民主党人的自由主义。奥康纳，这位年轻的共和党竞选者和善于交际的菲尼克斯青年协会会长，在其70年代的演讲中曾宣布自己是“穿着胸衣、戴着婚戒来的”。[①]她代表了一部分政治和社会力量。金斯伯格，这位年轻的美国公民自由联盟律师和内敛的法学教授，温文尔雅的言行很好地掩饰了她镭射光般的法律思维，也带来了不同的力量和支持者，包括与她心心相印、不离不弃的丈夫——马丁·金斯伯格(Martin Ginsburg)。1992年民主党人在重回白宫后暂时取得了国会控制权，自由派任命一名女性大法官的机会来了。难以想象鲁斯·巴德·金斯伯格与罗纳德·里根有很多共同之处，也难以想象奥康纳与比尔·克林顿（Bill Clinton）交换人生故事。两人从彼此的存在中获益。

尽管表面上的差异是一笔有益的财富，实际上在拥有强大的实力方面，她们非常相像。每个人都秉持一个坚定的信念——她们生来就被赋予操控局势的能力。作为一名取得成功的立法者，奥康纳在表达她的宽慰时常说，一旦守门人摈弃他们对女性的厌恶而让她来掌控，她就没有在工作上遇到过任何麻烦。她属于“统治阶层”，而她也就像自己完全有资格处于那个地位般从容行事。1993年，金斯伯格进入最高法院不久，她的一位女教职同事也获得了一份华盛顿的重要工作，当这位同事为此事兴奋不已并询问她的伙伴金斯伯格，她能否相信她们两个作为女性都如此身居高位？事实上，鲁斯说，“相信”这事对她而言毫无困难。[②]

这份非凡的自信从何而来？当有人跳出固有思维，指出是他人而非

---

① Joan Biskupic，*Sandra Day O'Connor：How the First Woman on the Supreme Court Became Its Most Influential Justice*（New York：Harper Perennial，2006），4 and prologue 9.

② Harriet Rabb，interview with the author，October 15，2013.

自然或上帝造成了社会压迫，社会运动的关键时刻就来临了。奥康纳和金斯伯格分别指出了这点。如果她们被周围人庸常的评价所同化，奥康纳大法官可能只会是一名律师助理，而金斯伯格大法官可能会去学习烹饪，但绝不会成为女权运动的英雄。奥康纳的父亲是一个知识分子， xviii
家庭责任将他困在与世隔绝的大牧场里。固执己见而又盛气凌人的哈利·戴（Harry Day）过去常常花费几个小时与他的长女谈论政治。[①]在她人生关键的最初几年里，没有人引导她该如何面对这个社会。当姐姐在不幸中去世后，金斯伯格成了她母亲唯一的孩子。她的母亲虽然很有天赋，但也只能留在家里，眼巴巴地看着自己的哥哥去上大学。她把自己所有关于第一代移民的梦想都寄托在这个书生气质、落落大方的女儿身上。

奥康纳和金斯伯格相信自己有领导权，把对手——上到70年代曾与奥康纳一同在亚利桑那州参议院任职的保守共和党议员，下到金斯伯格在法学院任教时期的刻薄男老师——视为同一阵营的成员。记得那个著名的法学家勒尼德·汉德[②]（Learned Hand）吗？1957年，在金斯伯格毕业时汉德拒绝聘用她。[③]多年以后，金斯伯格却对他赞赏有加。金斯伯格完全没有提到他对女性一无所知，只撰文称赞他是一个伟大的法学家。这并不是被压迫者认同了压迫者。她赞赏他，因为她认为他们俩属于同一个精英圈，并且她的看法在这个圈子里有影响力。在奥康纳成为亚利桑那州司法部长办公室的第一位女职员时，一位律师曾主动向奥康纳伸

---

① Biskupic，Sandra Day O'Connor，21.

② 勒尼德·汉德（1872—1961），生于纽约阿尔伯尼，毕业于哈佛大学法学院。从未在最高法院任职，却被认为是美国历史上最伟大的法官之一。最知名的成就是把经济分析的方法运用到侵权法之中。——译者注

③ Sheldon M. Novick，"What Makes a Great Judge，His Reasoning or His Vision?" *Los Angeles Times*，April 22，1994，http://articles.latimes.com/1994-05-22/books/bk-60553_1_learned-hand/2.

出援手，但不久他就尴尬地意识到她根本不需要他的帮助。奥康纳完全能胜任亚利桑那州司法部长助手的工作。

当被迫承认已不如人，她们就会愤怒。1952 年，吉普森律师事务所（Gibson, Dunn & Crutcher LLP）面试了一个刚从斯坦福法学院毕业，名叫桑德拉·戴的年轻人，并告诉她说她将被录用为一名律师助理。毕竟，他们从未雇用过一名女律师。30 年后，奥康纳，成为大法官的奥康纳在这家律所一百周年的纪念日上，发表了玩笑式的、略带报复意味的演讲，她称这是她做过的最有趣的一次演讲。[①]金斯伯格经常讲述法学院院长质问她占据了哈佛一个本属于男人的席位都做了什么，最终那个
xix 院长不得不向公众宣称那只是个玩笑。[②]

但自尊并不足以改变世界。如果这对律政姐妹认为她们是这世上仅有的掌握话语权的女人，她们对这场平权运动来说就毫无意义。甚至她们会对女权运动产生危害，就像有些受压迫的人，爬上权力高位后就撤掉他们身后的梯子。相反，这两位大法官清楚知道自己在法律精英中应有的地位，这使她们更能从整体上看清男女不平等所带来的不公正。如果吉普森律所只是因为奥康纳的性别就将她降为一名律师助理，他们在拒绝其他女性时还用找其他理由吗？

这种自尊与尊重他人的契合到底源于何处？除了她们特别的家庭背景，还在于她们都是在赋权文化的背景下长大的。奥康纳成长于一个高度重视自愿服务、开放的西部文化背景。类似美国西部这样的偏远地区，

---

① Brian Baxter, “Justice O’Connor Dings Gibson Dunn on Letterman Show,” Am Law Daily (blog), June 24, 2009, http://amlawdaily.typepad.com/amlawdaily/2009/06/oconnor-on-letterman.html.

② Ira E. Stoll, “Ginsburg Blasts Harvard Law; Past, Present Deans Defend School,” Harvard Crimson, July 23, 1993, http://www.thecrimson.com/article/1993/7/23/ginsburg-blasts-harvard-law-pin-testimony/.

没有人力可供浪费。在这种独特的文化背景里，尽管女性仍被排除在高级别的正式雇佣关系之外，但仍允许她们在公开场合从事体力工作。像青年联盟（Junior League）和博物馆委员会这样在女权运动后失宠的机构，开始为女性提供有偿的工作岗位。奥康纳世界里的女人向所有关注她们的人证明了自身的价值。当然，这点奥康纳也注意到了。她曾经说过，她在偏重家庭的几年后又回归法律实务，为的就是青年联盟。[①]志愿服务是她终其一生信仰，为自己也为别人。

金斯伯格成年时正值自由主义复兴早期。在大学里，她是一位传奇的自由主义者——罗伯特·库什曼（Robert Cushman）的女门徒（protégée）和研究助理。就像她在哈佛的老师一样，她在康奈尔大学的导师也意识到她的天赋使她有能力主张自由主义的核心价值——平等与自我实现，于是他们不遗余力地支持她。在金斯伯格取得法学学位的1959年，美国文化的障碍即将被打破。60年代，当这一刻来临，奥康纳和金斯伯格的知识储备与修养使她们有充分的准备去看清性别不平等这一不公正现象。

奥康纳和金斯伯格不仅意识到自身以及其他女性正受到不公正的对 xx
待，还意识到很多问题以及由此而来的解决方法都与法律制度紧密相关。所有50个州的法律（以及联邦政府）都区别对待女性和男性。不平等在当时是理所当然的，以至于女性要有一种深刻而清晰的视野才能认识到这是错误的。尽管采用的方式有些不同，但她们最终都洞察到了这一点。奥康纳渴望有所作为，这激励了她去学习法律。正因为她能够清晰地认识自我价值，所以法律区别对待女性和男性的不公正现象立刻触及了她的内心。金斯伯格则是带着明确的法律自由的目标去接触法律。宪法的存在是为了保护人们免受不公正对待，这是美国自由主义的试金石之一。

---

① Biskupic，Sandra Day O'Connor，34.

自由主义与她未来的改革运动律师的角色完美契合。当然，无论是奥康纳还是金斯伯格，她们从法学院毕业时都未对那时候尚不存在的女权运动抱有明确预期。然而，她们为争取平等以及立志改变所作的神圣许诺，使她们在女权运动到来时变得无可替代。

她们同样具备了“冷酷报复”的能力。1981年，也就是奥康纳大法官进入法院工作的第一年，[1]她的新同事威廉·布伦南（William Brennan）大法官在一次激烈的争论中羞辱了她。之后，他发现她居然不可思议地对自己引以为傲的政治魅力不为所动，而这政治魅力曾足以使他在九人制的法庭上获得五张赞成票。她什么都没说过，但布伦南称那次争论为“自己曾犯下的最大错误”[2]。1970年是金斯伯格行为主义的开端，她试图参与新时代最高法院审理的第一起女权案件——里德案，她联系了在美国公民自由联盟的梅尔·沃尔夫（Mel Wulf），称自己可以提供帮助，但没有得到对方的积极回应。所以她同丈夫去找了该联盟中其他对其才能更感兴趣的人。1972年金斯伯格进入自由联盟后，她与沃尔夫共同出现在很多女权案件的案情摘要上。但6年后，沃尔夫在一场两败俱伤的内斗中被革去法务总监的职位，当时作为美国公民自由联盟最有影响力的四名法律顾问之一的金斯伯格却没有挽救他。“她一个字都没说”，沃尔夫后来讲道。[3]

xxi 无法获得公平对待的时候，她们会表现得好像一点也不生气。就像金斯伯格经常对她热情的听众们说的那样，在婚礼的前夜，她的婆婆送给她一副耳塞，并向她分享了保持婚姻幸福美满的秘诀：“有时候要装聋作哑。”自由派大法官金斯伯格与她那极度保守的同事安东尼·斯卡

① Ibid.，119.

② Totenberg interview，September 6，2013.

③ Mel Wulf，interview with the author，June 20，2013.

利亚（Antonin Scalia）如欢喜冤家。两位大法官之间长达几十年之久的友谊人尽皆知。鲜为人知的是，在她成为顶尖的女权诉讼律师数年之后，她还仍与著名的反女权主义者——芝加哥大学法学教授菲利普·库兰（Philip Kurland）保持着友好往来。虽然奥康纳保持着与保守派的巴里·戈德华特（Barry Goldwater）——一位在早期言辞激烈的反对者——之间的毕生友谊，但她却是平权修正案的忠实拥趸。她们坚信，她们是曾经清一色男性精英团队里理所当然的成员，这就解释了为什么她们可以对那些使女性生活变得更糟的强势同事们充耳不闻。数年信件来往后，金斯伯格希望库兰教授帮助她当时在芝加哥大学读书的女儿，正如那些当权男性的一贯做法，她不过是给他写了一张便条，简要描述了女儿的优点。[①]1981年，反堕胎的激进分子试图阻止奥康纳出庭，仍具影响力的巴里·戈德华特声明任何抵制她的人都将会被掌掴。[②]有时，对某些事适当充耳不闻是值得的。

如同所有被剥夺了权力的个体，女性被倾向于视为一类人。[③]1993年，金斯伯格被任命为最高法院大法官，国家女法官协会举办了一场聚会。她们送给最高法院的两位女性大法官每人一件T恤衫。奥康纳大法官的T恤上印着："我是桑德拉，不是鲁斯。"金斯伯格大法官的T恤上则印着："我是鲁斯，不是桑德拉。"果然，鲁斯上任之后的每一年，总

---

① Ginsburg，letter to Philip Kurland，March 20，1975，Ginsburg Archive，Library of Congress，Box 16.

② Michael Murphy，"Conservative Pioneer Became an Outcast，" *Arizona Republic*，May 31，1998，http://archive.azcentral.com/specials/special25/articles/0531goldwater2.html.

③ Catherine Ho，"Justice Ginsburg Happy to No Longer Be Confused with Sandra Day O'Connor，" *Washington Post*，December 17，2013，http://www.washingtonpost.com/business/capitalbusiness/justice-ginsburg-happy-to-no-longer-be-confused-with-sandra-day-oconnor/2013/12/17/d8ba9c5c-6731-11e3-a0b9-249bbb34602c_story.html.

有一些倒霉律师叫错她们的名字。[①]尽管她们很相似，但她们并不是一类人。相似却又不同，甫一认识（她们在奥康纳任职不久后会面）就建立了良好的关系。自从1981年奥康纳被任命，直到金斯伯格加入她的行列，她的书记官中来自金斯伯格所在的哥伦比亚特区巡回法庭办公室
xxii 的人，比其他任何地方的都要多。既不是密友也不是竞争者，正如美国诉弗吉尼亚军事学院一案判决时所反映的那样，两位大法官恰到好处地组成了一个“有爱”的联盟。对于那些立志想要领导社会运动的人来说，单是她们之间的这种关系就已经很励志了。

障碍没能阻挡她们的脚步，讥讽也没有带来纷扰。当我在亚利桑那州的档案馆中查找资料书籍时，一位图书管理员走向我。她想要告诉我多年前她曾与桑德拉·戴·奥康纳大法官一同参加过实地考察。当时，一位律师正在写一篇文章，关于一起起源于亚利桑那州矿区的历史性案例。他带了一支考察队前往争议发生地。碰巧奥康纳大法官就在菲尼克斯，她在那里还有处住所。她听说她的一个朋友——一位亚利桑那州最高法院的大法官将会参加考察，她说自己也要去。他们坐着面包车隆隆地穿过连绵的沙漠，驶向当地的牧场去用午餐，这时他们遇到了一条水流湍急的深沟，车子过不去，就被困在那里好几个小时。而刚好奥康纳大法官说她要小解，情况就很尴尬了。考察队的组织者们呆坐在那儿面面相觑、无能为力，这时奥康纳爬出了车厢。

“不用担心我，”她对凑过来的律师说道，“我只要找一处灌木，躲在后面就好了。”看到他们错愕的表情后，她又补充道，“我可是在牧场长大的！”她确实也那么做了。“我永远都不会忘记，”那个档案保管员说，“一位美国联邦最高法院大法官在一个灌木丛后小解。”

---

① Lawrence S. Wrightsman，*Oral Arguments Before the Supreme Court：An Empirical Approach*（New York：Oxford University Press，2008），45.

1993 年，金斯伯格被提名进入最高法院，有人给她发了一份传真，称她法学院的一位老同学在扶轮社[①]（Rotary Club）的会议上说，法学院班里的男同学通常以她的外号“悍妇”（Bitch）来称呼她。回顾她一路走来的历程，从在哈佛法学院被男生嘲弄，到步入这个国家的最高法院，金斯伯格回应道，“被人叫‘悍妇’[②]，总要好过‘胆小鬼’”。[③] xxiii

① 一个公益组织的名字。扶轮社的定期聚会大多轮流在各社员的工作场所举办，因此便以“轮流”（Rotary）命名。——译者注

② 在英文语境中，bitch 这个词的含义极其丰富，不一定均指贬义。例如 1984 年，美国女性主义学者乔琳（Joreen）发表了界定第二波女性主义运动中的“bitch”的《婊子宣言》（The B.I.T.C.H Manifesto）。金斯伯格在这里认可这个说法似乎有引以为荣的意思。这里翻译成“悍妇”并不能完全表达其英文含义。——译者注

③ Jeffrey Rosen，“The Book of Ruth,” *The New Republic*，August 2，1993，http://www.newrepublic.com/article/politics/the-book-ruth.

PART I

SANDRA AND RUTH COME INTO THEIR OWN

第一部分

桑德拉和鲁斯：各就各位

第一章
乡村女孩与城里孩子

牧场里长大的少女[①]

桑德拉的父亲——哈里·戴希望有机会上大学。他想着在“一战”结束后就退伍，然后去斯坦福大学学习。可正当他准备动身去大学时，他的父亲 H.C. 戴（H.C.Day）去世了，留下他那位于亚利桑那州东南部的干枯而脏乱的家庭牧场。此时美国正值严重的经济危机，哈里不得不离开加利福尼亚去看看自己能否拯救那个牧场。从来没有上过大学，这也是他的遗憾之一。

但他的爱情之路颇为顺遂。1927 年，在一次去埃尔帕索（El Paso）买牛的路途中，他遇到了埃尔帕索牧场的爱达·梅尔·维尔奇（Ada Mae Wilkey）。他曾经见过维尔奇，那时她还是一个女孩。爱达·梅尔

---

① The story of O'Connor's early years was beautifully remembered in her memoir with her brother，Sandra Day O'Connor and Alan Day，*Lazy B*：*Growing Up on a Cattle Ranch in the American Southwest*（New York：Random House，2002），and in Joan Biskupic's invaluable biography，Sandra Day O'Connor，esp. 7-21.

也有坎坷的过去——她在大学毕业后草草结了婚，然后又在几年前离了婚。然而，她的家人并不希望她嫁给哈里·戴，那意味着她将要在一个落后牧场中过没有水没有电的日子。因为家人反对，这对恋人私奔了。

爱达·梅尔是一个演员。她在干旱地带的小土房子附近开垦了一座花园。她会弹钢琴和做大餐，有时候是为了帮忙，有时候是为了举办派对。传记作家琼·比斯科皮奇（Joan Biskupic）对桑德拉的父母亲的描述传递了一种坚定的混搭气息——桑德拉的父亲，一位能干的“加里·库珀（Gary Cooper）个人主义者”[1]；而桑德拉的母亲，却是身着连衣裙脚穿长袜的妇女形象，[2]生活在20世纪30年代沙尘暴频发的亚利桑那。

1930年，爱达·梅尔去了埃尔帕索一家现代化医院待产，准备迎接她的宝贝女儿——未来的奥康纳大法官。不久后，哈里·戴就看到了他的第一个孩子——桑德拉。

3 奥康纳称呼她的父亲“戴”。在奥康纳撰写的童年回忆录 *Lazy B* 中，她的父亲是一个无人可敌的明星。该回忆录讲述了奥康纳在西南部牧场中长大的故事。大法官的弟弟——阿兰·戴（Alan Day），跟她一起完成了这部回忆录。他回忆起最爱的大姐，一切历历在目。他的父亲，“在桑德拉在身边的时候表现得最温柔，因为桑德拉总是能与他一起探讨那些有意思的话题。这时候，他们的心好像就在一起”。[3]（他们家中还有

---

① “加里·库珀个人主义者”（Gary Cooper individualist）：加里·库珀（1901—1961），美国著名演员，1961年获得奥斯卡终身成就奖。1949年在影片《源泉》（The Fountainhead）中饰演一位崇尚个人主义的建筑师。他的设计风格被社会视为异端，一度沦落到去采石厂当小工。他答应无偿为政府设计经济适用房，但设计被政府主管部门任意修改，结果他抗起炸药包就把建到一半的楼炸了。在法庭上，他为自己作为天才的原创行为自辩。那个时候著作权、知识产权等概念还未曾为人们所认同。结果建筑师被认定为“狂人”，无罪释放。——译者注

② “Sandra Day O’Connor,” biography.com，http://www.biography.com/people/sandra-day-oconnor-9426834?page=1#early-life-and-career.

③ Biskupic，Sandra Day O’Connor，21.

一个比桑德拉小 8 岁的妹妹。）哈里·戴是一个高调、保守的纯粹自由市场主义者。[①]自力更生、自我负责是他人生的座右铭。桑德拉 6 岁时，父母将她送到埃尔帕索的祖母身边上学。她觉得祖母很烦："因为她总在不停唠叨，一睁眼就要说个不停。这给那些年的生活带来了很多麻烦，但我们还是坚持了下来。"[②]尽管她请求回到自己家去，但除了在当地学校的那一年，她都留了下来——大牧场周围根本就没有什么学校。

要成为哈里·戴最宠爱的孩子可不容易。15 岁时，她给父亲和牧场里的工人送午饭，她开着卡车横跨这个偏僻的大牧场，在穿越地图上未标明的区域时爆胎了。[③]

"我知道，"她在回忆录中写道，"没有人会大老远地来帮我。如果要换车胎，只能靠我自己。"

她用千斤顶把卡车托起来时，螺母盖卡住了，她没力气把车胎取下来。

"最后我决定先倒车，把车开到平地上，"我尽全力去推，但螺母盖并没有松开，最后我站到螺母扳手上并尝试着跳几下来增加推力，居然成功了！

"我启动引擎，继续向前开。"

但是，"太迟了。"

她到工地的时候，"我看见了戴，但他看到我时一点儿也不高兴，"
她着手安排午餐，"我就在那儿等。"工人伙计们完成工作后都吃上了 4
午餐。

"'你迟到了。'戴责怪道。'我知道，'我觉得很委屈。'车胎破了，我只能重新换上个新的。''你本应该出发得早一些。'戴还是很严厉。'对不起，我没有想到车胎会破'……我还盼着他表扬我居然会修车胎。但

---

① Ibid.，13-14.

② C-Span，Influential Women of the West，January 14，2015，http://www.c-span.org/video/?323615 -1/discussion-influential-women-west.

③ The story appears，essentially exactly like this，in Lazy B，240-241.

正相反，我意识到他期盼的不过是一顿准时的午餐。”

奥康纳大法官说她学到了一条真理：不要从意外中找借口。她很快就认识到了不要去找理由，尽管这样的意外有时不可避免。不管有多么不公平，最好不要为了争取所谓的公平对待去公然顶撞那些男性权威。作为 8 年以来这里唯一的孩子，以及被像男孩子一样对待的经历，使得她在与那些大男子主义的白人男性共事时，就已将应得的权利意识自然内化于心。余下的生活中，她很好地将自我平等价值观的信心与面对不公平但不抱怨的独特能力结合起来。

爆胎事件发生后不到一年，桑德拉就离开牧场去了斯坦福大学学习。1946 年，正值 16 岁成年，桑德拉・戴一出现就给同学们留下了好印象。她的一个舍友为我们讲述了这个来自偏远亚利桑那州的牧场姑娘，如何从名不见经传的埃尔帕索私立学校迅速融入社会上层。“她穿着迷人”[①]，而且“在第一次学校舞会后，她与一个帅小伙安迪（Andy）一起回家。他是个退伍军人，还有一辆红色敞篷车。我们都被震惊了。”[②]

在牧场的日子弥足珍贵。尽管她 6 岁之后，在牧场生活的时间加起来只有一年，[③]但这么多年过去了，奥康纳大法官仍自称“女牛仔”（cowgirl）。[④]

布鲁克林，生于斯长于斯

直到 1950 年上大学之前，鲁斯・巴德一直住在位于布鲁克林第九大

---

① Biskupic, Sandra Day O'Connor, 23.

② Ibid., 23.

③ Harriet Haskell, interview with Phoenix History Project, January 31, 1980.

④ "Sandra Day O'Connor Pt. 2," *The Daily Show*, March 3, 2009, http://thedailyshow.cc.com/video-playlists/rldluj/daily-show-14030/8twc8o.

街东边的 1584 号复式楼内。这是一座雅致的矩形房屋，住着一户保守家庭。金斯伯格的父亲，内森（Nathan）来自俄国。他遵照着传统犹太 5
移民的经商方式经营服装生意，从最初的皮货商到后来的男子服装经销商。内森在生意场上并不如意。鲁斯只有两岁的时候，她的姐姐因为脑膜炎去世了，鲁斯成了家里唯一的孩子。

从第九大道东 1584 号到位于第八大道东的 P.S.238 小学只有短短一个半街区的距离，只需穿过 P 大道即可。P.S.238 小学成立于 1930 年，在它成立之后的第 7 年，5 岁的小鲁斯·巴德来到了这所用黄砖瓦建成的学校。她推开厚重的大门，走过水磨石前厅，里面是铺设硬木地板和配备高大窗户的教室。这是一所拥有上千名学生、规模很大的学校，从幼儿园到八年级，每个教室都坐满 30 名学生。

在她能独立阅读之前，鲁斯会坐在妈妈希利亚·巴德（Celia Bader）的腿上，听妈妈讲故事。[1] 妈妈在正统教育环境中长大，所以她教给鲁斯更多传统正义而非呆板的犹太教义。鲁斯长大一些后，她和妈妈每周都会按惯例外出一次。鲁斯会去一家中国餐厅楼上的图书馆儿童部，而她的妈妈则去做头发。

尽管只是在文法学校，这个未来的哈佛学生已经开始崭露头角。[2]1993 年金斯伯格被任命为最高法院的大法官时，P.S.238 小学邀请她来参加庆祝早餐。这次宴会上，小学校长送给金斯伯格一个 20 世纪 30 年代的记录卡，上面记录着金斯伯格全 A 的成绩。新任大法官表示，当年在这所学校度过的时光欢愉而美好。

9 年后，她进入詹姆斯·麦迪逊（James Madison）高中上学，开始从

---

① Ruth Bader Ginsburg，interview，Academy of Achievement，August 17，2010，http://www.achievement.org/autodoc/page/gin0int-3.

② Assistant Principal Rita Menkes，interview with the author，October 2013.

事舞棒运动并成了啦啦队队长。她不仅仅是一个书呆子、一个荣誉生协会成员和英语系的秘书，她还加入了合唱队、学校报刊社和学校助威团。

正当生活堪称完美时，妈妈却要离她而去。14 岁，金斯伯格读中学一年级那年，希利亚·巴德就因为宫颈癌接受了第一次化疗，最后她在女儿毕业的前一天离开了人世。过去，鲁斯总是在病房里完成她的作
6 业。[1]四十多年后，金斯伯格与比尔·克林顿总统一起站在白宫玫瑰园中，她即将接受联邦最高法院大法官提名。这位未来的大法官向那些帮助她提名成功的人们致谢过后，说道："最后要谢谢的人是我的母亲。在我心中，母亲是最勇敢、最强大的人，"她回忆，"可她过早地离开了我。假如她活在一个女性可以追求、实现梦想，女儿与儿子被一视同仁的时代，我要祈祷能做到她本可以做到的一切。"

1950 年，鲁斯以班级第六的成绩毕业，随后去了康奈尔大学。当时，只有两所常春藤名校接受男女同校，康奈尔是其中之一。所以这所学校女生众多。其实她的妈妈已经存下了一笔钱供她学习，而鲁斯仍获得了丰厚的奖学金，[2]她意识到自己同男生一样被重视[3]。金斯伯格当时正身处美国历史上最伟大的变革之一：开始对移民家庭和工薪家庭中的女孩提供大学教育。金斯伯格的母亲，金斯伯格眼中"最勇敢、最强大的女性"，在 15 岁时就打工资助自己的兄弟上学。而与数百万战后大繁荣时期的女孩子一样，金斯伯格靠自己上学。

---

① Phil Schatz，"Judicial Profile：Hon. Ruth Bader Ginsburg，" *Federal Lawyer*，May 2010 ，available at http://www.wandslaw.com/phils-book-reviews/90 -judicial-profile-hon-ruth-bader-ginsberg.html.

② Nichola D. Gutgold，*The Rhetoric of Supreme Court Women*：*From Obstacles to Options*（Lanham，Md.：Lexington Books，2012），48.

③ Malvina Halberstam，"Ruth Bader Ginsburg，" Encyclopedia，Jewish Women's Archive，http://jwa.org/encyclopedia/article/ginsburg-ruth-bader；"Ginsburg Supreme Court Nomination，" C-SPAN，June 14，1993，http://www.c-spanvideo.org/program/42908-1.

鲁斯·巴德（琪琪，“Kiki”[①]）从外表上看就是一个正统的女大学生。联谊会的照片里，她穿一条直筒裙加紧身开衫，搭配一条时髦的小打结围巾。[②]一个靓丽、受欢迎的女孩子，在联谊会上穿着流行装束，此时的鲁斯已经十分明白如何同别人相处。

多彩生活的榜样

一个寻常的夜晚，桑德拉的舍友——玛丽·贝斯·格罗顿（Mary Beth Growdon），邀请她参加在玛丽叔叔家的讨论。玛丽的叔叔是斯坦福大学教授。她们来到哈里·罗斯本（Harry）和艾米丽亚·罗斯本（Emilia Rathbun）的家中时，玛丽的叔叔——哈里，一位非执业律师、工程师，正在主持一场探求人类生命意义的研讨会。[③]“我是什么？我是谁？我要去哪里？我的终点又在哪？”[④]桑德拉被迷住了。[⑤]对在偏远牧
场长大、在小镇寄宿学校接受教育的桑德拉来说，斯坦福的见闻深深启 7
发了这个聪颖好奇的年轻人。[⑥]

鼓励学生是罗斯本的一贯作风。他曾读过一封本科生写给斯坦福校

---

① 琪琪（Kiki），鲁斯的小名。——译者注

② Richard H. Penner，Cornell University（Charleston，S.C.：Arcadia Publishing，2013）.

③ “The Reality of Ideas，” *Stanford Review* May 29，2009，http://stanfordreview.org/article/reality-ideas/.

④ Harry J. Rathbun，audio recording，1955，Stanford Digital Repository，http://purl.stanford.edu/qq737wt2311.

⑤ Charles Lane，“Courting O’Connor：Why the Chief Justice Isn’t the Chief Justice，” *Washington Post*，July 4，2004，http://www.washingtonpost.com/wp-dyn/articles/A16332-2004 Jun29_3.html.

⑥ Biskupic，Sandra Day O’Connor，23-24.

报的信，学生在信中表达了对进入未知领域的担忧。[①] 他以讲座形式回复了这位学生。“那天的讲座完全是自发的，”罗斯本后来回忆说，“这是一次真情流露。我控制不住自己，我必须告诉学生们生活的意义完全取决于他们自己，没有一个老师、一所学校或者任何一个人，可以像给予文凭一样给予他们人生的意义。”

就如罗斯本所言，人类的进化使得我们对于现实本质的关注、意识和感知能力不断提升。人类的目标就是去延续这个过程，“战胜无知，认清现实，消除错觉。”（与一切关于人类进化进程与因果关系的科学思考不同，他总结说只要人类遵循他挖掘的线索，他们将得到再一次“进化”。）罗斯本提出的所谓朝着自我认知进化的本质动力，其实就是“发现自我潜能”和“看到事物本质”[②]。他关于人生意义的讲座经常以他背诵鲁德亚德·吉卜林[③]（Rudyard Kipling）为英雄个人主义所做的赞歌——《假若》（*If*）而达到高潮。（“假若世人都怀疑你，而你能相信自己”，等等）。

接触到这些理论，桑德拉很兴奋且深受鼓舞。这位年轻的大学生可能没有意识到，罗斯本关于寻找生命意义的理论几乎可以论证所有结果。事实上，除了引导各种关于社会和宗教的尝试外——包括一个早期北加州致幻剂使用（LSD）的组织，他还致力于反核运动，一项旨在保护地球，同时是为了将科学应用于宗教领域的运动。随着时间的推移，罗斯

---

① Rathbun.

② Ibid.

③ 约瑟夫·鲁德亚德·吉卜林（Joseph Rudyard Kipling，1865 年 12 月 30 日—1936 年 1 月 18 日，又译吉普林或卢亚德·吉卜龄），生于印度孟买，英国作家及诗人。其作品在 20 世纪初的世界文坛产生了很大的影响，于 1907 年获得了诺贝尔文学奖。——译者注

本的计划变得越来越怪诞，最终，他们坦承正在创立一个“新宗教”①。社会历史学家史蒂文·盖勒（Steven Geller），曾与宗教教授马丁·库克（Martin Cook）一起写了一本关于罗斯本运动的书，说罗斯本很震惊地意识到“它是如此微不足道，似乎噗的一声，就会被吹走”。② 8

但我们很难高估这些理论对年轻的桑德拉·戴的影响。她将自己“人生哲学”③观念的形成归功于哈里·罗斯本。桑德拉离开斯坦福后，这些讲述人生意义的讲座被挪进一个大礼堂，继续开设了十年。遇到罗斯本大半个世纪后，奥康纳这位退休的最高法院大法官重返斯坦福，发表了一系列演说来纪念罗斯本。她回忆说，罗斯本是她遇到过的最鼓舞人心的老师。

罗斯本改善世界的宏愿缺少蓝图，但在奥康纳的职业生涯规划中，一个美好的新世界是什么样子却清晰可见。尽管罗斯本的教学显得怪诞抽象，但大量开放性思想却为桑德拉打开了一扇大门。在开启她政治生涯的亚利桑那州立法机构任职期间，她常依赖这些思想做出决策。这些理论在桑德拉之后的政治生涯中依然发挥作用——在她 1981 年至 2005 年的任期内，最高法院日趋保守，在四位保守派大法官与四位自由派大法官之间作为一个中立者最终决定案件，她总能适时妥协、游刃有余。在做决定之前她并不会挂怀自己是否正在创设某项原则。就像美国公众对于争议问题的看法，奥康纳大法官的决定总是采取折中主义，以至于她几乎并未制定任何原则来指引未来的决策。例如，在 1989 年一个双

---

① Steven M. Gelber and Martin L. Cook，*Saving the Earth：The History of a Middle-Class Millenarian Movement*（Berkeley：University of California Press，1990）.

② Steven M. Gelber，interview with the author，April 2013.

③ Adam Gorlick，“Former Justice Reflects on How Law Professor Helped Shape Her Life Philosophy，” *Stanford Report*，April 23，2008，http://news.stanford.edu/news/2008/april30/sandra-043008.html.

方意见势均力敌，涉及政府圣诞节展览的案件判决中，她就在法院台阶上的陈列（不允许）和公共草坪上的陈列（允许）之间画了一条模糊的分界线。[①] 她那取得社会效果最优化的“不可言喻的天赋”[②]，以及在不需要任何理论支持下就能表明观点的能力，确保最高法院从危机四伏的环境中解脱出来。

鲁斯同样在大学期间遇到了她的精神导师——政治学教授罗伯特·库什曼，并成了他的研究助理。1950 年鲁斯初到康奈尔求学，库什曼正积极地参与当时极具争议的政治事件：参议员约瑟夫·麦卡锡（Joseph McCarthy）领导的反共运动。库什曼是政治学家中的传奇，因为他总是在告诫大家警惕麦卡锡主义，不管这种危险倾向是否正大行其
9 道。1944 年，麦卡锡主义的迫害已经达到高潮，作为美国政治科学联合会（American Political Science Association）主席的他还是愿意投入自己的经费发出警示——呼吁确保“战后的民主自由。”[③]

库什曼告诉他的这位青年女性追随者，“我们的国家正与她最本源的价值观渐行渐远。”他写道，美国人的历史传统就是假定民主是“人间正道”，从长远来看，所有的社会都会最终认可它。如果这是正解，那么即使最大尺度的言论自由、出版自由、集会自由，都不会实质性影响到公众安全或者机构稳定。但库什曼继续述说道，既得利益者，特别是“经济生活的传统资本主义体制”的既得利益者，正在对“言论自由和公众讨论”进行“危险攻击”。

---

① Angie A. Welborn, *The Law of Church and State*: *Selected Opinions of Justice O'Connor*, Congressional Research Service, Report for Congress, July20, 2005, http://congressionalresearch.com/RS22201/document.php?study=The+Law+of+Church+and+State+Selected+Opinions+of+Justice+OConnor.

② Aryeh Neier, interview with the author, July 11, 2013.

③ Robert Cushman, “Civil Liberty After the War,” *American Political Science Review* 38(February 1944): 12-13.

1948 年，库什曼正督促进行一项公开反对麦卡锡干涉公民自由的研究，该项目由洛克菲勒基金会资助。随着反共运动达到高潮，系列作者之一的罗伯特·卡尔（Robert Carr）强烈建议废除带有追诉性质的众议院非美活动调查委员会[①]（The House Un-American Activities Committee），因为它的存在助长了政府乃至民间政治迫害的风气。[②]

与罗斯本不同，库什曼留给他女门徒的不仅是一幅使世界更美好的蓝图，还有关于如何构造这个世界的清晰方案。他是传统自由主义价值能言善辩的代言人。作为训练有素的政治学家，他关注自由主义特有的问题[③]。他提出，即使遭受非议和攻击，人们也要捍卫自由民主。他经常告诫人们在保护经济权利时也应当捍卫自由民主。对鲁斯的导师而言，
如果人们不再依仗爱国主义的说辞捍卫自己的特权，相对弱势的群体能 10
够自由发声，与强权对抗，生活本可以更加美好。

在与库什曼相处的这段时间，这位未来的大法官感悟道："总有勇敢的律师在参议院内部安全委员会和众议院非美活动调查委员会面前站出来保护人民。并且告诉立法者，这个国家之所以伟大，是因为我们尊重每个人思想自由、言论自由和出版自由的权利，而不是有一个老大哥（Big Brother）似的政府在那里指手画脚，告诉他们什么是正确的思考方式。"深受鼓舞的她认识到了，"律师不仅能以这个职业谋生，还可以通过自身角色让社会变得更好，无论州和国家，抑或民族与世界。"她认识到"该职业促进了运用个人知识和才干的能力，能帮助别人变得

---

① 众议院非美活动调查委员会是美国众议院的调查委员会，创立于 1938 年，以监察美国纳粹地下活动。然而，它因调查与共产主义活动有关的嫌疑个人、公共雇员和组织，调查不忠与颠覆行为而著名。1969 年，众议院将委员会更名为"众议院内部安全委员会"。1975 年该委员会被废除，职能由众议院司法委员会承担。——译者注

② Guenter Lewy, *The Cause That Failed: Communism in American Political Life*（New York: Oxford University Press, 1990）, 99.

③ 此处略译原书一句。——译者注

更好。”[1]

这位年轻的康奈尔人承诺库什曼将致力于发展民主政治。一个成长于 20 世纪 40 年代的布鲁克林犹太女孩儿不可能像奥康纳那样从小接受保守主义思想。但正如她所描述的，遇见库什曼教授，这让她在个人信仰中构筑框架并且鼓励自己从事法律职业——在 1952 年的美国，这可不是随便哪一位女性都敢做的梦。自由主义在漫长历史长河中逐渐实现，这最终让她看到另一部分未被同等赋权的群体的不满——对她而言，就是像她一样千千万万的女性。此外，尽管此时她对女权的兴趣只处于早期阶段，却也深嵌实现人人平等的愿景之中。虽然任职期间她并没有落入随之而来的事无巨细的陷阱，但金斯伯格在判案时总能自觉贯彻自由主义准则。

作为一个自由主义者，这位年轻的毕业生有一套自己的原则。当多年后有机会作为最高法院大法官适用这些原则时，金斯伯格就不必再重塑一套法学理论了。她并不雷同于那些前沿法律思想家，[2] 如威廉姆斯·布伦南、威廉姆斯·道格拉斯（William Douglas）和安东宁·斯卡利亚。甫一出场为女性地位辩护，她会利用既存的体现自由主义和平等精神的判例，并伴以有利于女权的解释。正如其所见，美国历史的大门
11 正朝着社会边缘群体开放，让他们平等参与到国民生活中来。[3] 她的强

---

① Ruth Bader Ginsburg, interview, Academy of Achievement, August 17, 2010, http://www.achievement.org/autodoc/printmember/gin0int-1. Ruth Bader Ginsburg, interview, Academy of Achievement, August 17, 2010, http://www.achievement.org/autodoc/printmember/gin0int-1.

② Geoffrey Stone, interview with the author, September 12, 2013.

③ *The Nomination of Ruth Bader Ginsburg, to Be Associate Justice of the Supreme Court of the United States*: *Hearings Beforethe S. Comm. on the Judiciary*, 103d Cong. 127 (1993), Statement of Ruth Bader Ginsburg, http://www.loc.gov/law/find/nominations/ginsburg/hearing.pdf.

项不在于创造出新的规则方法，而在于谨慎地运用既存规则来左右案件的走向。这本就是一种了不起的做法。

法学院的学习与生活

受到罗斯本的鼓舞，桑德拉也决定学习法律。[①]高年级时，她成功地用两年时间完成了三年的研究生课程，并于 1952 年从斯坦福大学法学院毕业。选择留在斯坦福深造对桑德拉来说是一个保守的决定。因为她已经在这所学校完成了本科学业，所以她不用再去适应这所学校的文化。然而选择斯坦福法学院，如同她之后工作生活中的种种事例，桑德拉·戴的保守选择让她一直处于社会改革的前沿。

就在她入学的三年前，斯坦福法学院，这么一个备受尊敬、低调[②]的学府，聘任改革者卡尔·斯佩思（Carl Spaeth）[③]为院长。斯佩思有在耶鲁大学和西北大学任教的经历，同时也曾在公务部门的较高位置工作过。他来之前，斯坦福还未创立《法律评论》杂志——一个优秀学生判断和编辑来自学校乃至全国范围内的老师的学术论著，以及学习如何撰写法律文章的平台。直到桑德拉入学前斯坦福才设立《法律评论》，然而哈佛早在 1887 年就通过《哈佛法律评论》发表了一系列著作，从私

① Biskupic，*Sandra Day O'Connor*，24. Rathbun considered law as the expression of an orderly society：Harry J. Rathbun，audio recording，1955，Stanford Digital Repository，http://purl.stanford.edu/qq737wt2311.

② Henry Monaghan，interview with the author，October 14，2013.

③ Biskupic，*Sandra Day O'Connor*，24-25.

有权利[1]到法治。[2]所有有抱负的法科学生都渴望能入选法律评论编辑队伍，因为这是日后在知名法官身边实习，甚至拥有一份报酬丰厚、地位崇高的职业的敲门砖。1949 年以前，斯坦福还从未把一个学生推到最高法院实习。1949 年，就在桑德拉到来之前，校友沃伦·克里斯托弗（Warren Christopher，之后的国务卿）[3]得到了到最高法院实习的机会，并成为最高法院大法官威廉姆斯·奥·道格拉斯的助理。斯坦福正在进步。

12 斯坦福法学院处于上升期，青年的桑德拉·戴抓住了所有的机会。她是《法律评论》的编辑，还曾入选法学院优等生协会[4]。她富有勇气，很受欢迎。她似乎从来没有觉得女性的身份会对个人能力的发挥有所阻碍（就像她年迈的导师罗斯本所说的那样）。尽管班里只有 4 个女生，并且只有其中两人进入《法律评论》工作，但在斯坦福上学的那些年她却从未感受到老师的偏见，更没听过男权的谬论。

每个人都喜欢奥康纳，[5]特别是她未来的丈夫约翰·奥康纳（John O'Connor III）。约翰是旧金山一名物理学家的儿子，既时髦又帅气，还比桑德拉小一岁。一天晚上，约翰与桑德拉正在编辑一篇法律文章。突

---

① Samuel D. Warren and Louis D. Brandeis, "The Right to Privacy," *Harvard Law Review* 4（December 15, 1890）: 193-220, http://www.english.illinois.edu/-people-/faculty/debaron/582/582%20readings/right%20to%20privacy.pdf.

② Oliver Wendell Holmes, Jr., "The Path of the Law," *Harvard Law Review* 10（1897）: 457, http://www.gutenberg.org/ebooks/2373.

③ Warren Christopher, *Chances of a Lifetime: A Memoir*（New York: Simon and Schuster, 2001）, 19-20.

④ Order of the Coif，是美国法学院专为 JD 设计的一种荣誉组织，只有成绩排在 10% 的学生才有可能入选。1902 年创立自伊利诺伊大学法学院。——译者注

⑤ A titillating factoid is that apparently Sandra spent a few evenings with Bill Rehnquist, a fellow student just out of the army, and destined as well for higher things. McFeatters, *Sandra Day O'Connor*, 43.

然心血来潮，想喝杯啤酒缓解工作疲劳，于是带着文章草稿来到了一家叫作黛娜小屋（Dinah’s Shack）的餐馆。他们从来都没有约会过。[①]

日后走出法学院，桑德拉这位牧场姑娘才开始逐渐察觉到，作为一名女性确实给她带了困扰。早年的生活经历使她认为可以做任何觉得正确的事情。在相对封闭家庭中成长的经历，以及身处战后美国西部崛起的洪流中，使她以一种完全不同于现有社会阶层的方式成长——某种自发的成长状态。

临近毕业时，桑德拉见到张贴在学校的求职公告，就打电话与用人单位联系[②]：

“我是桑德拉·戴，我看到你们张贴的公告了，我想申请入职。”

“哦，海报没说清楚，我们不招女性。”

尝试了四十几次后，这位年轻的法律人改变了策略——她开始动用她的人际关系，请求一个大学同窗为她安排一个面试机会。这位校友的父亲是加利福尼亚吉布森律师事务所的一位高级合伙人。

朋友的父亲告诉她：“我们事务所从来没有招过女律师，我也从未想过有一天会这样做……我想客户也容忍不了我们招女律师。” 13

“好吧，”在看到奥康纳失望的神情后，“要不我聘你当个助理？”

“那就算了。多谢。”

之后，奥康纳多次重复了这句话，包括在四十几次电话申请遭拒后，她终于被震撼到了。过程注定漫长而艰辛，才能到达她本以为理所当然

---

① Biskupic，*Sandra Day O’ Connor*，26，n.18.

② Ann McFeatters，*Sandra Day O’Connor*：*Justice in the Balance*（Albuquerque：University of New Mexico Press，2005），45；David Gergen，“A Candid Conversation with Sandra Day O’Connor：‘I Can Still Make a Difference，’” *Parade*，September 30，2012，http://www.civicmissionofschools.org/news/2012-10-parade-magazine-a-candid-conversation-with-sandra-da.

就能到达的位置。

奥康纳意识到女性从事法律职业的艰辛，金斯伯格也开启了相似的旅程。她决定去哈佛上学，而她的丈夫正是比她高一年级的学长。鲁斯早在去法学院之前就选择了马丁・金斯伯格作为自己的人生伴侣，并且跟奥康纳夫妇一样，他们的职业理想是趋同的。鲁斯只跟马丁・金斯伯格约会过，就像她经常说的那样，谈恋爱的女生智商为零，但她不在乎。[①]（当然，她遇见他时才 17 岁。）在康奈尔有过第一次偶然约会之后，他们从好朋友迅速成了恋人。在一起两年后，他们筹划着在鲁斯毕业时，也就是马丁毕业一年后结婚。幸运的是，当年在康奈尔以班级第一成绩毕业的鲁斯顺利进入哈佛法学院深造。但在那个美好的 50 年代，这位未来的女权主义运动领袖得知丈夫要暂时离开哈佛去服兵役，也就推迟了接受法学教育的打算。这对年轻夫妇去了俄克拉荷马州的锡尔堡（Fort Sill）。

在俄克拉荷马州的经历让刚离开康奈尔的鲁斯深切感受到了女性遭受的不平等对待。当时她在锡尔堡附近的地方社会保障局上班。有一天，上司得知其怀孕的消息，很不客气地告诉她："你怀孕了，就别参加这次培训了，暂时也别升职了。"一向善于观察的金斯伯格发现另一位女职员侥幸逃过一劫，原因是她保守了怀孕秘密。[②]这次挫折让她付出了代价，但她并没有因此寻求司法救济。1954 年的时候，联邦最高法院裁决各州不能继续实行种族隔离。但像这种政府对女性的歧视在 1955 年还不被视为违法行为。同年，金斯伯格的第一个女儿——简（Jane）出生了。

---

① Marlo Thomas, *The Right Words at the Right Time*（New York: Atria, 2002）, 115.

② Seymour Brody, "Ruth Bader Ginsburg," *Jewish Heroes and Heroines of America*: 150 *True Stories of Jewish Heroism*（Hollywood, Fla.: Lifetime Books, 1996）, http://www.jewishvirtuallibrary.org/jsource/biography/Ginsburg.html.

但她在家庭生活方面确实获益良多。马丁，曾是康奈尔大学化学系 14
的学生，在新婚之际有感于新婚妻子给自己准备的饭菜，下定决心为了她也要掌握烹饪法国菜的精髓。有人给了这对年轻夫妇一份埃斯科菲食谱（The Escoffier Cookbook），几百页厚。从那之后，马丁·金斯伯格就开始每顿饭都做一道这本食谱推荐的菜。

马丁转型为一个著名的业余厨师。他让妻子带给最高法院大法官们的菜常常能唤起温暖的回忆，以至于在他去世后，最高法院还出版了一本烹饪食谱来纪念他（《最高大厨》，*Chef Supreme*）。为了确保他那纤瘦的妻子能够跟得上营养，他会围在她身旁，督促她吃下营养料理。鲁斯家的厨房传奇间接导致了她将大部分的精力集中投向引领社会变革的目标。"我们家的孩子，"鲁斯总是这样说，"在尝了我煮的东西后都想把我从厨房赶出来。"鲁斯·巴德·金斯伯格在灶台前完全失败。她真的不会做饭。所以他们家有时候得挨饿。

简出生几个月后，夫妻俩回到了哈佛法学院。马丁继续他的二年级课程，金斯伯格则比他低一年级。不像新星斯坦福，哈佛实行着严格的性别区分制度。全校唯一的女性盥洗室设在两栋教学楼中其中一座的地下室。[①]

欧文·格里斯沃尔德（Erwin Griswold）想知道女学生是否占了本该属于男学生的教育机会，于是就举办了一场晚宴。按照"动人展示"的传统，每个女学生都应该有一个男教师陪同。与金斯伯格一道的是宪法学者赫伯特·韦克斯勒（Herbert Wechsler）。"这是我见过的最像上帝的老师。"金斯伯格心想。这真是一个讽刺的配对。男教授陪着法学院年

---

① Bradley Blackburn, "Justices Ruth Bader Ginsburg and Sandra Day O'Connor on Life and the Supreme Court," *ABC News*, October 26, 2010, http://abcnews.go.com/WN/diane-sawyer-interviews-maria-shriver-sandra-day-oconnor/story?id=11977195.

轻女学生来到院长举办的晚宴上——这位上帝一般的哈佛教授注定要成为教师队伍中反对 1954 年最高法院废除种族隔离的关键人物。[①] 他对这个案子的狂热抨击使得他成为攻击后续平权运动的急先锋：包括反对将
15 第十四修正案扩展到女性平权、堕胎权和同志婚姻权。鲁斯·巴德·金斯伯格当时还不知道，若是她的这位晚宴同伴被餐前小食噎到闭嘴，她一生的工作将会轻松得多。晚宴上，院长让金斯伯格证明自己在法学院学习的正当性，这位未来女权主义者说出了让自己都终身惊讶的话，她回答："了解丈夫的工作对于妻子来说很重要。"[②] 数年后，马丁开始在纽约实习。因为想同家人住在一起，鲁斯·金斯伯格就想凭借自己可以预见的优秀成绩，请求哈佛能够让她在哥伦比亚大学完成第三年学业后授予她学位，但哈佛对她并不怎么友好，拒绝了她的请求。

若干年后，哈佛法学院宣布因为"重要关系"（significant relationships）而转校的学生，可以在交换后取得哈佛的学位。马丁，这位他才华横溢妻子的忠实拥趸，得知此消息后立即给学校报刊社写了一封信。"1958 年时，学校对我妻子的答复十分草率。鲁斯并没有被问及她对于丈夫或是孩子或是二者的重要性，学校一方面没有询问她离婚的可能性，另一方面也没有询问她婚姻是否稳定，或者关于孩子方面的问题。没有人考虑在哥伦比亚大学完成第三年学业的质量。这些都显得无关紧要。更重要的是，如果她想要拿到被哈佛授予学位这个最高嘉奖，哈佛要求她必须在本校完成第三年学业。因为早期职业生涯的挫败，鲁斯转而爱上了哥

---

① Herbert Wechsler, "Toward Neutral Principles of Constitutional Law," *Harvard Law Review* 73 (1959): 1.

② Ira E. Stoll, "Ginsburg Blasts Harvard Law; Past, Present Deans Defend School," *Harvard Crimson*, July 23, 1993, http://www.thecrimson.com/article/1993/7/23/ginsburg-blasts-harvard-law-pin-testimony/.

伦比亚大学并且在那里圆满完成了第三年学业。看到剑桥镇[1]放宽了关于由于结婚而需要交换学习的政策后，我问鲁斯她是否愿意拿哥伦比亚的学位去换取哈佛的学位。她只是笑了笑。”[2]

他们发表这封信时，1977年《法律纪录》（Law Record）的编辑在旁边补充道：信中谈论到的鲁斯现在是哥伦比亚大学的教授，并且在美国公民自由联盟中负责女性权利的项目。想想看，他们推测要是金斯伯格能够拿到哈佛的学位，那她的成就远不止如此。在金斯伯格的档案中，还有她自己写的注释：“如果我是一名男性。”[3] 哈佛的政策对女学生实在糟糕，通常针对那些为了追随丈夫而放弃自己职业的女性。她从未缺席 16
过一节课。她认为她应该享有其他所有人所享有的一切，不论性别。

磨难中优雅生活

1958年，鲁斯有充分的理由守在丈夫身旁。一年前，年仅24岁的马丁·金斯伯格，在法学院的第三年被查出患有睾丸癌，并且癌细胞已经扩散至淋巴结。[4] 在当时，这种癌症的死亡率高达90%。[5] 回想当年，鲁斯·巴德·金斯伯格甚至没有寄希望于那10%的存活率，她淡淡地说：

---

① 哈佛大学所在镇叫作剑桥镇，亦译为“坎布里奇”（Cambridge）。——译者注

② Martin D. Ginsburg，“Spousal Transfers：In’58，It Was Different”，*Harvard Law Record*，May 6，1977，11.

③ Ginsburg Archive，Library of Congress，Box 19，F Bio 1976-1978.

④ Ginsburg，letter to Stephen Wiesenfeld，December 22，1998.

⑤ Testicular Cancer Resource Center，“Testicular Cancer Treatments：Chemotherapy，” http://tcrc.acor.org/chemo.html.

“那时，甚至没听说过有幸存者。”[①]

马丁·金斯伯格接受两次手术的过程中（“二次大剂量疗法”和“八周放射疗法”[②]是当时仅有的治疗方案），他的妻子一直陪伴在他身边。同时，鲁斯还要照顾年幼的女儿、完成自己在法学院的学习，以及做好在《法律评论》的工作。

“这也是我为什么对法学院如此眷恋的原因之一，”金斯伯格说，“同学们聚集在我俩身边，鼓舞我们继续前行。三年级的每一个班里都有格外照顾我们的朋友，他们记笔记时用复写纸，然后把笔记给我。”[③]奇迹发生，鲁斯与班里同学一起顺利从法学院毕业了。到了这个节点，故事本该转变为关于鲁斯在顾及马丁和自己学业的同时，又能作为唯一的女性在《法律评论》完成工作。[④]这样的版本已经足够传奇。

两年后的第三次手术过后，癌细胞没有进一步扩散。[⑤]“过了那一年，我们觉得可以活下来了，”鲁斯·巴德·金斯伯格说，并且也感悟道：“没什么是我们应付不来的。”[⑥]每一个见证他们相濡以沫半个世纪的人，都会感慨这份深情。

然而，在马丁完成抗癌治疗后，医生却告知他们不会再有孩子，[⑦]并且五年之内也不算脱离危险。尽管鲁斯·巴德·金斯伯格在 70 年代成

---

① Debra Bruno，“Justice Ginsburg Remembers Her First Steps in the Law,” *Legal Times*，November 13，2007，www.law.com/jsp/article.jsp?id=1194861838591 and http://www.law.com/jsp/article.jsp?id=900005558448&Justice_Ginsburg_Remembers_Her_First_Steps_in_the_Law&slreturn=20130313123922.

② Ginsburg，letter to Stephen Wiesenfeld，December 22，1998.

③ Ibid.

④ “Ruth Bader Ginsburg,” *Miriam's Cup*（website），http://www.miriamscup.com/GinsburgBiog.htm.

⑤ Ginsburg，letter to Stephen Wiesenfeld，December 22，1998.

⑥ Bruno，“Justice Ginsburg Remembers.”

⑦ Ginsburg，letter to Stephen Wiesenfeld，December 22，1998.

名后，有了无数次登台演讲的机会，但在演讲中却很少提及她丈夫的病 17
情——更多的是关于他所做的菜肴。2010 年，她终于承认了是什么驱使女人能够如此卖力工作："坦白说，我不知道马丁还能活多久，简也很可能从此生活在一个单亲家庭。"显然，金斯伯格的故事有了一个好结局："离马丁最后一次手术已经过去整整五年了，我们现在已经脱离了危险。我对我的工作如此着迷，我是不会放弃它的。"[①] 金斯伯格从没透露为什么要在半个世纪后才对外承认是生活的窘迫驱使她成就了美好事业。奥康纳童年在西部生活时粗犷的情感观，以及金斯伯格对于贫穷的畏惧与她们后来各自不断攀升的人生道路有些不相匹配。

生活与工作互补

正如鲁斯在院长晚宴上对于侮辱性提问的回答那样，年轻的桑德拉·戴也没有对在律所受到的不公正待遇有什么过激反应。1953 年，她并没有为了获得公正待遇而做出试图改变社会的举动。与之前长时间被压迫的弱势群体一样，桑德拉还是找到了一份在政府部门的工作。她听说圣马特奥县（San Mateo County）的副检察长曾经雇用过女性，于是就递交了一份简历。[②] 据她后来回忆，这是她第一次听说政府因为缺钱而雇用不起律师。桑德拉只好勉为其难地答应暂时无偿工作，直到部门有钱发放工资。之后她还被告知没有多余的地方给她作办公室，她也只能说："我跟你们那里的秘书关系不错，也许她能允许我搬去她的

---

① Stephanie Frances Ward, "Family Ties," *ABA Journal*, October 1, 2010, http://www.abajournal.com/magazine/article/family_ties1/.

② Biskupic, *Sandra Day O'Connor*, 28.

办公室。”［再举例说明一下女性相对黯淡的前景：当桑德拉还与秘书共用办公室时，在班里仅领先她一两名的同学威廉·伦奎斯特（William Rehnquist）已经离开斯坦福当上联邦最高法院大法官罗伯特·杰克逊（Robert Jackson）的助理了。］

奥康纳最终还是领到了薪水。随后，她的新婚丈夫约翰赴任驻欧军队的律师团队，于是她就跟随着丈夫远赴欧洲。在那里开始了自己的第
18 二份职业——在陆军军需官队伍中当一名公职律师。奥康纳在欧洲还想谋求一份工作，完全是因为这对年轻夫妇酷爱美食——他们的经济负担根本没有那么重。约翰离开军队后，他们在萨尔茨堡租下了一栋精美的农舍，屋内装饰有旧时奥地利风格的心形与鸟类雕刻品。他们每天都去滑雪，直到山上的雪全部融化。花光所有积蓄后，[①]他们才不情愿地回到家乡，在阳光地带的新兴城市菲尼克斯（属亚利桑那州）搭建他们的第一个家。约翰·桑德拉很快在一家名为“芬纳莫尔，克雷格，冯·艾蒙，麦克伦南与尤德尔”（Fennemore，Craig，von Ammon，McClennen & Udall.）的律师事务所找到了工作。

这个社区简直就是为他们所设的。在军队工作时一位战友的妻子写信给她的兄长约翰·德里格斯（John Driggs），告诉他要多多关照奥康纳一家。德里格斯当时已经是当地要员并成为后来的菲尼克斯市市长。威廉·伦奎斯特那时已经在市里了，他在丹尼森·基切尔（Denison Kitchel）律师事务所工作。基切尔这位哈佛校友[②]、宪法专家即将主持巴里·戈德华特的竞选工作。

---

① taped interview with Sandra O’Connor，Phoenix Oral History Project，1980，Arizona Historical Society.

② 伦奎斯特 1948 年先是在斯坦福大学拿到了 B.A 和 M.A 学位，后又在哈佛大学拿到了另一个 M.A 学位，之后返回斯坦福大学法学院（这时与奥康纳同班），以第一名的身份毕业。——译者注

以约翰和桑德拉的到来为界，菲尼克斯的人口在过去20年间增长了7倍。这座城市不仅吸引了驻扎在亚利桑那州诸多空军基地、向往阳光天气的在役士兵，还吸引了大量希望逃离冰雪天气的中西部居民。许多新外来户都是共和党人。1957年，奥康纳一家所在的亚利桑那正是美国即将到来的政治变革的缩影。民主党自大、老旧、倦怠且腐败。[①]这个保守的复兴组织出台了一部劳工法，使得成员随意性过大进而瓦解了组织本身。随后，新外来户们构建了年轻共和党人社团的网络，并且声称自己是现代化政党。随着保守派出版商尤金·C. 普利亚姆（Eugene C. Pulliam）买进《亚利桑那共和报（Arizona Republic）》和《菲尼克斯报（Phoenix Gazette）》，共和党人就更是获得了当地话语权。[②]接下来的竞选中，由于得到普利亚姆极大的助力，共和党人霍华德·派尔（Howard Pyle）成功当选州长。他的竞选策划者就是年轻的巴里·戈德华特。奥康纳夫妇很快适应了当下形势。约翰加入扶轮社，成了一名积极进取的共和党人。[③] 19

作为西方社会所特有的、重生的共和党派有着十分强大的志愿者网络。当传统的职业道路走不通时，年轻而又精明的桑德拉·奥康纳自己开了一家律师事务所。几年后，照顾她那两个年幼儿子的保姆辞职不干了，于是奥康纳放下手中的工作回家照顾孩子。但她同时仍然投身于共和党运动，不曾搁浅。最终成了所在选区的一名委员并当选共和党县委员会副主席。[④]终其一生她都在实践如何既能像男人一样去战斗，又能

---

① Paul Eckstein, interview with the author, April 16, 2013; Zachary Smith, *Politics and Public Policy in Arizona* (Westport, Conn.: Praeger, 1996).

② "The Arizona Republic: An Overview," azcentral.com, http://www.azcentral.com/help/articles/about2.html.

③ Dennis Abrams, *Sandra Day O'Connor* (New York: Chelsea House, 2009, 42).

④ "Justice Sandra Day O'Connor Talks about Her Life on Valley Girl," AOL.com, July 1, 2012, http://on.aol.com/video/justice-sandra-day-oconnor-talks-about-her-life-on-the-valley-girl-517415204.

像女人一样去生活。同时，她加入了很时髦的女子青年联盟。菲尼克斯青年联盟承担主要的社区服务，奥康纳很快荣升为这个强大志愿组织的主席。[①]

远离职场、回归家庭的那段生活让她旺盛的精力有些无处安放。作为全职太太在家的那一年，她决定一年365个晚上都变换菜谱。[②]1963年，奥康纳一家与德里格斯一家举办了一个两百人的派对，[③]因为一座传奇城市——迷你版迪士尼乐园即将在本地开张。他们认为这是一座成长中城市所必需的。主题公园开幕前一天的晚宴上，有丰盛的鸡肉大餐、一个馅饼酒吧和各种娱乐节目，甚至还请来了亚利桑那州立大学前进乐队（Marching Band）演唱助兴。精致的私人娱乐成了奥康纳的另一个标志。

与1958年菲尼克斯那个性别隔离的律所相比，在金斯伯格就读法学院第二年与第三年间隙的夏天，以自由开化著称的纽约保罗，韦斯，里夫金德，沃顿与加里森（Paul，Weiss，Rifkind，Wharton & Garrison）律所已经开始招募女性律师。据金斯伯格所说，他们只是想打开女性市场而不是真正想招女律师，所以律所合伙人劳埃德·加里森（Lloyd Garrison）在面试中也没有太重视她。最终，该律所聘请她担任暑期助理，也就是个夏日闲差——尽管她在整个三年级的成绩排名第一。直到她离开，律所也没有给她一份正式邀约。

她的老师（后来的院长）哈佛教授阿尔伯特·萨克斯（Albert Sachs）以及哥伦比亚著名的宪法学学者杰拉尔德·巩特尔（Gerald
20 Gunther）坚信这位学生的成就远不止在保罗律所当个助理。于是他们动用私人关系把她推荐到最高法院大法官费利克斯·法兰克福（Felix

① Phoenix Oral History Project，taped interview with Sandra Day O'Connor，1980，Arizona Historical Society.

② Ibid.

③ John Driggs，interview with the author，January 25，2014.

Frankfurter）那里实习。但法兰克福大法官马上回应道："不考虑女性。"[①]

这样做的大法官也不止法兰克福一个。著名的联邦上诉法院法官勒尼德·汉德也拒绝了巩特尔的推荐，据说是因为他担心女性会抑制他激烈大胆地演讲。[②]其他联邦最高法院大法官，包括自由的化身——威廉姆斯·布伦南大法官也不愿意招收女性。1973年，布伦南大法官执笔写下第一份关于应该像对待种族歧视那样严厉打击性别歧视的判决，[③]但1959年，金斯伯格还是只能在联邦系统中最低一级的地区法院实习，担任埃德蒙·帕尔米耶里（Edmund Palmieri）法官的书记官。有时帕尔米耶里会与他的上诉法院同事，汉德法官一起从联邦法院坐车回家，交谈中充斥着汉德惯有的语言风格。某天晚上，坐在汽车后座的年轻实习生有点冒失地问汉德法官，既然他在车里与她同处时讲话这样肆无忌惮，当初为何又要以语言方面的理由拒绝她的申请。汉德对着挡风玻璃随口答道："这位年轻女士，我并不看好你。"

"我就像空气一样。"几十年后她回忆说。[④]

1961年，在帕尔米耶里的大力支持下，金斯伯格收到了一系列律所的邀约，但她还是决定先在学术领域留一段时间。她签入了一个哥伦比亚大学研究外国司法系统程序的项目。这个项目的导师和赞助者汉斯·斯米特（Hans Smit）教授，因为在课上开创了"女性日"（ladies

---

① Ruth Bader Ginsburg, interview, Academy of Achievement, August 17, 2010, http://www.achievement.org/autodoc/page/gin0int-4.

② "A Conversation with Justice Ruth Bader Ginsburg," C-SPAN, September 15, 2009, http://www.c-span.org/video/?288900-1/conversation-justice-ruth-bader-ginsburg.

③ Seth Stern and Stephen Wermiel, Justice Brennan: Liberal Champion (Boston: Houghton Mifflin Harcourt, 2010), 400. In 1973, a former Brennan clerk, then teaching at Berkeley, baldly pressured his former justice to hire his first woman clerk, Marsha Berzon. The Harvard Law Review had just done a study of the paucity of female clerks, the male ex-clerk warned Brennan, and it was just a matter of time before the spotlight on him grew more intense.

④ "A Conversation with Justice Ruth Bader Ginsburg," C-SPAN, September 15, 2009, http://www.c-span.org/video/?288900-1/conversation-justice-ruth-bader-ginsburg.

day）而臭名昭著，说一年中只有一天时间接见女学生，其余时间就可以无视她们了。[①]而金斯伯格本人从未提及这件事。

1961年，金斯伯格决定出差几周，她把女儿留给了丈夫照顾，自己飞到瑞典研究当地的司法程序——正好赶上瑞典女权革命运动进行时。这场运动由一名叫伊娃·莫伯格（Eva Moberg）[②]的女性记者吹响号角，采用的方式与《女性的奥秘》（The Feminine Mystique）这本书所写的引发美
21 国女权运动的方式一样。然而，不同于弗里丹（Friedan）的书，莫伯格发表的文章《附条件的女性解放》（The Conditional Emancipation of Women）措辞更尖锐，主张更激进。它要求对女性的解放不仅意味着让女性进入男性的领域；相反，应该让男性也进入女性从事的领域中去。莫伯格说，男女都应被视为"人"。该方法很快为瑞典的传统所接受，并反映在公共政策和立法中。瑞典开始为男人设定育婴假，并且开始规划公共交通和分区，使父母外出工作更便利。同时，他们也开始打击性别决定论。[③]1961年的瑞典已经走在世界的前列，金斯伯格恰巧在那里见证了。

1970年，瑞典前首相奥洛夫·帕尔梅（Olof Palme）给美国民众上了一堂"解放男人"（The Emancipation of Man）的讲座。[④]"男人

---

① Sandra Grayson，interview with the author，November 8，2013.

② Moberg's article，"Kvinnans villkorliga frigivning"，appeared in an anthology，Unga Liberaler：nio inlägg i idédebatten（Stockholm：Bonnier，1961）. Ginsburg's Swedish roots are the subject of a path breaking revisionist history of her jurisprudence by the young legal scholar Cary C. Franklin，"The Anti-Stereotyping Principle in Constitutional Sex Discrimination Law"，NYU Law Review 85（2010），electronic copy available at http://ssrn.com/abstract=1589754. Much of this section of Sisters in Law is indebted to Franklin's research，as well as my own findings in the Ginsburg archives.

③ Franklin，"The Anti-Stereotyping Principle"，119.

④ Olof Palme，"The Emancipation of Man"，Address Before the Women's National Democratic Club（June 8，1970），http://www.olofpalme.org/wp-content/dokument/700608_emancipation_of_man".pdf. Kenneth M. Davidson，Ruth B. Ginsburg，and Herma H. Kay，*Sex-Based Discrimination*：*Text*，*Cases and Materials*（Saint Paul，Minn.：West Publishing，1974），938，944.

们应该在家庭生活的方方面面扮演更多角色，比如，多与孩子们交流。同时，女性在经济上应该更加独立，去结识更多的工作伙伴，去接触外界环境。随着性别平等逐步实现，它的益处会慢慢凸显——将不再有人因为性别差异被迫进入预定角色，每个人都将得到更多实现自我价值的机会。”①

尽管早在 60 年代初期金斯伯格就经历了瑞典的女权运动，但在接下来动荡不安的十年里，她大部分时间都在忙自己的事——在罗格斯大学法学院（Rutgers Law School）讲授民事诉讼法。保持其一贯的低调作风，她再度怀孕时，没有对其雇主提出任何要求；她穿着婆婆的宽松衣服来掩盖自己怀孕的事实，以免因为在工作期间怀有身孕而再度受罚。②鉴于医生曾经警告过马丁的治疗使他们将不再可能拥有孩子，再度怀孕对于金斯伯格来说简直就是奇迹。“1965 年詹姆斯（James）平安降生，医生说错了！”她兴奋得不能自已。③

1963 年上课的第一天，金斯伯格从讲台后面看着先前的新闻编辑弗兰克·阿斯金（Frank Askin），他是众多在 60 年代倡导自我实现，后来被罗格斯大学招收的返校成年学生之一。“她总喜欢发表无聊的长篇大论，”现在在罗格斯大学当教授的阿斯金回忆说。第一年结束时，在每 22
年以模仿老师为主题的表演会上，有一名学生模仿了这位内向的民事诉讼法教授，她模仿金斯伯格一边平腔平调地讲着课，一边脱下衣服的场景——“表演者夸张到对正在脱衣服这件事情完全没有察觉，”阿斯金回

① Palme，“The Emancipation of Man”.

② Malvina Halberstam，“Ruth Bader Ginsburg”，Encyclopedia，Jewish Women’s Archive，http://jwa.org/encyclopedia/article/ginsburg-ruth-bader.

③ Ginsburg，letter to Stephen Wiesenfeld，December 22，1998.

忆，“直至脱到只剩下胸罩与短裤。”[①] 金斯伯格难以捉摸的风格没有让她变得很受欢迎：学生们更喜欢幽默风趣的老师，而同事们更喜欢学术温和的同仁。马丁·金斯伯格这个直率热情、风趣幽默，同时酷爱运动的老师很快接替了他那不爱说话的妻子。[②]

桑德拉·奥康纳显然也没有太关注所谓《女性的奥秘》。她认为法律实务比起运作一个青年社团要容易得多。这一次她不用再推销自己了。这个共和党州的司法部长鲍勃·皮科勒尔（Bob Pickrell）正在招收助理。这位未来的大法官坦言：“我曾积极参与了共和党组织的活动，这无疑对我有所助益。”她被任命为助理部长并在这间小办公室里占得一席，办公室墙上悬挂着一幅她孩子画的画。[③]

每个人都知道她是这间办公室里的第一个女助理，但这并无大碍。她的新同事保罗·罗森布拉特（Paul Rosenblatt）认为他的女搭档是一个开心果：“首先她非常迷人！其次她总是令人愉悦。我们一堆人挤在办公室里，实在太忙了，我们确实需要帮手。”[④] 在这个新环境里，这位新人无时无刻不在锻炼自己传统的社交技能。她邀请保罗这位乐于助人的同事来家里吃饭，用如火热情和美味晚餐招待这位客人。

1969 年，奥康纳所在的天堂谷镇（Paradise Valley）的州参议员离开了亚利桑那州参议院，转而进入尼克松政府工作。奥康纳决定通过县委员会争取该空缺职位。她通过志愿活动认识了许多共和党人，所以直
23 接找到了他们。令人惊讶的是，他们真的任命她去填补空缺。坚持不懈的交际和致力于公众生活的信念让她成功进入立法机构，因为从来没有意识到自己是多么桀骜不驯，所以这次调动在她看来再平常不过了。

---

① Frank Askin，interview with the author，June 18，2013.

② Monagahn interview; Askin interview.

③ Paul Rosenblatt，interview with the author，February 7，2014.

④ Ibid.

幡然醒悟

奥康纳和金斯伯格都过着波澜不惊的生活，但变革的 60 年代还是来了。1963 年，贝蒂·弗里丹出版了《女性的奥秘》。议会通过了《民权法案》，禁止招聘时的性别歧视。凯西·海登（Casey Hayden）和玛丽·金（Mary King）开始在“争取民主社会学生组织”[①]（Students for a Democratic Society）中宣传“性别与种姓：一种备忘录”（Sex and Caste：A Kind of Memo）。贝蒂·弗里丹和其他女权主义者一起成立了一个新组织——全国妇女组织（National Organization for Women）。新女权运动使颁布宪法修正案的诉求得以重生，要求通过平权修正案保护女性，就像南北战争法案保护美国黑人一样（无论联邦还是州，法案规定的平等权利在任何情况下，都不能因为性别歧视而被否认或剥夺[②]）。参议院也开始对草案进行听证。

巨变洪流甚至蔓延到了巴里·戈德华特所在的亚利桑那州，这块保守主义腹地。如同奥康纳之后在更高级别舞台上将证明的那样，这位不知疲倦地工作、表面上十分传统的新立法者，给州议会的共和党领导层展示了一条团结女性的捷径。“全国各地的女性都渴盼被平等对待，希望在工作中得到同等机会，而我正是这种渴盼的受益者。”她坦言。共和党人采取了积极行动支持她，并且提拔她作为手握实权的州 / 县市政委员会主席。一个参议员新手坐上这个位置还是前所未有的事。1972 年，

---

① “争取民主社会学生组织”，简称 SDS，是 20 世纪 60 年代在美国兴起的新左派学生运动。——译者注

② The text of the amendment is available at http://en.wikipedia.org/wiki/Equal_Rights_Amendment.

奥康纳升至该州的二把手，多数党领袖，并当选美国有史以来第一位州立法机构女性领袖。“自从我坐上那个位置，”她自豪地回忆道，“我就没什么瓶颈了。”[1]

奥康纳之后说，如果“夫妻双方”都能“理解妻子也有追求自己独立事业的愿望”，那么一个女人实现成功就会容易些，因为“这样丈
24 夫分担更多精力照顾孩子时就不会感到不爽”。[2]尽管桑德拉领导着亚利桑那州的多数参议员，但她还是坚持每天晚上回家给 3 个孩子做饭。奥康纳擅长墨西哥菜晚餐，她说，立法者们争相前来，弥合差异，服务人民。[3]

全国范围内，社会变革都在以惊人的速度进行。1967 年，芝加哥大学法学院招收的女学生人数增加了 3 倍，从原来的 7 人扩招到 21 人。甚至在 1968 年，由于诸多男性申请者被调去越战战场，芝加哥大学法学院招的女学生人数足足有 40 人。这一年，有律所声称不招收女性，这些毫不领情的芝加哥大学女学生并没有稀里糊涂地进入政府部门和秘书们坐在一起当差，而是将法学院告上了法庭，指控学院容忍歧视性劳工介绍所，[4]违反了民权法案。

在女学生的压力下，纽约大学法学院继耶鲁大学之后开设了一门关于女性与法律的课程。罗格斯大学也受到女权主义改革的冲击，[5]女性可

---

① Phoenix Oral History Project，transcript of taped interview with Sandra Day O’Connor，1980，Arizona Historical Society，10.

② Biskupic，*Sandra Day O’Connor*，31.

③ “Sandra Day O’Connor House，” Tempe Preservation on Flickr，http://www.tempe.gov/city-hall/community-development/historic-preservation/tempe-historic-property-register/sandra-day-o-connor-house.

④ *Kaplowitz v. University of Chicago*，387 F. Supp. 42（1974），http://www.leagle.com/decision/1974429387FSupp42_1422.xml/KAPLOWITZ%20v.%20UNIVERSITY%20OF%20CHICAGO.

⑤ Frank Askin，interview with author，June 18，2013.

以重返法学院以开启第二职业。金斯伯格——罗格斯法学院少数女教师之一——和她的学生抓住了这个发展机遇，立即计划自行开设一门课程。“学生们都很信任她，”她的同事弗兰克·阿斯金回忆说，“教师中仅有两名女性，然而另一位女教师对此并不感兴趣，她还是一如既往地教授她的财产法。”

以金斯伯格的作风，她最初践行女权主义的反叛行为只是到图书馆收集所有以女性与法为主题的材料。[①]她认为这相对简单，因为并不太需要动笔。但当为了实现平等的努力以失败告终时，金斯伯格“觉醒了，并且开始思考：‘人们怎么可以忍受如此武断的性别区别？我怎么忍受得了这一切？’”[②]她一直以来都有的不满越发强烈了。

瑞典女权运动的温暖回忆鼓舞着这位年轻女性向女权主义进军，这 25
成为她人生中重要的转折点。距离 1970 年奥诺夫·帕姆在华盛顿发表演说不到一年，鲁斯·巴德·金斯伯格教授与罗格斯大学法学院的教师们就在写给参议院和众议院司法委员会成员的信中引用了这次演讲，以支持平权修正案。[③]就像瑞典人说过的那样，金斯伯格也承认男人与女人同样受制于性别角色的限定。“传统的角色安排有时会让男性付出沉重代价。”她写道。随后她又在杜克大学的演讲中表示：“两性间旨在限制女性发展机会的那种条条框框，有时也会对男性造成伤害。”她花时间把自己的见解发展为一项称作“实现平等原则”（Realizing the Equality

---

① Fred Strebeigh, *Equal: Women Reshape American Law* (New York: W. W. Norton, 2009), 19.

② David Margolick, “Trial by Adversity Shapes Jurist’s Outlook,” New York Times, June 25, 1993, http://www.nytimes.com/1993/06/25/us/trial-by-adversity-shapes-jurist-s-outlook.html?pagewanted=all&src=pm.

③ Ginsburg Archive, Library of Congress, Box 20, folder 1970-71, ERA correspondence, contains various letters to each of the members of the Senate and House Judiciary Committees.

Principle)[①] 的理论，并且引用了伊娃·莫伯格的文章："伊娃说她强烈谴责这个国家的某种现象，其中之一就是，职场女性也同样被期望在家庭里发挥传统作用。"金斯伯格是幸福地嫁给了她的大厨丈夫，这位小巧而含蓄的女人将她对丈夫深切的爱，推演到了所有在为逃离性格角色双重限制而努力挣扎的人们身上。后来金斯伯格进入最高法院，她最喜爱的一位书记官在申请岗位时就引起了她的注意——该申请者是个一边在法学院读书一边在家照顾孩子的父亲。[②]

正如金斯伯格早期的女权主义作品所反映的，她致力于推动社会变革。但鲁斯·巴德·金斯伯格并不是贝蒂·弗里丹。她的强项在于能够直击平淡无奇的民事诉讼案件重点和对宪法原则烂熟于心。甚至她"觉醒"之后第一篇煽动性的演讲，就是关于过去、现在甚至将来一些案子的概括。她一方面对各种假把式嗤之以鼻，另一方面还能复述出诸如乔萨尔特诉克利里（Goesaert v. Cleary）的案件事实：1948 年最高法院在该案中确立了一项规则——出于社会道德利益的考量，不允许女人在吧台工作。她预感女权主义案件的影响将要开始发酵，并在整个社会蔓延。[③] 刚到罗格斯大学任教，她就开始了弘扬女权主义之旅。这位平腔平调的教授运用她那精于分析的高超智慧，致力于研究如何驾驭宪法中
26 的平等法则去瓦解横亘在男女角色之间的高墙。

鲁斯·巴德·金斯伯格在国会图书馆里的存档，涵盖了领导女权运

---

① Ginsburg Archive，Library of Congress，Box 12.

② David G. Post，interview with the author，June 3，2014.

③ Ginsburg Archive，Library of Congress，Box 11，folder speeches 70-71 includes the first of many speeches to the National Conference of Law Women. Ruth Bader Ginsburg，"Sex and Unequal Protection：Men and Women as Victims"，keynote address，Southern Regional Conference of the National Conference of Law Women，Duke University，October 1，1971，published in *Journal of Family Law* 11（1971）：347（hereafter Duke Speech）.

动的女英雄们在那关键几年内自我觉醒的材料。[①]尽管她终身都保持着一种羞怯的贵妇神态，但这些文件所揭示的内容还是很激进。其中包括了她辉煌职业生涯中所有最基本的要素。她从莫伯格那里了解到家庭地位的不平等会让女性感到失意。领取赡养费、缩短工时这类的规定看似是在保护她们，实则只会让事情变得更糟。她在一个早期的演讲中提到："几乎没有一位女性因为过去的特别保护而在今天受益。"[②]新兴的女权运动正推动着平权修正案的通过，届时所有的区别对待都将被视为违法。尽管她们成功推动了宪法平权修正案，然而女权主义者还得继续打赢一场场阵地战，让既存囿于种族的宪法条文中关于法律平等的规定得以推广到性别平权。

早些年间，金斯伯格看到了一篇女权主义者阿历克斯·凯茨·舒尔曼（Alix Kates Shulman）写的文章《婚姻契约》（A Marriage Agreement），发表在一份短命的出版物上。出版物的名称听起来是 70 年代或更早流行的，叫《从底层上升》（*Up from Under*）。这篇由她与那时的丈夫合著的文章，无疑是狂热的女权主义革命中最为激进的文献。"在家照顾孩子 6 年之后，"文章开篇写道，"我开始参加各种在纽约召开的新兴女性自由运动会议。"接下来发生的一切也许你已经知道，舒尔曼和她的丈夫签署了一份两页单倍行距的合同，合同规定了 11 项家务划分的事项，包括孩子的早晨、交通、招待客人、夜间时光、照顾孩子、生病时的看护、周末、煮饭、购物、打扫房间以及洗衣服。丈夫负责在周二、周四和周日洗碗，而她则负责周一、周三和周六的。周五的家务一般视他们在这周做家务

① Ginsburg Archive，Library of Congress，Box 46，F. Sex Equality，1970.

② Duke Speech.

的多少而定，[1]做得少的就需要负责刷洗这一天的碗筷。

就像60年代瑞典的女权主义运动将男性推向了家事领域，事实上，金斯伯格借鉴了《婚姻契约》——所有70年代女权运动中涌现出来的宣言、文章和卷宗——这反映了她为实现女权主义最为激进的目标所做
27 出的终生承诺：实现男女平权。美国民众对舒尔曼的家庭平等论感到极其愤怒并对其进行了犀利的嘲讽。《婚姻契约》发表20年后，社会学家亚莉・霍克希尔德（Arlie Hochschild）写了一本名叫《再次转变》（The Second Shift）的书，讲述了女权主义运动之所以偏离正轨，原因是人们拒不接受舒尔曼提出的原则。[2]然而，金斯伯格却始终没有质疑过那些原则。在金斯伯格的理想世界里，女人不应该天生就是家庭主妇，就像她自己家中的家务总能被公平分配——当然，这样的愿景可能还需要几年甚至几代人的时间去实现。

社会学家勒诺・魏茨曼（Lenore Weitzman）有一篇著名的文章，里面论述了离婚是如何使女人变得贫穷而使男人变得富裕的。[3]金斯伯格收集这篇文章[4]作为搭建女权主义平台的第二个支架——镀金笼子的保护性能再好，也终归是个笼子。这种观念激发了她为争取废除那些所谓保护女性的立法而不懈努力，就像"在宪法允许的范围内不按照通常标

---

① Alix Kates Shulman, "A Marriage Agreement", *Up from Under* (August/September 1970); reprinted in *A Marriage Agreement and Other Essays: Four Decades of Feminist Writing* (New York: Open Road Integrated Media, 2012), available at http://jwa.org/sites/jwa.org/files/mediaobjects/a_marriage_agreement_alix_kates_shulman.jpg.

② Arlie Russell Hochschild, *The Second Shift* (New York: Avon, 1990).

③ Lenore J. Weitzman, "The Economics of Divorce: Social and Economic Consequences of Property, Alimony and Child Support Awards", *UCLA Law Review* 28 (1980-1981): 1181.

④ Ginsburg Archive, Library of Congress, Box 46, F. Sex Equality, 1972-1973.

准对待女性”这样的立法。[①]类似于限定女劳工最高工时的劳动保护立法并不适用于男性，这样的规定长期把女性劳工维权者从所谓自由女权主义者中分离出来。在女权主义者中也因为提议平权修正案发生过内讧，反对者认为这样做是违宪的。然而，金斯伯格却从未动摇过自己的信念，她坚定地认为，那些所谓保护女性的立法对女性的危害远远大于它带来的好处。作为一名律师，她从没有为特殊保护辩护。这位娇小又温文尔雅的激进女权主义者提议，应该让所有女性都感受到市场经济和个人主义政治的暴风冲击，她们应该被许可——比如，去料理自己的事务。“同胞们，我想说的只有一点，”她不断重复引用去世已久的激进废奴主义者和女性参政论者莎拉·格里姆克（Sarah Grimké）说的话，“把他们的臭脚从我们脖子上拿开。”[②]

政府可能在很多方面对女性造成伤害。金斯伯格离开罗格斯图书馆后，她认识到法律将女性排除在无数社会生活之外。女性不需要也不能够担任陪审团成员，因此，她们始终得不到同性陪审员的审判。她们不能在所谓不健康的沙龙酒吧里服务，于是她们不能以酒吧招待员职业谋生。她们可以被婚姻庇护，所以父母对她们的抚养义务，比如负担大学 28
学费，将会比哥哥弟弟们更早结束。

她并不只是经常去图书馆。那一年的某天，几个法学院的女学生与这位女权主义者在格林威治村的那所无电梯公寓里会面，讨论人生和法律。[③]这位娇小、即将离职的法学教授给她们讲述了一则故事，“我刚到哈佛的第一年，法学院院长为所有的女学生设了一顿晚宴，并宴请我

① Ruth Bader Ginsburg，“Muller v. Oregon：One Hundred Years Later”，*Willamette Law Review* 45（2009）：359-80（see 370），http://www.willamette.edu/wucl/resources/journals/review/pdf/Volume%2045/WLR45-3 _Justice_Ginsburg.pdf.

② Duke Speech.

③ Jan Goodman，interview with the author，July 31，2013.

们……”这是她第一次以政治为背景讲述这则故事，但并非最后一次。金斯伯格召开了女性与法律研讨会并开始以此为题材整理她的第一本案例汇编。

教室并不能限制她。就在罗格斯大学图书馆那改变她人生轨迹的几个月内，金斯伯格某次在杜克大学刚刚成立的全国女性法律人协会（National Association of Law Women）上有个发言。[1] 她告诉聚集起来的女性朋友，“科技和社会对生育的极大限制”，已经让两性之间的旧有分工，即女性承担家务劳动的时代彻底过去。“女权主义时代到来了。”“但问题是，”她继续，“那些根深蒂固、不合时宜的看法司空见惯。”甚至她都不能指出，应该怎么提起诉讼让已婚夫妇遵守婚姻契约。大多数女性都不够幸运，不能嫁给马丁·金斯伯格这样思想前卫的好男人。

鲁斯·巴德·金斯伯格在哈佛和哥伦比亚大学《法律评论》的经历让她知道接下来的路该怎么走。她告诉听众，女权主义者所要做的就是阻止政府把法律放在性别角色的条条框框中，这样的思维定式在夫妻关系的处理上特别不公平。合法的性格角色定式比某些私人行为更糟糕。她坚信，因为一个“受欢迎但未经证实的假设被写入法律，事实上剥夺了女性质疑其正确性的机会”。女权运动的方兴未艾意味着金斯伯格已经将一条腿迈进了名望与权力的殿堂。为平权修正案的据理力争可以追溯到 20 世纪 20 年代，这促进女权运动集中力量关注那些明确禁止妇女
29 某些行为的法律体系。大批女学生涌入法学院的事实迫使学校将女性与法纳入课堂教学并计算学分。同样是这些女人，对明确法律争议以及策划解决争议的方法功不可没。

在研讨会议题研究开始的几个月里，金斯伯格教授还写信给国会相关委员会，敦促他们抓紧时间通过女性选举权时代就提出的平权修正案。

---

① Duke Speech.

如果法案通过，政府将被禁止性别歧视，任何试图区分男女的法律都将变得举步维艰。像反对种族歧视的法律一样，任何区别对待男女的法律都必须服务于重大的政府利益。但事实上，几乎没有哪项法律符合这一标准。

金斯伯格第一次给国会写信，内容就是她在研讨会上与学生的讨论成果。[①]很快，她就从这种集体的束缚中挣脱出来，开始声称之前的论点仅是自己的主张。这位女教授的信件引发了一系列对她滑稽的称呼。他们叫她“Mrs.”教授，之后的设想是“Ms.”。一位名叫查尔斯·桑德曼（Charles Sandman）的共和党众议员则称她“M’s.”（当时，以及之后在最高法院的多次露面中，对于应当如何称呼自己，金斯伯格都没有上当。）[②]但作为国内少数的女性法律教授之一，她天生就是新兴法律秩序的倡导者。

任务重大，资源有限。要是平权修正案顺利通过，金斯伯格也许会走一条完全不同于彼时正在经历的长征路。[③]尽管还在等待时机，但她知道自己必须通过宪法把女性从现时法律规定的性别刻板印象中解救出来。以罗格斯教职工为大本营，她开始同新泽西当地的美国公民自由联盟启动有关女性权利的案子。

但宪法平等运动暴露出了一个问题，即宪法上规定的平等其实都根植于美国民众同奴隶制和种族不平等的斗争中。70年代初期，积极分子们已经成功地将宪法平等保护延伸至种族以外的领域——例如外国人、宗教徒和少数民族。1970年，就在金斯伯格开始探索之际，所有希望 30

---

① Ginsburg Archive，Library of Congress，Box 20，folder ERA Correspondence，1970-71.

② Amy Davidson，“Ruth Bader Ginsburg’s Retirement Dissent”，*The New Yorker*，September 24，2014，http://www.newyorker.com/news/amy-davidson.

③ Ginsburg，letter to Stephen Wiesenfeld，November 8，1978.

女性能够像黑人一样不被歧视的想法与 60 年代那场社会变革引起的强烈反响发生了冲突。正如女性在实现平等的长征路上逐渐取得地位一样，这个社会——包括法院——变得越发保守。总之，实现女性平等的任务
31 可谓任重道远。

第二章

鲁斯梦想中的诉讼

“夏娃的肋骨”

没有人比这个身形娇小、精致细腻、谈吐温和的 37 岁上东区居民更适合这项极具政治敏感性且无比艰巨的任务了。1970 年，布鲁克林的琪琪·巴德（鲁斯的小名）住在 69 街、列克星敦大道的豪华寓所里。寓所所在的大楼由艾默利·罗斯父子公司（Emery Roth and Sons）设计，这家公司曾设计众多纽约地标寓所与酒店。她在吃饭的时候总是跟别人讲起自己受到儿子学校的叨扰，直到她告诉他们詹姆斯还有父亲才行。大多数纽约中产阶级父母都被精英式教育的达尔顿学校（Dalton School）惹烦了。马丁·金斯伯格当时已经是一位著名的税务律师，事业如日中天。他不仅是个好厨子，还会赚钱养家。

1970 年的一天晚上，金斯伯格正在他们的高档公寓里工作。马丁轻快地走进她的房间，手里拿着税费预缴单，这个画面正像是赫本（Hepburn）和特雷西（Tracy）主演的电影《亚当的肋骨》（Adam's Rib,

这个电影说的是性别之战）中的一个场景。[1]“没时间看这种案子”，金斯伯格不耐烦地回应。但马丁还是坚持，说这次她一定要看。

马丁的案子涉及一个名叫查尔斯·莫里茨（Charles Moritz）的单身汉[2]，他是 89 岁老母亲唯一的经济支柱。他打算从作为医学编辑的收益中减免 600 美元的所得税费。但国内税收法典并未囊括单身汉及其母亲，仅规定了家庭主妇、鳏夫以及那些妻子丧失行为能力的不幸已婚男人们
32 可以享受税收减免优待。

该标准区分开了男女，仅此而已。在这里并没有什么需要纠缠的问题，除非法庭认为让男人而非女人去照顾母亲非常奇怪。从鲁斯·金斯伯格的战略性设想出发，原告是男是女并不重要，唯一重要的是，在 1970 年，政府是否还可以理直气壮地实行性别区分。民权律师总在找寻合适的案件，得以恰如其分地呈现区别对待。这样的案子必须事实清楚，还需要一个迫切上诉的原告来陈述事由。金斯伯格夫妇决定让查尔斯·莫里茨作为他们的原告。（莫里茨刚接到他们的电话时，还以为他们是开玩笑的，纽约知名大律师怎么会看上他？）并不像影片《亚当的肋骨》里描述的那样，由凯瑟琳·赫本（Katharine Hepburn）扮演的辩护律师与检察官丈夫（斯宾塞·特雷西，Spencer Tracy）对簿公堂——当事人是朱迪·霍利迪（Judy Holliday）那嗜血的妻子。莫里茨案中，金斯伯格夫妇站在了同一战线。毫无疑问，莫里茨因为能得到他们的辩护而欢欣鼓舞。由于莫里茨在税务法庭中败诉，接下来他需要将案子上诉到他所在科罗拉多州的联邦上诉法院。金斯伯格开始递交上诉状并着手

---

① The story is by now vieux jeu，but this version comes from Fred Strebeigh，*Equal*：*Women Reshape American Law*（New York：W. W. Norton，2009），23，which he credits to an interview with MG and a letter from him.

② From opinion of the Tenth Circuit in *Moritz v. Commissioner of IRS*，469 F.2 d 466（1972），http://law.justia.com/cases/federal/appellate-courts/F2/469/466/79852/.

准备案情摘要。做完这些工作，他们将副本寄给了周围他们认为可能会对此案感兴趣的律师。[1]

美国公民自由联盟正式成员

纽约大学自由派教授诺曼·多尔森（Norman Dorsen）在法学院办公室收到了金斯伯格夫妇寄来的案情摘要。这位美国公民自由联盟著名的法律顾问十分认可这对夫妇的工作。“马丁做好税法那块，鲁斯主张平等保护，我回信给她，说她正致力于一项伟大的事业。”[2] 多尔森和自由联盟对他们而言很重要。这也是金斯伯格夫妇给他寄去摘要的原因。他们正在寻求帮助，希望得到几千美元的资助，他们知道为查尔斯·莫里茨在联邦上诉法院辩护无疑将花费不少。 33

在 1970 年，任何卷入社会变革中的人都会被美国公民自由联盟拒之门外。然而，金斯伯格夫妇可不一般。还在罗格斯大学时，鲁斯就已经开始为新泽西州的自由联盟代理有关性别歧视的案子。那年秋日的一天，她打开学校办公室的门，发现门口站着的正是之前一个暑期夏令营（Camp Che-Na-Wah）的食堂服务员，梅尔·沃尔夫。沃尔夫，时任美国公民自由联盟法务总监，正在拜访金斯伯格以前的学生、现在的同事，同时是联盟理事会的成员——弗兰克·阿斯金。他们先就瑞典的民事诉讼客套了一番，之后金斯伯格告诉沃尔夫，她现在正为自由联盟代理一个性别歧视的案子。沃尔夫其实对她打的这种小官司并不感兴趣——尽

① Strebeigh, *Equal*, 24.

② Norman Dorsen, interview with the author, June 18, 2013.

管他后来承认正是此时他决定将金斯伯格从这种琐碎中解脱出来。[①]对于打官司，金斯伯格一向独来独往。但这一次，她给沃尔夫写了一封信，希望在莫里茨的案子中得到帮助。没等到回信，金斯伯格又“射出另一支箭”——这次是智慧且富有乐感的表达，她在信中采用了他们当年夏令营时常做的“吉尔伯特和萨利文”式[②]（Gilbert and Sullivan）戏剧合作来向沃尔夫表明莫里茨案的价值。

金斯伯格得知美国公民自由联盟正在负责“里德诉里德”案，这个自 1961 年以来第一个打到最高法院的宪法性别歧视案。她对沃尔夫越来越感兴趣了。里德夫妇，先是分居然后离婚，这次站上法庭不为别的，而是由于爱达荷州的立法规定男性在遗产管理上优先于女性。这对夫妇的儿子去世后，塞西尔·里德被指定为遗产执行人，而母亲莎莉（Sally）却不是。孩子离世的悲惨境遇加深了莎莉对于不公的愤懑。在争夺抚养权的诉讼中，依据当时法律，法官判决孩子归父亲。原因在于一旦孩子到了学龄就应该移交给父亲，母亲只能陪他度过幼年。就在她放弃抚养权后，孩子自杀了，于是丈夫顺理成章地成了孩子遗产的管理人。

金斯伯格请求查阅梅耶·沃尔夫起草给高院的里德案上诉状。她从中看
34 出沃尔夫并不是十分迫切地想要改变当下女性的法律地位。她再度给沃尔夫写信，建议也许他可以在诉状中加入一点女人感性的笔触，在最高法院的法庭上为女性权利仗义执言。[③]一边任教一边关注相关案件的鲁斯·巴德·金斯伯格，博学的她在看到里德这个案子后，决定利用这个杠杆撬动世界。

然而，让我们先来了解一下旧有世界。

---

① Strebeigh，*Equal*，25.

② 吉尔伯特与萨利文（Gilbert and Sullivan）指维多利亚时代幽默剧作家威廉·S. 吉尔伯特（William S. Gilbert）与英国作曲家阿瑟·萨利文（Arthur Sullivan）的合作。从 1871 年到 1896 年长达 25 年的合作中，共同创作了 14 部喜剧。——译者注

③ Ibid.，27.

想了解却又不敢奢求的宪法

1970年时的宪法没有代表女性利益

金斯伯格迫切地希望能有一部有利于女性的宪法修正案即平权修正案，这是有原因的。《联邦宪法第十四修正案》虽然规定了平等保护，但就像众多在南北战争后通过的修正案一样，它们仅针对保护种族（或奴役）。法律是否有种族歧视的嫌疑，是否将其归为正当的国家利益——总之，这分歧就是南北战争打响的原因。

直到鲁斯·巴德·金斯伯格开始她的“圣战”。她试图将宪法所保护的平等扩展到黑人以外的其他人，但事实证明这不可能。立法机构在日常立法的过程中无时无刻不在搞区别对待。开车时速50英里为违法，而40英里为合法；21周岁的公民有选举权，而20周岁的没有；50岁以上的劳动者受劳动法保护，而50岁以下的没有。法官和学者们担心，一旦这些立法所规定的区分事项被诉诸法庭，那么挑战它们的边界到底在哪？学校不能实行种族隔离这件事情已经解决了，但如果要求立法机构证明所有的区分都合法，那么这个国家将会处于无政府的状态。

大约在女权运动复兴的40年前，最高法院就已经明示大多数法律的 35
审查标准在于这些法律是否合理。只有一小部分法律的审查会比较费力，即法院规定了严格审查的标准。这一类别包括种族歧视[①]和外国人法律地位的法律，以及影响人权法案所明确要求的，如言论自由和宗教自由。除此之外，其他法律所要求的无非就是立法机构在对公民实行区分时，

① *United States v. Carolene Products Company*，304 U.S. 144（1938）.

包括区分男人与女人，只要遵循合理的基准即可。合理的基准是司法审查的最低标准。

对这位想要在执行遗产上得到平等对待的母亲，金斯伯格为其执笔了上诉状。其间，法院多次驳回提出停止区别对待女性的请求。大约十年前，在霍伊特诉佛罗里达州（Hoyt v. Florida）的案子中，法院是可以不选女性做陪审员的。然而1961年到1971年的这十年，为女权运动这场地震埋下了伏笔。现在研讨会坐满了法学院新招收的来自全国各地的女学生，她们正举例说明歧视性法律给女性造成的伤害。她们希望女性也能适用法律规定的平等保护。鲁斯·巴德·金斯伯格是否能够说服法庭，将南北战争后基于种族平权通过的法案适用到现已有所改变的“性别”领域？

即使自由派律师在这方面也很保守

矛盾的是，美国的法律制度与美国的革命一样保守。尽管美国曾通过革命获得独立，但美国的法律制度继承了母国——英格兰的法律制度。在我们这个实行双轨制的普通法系国家，判决案件时法官可以造法。但因为法官通常不是选举产生的，于是在造法时，他们又不愿让人觉得是法庭在立法。他们会假装成只是为了适用之前判例的需要。主要解释宪法的联邦法院，其法官同样不是选举产生的。宪法制定的年代久远加之
36 规定过于宽泛，以至于法官创设新规则时，看起来像是在瞎编乱造。所以法官们一般会试图说服自己：他们所做的是在发现宪法的内涵。

由于历史和天性保守的原因，让法院把南北战争后的宪法平等保护条款适用到妻子身上，注定是一个巨大的飞跃。毕竟在当时，就连自由主义者金斯伯格仰仗的威廉·布伦南大法官，[1] 也不会招收一个女学生作

① “Developments in the Law-Equal Protection,” note, *Harvard Law Review* 82 (1969): 1065.

为他的书记官。[①]

1969年，崇尚自由的《哈佛法律评论》发表了一篇长达150页的针对平等保护条款的文章，这些宪法原则也是金斯伯格正在引证的。文章中“性别歧视”的“性别”二字一共出现了四次，三次是用来与种族等分类相区别。还有一次出现在脚注中，意思是问“以往的经验是否验证了两性之间的生理差异会影响后天表现”。[②]聪明的哈佛人随后发出了他们反对女性宪法平等的最后主张：谁能想象军队中既有男又有女的情景？

此刻的金斯伯格，天将降大任于斯人。

女权解放　从自由联盟内部做起

如同奥康纳曾寻求加入亚利桑那州立法机构一样，1971年金斯伯格请求加入的美国公民自由联盟也几乎全是白人男性成员。在有权制定政策的联盟全国理事会中，91%的委员都是男性。[③]成员领袖和委员会主席都是接受过常春藤学校教育的白人男性律师，其中包括：执行主任阿里耶·尼尔［Aryeh Neier；纽约，康奈尔大学应用法律博士（J.D.）］，法务总监梅尔文·沃尔夫（纽约，哥伦比亚大学应用法律博士），总法律顾问奥斯蒙德·弗兰克尔（Osmond Fraenkel；纽约，哥伦比亚大学应

---

① Seth Stern and Stephen Wermiel，Justice Brennan：Liberal Champion（Boston：Houghton Mifflin Harcourt，2010），388.

② “Developments in the Law-Equal Protection，” note，*Harvard Law Review* 82（1969）：1068，n.61. The authors give a passing nod to the 1964 Civil Rights Act，which forbids discrimination based on sex，without further commentary.

③ Susan M. Hartmann，*The Other Feminists*：*Activists in the Liberal Establishment*（New Haven，Conn.：Yale University Press，1998），80.

用法律博士），马文·卡帕琴（Marvin Karpatkin；纽约，耶鲁大学应用法律博士）和诺曼·多尔森（纽约，哈佛大学应用法律博士）。[①]

就在沃尔夫于罗格斯大学遇见金斯伯格的几个月前，美国公民自由联盟甚至还没有支持平权修正案的纪录。理事会中与劳工组织有密切联系的成员一直以来都很反对那些“平等”法规，因为它们给予女性的特
37 殊保护威胁到了劳动法。更让人遗憾的是，《哈佛法律评论》反映的态度显示，在他们看来女性权利似乎还不值得加一个脚注。弗洛伊德·麦基西克（Floyd McKissick）在争取种族平等大会（The Congress on Racial Equality）工作，同时也服务于美国公民自由联盟的平等委员会。他就直截了当地说：种族平等大会可以为黑人男性声援，而女人们却只能等待“明天”。[②] 早在70年代初，女性开始更强烈地要求法律地位平等，许多以自由主义者自居的男性却认为类似于《南北战争修正案》这样的法案应该只适用于种族之间。[③] 多萝西·凯尼恩（Dorothy Kenyon）和泡利·默里（Pauli Murray）这两位女性，在过去几十年间一直试图借助个案使美国公民自由联盟自由化，也开始感到愤怒了。[④]

宽慰总来源于意外之喜。在女权运动的感召下，美国公民自由联盟中的女性建立起一个女性核心小组。她们威胁着要退出该组织，呼吁组织恪守创办初衷，并要求调查联盟中每个人的薪资情况。幸运的是，自由联盟犯下了一个原则性错误：两年一次的若干会议中，所有那些附属机构的代表全部来自白人男性占压倒性数量优势的全国理事会。1970年6月，女

① “Aryeh Neier,” ACLU ProCon.org，June 27，2012，http://aclu.procon.org/view.source.php?sourceID=002205；“MelvinWulf，LLB,” ACLUProCon.org，June12，2008，http://aclu.procon.org/view.source.php?sourceID=002223.

② Hartmann，*The Other Feminists*，72-73.

③ See Kurland discussion below.

④ Hartmann，*The Other Feminists*，74.

性行动起来，并将给予女性优先权的解决方案呈交大会。最终，理事会的态度180度大转变，以仅有一票反对的结果接受了平权修正案。他们还选举来自肯塔基州的伯克利大学毕业生苏西·波斯特（Suzy Post）和另外一位之前种族平等运动中的积极分子作为理事会理事。①

阿比盖尔·亚当斯（Abigail Adams）曾经预言，如果制宪者（the Framers）将女性留在他们所建立的共和国，这些女性将引导一场“叛变”。他的预言成真了。

当金斯伯格还在试图说服梅尔·沃尔夫让她加入1970年秋天里德案中的时候，苏西·波斯特已经走到了下一阶段。② 她和她的核心小组在信中强烈质疑：为什么没有更多的女性参与到决策中来？为什么美国公民自由联盟理事会中91%都是男性？这些女性已经开始使用类似“配额”（quota）这样不得体的文字了。

就在这时，金斯伯格和核心小组成员抓住机会，获得了两位自由联 38
盟高管的支持。阿里耶·尼尔这个新上任的执行主任，采用了他在纽约公民自由联盟任职时就萌生的策略，其中包括发现问题并将其置于公民自由的框架内。③ 问题之一就是社会分配不平等的加速。尼尔和其他纽约公民自由联盟的成员将一些女性也纳入这些团体中，并给予很高职位。这些女性在历史上遭受过不公正待遇，现在请求将平等作为一项公民权利。自由联盟总法律顾问诺曼·多尔森，同时也是一名法学教授，他欣然接受将平等概念视为公民自由问题，并指派他的一名学生为平权

---

① Suzy Post，KY Civil Rights Hall of Fame，oral history project，http://nunncenter.org/civilrights/category/interviewees/suzy-post/.

② Hartmann，*The Other Feminists*，81.

③ Samuel Walker，*In Defense of American Liberties*：*A History of the ACLU*（New York：Oxford University Press，1990；2nd edition，Carbondale：Southern Illinois University Press，1999），299.

修正案辩护。在他们的领导下，美国公民自由联盟也开始对女权革命发表意见。

诉状之源

在还没收到梅尔·沃尔夫回信之前，金斯伯格夫妇的工作进展举步维艰。[①]诺曼·多尔森在邮箱中看到了金斯伯格夫妇发给他的查尔斯·莫里茨案的诉状，跟沃尔夫一样，他并没有马上回信给鲁斯。几天后，鲁斯终于接到了沃尔夫的电话。这位露营老伙伴是否愿意帮忙写好里德案的诉状呢?

金斯伯格放下电话后就打给了她的女同胞们：包括纽约大学的两名学生珍妮丝·古德曼（Janice Goodman）和玛丽·F. 凯利（Mary F. Kelly），正是她们将女性与法这门课的消息带到了罗格斯大学；还有安·弗里德曼（Ann Freedman），曾经与其他两位学生一起在权威的《耶鲁法学杂志》（Yale Law Journal）发表过一篇力证平权修正案优点的文章，现在刚从耶鲁大学毕业；还有金斯伯格自己刚毕业的学生戴安娜·利格曼（Diana Rigelman）。[②]

女英雄们的机会来了。利格曼、弗里德曼、古德曼还有凯利都是风云际会的 60 年代大学生，随着那个时代的结束，这些女孩们选择去法学院学习而不是参加争取民主社会学生组织（SDS）以及反越战运动。举例来说，尽管弗里德曼曾痴迷于纽黑文的妇女解放联盟——这个旨在支

---

① Fred Strebeigh, *Equal: Women Reshape American Law*（New York: W. W. Norton, 2009), 27, note citing copy of Dorsen letter from Ginsburg files.

② Ibid., 34.

持黑豹党[1]（Black Panthers）和抗议越战的组织，她也照样上了耶鲁法学
院。[2]她们把自己想象成了 1954 年的瑟古德·马歇尔。种族民权运动启 39
蒙了女权运动，现在争取种族法律权利的运动又引发了女性法律权利的运动。

对于那些二十几岁的法学院学生来说，38 岁的鲁斯·巴德·金斯伯格就是来自另一代人的使者。“她不是要瓦解资本主义——这种当权者安身立命之所的人，”安·弗里德曼说，“但她同样不是现有制度的辩护者。她亲眼看见了性别歧视的法律如何伤害普通民众的生活。但在她那个年代，真正吸引人们接近法律的正是那些过程。她是法律人中的法律人。”[3]女律师们正朝着最高法院进军，但那里却还从来没有出现过女书记官。自然，一名法律人中的法律人正是这场运动所需要的。

最高目标是显而易见的：让最高法院像对待种族问题一样对待性别问题。金斯伯格的队伍里都是年轻的法律积极分子，致力于研究女权主义。学生一直都在学习的女性与法，这门课程由她们创设，旨在支持国会通过平权修正案的运动。他们发现詹姆斯·麦迪逊的妻子多莉（Dolley），在 18 世纪写了几封关于比较女性与奴隶社会地位的信。研究种族的社会学家贡纳尔·默达尔（Gunnar Myrdal），被认为做了大量支持民权运动的基础工作，也将女性与奴隶的地位进行了比对。在法学院学习时，他们都知道像路易斯·布兰代斯（Louis Brandeis，之后成为联邦最高法院第一位犹太裔大法官）这样进取的大律师的英雄事迹——他们通过向法庭提供大量关于工厂恶劣状况的社会科学数据，来打破保护性劳工法案的禁令。布

① 黑豹党是一个在 1966 年至 1982 年活跃的一个美国组织，成员是由非裔美国人所组织的黑人民族主义和社会主义组织，其宗旨主要为保障美国黑人的民权。——译者注

② Ann Freedman，interview with the author，October 29，2013.

③ Ibid.

朗案中，马歇尔运用科学研究表明，种族隔离学校里的黑人孩子在可以自主选择时，他们会选择白色洋娃娃而不是黑色洋娃娃，以此向法庭表明实行种族隔离永远不公平。所以这些学生交给金斯伯格的初稿中统计了女性社会地位变化的数据，包括她们的工作参与度、不断提高的教育水平，以及为选举权而进行的长期斗争。通过数据，一切都显而易见。

40 坐在罗格斯大学法学院的办公室，金斯伯格在初稿中增加了诉求。最高法院应该像对待种族歧视问题一样对待性别歧视问题，女性与生俱来的特征不应该影响她们的命运。如果她能够赢得这场官司，那么美国歧视性法律的整个体系都将瓦解。就像全社会或《哈佛法律评论》一样，绝大部分美国法律制度都建立在一种男女有别的错误假定之上，而这往往涉及劣势一面。[1] 当妮娜·托滕伯格（Nina Totenberg）这位最高法院的记者，看到金斯伯格所写的里德案诉状时，她被其中性别与种族的对比部分震撼了。她一直认为第十四修正案是给非裔美国人设立的。于是她将自己关在法院提供给记者的电话隔间里，开始与在罗格斯大学的金斯伯格通话。两人交谈了一小时，在了解金斯伯格对这两种区分（种族与性别）相似性的看法后，她才明白了这些女权主义精英们到底在追求什么。就像托滕伯格说的那样，也许金斯伯格不喜欢媒体，但她却知道该怎么利用媒体。[2]

金斯伯格还有一个撒手锏。参议院中反对平权修正案的浪潮迭起，反映了要求性别平等应等同于种族平等的文化矛盾。严格来讲，金斯伯格并不需要最高法院走那么远。她只需让最高法院就像承认这样的法律不合理一样，同样认为其不公正就可以了——这是任何合法区分都必须

---

① Fighting the Ginsburgs in *Moritz*, the solicitor general of the United States had produced a great gift to the project of women's equality—a comprehensive list of all the U.S. laws and regulations that distinguished between the sexes; see http://www.supremecourt.gov/publicinfo/speeches/viewspeeches.aspx?Filename=sp_02-10-06.html.

② Nina Totenberg, interview with the author, September 6, 2013.

达到的最低标准。那时第十四修正案就可以毫无疑问地适用于关乎性别歧视的问题上。之后，她可以争取更大的胜利。

金斯伯格希望，里德案在这种低标准下容易胜诉些，原因在于这仅挑战了爱达荷州法关于自动选择男性而非女性，作为死者遗产优先管理者的规定。这在最高法院历史上想必不可思议。审理里德案时，最高法院的大法官数从 9 人减少到了 7 人。冠名“沃伦法院”、领导民权革命的首席大法官厄尔·沃伦（Earl Warren），以及自由派大法官阿贝·福塔斯（Abe Fortas）在 1969 年双双离职，取代他们的分别是沃伦·伯格（Warren Burger）和哈利·布莱克门（Harry Blackmun）。就在审理里德案之前，雨果·布莱克（Hugo Black）和约翰·马歇尔·哈伦（John Marshall Harlan）大法官也离职了，而尼克松总统正在考虑候选人。 41

在剩下的 7 人中，威廉·奥威尔·道格拉斯大法官（William O. Douglas；曾经的罗斯福新政拥护者）也被指望能够为平权主张投上一票。至于威廉·布伦南，这位老派民主党人、沃伦法院首屈一指的理论家，以及种族民权运动的标志性领导者瑟古德·马歇尔也被算上了。因为法庭只剩下 7 个人，按理说，莎莉·里德只需要再多赢得一票。其实首席大法官沃伦·伯格和联席大法官哈利·布莱克门作为强烈反对沃伦法院的共和党人，也可能改变保守立场。艾森豪威尔（Eisenhower）总统任命的波特·斯图尔特（Potter Stewart）和肯尼迪总统任命的拜伦·怀特（Byron White）被认为是中立者。在那 4 人中，美国公民自由联盟认为他们至少还能再斩获一票。到了 1971 年，人们不可能再看到这四位法官一致裁定：因为是女性，就要被推定不适合管理逝世儿子遗产这样的简单任务。

眼看就要开庭了，然而，金斯伯格清楚知道这些大法官和他们可能的继任者，不会找出太多过于愚蠢和不合理的歧视女性的法律来进行合宪性审查，那样对于性别之间实质性差异的设想太过曲折与宽泛。尼克松就职时就曾打着合宪性的幌子发誓要结束社会实验。他准备再任命两名大法官，一共任命了 4 位大法官的事实使他创下在一届任期内任命大法官数量的纪录。所有女性与法研讨会的成员都不可能改变这个事实，鉴于最高法院当下以及未来的思维模式，大部分基于性别差异所设想的法律都很可能满足合理性原则的最低标准。金斯伯格必须找到一条激发社会思考女性平等的路径，足以为未来的案件提供真实可靠的支撑，同时又不能吓到斯图尔特和怀特这两位关键的中立老头儿。她需要一条介于纯粹合理性与将性别问题等同于种族问题的中间道路。

如果仔细研究美国法律制度，人们会发现里面有几乎任何事情的先例。没有一个人比金斯伯格研究得更透彻了。正如里德案中的同事安·弗
42 里德曼所言，金斯伯格拥有“将精力集中到手头任务的惊人能力”。[①]

最初受理莫里茨的上诉案时，[②] 金斯伯格发现了罗伊斯特·瓜诺诉弗吉尼亚（F.S. Royster Guano v. Virginia）一案，尘封 50 年，还被冠名“鸟屎”案（“bird shit” case）。该案中，最高法院推翻了该州区别对待公司进行征税的法律，认为这种法律区分并不能促进州政府证明区别对待州内与州外公司是合法的目的。最高法院认为，尽管州政府在征税事宜上有广泛的自由裁量权，但一项区别对待的法律至少应该公平且实质性地推进其立法目的。对常人而言，“合理地与正当国家利益相关联”（审查区别性对待的传统低标准）与“公平且实质性地促进国家利益”（罗伊斯特·瓜诺标准，Royster Guano standard）之间似乎没有太大区别。1920 年之后，也就是确立这一模糊的平等保护标准的大半个世纪里，它对最高法院推进平等保护的进程都无甚意义。没有人真正在意，1920 年弗吉

---

① Ann Freedman，interview with the author，October 29，2013.

② Ruth always said that *Moritz* was really the grandmother brief，because that's the case she worked on first and that's where she found *Royster Guano*. Elizabeth Vrato，*The Counselors*：*Conversations with* 18 *Courageous Women Who Have Changed the World*（Philadelphia：Running Press，2002）.

尼亚州更偏重保护生意全部在州外的公司，而未对仅有部分州外生意的公司给予同等待遇的做法是否违宪。

但在解释宪法第十四修正案的历史进程中，一部仅仅是“合理”的法律与一部必须实现“公平且实质”的法律之间的区别，创造了足以开启一场法律革命的巨大契机。美国公民自由联盟在递交给最高法院的诉状中加入了“鸟屎”案，亦称作一次更认真看待性别界限的机会。

凭着精妙的法律分析以及与最高法院的工作关系，金斯伯格正接近成功。她并没有出庭为里德案辩护，认为这样的荣誉应该属于启动它的爱达荷州律师（结果，所有的报告都说那场辩护完全是一场灾难）。她仅呈递了美国公民自由联盟的诉状，详细介绍了女性悲惨遭遇的历史以及引证了“鸟屎”案。

1971 年 11 月，里德案下判。最高法院并没有将性别与种族问题同等化写进判决。但大法官们一致支持鲁斯，推翻了爱达荷州偏向男性的
立法。法庭引用了鲁斯从“鸟屎”案中挖掘出的精华。女性不同于通常 43
公民的时代从此一去不复返了。从那时起，那些在这场运动中被定性为偏向男性或者女性的法律，就像它表明的那样，必须能够给出“合理且实质”的解释来证明这些区分的合法性。政府再也不能想当然地认为女性，这些小可爱们，因为没头脑而难以管理遗产或者其他事项。就连保守的沃伦·伯格也在判决书中署名。

金斯伯格教授正记下那些法律。美国有许多的女性律师，一些出现在金斯伯格之前，大部分涌现在金斯伯格之后。她们中的许多人都投身于女权法律运动，或者像桑德拉·戴·奥康纳那样，作为一个无可比拟的楷模拥有着惊人业绩。但宪法学者杰弗里·斯通（Geoffrey Stone，金斯伯格第一次在联邦最高法院参加口头辩论时，威廉·布伦南大法官的
书记官）却这样评价：“简言之，她是合众国历史上最重要的女律师。”① 44

① Geoffrey Stone，interview with the author，September 12，2013.

第三章

“戈德华特女孩”与美国公民自由联盟正式成员

民主和不信任

金斯伯格教授作为一名年轻女性法律人，并不是唯一一位给那些对两性作出不合理区别的法律进行分类的人。正巧，新当选的参议员桑德拉·奥康纳也是。

自 20 世纪 70 年代初起，正如金斯伯格那样，[①] 奥康纳的履历可以被冠以“关于一个出人意料的、激进女权主义者，但不具威胁性的职业女性剪影”。1971 年，格林威治镇一处脏兮兮、没有电梯的公寓里，[②] 奥康纳读到过关于洛杉矶前卫新兴女权主义者 [③] 和纽约选择单身的激进分子的事迹。

① O’Connor legislator’s papers，Arizona History and Archives，Box 1：1.

② O’Connor papers，Box 1：1.

③ “Los Angeles’ New Feminists，” June 1970，O’Connor papers，Arizona History and Archives，Box 1：1.

最引人注目的是，参议员奥康纳购买并保存了《大西洋月刊》[①]（*Atlantic Monthly*）于1970年发行的女性特刊。特刊序言提出了一个问题："为什么美国女性比历史上的任何其他女性享受着更优越的物质、政治、社会生活，却仍然如此不知足？"编辑招致了一片骂声。[②]作家凯瑟琳·德林克·鲍恩（Catherine Drinker Bowen）猜测，随着出生率的下降，变革迫在眉睫，因为"没有哪个女人可以奉献一生，只为养育两个孩子"。刚从哈佛毕业的宝拉·斯特恩（Paula Stern），将婚姻视作逃避恶意世界的工具，然而注定在未来会变得糟糕："一旦结了婚，她就不再与老旧文化做斗争，还会把这些糟粕教给她的孩子们。" 45

社会学家、女权主义激进分子爱丽丝·罗西（Alice Rossi）将她从职业女性那里收集到的她们受辱的故事提供给杂志社，这些故事引起了一位斯坦福法学院毕业生的共鸣，尽管她只是应聘一份文秘工作。"我从未想过要给小学生上课，"一位女性曾这样对罗西说，"但我在一家建筑师事务所做我的第一份工作时，我受到了太多针对我的偏见和不满，我没法继续工作。于是我辞职投身于教学艺术行业。至少在学校我感到自己是受欢迎的。"另一个人说："去年曾有过这样的经历，有一份工作我做了两年都没有升职，后来一个男的一来就升职了，同样的工作工资却是我的两倍。受过大学教育的女性被集中安排在秘书和办事员这样的职位上，而那些同样是大学学历的男性却被看作未来的高管。那几年里，每个人都按照被期待的样子行事，而不是根据自己的能力去做事。"

罗西的文章包括了这个现在看来很普通，在当时却是革命性的认识：

---

① O'Connor papers, Box 1: 1, contains the whole issue; see also http://www.theatlantic.com/magazine/archive/1970/03/women-and-the-law/304923/.

② Elizabeth Pantazelos, "Women at Work: Articles from the '70 s, '80 s, and '90 s Address the Ongoing Obstacles that Career Women Face," *The Atlantic*, May 2006, http://www.theatlantic.com/magazine/archive/2006/05/women-at-work/304944/.

“如果（女性）是重要且自信的角色，她们会因‘咄咄逼人，像是要阉割男人的悍妇形象’遭到抵制。如果她们稳重而谦逊，她们会被认为‘不会有所作为’，而同样遭到排斥。”奥康纳也努力去完成同样的任务。她竞选公职，但每天晚上又要赶回家为丈夫和 3 个孩子做晚餐。早前在当地一所大学给女学生演讲时，她赞美了依赖男性配偶的美德：“那些足够幸运获得丈夫或者其他支持的女性，可以真正享受选择获得满足感的工作、兼职或临时工作的自由。”[①]她在演讲中反复强调如何将爱情和工作融合，只字未提约翰·奥康纳对她职业的嘲讽玩笑。“我认为这是对美国民主的一份厚礼，”奥康纳的律师丈夫说，“——当一个兼任守门人的厨师能够被选举去担任高位公职的时候。”[②]

1971 年，奥康纳给尼克松总统写信谈到那两个最高法院大法官提名，只是说“鼓励他考虑”任命“我们国家现今能够胜任的女性法律
46 人当中的一位”。但后来又赶紧向总统保证她“相信总统提名的人选一定是经过充分考虑的明智之选”。毕竟，“首席大法官沃伦·伯格已经向美国人民证明了，提名他就是一个伟大选择。”[③]（奥康纳这时还不知道，伯格已经明确向总统表明了他对提名一个女性的反对态度，甚至威胁如果总统因为提名一个女法官而使法院受到亵渎的话，他将辞职抗议[④]）。

奥康纳也许曾经读过《大西洋月刊》中“女性想要的是什么”（What

---

① Remarks, May 7, 1970, O'Connor papers, Arizona History and Archives, Box 1: 1.

② Ibid.

③ Letter to President Nixon, October 1, 1971, O'Connor files, Arizona History and Archives, Box 1: 1.

④ Nixon tapes, cited in Joan Biskupic, *Sandra Day O'Connor: How the First Woman on the Supreme Court Became Its Most Influential Justice* (New York: Harper Perennial, 2006), 41, n. 11.

Women Want）这篇文章，她把记载着美国每一级政府对女性区别对待[①]的法律的那一页折了起来。平权修正案激起了对女性进行法律歧视的抨击，正中她下怀。就像金斯伯格在女权主义方面的觉醒，奥康纳也开始整理出一个关于女性歧视法律的清单并着手改变它们，这些州法曾适用于她所代理的案件。

第一个任务显而易见：废除限制女性在工作日只能工作八小时的州法。这一点上，共和党立法者保守的自由市场原则与她为女性平等所做出的努力完美契合。（她不知道金斯伯格一直把诸如规定一天工作时间不能超过八小时的保护性法律，看作女性无法获得更好工作的原因之一。）正如在美国公民自由联盟里，自由主义势力在这两者究竟哪个更重要的问题上产生了分歧——是通过男女工时等同实现性别平等，还是额外保护她们。支持保护女性的自由派人士——工会、自由民主党人士——在亚利桑那州议会中反对奥康纳的提议。尽管那时亚利桑那州的自由主义势力正在逐渐衰落，但她也仅以一票险胜。[②]

那时，美国参议院司法委员会正在审议讨论平权修正案，如果通过，就将否决所有基于性别歧视的州法。虽然她后来宣布支持这一平权举措，但奥康纳一开始告诉美国学生联合会的学生说："我并不确定平权修正案是否必要。我倾向认为，那些精挑细选的联邦法院案件将以意义深远的方式，基于第十四修正案的平等保护条款和民权法案构建女性平等。"[③] 47

数千英里外，鲁斯·巴德·金斯伯格正努力说服梅尔·沃尔夫让她参与第一个代表性案例。任何情况下，关于怎样建立一个性别友好型世界，奥康纳都有自己的想法。如果女性想要改变世界，她建议那些学生

---

① Diane Schulder, "Women and the Laws," *Atlantic Monthly*, March 1970; clipping in O'Connor papers, Arizona History and Archives, Box 1: 1.

② Biskupic, *Sandra Day O'Connor*, 60.

③ Remarks, May 7, 1970, O'Connor papers, Arizona History and Archives, Box 1: 1.

要更善用选举权并竞选公职。[①]她认为社会变革应该自下而上。她还说，没有什么比女性出现在公共生活中——努力工作、不靠人情——更能改变这个社会了。

说完那些话两年后，奥康纳已成为州参议会的多数党领袖。这使得她有机会能够像之前建议美国学生联合会的学生那样，通过行使选举权去帮助女性。1972年3月22日，平权修正案在美国参议院被通过。伴随着两党共同愿景的光环，多数党领袖奥康纳所在的参议院委员会举行了正式批准听证会。州议会的人争先恐后地表示认可。女权主义者艾琳·拉斯玛森（Irene Rasmussen），当时是约翰·奥康纳律所一位合伙人的夫人。她去找奥康纳，敦促通过这个修正案，奥康纳则向她保证这是板上钉钉的事。[②]她已经被来自菲尼克斯社交圈的一个朋友彻底说服全力支持平权修正案，这位朋友就是白宫妇女委员会（White House Women's Commission）的主席杰奎琳·古特维利希（Jacqueline Gutwillig）。

为了见证历史，拉斯玛森旁听了商讨平权修正案的参议院委员会会议。根据拉斯玛森回忆，"平权修正案出现在司法委员会的议事日程上。约翰·康兰（John Conlan，共和党委员会主席）说了一些不痛不痒的话，'你要知道，这是一项重要的国家大事，我认为不能操之过急，应该仔细研究，再举行听证会讨论一下。多数党领袖奥康纳，你觉得呢？'然后，她眼睛都没眨一下——就妥协了。"

推迟意味着平权修正案在亚利桑那州被敲响警钟。后来，平权修正案被再次唤醒时，获得了两党支持。尼克松总统建立的关于妇女地位的公民咨询委员会（Citizens Advisory Council on the Status of Women,

---

① Biskupic, *Sandra Day O'Connor*, 36, n. 57.

② "Irene Rasmussen on the Equal Rights Amendment," Arizona Memory Project, Arizona State Archives, http://azmemory.azlibrarygov/cdm/ref/collection/archpriv/id/1794.

由奥康纳的好友古特维利希领导），提出了这样一种法律理论——大部 48
分支持者过去都曾捍卫修正案。①但奥康纳的导师和精神引领者，巴里·戈德华特，已经通过在美国参议院中投反对票表明了该党的保守态度。4 月 10 日，就在奥康纳在亚利桑那州介绍平权措施之后不久，戈德华特给她写了一封信以示对修正案试图“通过使男女平等而改变上帝旨意”②的担忧。受康兰影响，奥康纳所在的共和党追随了戈德华特的右翼倾向。相隔两州的密苏里州圣路易斯市，菲利斯·施拉夫利（Phyllis Schlafly），一个顶着蜂窝式发型、穿着老式红色衣服的女律师，发表了自己的看法。她认为不应通过平权修正案。施拉夫利曾在 1964 年自行出版了一本书支持戈德华特，她现在已经成为日渐壮大的保守的共和党中一股不可忽视的中坚力量。尽管自己是一名女律师，还是一名活跃分子，但她一听到关于平权修正案的风声就会勃然大怒。

施拉夫利周围形成了一个原教旨主义宗教团体联盟，迫于其压力，共和党收回了通过平权修正案的承诺。共和党州议员开始反悔之前的承诺。第二年，奥康纳陷入困境：在她于保守的共和党中的雄心壮志与她信奉的女权间左右为难。当被问及平权修正案时，她寄出了一封含糊婉转的信，说可以理解人们对平权修正案的优点有不同看法。虽然她并不相信它威胁到了家庭生活或是女性自由，“许多真实、坦率的问题已经被提了出来”，她这样写道。③她试图通过全民公决来摆脱这个给她带来政治包袱的修正案。可这种做法并不奏效，她提议把这个修正案递交至参议院。但已太迟。

---

① Sarah Slavin, ed., *U.S. Women's Interest Groups: Institutional Profiles* (Westport, Conn.: Greenwood Press, 1995), 578.

② Biskupic, *Sandra Day O'Connor*, 59.

③ "Form letter from Senator Sandra Day O'Connor, February 18, 1984, re: Equal Rights Amendment," Arizona Memory Project, Arizona State Archives, http://azmemory.azlibrary.gov/cdm/ref/collection/archgov/id/481.

跳过委员会，而直接向整个参议院报告平权修正案的动议因 5 : 4 的投票结果没能通过。女权主义原则和保守政治的轻松日子结束了。

奥康纳并不在曼哈顿上东区做私人研究，办公地点也不是教授办公室。她当时在亚利桑那州立法机构的一线。提到平权修正案的时候，亚
49 利桑那州这块土地就像奥康纳一家试图经营的荒地一样对女性充满敌意。她对于推动性别平等的无力感，与此时金斯伯格在诉讼方面的得心应手形成了鲜明对比。这表明了自上而下战略势在必行，而不是逐个州之间的立法较量。金斯伯格，美国公民自由联盟的诉讼律师，当时正致力于成为联邦终身法官；成功后，就不需要担心重新选举了。

拉斯玛森和其他女权主义者明确地指责奥康纳把她的政治野心放在第一位，而没有借助手中的权力推动平权修正案。“桑德拉 · 戴 · 奥康纳大法官，”拉斯玛森说，“自从成为平权修正案支持者以来有很多诸如此类的推动平权修正案的机会，但是事实上，她并没有这样做，她拥有权力却没有行使，她让自己被一个野心勃勃的男人压制……从那时起，她的存在变得毫无意义。”

从那时起，奥康纳成为一个别人眼中只选择顺势而为的人。这对于一个在满是男性的环境中工作，且希望在越来越受制于复兴的保守主义运动的政坛里寻求一席之地的人来说，不见得是一件坏事。金斯伯格也因她的选择而成名。但她是在性别平权运动的总体追求下，在各种诉讼请求之中进行选择，而不是在性别平权与其他毫不相关的目的之间做权衡。

事实证明，尽管拉斯玛森不再抱有幻想，但奥康纳的自我提升确实推进了性别平等运动。数年后，艾琳 · 拉斯玛森带她的小女儿瑞秋（Rachel）到华盛顿，拜访了这位最高法院的老朋友。奥康纳大法官带着她们到处参观，还带她们到大法官餐厅吃午饭。[①] 拉斯玛森承认，与一

① “Irene Rasmussen on the Equal Rights Amendment.”

个取得巨大成就的成功女性见面，对于瑞秋来说很有好处。或许奥康纳把她的事业放在了第一位，但若非如此运筹帷幄，她又如何向瑞秋证明她完全可以做到这一切呢？

有了自由派朋友，谁还需要敌人？

奥康纳在亚利桑那州纠结于相互冲突的忠诚价值时，金斯伯格正在给她的选民——律师——做工作。尽管不像与奥康纳对抗的亚利桑那州 50
共和党人那样保守，但这个组织有序的律师协会也没有全然支持性别平权。1971 年 4 月，国会正考虑通过平权修正案，《美国律师协会杂志》（American Bar Association Journal）发表了一篇由一位律师妻子撰写的文章："不要在争吵中强辩到底，"这位法律职业群体的女性代表建议，"永远准备好在上午 10 点钟微笑着端上煎蛋。即便倡导女性解放运动，也要确保你的丈夫穿的袜子是成对的。"[1]

1971 年年会上，美国律师协会举行了一场模拟仲裁自娱自乐。"想要伦敦桥还是女性解放运动？"这个模拟会议明显是围绕假想争端展开的，争论纽约的女权运动是否造成了这个州的社会动荡，导致计划在伦敦建立一座横跨大西洋的大桥项目泡汤。律师协会的杂志报道了这件趣事，自然引起了一些女性成员的回应。一封寄给编辑的信中愤慨地写道，美国律师协会为女性解放运动一方设置的两名女性证人角色，其中一个抛弃了自己的丈夫和孩子，而另一个是女同性恋者。[2]这位写信者称，

---

① Duke Speech.

② Doris L. Sassower, "Women's Rights Ignored," *ABA Journal* (October 1971), 950.

很难想象美国律师协会以如此态度对待种族民权运动并自娱自乐。

在同一刊物里，金斯伯格用一篇乏味的学术文章，以自己的方式对这场模拟仲裁作出回应，她认为平权修正案很有必要，因为可能永远无法做到逐个废除联邦和各州中有关性别歧视的法律。[1]（在安全氛围中，金斯伯格更直率、更有趣。一次女权主义者聚会上，说起美国律师协会的那篇文章，她指出只有男性热衷于争论桥梁和解放运动事件，他们之中没有一个人“针对女性或者桥梁发表过任何专业意见”。）[2]早前金斯伯格建议，如果女性也能够参与决策，那么涉及女性的决定可能成效更好。女性从事高难度的工作不仅能够很好地改变男性对女性进入职场的
51 看法，而且也有助于女性作出更好的决策。

律师协会杂志所报道的这场虚情假意的模拟仲裁在她看来不值一提。就在平权修正案送交各州之前，声名卓著的宪法学者菲利普·库兰所写的一篇爆炸性文章——《平权修正案：构建中的几个问题》（The Equal Rights Amendment：Some Problems of Construction），[3]给了施拉夫利和她的团队所需的所有“法律武器”。库兰，天生是反对性别平权的一把好手。他曾和金斯伯格在哈佛法学院时的晚餐伙伴赫伯特·韦克斯勒一道，领导了对沃伦法院废除种族隔离决定的那次学术进攻。[4]

---

① Ruth Bader Ginsburg，“The Need for the Equal Rights Amendment，” *ABA Journal* 59（1973）：1013.

② Duke Speech.

③ Philip B. Kurland，“The Equal Rights Amendment：Some Problems of Construction，” *Harvard Civil Rights-Civil Liberties Law Review* 6（1970-71）：243.

④ Philip B. Kurland，Foreword，“Equal in Origin and Equal in Title to the Legislative and Executive Branches of the Government，” *Harvard Law Review* 78（1964）：143，145（referring to “the absence of workmanlike product，the absence of right quality…disingenuousness and misrepresentation” in the landmark racial decision）. Philip B. Kurland，“‘*Brown v. Board of Education* Was the Beginning’：The School Desegregation Cases in the United States Supreme Court，1954-1979，” *Washington University Law Quarterly*（1979）：309，313，316.

早在平权修正案听证会上，库兰就在参议员山姆·厄文（Sam Ervin）面前作证反对平权修正案。同共和党人巴里·戈德华特一样，厄文将平权修正案看作一种试图推翻上帝意志的轻浮行为。[①]（在致力于性别不平等事业之前，这位北卡罗来纳州参议员是反对种族民权运动的传奇人物，他在主持水门事件听证会时名声大噪，成为民族英雄。）[②]库兰没有提出任何对策或计划，他表现得好像只是在提醒人们警惕新法律可能带来的后果，用所谓经过反复检验和证明的策略，在极具迷惑性的纯洁的宪法和学术外衣下，掩饰其反对社会变革的主张。

平权修正案是一个颠覆性的修正案，而不是对现有法律文本的解释性话语，所以库兰无法像他在布朗案法庭辩论中所做的那样，宣称最高法院逾越了宪法文本并强行将自己的价值附加其上。他必须采取新策略。如同对布朗案所做的抨击，库兰自称对消除某些性别歧视的目标表示赞同，但担心社会动荡会随之而来。他担心劳动保护立法（例如，对女性工作时间的限制）和诸如赡养费之类的家庭劳动保护立法被废止，只留下家庭主妇和女性职工暴露在所谓权利平等的寒风中。法律可能不再要求女性婚后必须改姓；女性会被征召入伍；她们可能不得不和男性同校，或是使用同样的厕所。无论如何，如果女性权利受到了侵害，她们为什么不直接利用自己的多数地位来修订法律呢？她们跟黑人不一样，库兰 52
争论道，黑人是真正意义上的少数群体（库兰疯狂地批判废除学校种族隔离的裁决，黑人的宪法性权利也遭到他的抵制）。[③]库兰总是想方设法地站出来反对平等，还总装作动机纯正。

---

① Donald G. Mathews and Jane S. De Hart，*Sex*，*Gender*，*and the Politics of ERA*：*A State and the Nation*（New York：Oxford University Press，1990），37.

② Karl E. Campbell，*Senator Sam Ervin*，*Last of the Founding Fathers*（Chapel Hill：University of North Carolina Press，2007），124.

③ Kurland，"*Brown v. Board of Education* Was the Beginning."

不管库兰的动机是否纯正，他的文章确实起了些作用。这些事如果由一个像施拉夫利一样的前伯奇主义[①]（Bircher）分子领导的原教旨主义宗教联盟来做，那就永远不可能做到。因为它源于一位有声望的宪法学教授，这使得反对平权修正案的主张平添光环。一旦社会变革依赖于法律变迁，远离政治的法学教授群体就会起到很大作用。库兰最具煽动性的控诉——不分男女的厕所、女性服兵役——最后并没有发生，而且就算没有平权修正案，就业实践中的大多数平等化现象，也会作为1964年民权法案覆盖女性群体的结果而出现。但在单一性别的公立大学消亡这一点上，库兰是对的；真正法律意义上的性别平等终将改变社会，也被库兰说中了。这个警告，被保守主义煽动者施拉夫利所掌握，足以使平权修正案以失败告终。

自由派宪法学者，包括金斯伯格在美国公民自由联盟的同事诺曼·多尔森在内，共有十人持完全相反的立场，但并未发挥什么作用。人们期望美国公民自由联盟的学者支持平权修正案。库兰，一位备受尊敬的一线法学院教授，极力反对破坏性别的刻板印象，这出人意料却有很大影响。尽管联盟最终还是支持平权修正案，但当被新的社会发展情势施压，就连美国公民自由联盟理事会成员，也对女性和男性可能共用监狱和厕所感到头疼。[②]

以金斯伯格的惯常作风，甚至在这场斗争如火如荼时，[③]她仍很礼貌地给同事菲利普·库兰，以及同样持反对意见的她在哈佛时的老师，保罗·弗罗因德（Paul Freund）教授写信。她写道：“看到你们采用这种

---

① 伯奇主义分子（Bircher），1958年在美国兴起的极右翼组织成员。——译者注

② American Civil Liberties Union Records，Princeton University Library，Box 23，Minutes of Meeting Board of Directors，November 26，1970.

③ Ginsburg Archive，Library of Congress，Box 20，Folder ERA Correspondence，197.

方式，我很遗憾。”除非必需，否则绝对不要得罪人——这是她从“有独到见解，并具备创造相关性的稀有天资的绅士”那里听到的观点，在数年之后的一次演讲中，她婉转地描述这一观点是“奇妙无比”的。[①] 53

正如平权修正案折戟沉沙时金斯伯格所意识到的，[②] 不仅是因为有这些男性学者助力才打败了平权修正案，他们之前对于种族平权的批判也起到了作用，追求现行宪法框架下的平等更难实现了。这些教授声称，最高法院过度解读了第十四修正案中的平等条文，才作出了禁止种族隔离的决定。把平等原则适用于甚至没有在南北战争修正案中被提及的女性身上，违宪的程度有多大？如果女性主义法学者试图改变宪法或是试图运用现在的宪法，就会受到这些法学教授的责难。确实，千万不要浪费一个“非凡的头脑”。

金斯伯格是一名战士。她再次走上战场，写文章，发表演讲，向别人提供论据。从 1970 年给国会两院司法委员会成员写信起，到她在 1980 年成为联邦法官那天止，她为平权修正案的通过锲而不舍地战斗。金斯伯格尝试着让同事琼·克劳斯科普夫（Joan Krauskopf）教授振作起来，据说这位同事曾在 1974 年一次会面时遇到了一个发飙的人。金斯伯格告诉她必须“用事实和冷静的理由去面对荒谬的争议”。[③] 她被撰写《纽约时报》评论版的有权势的把关者们指定为修正案进行辩护。[④] 她为

---

① Ruth Bader Ginsburg, “Women at the Bar—A Generation of Change,” *University of Puget Sound Law Review* 2 (1978): 1, http://digitalcommons.law.seattleu.edu/cgi/viewcontent.cgi?article=1081&context=sulr.

② Amy Leigh Campbell, *Raising the Bar: Ruth Bader Ginsburg and the ACLU Women's Rights Project* (Bloomington, Ind.: Xlibris, 2004), 40, citing Ginsburg's internal memorandum on Reed, Ginsburg Archive, Library of Congress, Box 6.

③ Ruth Bader Ginsburg, letter to Joan Krauskopf, Ginsburg Archive, Library of Congress, Box 20, Folder ERA Correspondence, 1974.

④ clippings reflect that she got picked by the NYT to do the op-ed in favor of the ERA, Ginsburg Archive, Library of Congress, Box 16, F1975.

女性选民联盟（League of Women Voters）[①]提供有力支持。看到某些犹太人学者预言世界末日即将到来，她给纽约时报写了一封信。[②]不愧为一位在自己领域取得非凡成就的女性，为了在美国国家公共电台（NPR）上发表“三分钟介绍平权修正案”（Three Minutes on the ERA）的演说，她还专门做了笔记。[③]

亚利桑那州立法机关正在投票反对平权修正案，与此同时，金斯伯格和诺曼·多尔森一起站在纽约大学里，在一个大型集会前演说支持修正案。她向人群发表了鼓舞人心的讲话之后，多尔森俯下身子，像其他人所想的那样，对这位娇小的律师说：“你知道的，它永远不会被通过的。”她实在不想听到这些话，多尔森回忆道。

就像桑德拉·戴·奥康纳一样，鲁斯·巴德·金斯伯格很少遭受失败。尽管对于平权修正案的支持她从未公开表示动摇，但她毕竟不是立
54 法者，所以她不必在修正案和自己事业的野心之间作出选择。政府考虑平权修正案时，里德诉里德案、莫里茨诉税收委员会案这样的案子让她想出一个推动女性平等的好计划。国会改变了不公正的法律，使案件的诉因丧失，从而导致金斯伯格丧失了代理莫里茨案上诉的机会。但类似诉讼却在各地爆发。

女权计划的“母亲”千千万

将活动的重点转向美国公民自由联盟后，金斯伯格强烈意识到这个

---

① Ginsburg Archives，Library of Congress，Box 20，Folder ERA Correspondence，1975.

② Ibid.

③ Ginsburg Archives，Library of Congress，Box 14，folder April 1978.

组织有着关于女权主义波折的过往。金斯伯格把多萝西·凯尼恩和泡利·默里这两个女人的名字写在诉状封面上[①]——尽管与里德案诉状没有任何关系，但她们曾为女权得到承认与美国公民自由联盟理事会抗争了数十年。金斯伯格知道自己站在谁的肩膀上（凯尼恩在数月后离世）。

在1970年美国公民自由联盟两年一次的会议上，被女权问题彻底摆上桌面之后，新设的平等委员会（Equality Committee）就开始将政策立场灌输给整个理事会。“性别”和“人种、肤色、宗教信仰以及国籍”应当包含在所有民权立法中；第五和第十四修正案要求男女平等，与针对女性的性别歧视“作斗争”的立法和教育应当全力推行。[②]

美国公民自由联盟理事会对其许诺的平等的宽泛定义作出了限制。[③]工作中的性别歧视将会被抵制，但就算是有“差异化合理根据”的例外，理事会也无法接受让女性服兵役的这种想法。投票时，自由联盟同意将军事领域置于他们的政策立场之外。要美军撤除对女性服兵役的最后障碍，至少得花40年。学术自由委员会反对所有私立大学应当改制为男女同校的提议，以保障男性和女性只与同性交往的自由。

在公民自由联盟的先贤们对哈佛大学和韦尔斯利学院（Wellesley）
的情况犹豫不决时，金斯伯格教授先从她自己所在的学校动手了。罗格 55
斯大学是一所性别隔离的公立大学，内设罗格斯学院（一个男子学院）以及道格拉斯学院（稍小一点的，为女性单独设立的学院）。校理事会拒绝废止这种架构，院长理查德·麦考密克（Richard McCormick）于是

① “Tribute: The Legacy of Ruth Bader Ginsburg and WRP Staff,” ACLU.org (website), March 7, 2006, http://www.aclu.org/womens-rights/tribute-legacy-ruth-bader-ginsburg-and-wrp-staff.

② American Civil Liberties Union Records, Princeton University Library, Box 23, Board minutes of January 18, 1971.

③ ACLU Biennial Conference, Equality Committee report, November 1970, American Civil Liberties Union Records, Princeton University Library, Box 24, folder 4.

向法学院的女权主义同僚寻求帮助。1971 年 4 月 13 日，金斯伯格写信给罗格斯大学代理校长理查德·施拉特（Richard Schlatter），告诉他最近的一项联邦裁决认可女性可以进入弗吉尼亚大学，这将“使罗格斯大学陷入困境”。[①] 之后，罗格斯大学允许女性进入男子学院，并解散了道格拉斯学院。

在美国公民自由联盟中的保守势力看来，1970 年那场会议比起那些单一性别学院所受到的威胁更严峻，因为这次会议的目标直指自由联盟本身。会议建议，自由联盟必须“采取积极有力的措施，以增加女性在所有政策制定机构以及组织的委员会中的代表人数。象征性的代表则不再被认可。”[②]1970 年会议的反对者认为，美国公民自由联盟“并未充分利用本组织中女性的潜力和天赋”。

1971 年 10 月，自由联盟理事会经投票全体一致通过，将增加女性的权利作为新的工作重心。[③]12 月 4 日，一个女性小组出现在理事会面前，争取一个女性权利项目。[④] 这次 12 月会议的演讲者之一是“罗格斯大学、哈佛大学法学教授金斯伯格”。[⑤] 演讲中，金斯伯格讲述了司空见惯的故事。故事关于最高法院针对女性所作的决定——在霍伊特诉佛罗里达州案（Hoyt v. Florida）或格赛尔特诉克利里案（Goesaert v. Cleary）中她们被阻止担任陪审员，也被禁止在酒吧服务——一段被里德案的胜利所

---

① “The Trailblazers,” *Rutgers Magazine*，Winter 2013，http://magazine.rutgers.edu/features/winter-2013/the-trailblazers.

② Memo from “The Office” to “Board of Directors,” November 20，1970，American Civil Liberties Union Records，Princeton University Library，Box 24，folder 4.

③ Minutes of the Board of Directors，October 2-3，1971，American Civil Liberties Union Records，Princeton University Library，Box 24，folder 6.

④ Minutes of the Board of Directors，December 4-5，1971，American Civil Liberties Union Records，Princeton University Library，Box 24，folder 6.

⑤ Ibid.

打破的不堪历史，发生在这次自由联盟会议的一个月之前。

在美国公民自由联盟会议几分钟的讲话中，她在哈佛法学院际遇的简介已充分说明了问题。投身女权运动数年后，1971 年秋季学期金斯伯格访问哈佛法学院时，才注意到哈佛法学院里没有终身教职的女教师。自由联盟开会时，哈佛会不会提供一个终身职位给这位地位不高的罗格 56
斯教授，情况完全不明朗。事实上，哈佛法学院犹豫再三，问她要不要回来再次访问时，她一口回绝了。取而代之的是，她接受了来自哥伦比亚大学的邀请。那些身份认同特别强烈的自由联盟理事们打量着面前的这个女人，那时可能是金斯伯格最接近哈佛教授身份的时刻了。如果自由联盟要把公民自由的斗篷披在前途未卜的女权主义革命上，至少需要一位干练的发言人。到 12 月的理事会休会为止，1972 年的预算囊括了妇女权利项目额外的法律花销。

执行主任阿里耶·尼尔经常通过设立专门项目解决对他来说最重要的问题，项目负责人直接对他负责。[①] 较早的时候，他还认为黑人民权斗争是其他民权斗争的驱动力。现在他相信女权斗争已经走在了前列，并且认定金斯伯格是他的“指定击球手”。

他有充分的理由。每次聘用新员工的时候，他总是要求应聘者写一份文书。他一看到她写的，就知道不用再往下看了。尼尔认为，她不仅是才华横溢的思想者和作者，更是一个极其沉着冷静的人。“我想要的是一个会去主动解决棘手问题的人——即使这个问题在当时是大家嘲弄的对象；以及一个会用应有的庄严方式解决该问题的人。”

就像罗格斯大学学生演的小品那样，鲁斯·巴德·金斯伯格一直很庄严。她有自己的理论，而非特立独行，这就是她最重要的终身信条。[②]

---

① Aryeh Neier，interview with the author，July 11，2013.

② Ibid.

她还有另外一个优点。1971 年，尼尔从当时所有的女律师中选择了金斯伯格，并没有引发选出一名运动领袖时所经常出现的愤怒和嫉妒。就像活动家安·弗里德曼说的那样，“一个人如果真的特别优秀，就像大家都认可的鲁斯那样，那么机会出现时，人们想让她大展拳脚就不奇怪了。不会有人说：‘你难道要让鲁斯领头吗？’”[①]

57 1971 年那场演说的两个月后，尼尔向理事会报告说女权项目即将启动，而且鲁斯·巴德·金斯伯格将会成为负责人。[②] 由于她要从罗格斯法学院搬到哥伦比亚大学去，美国公民自由联盟将跟她的新单位协商，分配其工作时间。

尽管女权项目已经推进，美国公民自由联盟仍没能变成女性的天堂。1970 年会议之后，女权核心小组想出了一个计划，调查下属分支机构里女性的职级和人数，并积极动员女性应聘高级别的工作。最彻底的是，他们提议扩充满是男性成员的全国理事会并建立女性代表的配额制度。

女权活动家引发了这个自由派组织为期两年的性别冲突。一个实施女性代表政策的委员会提出了一项强有力的提案，附有一张没有签名的“谅解备忘录”（supporting memorandum）。[③] 这张单据，是为美国公民自由联盟新成立的女权项目准备的，上面满是金斯伯格的烙印。它以她在里德案诉状的简短摘录作为开头。像往常一样，抽丝剥茧地从一个枯燥案例引用到另一个，备忘录还巧妙地把自由联盟自己关于种族平权运动的政策加入论点中。金斯伯格最喜欢的话题之一——女性被社会化使得她们不能“推开一扇开着的门”——回应了可能出现的认为女性这样的

---

① Ann Freedman，interview with the author，October 29，2013.

② Minutes of the Board of Directors，February 1972，American Civil Liberties Union Records，Princeton University Library，Box25，folder 5.

③ Supporting memorandum，September 29，1971，American Civil Liberties Union Records，Princeton University Library，Box26，folder 2.

庞大群体不需要配额的说法。

这一次，甚至是金斯伯格友好的劝说都不起作用。美国公民自由联盟理事会成员，那些非常富裕的自由派，拒绝把定额标准应用到自己身上。几乎没有被历史记载的是，女权运动的“瑟古德·马歇尔”没能说服自己所在机构在性别问题上坚定地走下去。直到 1974 年，女性才开始大量出现在国家和地方的自由联盟理事会。[①]

面对不可能完成的任务，鲁斯像往常一样淡定从容。尽管妇女权益项目成为其他机构的榜样并非美国公民自由联盟的初衷，但它起到的作用已经远超出所有人预期。鲁斯·巴德·金斯伯格有社交天赋，她与自 58
由联盟的关系也不例外。他们甚至有一间“蜜月套房”。尼尔，这位著名的募捐者，[②]发现了位于曼哈顿市中心的一间办公室，并以极低的价格租了下来。办公室属于已经破产的约翰斯·曼维尔公司（Johns Manville Company）。这也许是历史上第一次，一个民权组织从“木板办公室”中崛起，尼尔笑着回忆：“鲁斯待在那里的时间比待在哥伦比亚大学的时间都要多。毕竟，她生活在上东区。周边环境如此怡人，也不会有什么烦恼。”

像了解金斯伯格的长处一样了解她的弱点，尼尔又雇用了一位女性——女权运动活动家布伦达·费根·法斯图（Brenda Feigen Fasteau），这立马上了新版《女士》（Ms.）杂志的头条。美国公民自由联盟是金斯伯格实施谨慎、渐进策略的理想场所。大多数引领社会变革的律师事务所必须根植于原告诉求行事，利用他们与这种非正式运动之间的联系确定适格案件以及当事人和事实类型。在声誉良好、为人民诉求而战的全

---

① Susan M. Hartmann，*The Other Feminists*：*Activists in the Liberal Establishment*（New Haven，Conn.：Yale University Press，1998），80.

② Marilyn Haft，interview with the author，June 19，2013.

国分会机构中，自由联盟有一个发掘潜在适格原告的内部通道。这些分会是全国女性逐步掌握主动性的体现，自由联盟赋予各分会提升女性主动维权的任务。费根·法斯图忙着确认一长串的诉讼领域：就业、信贷、对私立机构的公共援助、教育、培训，以及最后并没被列入计划的生育控制。①

如果与愤愤不平的美国女性数量相比，在女性与法运动中涌现的大量可能诉讼还是会黯然失色。性别平等聚焦于美国法律后，控诉发生了井喷式的变化。②信，他们收到了信。“我已经交了25年的社会保险，”来自加利福尼亚州里士满市的玛丽·费拉里（Mary Ferrari）写道，“社会保险本应给我丈夫的救济金却被剥夺了。”雪莉·鲁兹克（Shelly Lutzker）因怀孕被航空公司解雇，在那之后，她打了很多求职电话，但纽约就业办公室就是不相信她所做的真诚努力，只是因为她怀孕了。托妮·斯特劳斯博（Toni Strausbaugh）在海军陆战队服役了9年，还是两
59 个孩子的单亲妈妈，想报名参加国民警卫队，却因为孩子太小而被拒绝。空军少尉卡罗尔·派尔斯（Carol Pyles）希望能在因怀孕而不得不退役之后继续服役。黛布拉·蒙苏尔（Debra Monsoor）试图在怀俄明州的一处露天煤矿中站稳脚跟。她拿着比别人少的工资，却遭受着身体和语言的双重骚扰，还被剥夺了所有培训和晋升的机会。

得不到晋升、找不出晋升标准、怀疑不公平待遇的愤怒女性，从未看过集体谈判协议，她们是可以胜任的但却被拒绝了——所有这些事实都涌向美国公民自由联盟，但它却连这些不满和苦痛的一小部分都解决不了。这把一个大麻烦摆在了按部就班的金斯伯格教授面前，她想像瑟

---

① Draft Prospectus for a Women’s Rights Project，October 1972，Ginsburg Archive，Library of Congress.

② ACLU archives，Box 3113.

古德·马歇尔那样先把问题最突出的案子打到最高法院，为进一步解决更加根本的问题铺平道路。因此，对于确定房产管理人的性别歧视，即里德案，应当优先于那些社会影响力更大的案件，如挑战歧视怀孕妇女和全男性征兵的案件。[①] 金斯伯格也尽全力控制那些“傲慢女人”——她们恨不得帮每个人起诉，急速实现男女平等。

有一个问题她不需解决（也因此不能控制），那就是女权主义的核心问题——堕胎。最高法院最终在1973年的罗伊诉韦德案（Roe v. Wade）中对此下判。事实上，奥康纳大法官，当时的州参议院多数党领袖，与这个热点问题的关系比金斯伯格这个女权主义代表要更紧密、政治风险也更大。1970年，也就是罗伊案判决的3年之前，奥康纳曾支持一项法案，废止亚利桑那州禁止堕胎的刑事法令，但未获成功。罗伊案推翻了所有的类似法律。在那之后，她拒绝了一项比罗伊案判决走得更远的州法，以及向国会进言中止堕胎的请愿。[②] 尽管奥康纳不擅抉择——她支持阻止州政府继续为贫困妇女堕胎提供资助，同时也支持立法赋予医务工作者拒绝实施堕胎手术的权利——在她上任之际，亚利桑那州的反堕胎者仍试图阻止她到最高法院任职。[③] 60

美国公民自由联盟是这两起相关案件之一，即罗伊案的法律顾问单位，但金斯伯格却因为一个莫名的原因没接触到堕胎案。阿里耶·尼尔急于挖掘福特基金会的资源为自由联盟所用。他说，福特虽然明确支持迅速发展的女权运动，但绝不会资助任何与堕胎沾边的事。金斯伯格绝缘于堕胎问题是历史意外，但却有着深刻影响。如果她也参与

① Ruth B. Cowan, “Women’s Rights through Litigation: An Examination of the American Civil Liberties Union Women’s Rights Project, 1971-1976,” Columbia Human Rights Law Review 8 (1977): 373-89.

② Biskupic, Sandra Day O’Connor, 58.

③ Ibid., 97.

到该联盟为确保女性堕胎权利而做出的积极努力中去，就可能再也无法到最高法院就职了。[1]反过来说，从自由联盟新的生育自由项目中剥离出来的堕胎诉讼，并没有从金斯伯格的理论框架、行为准则以及迂回战略中受益。

就金斯伯格而言，令她抓狂的是，她差点就能代理一个完美地契合女性自决的案子，一个强制引产的案子。1970 年，空军把苏珊·斯塔克（Susan Struck）从越南遣送回国，理由是她怀孕了。她要么去做空军提供的免费引产，要么就退伍。但斯塔克选择提起诉讼。因为怀孕且没有接受引产，所以空军就把她开除公职，她指控这违反宪法。在起诉期间，斯塔克，一个天主教徒，生下孩子并让别人收养了。1971 年，最高法院听取了她的申辩。嚯，怪不得金斯伯格想为这个案子辩护。

令人难以想象的是，1972 年，最高法院本不应该同意政府对女性实施强制堕胎，作为保住她们工作和军事生涯的条件。人们很可能已经忘记，但包括罗伊案在内的所有有关生育权的案子，都追溯到了 1947 年禁止政府给罪犯绝育的决定。[2]虽有反堕胎者的宣传，生育权决定也不涉及那些穿戴着珠子想在伍德斯托克（Woodstock）音乐节的泥浆中不
61 计后果地做爱的嬉皮士。在种族灭绝的纳粹时代刚刚过去的年代，最高法院首要保护的是生育孩子的权利。基于这项原则产生了一个规定：政府既不能强迫人民，也不能阻止人们生育。

斯塔克想要的一切都有了。除了提议强制堕胎，空军随后对苏珊·斯塔克作出了惩罚——因为她生下了这个孩子（尽管孩子被别人领养了）。与处理其他违禁事项不同，怀孕只发生在女性身上。对毒品和酒精有依赖的男人，受到的处罚比怀孕妇女还要轻。政府居然说这是为他们好！

---

① Aryeh Neier，interview with the author，July 11，2013.

② *Skinner v. Oklahoma* ex rel. Williamson 316 U.S. 535（1942）.

所以斯塔克案可能已经催生出一项看似合理、以平等为基础的有关堕胎的决定；而且它可能会杜绝后来出现的一些荒谬案件。在这些案件中，法院又否认怀孕歧视是女性议题。

但金斯伯格来自哈佛的死对头，曾扬言“你们女人在这做什么”的院长，欧文·格里斯沃尔德，挡住了金斯伯格的去路。到 1972 年，格里斯沃尔德一直担任美国首席政府律师，即司法部副部长职务。他认为在斯塔克案中，政府一方会在最高法院败诉，这削弱了政府在其他情况下区别对待怀孕妇女的权力。所以他向空军施压，使其废除现有政策并让斯塔克官复原职。然后他告诉最高法院这个案子已经不存在争议了，所以没有实际意义。法院最后驳回了斯塔克案。

几年之内，大法官们判定了两起案件，但就判决内容而言，对于女性来说却不像金斯伯格期待的那样有利。他们以隐私而不是以女性平等原则的延伸为由对罗伊诉韦德案，也就是堕胎案，做出了判决。基于“隐私”的不确定概念，该案判决在政治上受到诸多质疑。这些观点认为，这项关于“隐私”的判决是一种武断的“隐私”选择，而不是一条按照法律的规定通向女性平等的道路。在罗伊诉韦德案过后一年的另外两起案件中，法院允许政府将怀孕从失能津贴的名单中排除以节省公共开支。

除了堕胎权，金斯伯格在 1981 年动身前往联邦法院之后，美国公民自由联盟女权项目成了女性法律权利的求助中心。20 世纪 70 年代——尼
尔时代（the Neier years）——可能是自由联盟社会力量的巅峰。在越南战 62
争后期，五角大楼的文件和对尼克松的弹劾将权利问题推上风口浪尖，并持续了很久。尼尔这个怪胎募资者火力全开，自由联盟从福特基金会、卡内基基金会，以及尼尔个人的小猪储蓄罐——花花公子基金会[①]（Playboy

① 1965 年在美国由诸多企业捐助成立的非营利性组织。——译者注

Foundation）[①]，这些地方都获得了资助。女权项目有4个全职律师、社会活动家、职员，尤其还在一个满是志愿者律师的美国。

截至1980年，美国公民自由联盟女权项目单从福特基金会就募集了超过100万美元的资助。苏珊·贝雷斯福特（Susan Berresford），福特的一名项目官员，一直在将基金会推向女权革命资助者的第一线。自由联盟把新“明星”金斯伯格带去与福特的人会面，贝雷斯福特很欣赏她，因为“她的话冷静、清朗、掷地有声……而且在某种程度上她很有吸引力，很有智慧也很沉着，而这又增加了她做事的把握，非常自信的一个人”[②]。贝雷斯福特在福特的上司迈克尔·斯沃多夫（Michael Svirdoff），是一个爱说俏皮话的人，他不太能忍受一些他所认为的“敏感会面”[③]。条理清晰、从容不迫的金斯伯格很适合他。

1973年，金斯伯格的冷静沉着得到了严峻的考验。当时，福特基金会资助了一场会议，金斯伯格邀请了西尔维娅·罗伯茨（Sylvia Roberts）——全国妇女组织的首席律师。他们的议程是把全国上下所有处理女权诉讼的律师集中到一间酒店，尝试一起明确首要任务，并对工作任务进行分配。金斯伯格一直非常在意案件是否能够按照一定的顺位递交法院——这能最大限度地促进构建一个渐趋完善的女权判决体系。[④]

这次会议是金斯伯格推动女权法律革命的教科书式范例。像金斯伯格和罗伯茨在会议策划伊始就决定的那样，每个人都应该同意，诉讼只

---

① Aryeh Neier，interview with the author，July 11，2013.

② Susan Berresford，interview with the author，November 5，2013.

③ Hartmann，*The Other Feminists*，156，citing FFA transcripts.

④ Cowan，“Women’s Rights through Litigation，” page 381-82.

是手段，不应该把所有的会议时间都花在同一件事情上。[①]以她特有的
有条不紊的性格，金斯伯格对与会者应当怎样思考、讨论问题提出了建
议。他们应该如何设置优先议题？他们是否应该按照特定顺位提交问
题？他们应该怎样来宣传、分享、支持所作出的努力？湮没在清单最中 63
间的才是她真正关心的问题："区分出哪些案件适合由最高法院作出判
决，哪些案件还不应提交最高法院。"

剩下的就杂乱无章了。金斯伯格问题的答案出来时，与会者之一玛丽·伊斯特伍德（Mary Eastwood），建议第一天晚上应该主要研究"女权主义的法律哲学"，再重点分析一下"女权运动中的派别之争"。相反，金斯伯格则希望时间花在"大家希望从我们的会议中得到什么"上。4月26日，也就是会议第一天晚上，这些女权律师到达喜来登·罗塞尔酒店的地下会议室时，他们收到一个供研究讨论的案例："黛西（Daisy）、谢乐尔（Sheryl）和琼（Joan）"，"与一只狗和三只猫一起生活在乡下的一栋精致大房子里"，希望收养几个孩子，但"当地收养机构拒绝了她们，原因是有传言（传言是真的）说黛西和谢乐尔是一对女同性恋，而且无论如何，'三个成年人说不上一个家庭，最多算是群居团体'"。女同性恋是女权问题吗，伊斯特伍德问道。那些女权律师竞相加入讨论。

"任何与女性相关的事情都很重要。"金斯伯格的搭档西尔维娅·罗伯茨说。"女同性恋使得女性有更大的自由去选择生活方式，也使得女人和男人都挣脱了固有的性别角色。"新任职的法学教授芭芭拉·巴布科克（Barbara Babcock）补充道。"在纽约，"运动的资深负责人珍妮丝·古德曼主动说，"很多女性都说女同性恋走在运动最前沿。"

---

① Ginsburg Archive，Library of Congress，Box 20，Folder Conference of Equal Rights Advocates，April 1973.

金斯伯格属于自由派，但她并不赞同那句20世纪60年代的谚语：在每个人得以享自由前，没有人是自由的。“并不是所有女权问题都应该在现在提起诉讼，”她说，“因为有一些注定会败诉。考虑到目前的政治氛围，还可能阻碍我们推进女权法律的整体进程。比如，现在并不是挑战退伍老兵优先权的时候。”至于是否要针对女同性恋这一问题提起诉讼，她善意地提醒了那些与会者，“最近《耶鲁法律杂志》上刊载的一篇学生评论写的就是平权修正案对于同性婚姻的影响。文章认为如果
64 下令禁止（同性婚姻），在平权修正案下将是违宪的。那篇文章现在被平权修正案的反对者用以吓退支持者。”（1973年那篇文章的作者很有先见之明；1993年在夏威夷，第一个使同性婚姻合法化的法院，其判决就是基于针对州宪法的平权修正案而作出的。）[①]在当时，金斯伯格并没有太关注同性婚姻问题。除非时针停止转动，否则通过平权修正案就一直会是金斯伯格最先考虑的事情。[②]然而，金斯伯格借别人之口说出了自己的意见（这里的别人指那个耶鲁法学院的学生）。

即将成为金斯伯格项目负责人的凯瑟琳·派拉缇斯（Kathleen Peratis）并不认同她未来上司的观点。“因为可能会背负骂名就什么都不做，（我）不认同，”她争辩说，“极端一些自有其价值。”

美国公民自由联盟理事会成员泡利·默里，曾经经历过全国有色人种协进会维权基金（NAACP Legal Defense Fund）那段光辉岁月。她提醒大家，案件的选择对瑟古德·马歇尔的成功起到了根本性的作用。原因在于，1938年她被大学拒绝的时候，马歇尔拒绝了她，因为他觉得她的案子力道还不够。“最高法院作出的不利决定会产生灾难性影响。”她

---

① *Baehr v. Lewin*，74 Haw. 530，852 P.2 d44（1993），reconsideration and clarification granted in part，74 Haw. 645，852P.2 d 74（1993）.

② Janice Goodman，interview with the author，July 31，2013.

重申。但参会者对此并不感兴趣。“为什么律师竟然去考虑什么问题应该优先？”一名律师问道。“我们又不能控制自己拿到什么案子。”另一名律师说。在 70 年代的社会运动中，派系斗争是最主要的事情。

由于 70 年代的女权主义者像一盘散沙，有人建议直接转向下一议题，一个以全国有色人种协进会为模板的资金雄厚的全国性中心。金斯伯格已经花费了一年的时间运营这个中心，后来泡利 · 默里接手，确立了法律女权主义的优先地位。在福特基金会的支持下，她在哥伦比亚大学的学生通过美国公民自由联盟收集案件以厘清她的平等化进程表。然而她几乎没有谈到自己所发挥的作用，综观整个会议，她都把讲话局限于诸如对事实问题（例如，最近的判决）平和的询问上。

由于金斯伯格不是在领导一项传统的社会运动，所以没有必要举 65
办很多类似的会议用来保持势头和维持纪律。她杰出的职业技能以及沉着冷静的作风已经为她在女权运动中赢得了牢固地位。她只需要避免得罪人。

“如果其他人在那个位置上待过，”美国公民自由联盟的尼尔认为，“我怀疑他们是否能够做到与同领域的其他律师保持那种程度的合作……她倾向于合作和尊重，而不是竞争。她根本不是一个虚荣的人，没有试图引起别人关注。这是一个一方面思路很有条理，另一方面又对同伴很友善谦逊的人。”“她和声细语，”美国国家公共电台的法律顾问尼娜 · 托滕伯格说，“却可以用轻柔声音说出骇人的故事。”①

获得的新贵地位并没有使她沉默。她一到哥伦比亚大学和美国公民自由联盟就规劝她的同事停止性别歧视行为。她打破陈规给哥大校长写

① Nina Totenberg，interview with author，September 6，2013.

信，告诉他罗格斯大学聘用更多女性教工这个积极的行动计划。[1]以经典的金斯伯格范儿，她在信开头提醒麦吉尔（McGill）校长，他们之前在道尔顿学院的一次家长会上见过面。这里只有我们这些精英，麦吉尔校长。她还给纽约律师协会写信，现在女性大量参与到律师职业，就不该继续使用“弟兄们”（“brethren”）这个称呼。[2]无论是私下聚会还是公开场合，她都指责那些在全男性俱乐部里开专业会议的教授和活动家，比如70年代的世纪俱乐部（Century Club）。[3]她还把矛头指向自由联盟。她质疑，他们在年度报告中为什么不多关注一下我在最高法院所取得的巨大胜利？美国律师协会在它的会议上也没有给权利义务的进步留出足够的讨论空间。[4]“鲁斯能够成功有很大的侥幸成分，”珍妮丝·古德曼
66 回忆道，“如果我能弄清楚她是怎么做到的，我就自己做了。”

① Ginsburg，letter to William McGill，1972，Ginsburg Archive，Library of Congress，Box 18，F71-73.

② Ginsburg，letter to New York City Bar Association，Ginsburg Archive，Library of Congress，Box 12，folder June/November 1972.

③ Ginsburg，Archive，Library of Congress，Box 12，SALT speech；Harvey Goldschmid，interview with the author，November 4，2013，re：her whispering in Herbert Wechsler's ear.

④ Ginsburg，Archive，Library of Congress，Box 13，folder August'76，correspondence with the ABA bicentennial celebration programmers.

PART II

CHIEF LITIGATOR FOR THE WOMEN'S RIGHTS PROJECT

第二部分

女权运动的首席律师

第四章

第一幕：构建女性平等

在世人看来，五部歌剧杰作铸就了天才莫扎特（Mozart）；五部小说造就了简·奥斯汀（Jane Austen）的好声誉。相似地，五宗案件成就了金斯伯格。作为 1971 年到 1980 年间女权项目的首席律师，鲁斯·巴德·金斯伯格在最高法院一共打了五起大案子（其中一起败诉）。通过在十年的时间里发生的这五起里程碑式的案件，她极大改变了美国女性的宪法地位。1971 年，妇女作为遗产管理人的里德诉里德案（Reed v. Reed）本可以成为第六起标志性案件，但金斯伯格放弃了。她只写了法庭采纳的意见。

首次亮相

1973 年 1 月一个寒冷的星期三下午，鲁斯·巴德·金斯伯格动身前往联邦最高法院参加她的第一起辩护案件。尽管她只待了十分钟，也没有吃午饭；但她紧张焦虑，甚至担心自己会放弃。[①] 这起案件是来自亚

① Fred Strebeigh，Equal：*Women Reshape American Law*（New York：W. W. Norton，2009），52，citing Elinor Porter Swiger，*Women Lawyers at Work*（New York：Messner，1978），52.

拉巴马州联邦法院的弗朗蒂罗诉理查森案（Frontiero v. Richardson），由全新的南方贫困法律中心（Southern Poverty Law Center）的创始人莫里斯·迪斯（Morris Dees）和约瑟夫·莱文（Joseph Levin）负责受理。莱文首先提出让金斯伯格在最高法院法庭上辩论。然而，随着案件的推进，莱文发现这个案子对自己而言太重要了——这将是他第一次出庭的机会，因此不能错过。于是莱文首先做辩护发言，后来还优雅地让了十分钟给“金斯伯格教授”。

弗朗蒂罗诉理查森案之所以出现，是因为一个名叫沙伦·弗朗蒂罗
69（Sharron Frontiero）的空军飞行员质疑军队的推定性规则——男兵的妻子依靠丈夫抚养，而女兵的丈夫不依赖于妻子的扶养。女兵必须证明她的丈夫需要依靠妻子生活，才能获得那些男兵理所当然就可以为其家人获得的住房和医疗福利。在无数假定女性依附、男性独立的规则中，“依赖配偶规则”只是其中一个，当其挑战觉醒之时，女权法律运动便出现了。

“鬼鬼祟祟”的金斯伯格律师

然而，在要求用更为严格的标准审查此类歧视性法律时，弗朗蒂罗诉理查森案发挥了重要的引擎作用。（要把性别歧视纳入种族歧视或言论限制的范畴，最高法院早就认为这很难。）最高法院判决里德案（鲁斯的首次尝试）时，它几乎没有使性别歧视的审查标准高于其他任何法律区别对待的标准：法律的规定是否合理？里德案之后，涉及性别歧视的法律必须公平和实质性地促进立法目的的实现。里德案的收获是巨大的，因为这是最高法院第一次拒绝接受法律上不言自明的两性区分。里德案确立的标准优于单纯理性的低审查标准，但还没有接近金斯伯格的期望值——让法院像对待种族歧视一样对待性别歧视。涉种族案件中，政府

必须证明区别对待对于实现强制的政府利益是必需的。自1954年决定废止种族隔离学校以来，几乎没有任何区分对待的方式遭受如此沉重的打击。

金斯伯格暗合这套行之有效的策略。尽管引起了全国女性对美国公民自由联盟的广泛投诉，但一场法律社会变革运动总是试图通过案例让重要的法律问题发生改变。例如，改变性别歧视的审查标准，以对现实社会造成最小的破坏来达到目的。案件事实表明：让为数不多的女兵证明其丈夫都依赖她们而男兵则无须证明就可以为妻子取得福利的规定， 70
对于空军而言没有任何实际意义。依靠一个毫无吸引力的社会假设——女性总是依赖于配偶而男性却不是，不过是让军队的行政管理更容易一些罢了。

由于女兵本来就不多，因此法院可以通过消除对政府来说成本很低的有害性推定来帮助女性。但一旦法院改变法律，接受小型社会变革，它便启动了改变法律先例的大引擎。这片土地上的法律，建立在女性需要依赖而男性不需要的假设之上；事实上，法律建立在对女性的各种假设基础之上。法律制度体系一直在创造各种假设，而这正是金斯伯格所寻求改变的假设。当女性推定的审查标准被改变，那么整个法律体系也会随之而变。

金斯伯格和同事们为弗朗蒂罗案并肩奋战。他们不想让一个无能的州律师把案子搞砸了，就像里德案中那个来自爱达荷州的糟糕辩护人。弗朗蒂罗的律师（来自南方贫困法律中心）请求美国公民自由联盟帮助他们向最高法院提交材料，总法律顾问梅尔·沃尔夫相信他们清楚应该将案子交由鲁斯辩护。[①] 于是，她开始起草辩护状，诉请更为严格的审查标准。但莱文后来食言，他又不让金斯伯格代理此案了。这时已经是

---

① Strebeigh，*Equal*，50-51.

10月，距离开庭还有3个月。更糟糕的是，随着辩护意见的撰写，南部贫困法律中心已经很明显地决定将此案适用温和的低审查标准，金斯伯格曾用这个标准赢得了里德案。[①]他们会说，专为空军便利所设的歧视性规定完全是任意妄为，这也正是最高法院在里德案中所禁止的。

美国公民自由联盟的人非常愤怒。这显然是错误的，就像萨莉·里德的律师随意对待那次口头辩论一样。然而，莱文甚至临时提出改变法律策略。正如金斯伯格所设想的，每一个案件都应当建立在先例之上，
71 如同全美有色人种协会做的那样，但绝不是简单地重复先辈已经完成的事。更令人抓狂的是，莱文那看似毫无野心的新策略来自一个名叫查尔斯·阿伯内西（Charles Abernathy）的同事，一个名不见经传的三年级法科生——就读于哈佛，自认为懂得如何应付尼克松法院。[②]显然费根·法斯图很不耐烦这位新贵的策略，因为他给她写了一封充满怨气的信，信中写道：他的团队比她想象的“成熟”多了。他甚至威胁说，如果她不尊重他们，其任何建议都将不被采纳。[③]

对于律师协会的精英们来说，争夺向最高法院呈交案件的机会须经由标准化的操作程序。地方纠纷案件几乎发生在全国任何一个城镇，像

① Serena Mayeri, “‘When the Trouble Started’: The Story of Frontiero v. Richardson,” in *Women and the Law Stories*, edited by Elizabeth M. Schneider and Stephanie M. Wildman（New York: Foundation Press, 2011）, http://lsr.nellco.org/cgi/viewcontent.cgi?article=1321&context=upenn_wps.

② Michael J. Klarman, “Social Reform Litigation and Its Challenges: An Essay in Honor of Justice Ruth Bader Ginsburg,” *Harvard Journal of Law & Gender* 32（2009）: 251-302, citing a letter from Charles F. Abernathy to Brenda Fasteau, October 19, 1972（on file with the Harvard Law School Library）, http://www.law.harvard.edu/students/orgs/jlg/vol322/251-302.pdf.

③ Charles F. Abernathy, Southern Poverty Law Center, letter to Brenda Fasteau, American Civil Liberties Union, October 19, 1972, Ginsburg Archive, Library of Congress, Box 3, Folder Frontiero v. Richardson, 1972.

莎莉·里德或莎朗·弗朗蒂罗一样的当事人希望能遇上像约瑟夫·莱文一样的律师，能够对其不满和诉求感同身受。在食物链的另一端，有一个以纽约和华盛顿特区为中心的精英律师团队，专门从事向最高法院呈交案件的工作。不同于原当事人的专用代理人，一些强大的律师事务所和组织，比如全美有色人种协会法律辩护基金或者金斯伯格所在的美国公民自由联盟，通常最感兴趣的是目睹调整整个国家的宪法以某一特定的方式发展。他们经常聘用曾为大法官作书记官并知晓最高法院内部消息的人。他们有时非常讨厌那些他们眼中的碍手碍脚的乡下佬。与实际当事人关系亲密的当地律师，并不想将他们的案件移交给大律所里的“高级律师”。像弗朗蒂罗诉理查森一样的案件依赖于一个着手其第一次最高法院辩论，也或许是唯一一次的律师。

金斯伯格的同事想尽一切办法让莱文退出。在费根·法斯图的努力失败之后，金斯伯格直接写信给莱文，就像她的惯常做法那样。她写道，让女律师为此案辩护非常重要。[①]“虽然我并不擅长自我宣传”，她继续说，“但相信你对我过去两年在女权领域所获取的经验有一定的了解。”莱文
几乎立刻回复了邮件。他认为性别因素对口头辩论而言并不重要。[②]“我 72
大概是世界上最容易相处的人，无论何种形式的争执都会让我不舒服。”

关于金斯伯格的传说中，书信往来显得尤为突出，因为人们很少捕捉到她自我吹嘘的过往。但一周后金斯伯格给莱文的第二封信，展现了她温文尔雅的外表下敏锐的头脑。她开篇轻言迎合道：“我想在现阶段，

---

① Ginsburg，letter to Joseph Levin，Southern Poverty Law Center，October 24，1972，Ginsburg Archive，Library of Congress，Box 3，Folder Frontiero v. Richardson，1972.

② Joseph Levin，Southern Poverty Law Center，letter to Ginsburg，October 27，1972，Ginsburg Archive，Library of Congress，Box 3，Folder Frontiero v. Richardson，1972.

对于我们中的任何一个人来说，在进行自我描述时都很难正视对方的优点。”然后金斯伯格的态度强硬起来，“在我的字典里，‘世界上最容易相处的人’是不会背信弃义的。我想提醒你重温 5 月至 10 月间的那场口头辩论中我们是如何陈述的，可你认为我不谦虚（不是由一位天性谦虚的人所写）。”一方面，不管莱文有多优秀，金斯伯格还是在信中用寥寥几句指出了他的疏漏；另一方面，无论这让她显得有多不谦虚，她说自己只是在尽力履行合同。所有这一切都有一个冠冕堂皇的理由：“我想，这对于我们中的任何一个人来说都很艰难……”

金斯伯格的神秘吸引力对执拗的左翼律师们起到了某种作用，因为她总是采取一种“我们都想在这里做有意义的事”的腔调。然而，在这个案子中，魅力失效了，这两个小组成员还是取消了商讨辩护状的会议。在 1 月的口头辩论中，莱文占据了大部分的辩护时间，他仅仅辩称空军的规定很不合理，还未达到里德案确立的适当审查标准。即使他们赢得了这场战役，也不能推进随后更残酷的“战争”。莱文讲完后，金斯伯格不得不作为法庭之友进行了简短发言，她提出：法院应当像审查种族歧视一样严格审查性别歧视。

尽管几十年来最高法院坚决抵制视频报道庭审的任何可能性，但口头辩论阶段还是被记录了下来，包括鲁斯·巴德·金斯伯格在弗朗蒂罗诉理查森案的首次亮相。只听过她在访谈中平铺直述、断断续续说话的人，听这录音都会大吃一惊。熟悉的布鲁克林口音（Brooklyn-inflected）
73 依然如故，但品特式[①]（Pinteresque）的停顿前所未有。这种停顿曾让一位求职者在其面试过程中就离开了金斯伯格的办公室，因为他认为她已经讲完了。整整十分钟里，她只阐述了一个论点——比较分析性别与种族，以及应该对两性之间的所有区别对待实行严格审查。如妮娜·图腾

---

① 指英国剧作家哈罗德·品特（Harold Pinter）的一种写作特点。——译者注

伯格所言，所有的犹豫，“在她开始展示时”，全部消失了。[①]

她提出的论点于现在看来很寻常。女性有一段受压迫的漫长历史，她们甚至不能对国家的大多数事务投票表决，并且直到 1962 年，公司董事会或代议制政府的大楼里仍然难见女性的身影。区别对待女性的正当理由——为了保护她们——将她们从公民和人们生活的重要领域中排除，如担任陪审员以及获得更优渥的工作。假定她们依赖家庭，像之前空军政策设想的那样，势必会限定两性的刻板印象以及限制女性的发展机遇和想象力。

一系列的简单陈述后，她说，提高审查标准似乎不那么简单，但却不可避免：

“法庭之友（来自美国公民自由联盟），”她开始说，“敦促最高法院在本案中承认于其他案件中已经确立的标准，这个标准不单适用于这个案子或这一天，而是这一类案件……”需求已经非常迫切，先前的认定已经过时，法庭之友敦促最高法院宣告“性别”是值得被质疑的标准。

“这不会成为巨大的进步。”被上诉人（空军）提出。

“为什么不会呢？”她解释道，“性别像种族一样，是一种可见的、不可改变的特征，并且与能力没有必然关系。性别就像种族一样，建立在一个不合理，或者至少是未经证实的假设的基础之上，而这个假设关乎个人执行力或社会贡献力的潜能。”

她的反对者称，种族是第十四修正案的特别关注点。的确如此。因此她再次请求最高法院不仅要考虑“是什么”，还要考虑“为什么”。

她又质疑道：“可是为什么第十四修正案的制定者会把种族视为可憎因素呢？因为一个人的肤色与能力没有必然的联系。” 74

然后她开始陈述观点：“同样，作为被上诉人，也承认一个人的性别

---

① Nina Totenberg，interview with the author，September 6，2013.

和能力没有必然联系。”

这一论点自然指出了性别与种族标准一样值得怀疑。如果她成功了，关于女性和最高法院的这场“戏”也就没有后续了。她甚至没被任何一个问题所打断，她的口头辩论生动地展示了这样一个女性，她对待每一个人就好像他们如同她一般聪慧。尽管辩护结构简单，但她并没有简化词句。女性没有少干活儿，获得的却是低“报酬”。区别待遇不仅非法，还很“可憎”。也许是因为不清楚面前这九位大法官内心作何感想，她援引了一段女性政权论者（suffragist）莎拉·格里姆克的话，作为在最高法院首秀的休止符：“我们不要求男性给我们特殊待遇，”她说，“我们要求的是，把他们的臭脚从我们脖子上拿开（挣脱他们的束缚）。”

金斯伯格才华横溢。法官会议上，七位大法官投票决定推翻空军政策。她改变了布伦南大法官对严格审查的立场，大法官决定像对待种族问题一样对待性别问题。（事实上，她认为性别与种族类似的想法说服了布伦南的书记官杰弗里·斯通，他曾在某个深夜给大法官留下两份草稿意见——一份是狭义应用里德案的观点，另一份是提高性别歧视审查标准的广泛意见。斯通第二天上班时，发现布伦南大法官已经采纳了后者。）[①]

然而，为了得到多数意见，布伦南经历了一场艰苦斗争。尽管你不会从里德案的一致决定中知道这一点，但事实是，在 1968 年这个国家选举出一位共和党总统时，最高法院就彻底改变了。里德案中的七位大法官仍在位，但尼克松总统提名填补了剩下的两个空缺。总统提名了威廉·伦奎斯特，他曾是奥康纳在斯坦福的老朋友，同时也是几十年来最

---

① Geoffrey Stone，interview with the author，September 12，2013；Seth Stern and Stephen Wermiel，*Justice Brennan*：*Liberal Champion*（Boston：Houghton Mifflin Harcourt，2010）.

保守的大法官；他还提名了刘易斯·鲍威尔（Lewis Powell），一个来自弗吉尼亚州温文尔雅的公司律师，曾担任美国律师协会主席。这两位新晋大法官都说不上是女权主义者。即使是尼克松提名的保守派大法官哈里·布莱克门，也表达过对法律上女权主义严肃性的不屑。他曾在金斯伯格关于里德案的传奇诉状里写道，美国公民自由联盟在这个“简单的小案件”中提交了“十分冗长的辩护状”。“我希望我们不要陷入一场 75
关于女性权利漫长而感性的讨论。”[1] 事实上，金斯伯格那份60页的辩护状并没有特别长。大法官们在考虑后续的弗朗蒂罗案期间，他们的想法也有些摇摆不定。伯格希望鲍威尔严肃对待布伦南此番的自由派尝试，将自己描述为试图“遏制对女性自由的愤怒”[2]。阿里耶·尼尔指出，女性权益项目成立的时候，人们还普遍认为所谓的女性权利是不严肃的。就连睿智的鲁斯·巴德·金斯伯格，都未能说服哈里·布莱克门或沃伦·伯格严肃对待这个案件。

所以布伦南把一切都安排好了。他确信他的自由派同事威廉·道格拉斯和瑟古德·马歇尔会支持金斯伯格严格审查的论点。他甚至得到了意料之外的第四票——民主党任命的拜伦·怀特。在将性别歧视审查水平提高到与种族歧视一样的讨论中，沃伦·伯格和威廉·伦奎斯特大法官没有发挥作用。随后布伦南去争取“中间派”，尝试得到第五票。看起来政治立场似是而非的哈里·布莱克门大法官，似乎有一定的可能性。但布莱克门对金斯伯格的论调有些不耐烦，他再次指出她的辩护词过于长篇大论，还给她在弗朗蒂罗案中精彩的口头辩论打了一个粗野的C+。

---

① Linda Greenhouse, *Becoming Justice Blackmun*: *Harry Blackmun's Supreme Court Journey*（New York: Times Books, 2005）, 210.

② Lewis Powell, letter to William Brennan, May 8, 1973, Lewis F. Powell, Jr., Archive, 1921-1998: Washington and Lee University School of Law, 001, Frontiero v. Richardson.

（“她是一个非常精细的女性”，他在对各类律师的表现进行习惯性评论时提到。[1]）

当布莱克门终于走向保守的一方，布伦南又把目光投向了老艾森豪威尔的中间派波特·斯图尔特。但就在那时，尼克松新任命的刘易斯·鲍威尔（仅上任一年）作为布伦南的对手浮出水面。在给法庭的备忘录和他最终的协同意见中，鲍威尔认为，性别平权修正案在各州还悬而未决，最高法院不能将性别提高到与种族同等的地位。

鲍威尔的意见，自弗朗蒂罗案以来已成为公开议题，再次提出他关于平权法案的辩护是否只是一种托词。事实上，他的个人笔记揭示了他是一个非常保守的弗吉尼亚绅士，[2]对弗朗蒂罗案他一开始就没有表现
76 出同情，甚至是完全不同意的。他直截了当地指出“完结案件”。他说，军队里的女性很少，统计数据也表明她们很少依赖丈夫。他认为，法律要求女性证明配偶的依赖性“也许很合理”。当然，他指出，“妇女也并非被怀疑的阶层”。他提醒自己：里德案也没有这样说。[3]

“对男性而言，女性不可替代（感谢上帝！）”，他写信给布伦南。[4]虽然他最终投票支持弗朗蒂罗，但他却说服法庭不应提高性别歧视审查的标准。只要刘易斯·鲍威尔在严重分派的最高法院里把握关键的第五票，政府就不需要提出一个令人信服的理由说明——为何区别对待两性。

在弗朗蒂罗案中改变审查标准险些失败，充分展示了金斯伯格和女性权利项目面临的重重困难。最高法院与20世纪五十六年代传奇的民

---

① Blackmun papers，cited in Greenhouse，*Becoming Justice Blackmun*，215.

② Penny Clark，interview with the author，December 27，2013.

③ Lewis Powell，notes to self，Lewis F. Powell，Jr.，Archive，Washington and Lee University School of Law，001，Frontiero v. Richardson，document labeled “argued 1/17/73.”

④ Lewis F. Powell to William Brennan，March 2，1973，in Thurgood Marshall Papers，Library of Congress；Strebeigh，*Equal*，59.

权胜利的时代渐行渐远，进入了历史上最保守的时期，再也不会像对待黑人那样对待女性。法院对莎朗·弗朗蒂罗作出如下判决——从现在起，军队里的女兵将无附加条件地自动获取应得利益——投票结果为 8：1，只有保守的伦奎斯特投了反对票。布伦南写下了同等对待性别歧视与种族歧视的意见。但多数意见的八位法官中有四位加入了鲍威尔的意见，留给自由派布伦南的其实只有四票。弗朗蒂罗案的判决看似是一个胜利，但它其实更像是一个象征性符号。

令人难以置信的是，在弗朗蒂罗案的一个月后，最高法院依据布莱克门大法官的意见，推翻了全国的堕胎法。 77

第五章

幕间休息：堕胎

布莱克门大法官后来把罗伊诉韦德案的堕胎决定称为：“美国女性解放必要的第一步。”[①]或许的确如此。但是，就布莱克门在罗伊案中的意见来看，堕胎决定更像是女权主义法律革命这场“戏”的中场休息，而不是后续发展。尽管女性百分之百地支持堕胎，但布莱克门大法官却谈及孕妇的“隐私权”。他还指出，堕胎作为一项“医疗决定”必须尊重“医生的权利”[②]。包括鲁斯·巴德·金斯伯格在内的许多女权主义批评家后来指出，这个将她们囚禁在个人“隐私”的“牢笼”里的判决，看起来更像是一种霸道决定，并没有解决为何要把怀孕妇女排除在平等的社会机会之外的问题。国家处于性别争议的动荡关口，金斯伯格和她的同事正对最高法院发起挑战，以撤销关于性别差异的法律推定，但堕胎判决设法避开了这一切。

堕胎与女权主义的分离并不那么令人惊讶。在 20 世纪 40 年代投身

---

① Tinsley E. Yarbrough, *Harry A. Blackmun: The Outsider Justice* (New York: Oxford University Press, 2008), 230.

② Linda Greenhouse and Reva Siegel, eds., Before Roe v. Wade: *Voices that Shaped the Abortion Debate before the Supreme Court's Ruling* (New York: Kaplan, 2010), 248.

于堕胎改革运动的医生们，才让激进的或主流的女权主义者始料不及。① 对医生而言——他们不愿意看到患者死亡，尤其是非自然性死亡。“二战”之后，堕胎变得安全——事实上，它比分娩的风险更小，医生开始注意到，几乎一半的孕妇死亡都源于拙劣的非法堕胎。只有少数有特权的妇女能够享受医院委员会批准的“治疗”程序。 78

医生明白，妇女会选择尝试堕胎。唯一的问题在于她们是否会因此死亡或不孕。思想最开明的医生——精神科医师——开始谈论这个问题。1955 年，计划生育联合会（Planned Parenthood）邀请健康专业人士举办了一次秘密会议，会议提出了一个实质性声明。声明称，医生需要更多的自由来决定病人需要什么。巧合的是，1959 年，一个基本上全部由男性组成、多家律所联合的律师团队和一群美国法学会的教授，开始起草一部《标准刑法典》（Model Penal Code）以改革美国刑法。为了回应医生日益关注的问题，该法典建议修改禁止堕胎罪，规定在医生挽救孕妇的生命或保护其生理和心理健康的情况下，可以在有资格的医院里进行堕胎手术。② 美国法学会制定的这部法典受到立法者的广泛重视，许多州致力于改革的立法者开始采用新的堕胎协议中的该项自由条款。

一年后，怀有身孕的亚利桑那州电视明星［她主持的电视栏目名为“幼童游戏室”（Romper Room）］莎莉·芬克拜（Shari Finkbine），发现她丈夫从英国带来的安眠药中含有沙利度胺（thalidomide），这可能会导致她生下一个畸形、没有胳膊或腿的婴儿。③ 由于当时堕胎在亚利桑那

---

① Leslie J. Reagan，*When Abortion Was a Crime*：*Women*，*Medicine*，*and Law in the United States*，1867-1973（Berkeley：University of California Press，1997），217.

② “Abortion—Twentieth-Century Abortion Law Reform，” law.jrank（website），http://law.jrank.org/pages/447/Abortion-Twentieth-century-abortion-law-reform.html.

③ Greenhouse and Siegel，Before Roe v. Wade，11；“Sherri Finkbine’s Abortion：Its Meaning 50 Years Later，” Planned Parenthood Advocates of Arizona（blog），http://blog.advocatesaz.org/2012/08/15/sherrifinkbines-abortion-its-meaning-50-years-later/.

州和美国大部分地区都是违法的，所以她去了瑞典。她还将这件事公之于众。这样一来，合法堕胎的支持率一路飙升。甚至连平权法案的反对者和保守领袖巴里·戈德华特及其妻子佩吉（Peggy），都成为亚利桑那州计划生育政策的主要推行者。

1963年女权主义运动复兴以后，堕胎已不再是局限于改革派男医生和儿童电视明星的话题。[①] 早在1962年，加利福尼亚的一名医疗技师就创办了人道堕胎协会（Society for Humane Abortion）；以芝加哥民权活动家希瑟·布斯（Heather Booth）为中心的女性团体成立了女性组织“简”（Jane），为孕妇实施堕胎；全国妇女组织（NOW）召开了一场生育权会议；旨在彻底“废除”现存法律而非“改良”法律的机构——全国堕胎权利行动联盟（NARAL，National Abortion Rights Action League）也出
79 现了。参与妇女运动的女性不想乞求医生的理解，或是接受权威的医院委员会对她们心理健康状况的诊断。[②] 她们把堕胎问题看作一个纯粹的妇女自由问题。她们认为包括改良的法律在内的禁止堕胎法律，都应该被废除。

如托克维尔所说，与美国社会的所有冲突一样，堕胎问题很快就摆在了最高法院面前。最终有两个案子到达最高法院：一个是主张堕胎权的罗伊诉韦德案，由两名从得克萨斯大学法学院毕业的年轻女律师提起，旨在反对一项19世纪的德州刑事禁止令；另一个是由美国公民自由联盟代理的，主张反对堕胎限制规定的多伊诉博尔顿案（Doe v. Bolton），直到佐治亚州将堕胎法放宽到美国法学会《标准刑法典》的标准之后，这一堕胎限制仍然存在。得克萨斯州律师莎拉·韦丁顿（Sarah

---

① Greenhouse and Siegel，Before Roe v. Wade，14-16；Reagan，*When Abortion Was a Crime*，231-34.

② Reagan，*When Abortion Was a Crime*，231-34.

Weddington）在这个案件中声名鹊起，之后开始长期从事妇女事业及其他自由主义案件，包括为鲁斯·巴德·金斯伯格在 1980 年成功晋升联邦法院法官所做的积极贡献。

到 1971 年案件开审，每个可能想到的利益集团都在权衡利弊。所有的争论都在不断演变、想方设法地抵抗堕胎法——从医生正确用药的相关利益，到女性在生育领域的特殊负担——都被提交到最高法院。[①]

7∶2 的投票结果打垮了反对堕胎的法律。大约在 1973 年，美国最高法院里优雅的白人盎格鲁撒克逊裔新教徒（WASPy）绅士——和他们不冷不热的天主教弟兄威廉·布伦南——支持了传统的以医生为中心的分析。最高法院的站队显而易见，公众也已经受够了经历非法堕胎后被送到急救室的垂死妇女。然而，布莱克门大法官和他的同袍们都不准备认可，妇女单凭堕胎就可以实现光明人生了。

金斯伯格后来在堕胎判决中分享了自己的不幸经历。堕胎本与妇女权利项目无关，[②]但从旁观者的角度，她提出了一个关于堕胎更为激进的
理论。就平权主张而言，堕胎禁令把妇女刻板定性为传宗接代的人，她 80
们无法充分发挥生命的潜能。因此，法律违反了宪法的平等规定。

当时她什么也没说。在十年后的讲话中，她表示对这个判决持异议。所有涉及女性生育的判决都关乎女性平等，这意味着，是女性自己而非

① Greenhouse and Siegel, Before Roe v. Wade; see, for example, "Brief Amicus Curiae on Behalf of New Women Lawyers, Women's Health and Abortion Project, Inc., National Abortion Action Coalition (1971)," in *Public Women, Public Words: A Documentary History of American Feminism*, vol. 3, 1960 *to the Present*, edited by Dawn Keetley and John Pettegrew (Oxford and Lanham, Md.: Rowman and Littlefield, 2002), 215.

② Strictly speaking, Roe came through Sarah Weddington's group of young lawyers and graduate students out of the University of Texas at Austin, but the ACLU was the show runner of the companion case, Doe v. Bolton. The two are, for purposes of the ACLU involvement, as one.

政府——也不是布莱克门大法官支持的大多数男性医生，有权对“生育或收养一个孩子”作出决定。怀孕同任何其他与性别相关联的范畴没有区别，即使其他范畴的表现形式似乎更为温和。她写道：“不断强调妇女在生育孩子中的独特作用，实际上限制了女性发挥个人才能……同时促使她们接受一种依附性，即在社会中的从属地位。”

在金斯伯格看来，罗伊案一方面过于保守，另一方面又十分激进。它切断了各州法律逐渐自由化的政治进程。与一些人料想的相反，金斯伯格从未说过应维持堕胎犯罪化的严酷的得克萨斯法律。她只是认为最高法院应当驳回该法违宪的主张，把它留给各州继续努力改进，而不是像过去一样直接废除 50 个州的相关法律。她推测，对罗伊判决的反击也许能避免、至少是最小化这种“增量策略”的影响。不出所料，这篇自由派活动家所写的文章被保守派广泛运用于社会变革领域来反对最高法院的决定，最有针对性地应用是在随后支持同性婚姻的诉讼中。但他们却从未提及金斯伯格对罗伊案的猛烈批评——尽管这些内容出现在同一篇文章中。

无论你如何看待最高法院对罗伊案的判决，即使看似是女权主义的胜利，它在事实上却违背了鲁斯·巴德·金斯伯格社会运动策略的所有原则：把注意力放在平等的球上，然后渐进地将比赛踢下去。

她在 1973 年将堕胎定义为一项女性权利，这也许是错误的。她主张
81 的平等保护论点，清晰地呈现在一个女律师联盟提交给最高法院的法庭之友意见书（amicus brief）中，该陈述意见由宪法权利中心的南希·斯登（Nancy Stearns）撰写，她是一名能干的女权倡导者。[①]很难说最高法院的判决将威胁到 50 个州的法律，那是因为生育小孩的负担会使妇女永远处于不平等的地位，更别说试图用一个 7∶2 的判决就想改变这一切。

---

① Greenhouse and Siegel，Before Roe v. Wade，333.

罗伊案判决后，最高法院又审理了几起关于孕妇法律地位的案件：她们是否应当像失能人士一样被对待。法院一再裁决支持对孕妇的区别对待，并表示，拒绝给予妇女失能福利，不是性别歧视。它只是将怀孕的人和未怀孕的人区分开，而不是将男人与女人区分开。他们认为怀孕不是一个独特的女性问题，也不是平等运动的核心问题。

金斯伯格十分清楚把繁衍后代的负担全部分配给女性是多么明显的问题。在第二个糟糕的怀孕失能判决后，她转而求助纽约时报专栏，请求国会干预和修改民权法案，以确认歧视孕妇非法。

最后她说，欧洲专为妊娠和分娩而设的收入及医疗福利的一个体制，对于避免某种状况不可或缺，即“因辍学期可能会对女性的终身收入和自我实现潜力造成的毁灭性影响”[①]。然而，没有宪法解释能实现这个远大目标。但让国会认识到歧视孕妇也是一种性别歧视，是政府解决妊娠经济负担的一个良好开端。金斯伯格总能把控好社会变革的正确节奏。

最高法院没有意识到被一些关键性大法官自诩为“妇女解放”（将女性从传宗接代的刻板印象中解放出来）的堕胎判决具有里程碑式意义，当然这或许不是一件坏事。当人们意识到这一点时，回应往往是反对堕胎权，而不是赞同。金斯伯格擅长呈现本不具威胁性的案件事实，以及 82
运用原告是男性的案件达到目的，前者如里德案中微不足道的歧视，后者如莫里兹案。当然，这些策略不会掩盖消除性别角色刻板印象的社会变革带来的巨大影响。

事实上，早在罗伊案判决之前，女权主义者的劲敌菲利斯·施拉夫利就开始宣传反对堕胎。她认为传宗接代是女性的天职。她很清楚，堕

① Ginsburg Archive，Library of Congress，Box 13，folder November 75.

胎（类似门诊堕胎[1]）的实现，将会打破金斯伯格所说“性别角色的刻板印象”，但这也是施拉夫利所说的“社会基本构成”[2]。在罗伊案判决出台后的前三年，政治领域充斥着抵抗堕胎自由化的有力证据。这样看来，似乎金斯伯格的两个理由都是错的。这不是立法机关超越权限进行司法干预引起的反抗；在很大程度上表明，堕胎代表了女性解放的前沿。因此，如果最高法院认为自己在为人民争取平等的道路上贡献良多，这个
83 判决就是最佳证明。

---

① “门诊堕胎”（day care），相对临床手术实施堕胎而言，一般适用于妊娠不足 13 周的孕妇。——译者注

② Phyllis Schlafly，“Women’s Libbers do NOT Speak for Us，” Phyllis Schlafly Report，February 1972，reprinted in Siegel and Greenhouse，Before Roe v. Wade，218-19.

第六章

第二幕：在危难中争取平等

金斯伯格保持着镭射光般专注的工作态度，不断受理各种案件。而且这些案件一个个地展现了那种盲目建立在对于女性角色与行为陈旧观念基础上的美国法律总体框架，已经受到女性运动律师的关注。在里德诉里德案之后的十年间，有超过二十起反对性别歧视的案件上诉至最高法院。阿里耶·尼尔说得没错：当今时代，民权运动已经来临。金斯伯格成了这场运动中的最大赢家。

在金斯伯格作为女权倡导者的职业生涯中，一些人早已谋划着让她成为裁判者，而不仅仅是捍卫者。她的女儿简，就曾在1973年读高中时，在书里写下了她的“野心”——期待“母亲被任命为最高法院大法官”[①]。简很有远见地考虑到，几乎所有的法院都没有女性法官。[②]1971年理查德·尼克松总统提名加利福尼亚法官米尔德里德·莉莉（Mildred Lillie）

---

① Ruth Bader Ginsburg，“U.S. Supreme Court Justice Nomination Acceptance Address，” American Rhetoric Online Speech Bank，June 14，1993，http://www.americanrhetoric.com/speeches/ruthbaderginsburgusscnominationspeech.htm.

② In 1971，women were fewer than 5 percent of all judges. “Before there was Sotomayor，before even Ginsburg and O’Connor…there was Mildred Lillie，” Peter Jennings Project，August 3，2009，http://peterjenningsproject.blogspot.com/2009/08/before-there-was-sotomayor-before-even.html.

填补最高法院的空缺席位，美国律师协会立刻发现她不能胜任。然而，就在尼克松一反常态地继续推荐莉莉时，氛围起了微妙变化。（尼克松开始接受广泛意见，他收到了桑德拉·奥康纳的来信，当时她还是一个默默无闻的亚利桑那州参议员，她在信里敦促尼克松提名女性候选人！）正如简和桑德拉期待的那样，金斯伯格在哥伦比亚大学的两位同事——菲利普·施拉格（Philip Schrag）和乔治·库珀（George Cooper）教授，正在说服纳尔逊·洛克菲勒（Nelson Rockefeller）州长任命学院的后起之秀（金斯伯格）到纽约州最高法院工作。[①]这个建议最终并没有被采纳，但却显示了金斯伯格所创造的强大气场——这时距离她将注意力转向女
84 性平权诉讼只有短短三年时间。

然而，如果金斯伯格站在法官席前，而不是坐在法官席上，她至少希望自己能够决定辩护什么案子。但是，她甚至连自己的美国公民自由联盟都控制不了！1973 年秋天的一个清冷早晨，她翻开《律师时事周刊》中最高法院的版面，了解到一名佛罗里达州男子援用宪法中的平等规定，要把穷困寡妇的钱拿走。根据佛罗里达州法律，寡妇（而非鳏夫）对州税享有小部分减免。一个名叫梅尔文·卡恩（Melvin Kahn）的鳏夫认为该规定存在性别歧视，希望立即废止它。令金斯伯格震惊的是，卡恩这个不起眼的案子竟一路上诉到高等法院。她打电话给卡恩诉谢文案（Kahn v. Shevin）卡恩的代理律师，该律师表示很高兴听到案件援助组织——她自己的美国公民自由联盟——的另一位律师的意见。在这之前，没有人告诉她这一情况。

她抓住了案件在最高法院审理的机会，但心情沉重。“保护”始终是女性平等运动的阿喀琉斯之踵（Achilles heel）。当平权修正案在 20 世纪

---

① Ginsburg Archive，Library of Congress，Box 18，F73.

60 年代重燃，[1] 劳工运动中的妇女自由联盟表示不愿意支持，因为她们认为为女性限定最长工作时间和类似制度的法律规定与正式的平权相互矛盾。养老金法整体机制几乎没有对老年妇女给予特别关注，规范给付妻子赡养费的法律也存在同样的问题。征兵法拒绝所有女性应征入伍。平权修正案的保守异议者们，如菲利普·库兰教授和菲利斯·施拉夫利，他们紧紧抓住赡养费领域的保障缺失问题以及征兵法拒绝女性入伍，极力主张不予支持平权法律。金斯伯格处于这些激烈争论的中心。她明白，或许在某些情况下，妇女平权措施必须要修正过去那些恶劣的做法。但在法律领域的平权运动刚刚开始之际，她更担心的是——来自法律的帮助不是“锦上添花”，而是“画地为牢”。 85

她之前审理的两个案件让最高法院的视线聚焦在有能力的女高管或女军人身上。而她最后想做的就是，通过反对保护寡妇、但又是最能触动威廉·道格拉斯大法官心绪（其丧偶的母亲曾非常艰辛地生活过）的规定来实现性别领域平等保护条款的扩展。[2] 从理论上讲，和金斯伯格的其他案件一样，佛罗里达州的法律带有歧视性并且的确建立在女性具有依赖性的假定之上。然而这次的反对也太难博人眼球了。

这是她唯一一次失败。1974 年 4 月 24 日，道格拉斯大法官判决维持寡妇的税收优惠，其意见让金斯伯格的策略——反对假定女性从属角色的法律——遭遇了第一次挫败。金斯伯格反对诸如寡妇税收减免和劳动保护等保护性法律，她辩称：这些规定在短期内带给女性的好处，早就被长期将女性限定为依赖性刻板印象的危害给抵消了。道格拉斯在判决意见中断然拒绝了她的观点。他写道，所有人都知道孤身女性比男性

---

① https://www.aclu.org/tribute-legacy-ruth-bader-ginsburg-and-wrp-staff.

② Fred Strebeigh, *Equal*: *Women Reshape American Law*（New York: W. W. Norton, 2009）, 63.

更为弱势，因此她们需要保护。诸如为寡妇减免征税的这类倾斜政策是有益的，道格拉斯大法官继续说道，这些短期补救措施并不一定会导致将女性排除在广阔世界的风险和回报之外，并损害她们的长期利益。再者，道格拉斯进一步说，无论如何，我们没有必要质疑宪法中的性别因素。毕竟，没有人提及让女性应征入伍，不是吗？弱势又不被保护的女性暴露在所谓的“平等”之下，最终却将不可避免地被征召入伍，这听起来正像是库兰教授在反驳平权修正案时设想的那种可怕场景。当然，他说这番话时道格拉斯大法官并不在场。

在卡恩案中，支持将性别歧视同种族歧视一样严格审查的法官数量，从在弗朗蒂罗案中支持布伦南大法官的四人降至两人。[①]马洛·托马斯（Marlo Thomas）的女权主义专题片“自在做自己”（Free to Be You and Me）在卡恩诉谢文案判决前一个月好评如潮（随后还获得了艾美奖），但九位男性大法官中的大多数都认为，穷困潦倒的寡妇比节目中的“那
86 个女孩”更贴近女性的现实生活。他们没有意识到，自己所作的判决将无助的寡妇形象定性为（对性别平权）“有害”；相反，他们认为这是在帮助可怜的老妇人得到解脱。

金斯伯格着实有些焦虑。[②]即将到来的最高法院开庭期将真正成为“女性的开庭期”。1974年10月的第一个星期一，最高法院开始工作时，它会考虑审理涉及女性平等方方面面的案件，比如女性作为陪审员、女性作为保家卫国的军人以及女性成为被纳入社会保障制度的工作者；甚至包括父母对女童的义务。最高法院在1974年至1975间所做的工作，决定了之后几十年女性法律运动的进程。金斯伯格很清楚：她参与了一半的案件。现在，在这个重要开庭期伊始，她就深深地陷入了判决先例

---

① *Kahn v. Shevin*，416 U.S. 351（1974）.

② Ginsburg，letter to Stephen Wiesenfeld，May 3，1974.

的桎梏。这该死的梅尔文·卡恩！

当然，这个桎梏也带来了好处。在最高法院处理——是应追随卡恩案退回至性别歧视的保守立场，还是根据弗朗蒂罗案继续向前推进——相关议题时，1974 年至 1975 年间的最高法院第一次在其精英书记官团队中招收了四名女性。这几乎前所未有，是最高法院在同一开庭期里招收女性书记官数量最多的一次。马歇尔和布莱克门大法官都有女书记官。更重要的是，鲍威尔和布伦南大法官也第一次有了女书记官。

这其中还有一个小插曲。尽管布伦南大法官持自由主义观点，但他并没有心甘情愿地踏入性别平等的新世界。1970 年，伯克利法学院非正式的实习生资源库推荐班级第一的艾莉森·格雷（Alison Grey）给布伦南时，他立即回绝道："给我另外找一个。"尴尬的法学教授们告诉学生，艾莉森·格雷将不能开创性地成为布伦南的第一位女书记官。3 年后（1973 年），伯克利法学院的教授和布伦南前书记官斯蒂芬·巴奈特（Stephen Barnett）再次尝试推荐同样优秀的玛莎·贝尔宗（Marsha Berzon）。而这一次，巴奈特没有收到布伦南的直接回绝。他鼓起勇气写信给布伦南，称大法官正陷入尴尬的境地，甚至更糟的，可能是一场官司。"经过再三思考，我无法认可你继续推行一个既违宪又明显错误的做法。"① 他写给这个最有权势的人。布伦南被他说服了。几个月之后，玛 87
莎·贝尔宗如愿就职。她担负着照顾孩子的重任，因此每天下午 5 点就要离开办公室去全托幼儿园接孩子杰瑞米（Jeremy）。有意思的是，布伦南大法官也和她一样匆匆离开了办公室。因为他的女儿离婚了，她带着孩子和布伦南住在一起。她外出工作时，接送外孙女上下学的重任就落

① Seth Stern and Stephen Wermiel, *Justice Brennan: Liberal Champion* (Boston: Houghton Mifflin Harcourt, 2010), 400.

在了外公布伦南身上。[①]

1974年10月的开庭期之前，鲍威尔大法官的新任女书记官佩妮·克拉克（Penny Clark）认为应该给她的大法官一些女性开庭期内的建议。克拉克十分了解鲍威尔。[②]在他的世界观里，“存在着各种各样区别对待两性的貌似充分理由，但他没有办法让政府为这些差异提供一个令人信服的理由”。她决定给他写一份备忘录，对3个悬而未决的性别歧视案件进行简要概述。她以一个温和的中立观点作为开场：“我试图概括出解决性别歧视的方法——与你平等保护的意见相一致，且与法院在这个争议领域应扮演角色的特别关注相一致。”[③]克拉克的备忘录看起来毫无偏见，实际上相当保守。克拉克将诸如美国公民自由联盟的律师金斯伯格等平权倡导者视为“极端激愤的”，将他们的立场描述为“消除两性之间所有或者几乎所有的区别”。没有任何依据的，她称“温和派”（包括坚决反对平权法案的人）不敢公开发表自己观点，大概是因为左派政治正确的压迫形势。更糟糕的是，“激进派”将矫正男女关系的工作视为法院该管的事情！“温和派”中意更加灵活的政治进程，她建议道，所以他们更合适解决不断变化的社会秩序中的细致问题。

她还详细地列出了激进派将性别与种族同等化的错误原因：女性拥有投票权已经长达半个世纪，她们没有被区隔在统治性别之外。事实上，选民妻子的身份能够保障她们有发表意见的机会。许多措施是为了“保护”她们，她们寄希望于此类保护措施，并希望“参与”其制定的过程。由于性别没有像种族一样遭受质疑，金斯伯格宠爱的原告——总是占上风的男性，已经没有资格在为数不多的向女性倾斜的领

---

① Ibid.，402.

② Penny Clark，interview with the author，December 27，2013.

③ Penny Clark，memo to Lewis F. Powell，Lewis F. Powell，Jr. Archives，Washington and Lee University School of Law，001，Taylor file.

域要求社会中立了；事实上，没有人有资格要求社会做得更好，在处理性别问题时表现得更加智慧。金斯伯格提出的理论，“性别角色的刻板印象伤害了每一个人”就是如此：所以男人也可以像女人一样成为诉讼原告。（几年后的 1978 年，鲍威尔明确表示在平权运动诉讼中的性别与种族并不一样，金斯伯格有些失落。她推测，也许是由于时间限制他才表述得如此简洁，并且，她认为日后当最高法院审理性别歧视案件时，就会理解为何女性有时需要平权措施了。）[①]

尽管论证基调缺乏吸引力，克拉克还是提出了一个理论框架——认可鲍威尔大法官继续忠于其保守的社会愿景，认可他仍然投票否定女权或者有利于男性，抑或倾向模棱两可的法律。她说，自里德案以来的先例以及女性角色毋庸置疑的社会变迁，都使得法律层面的性别歧视成为妄想。在新世界勇敢审视以性别为基础的法律阶层，她总结道：“对女性的伤害就是其试金石。”为了防止大法官遗漏可能对女性造成的伤害，克拉克给了他一张备忘单，上面列有值得推敲考虑的性别区分情形。“没有充分理由（更可取的事实）就以性别为分类标准的法律应当减少。歧视女性的法律无效”，因为它们不能提供一个合乎“国家利益”的标准。找寻一项国家利益时，她警示说明，即使是在有利于女性的法律中你也应该仔细审视，因为“关于女性应有角色的立法假设”往往只是过时的刻板印象，根本不可靠。

于是，克拉克建议鲍威尔大法官，这就是你在女性开庭期前三个案件中应当做的。施莱辛格诉巴拉德（Schlesinger v. Ballard）一案中，一名愤懑的男兵起诉了军队，因为军队给属于少数的女性额外的晋升资格。
克拉克建议让那个家伙败诉。毕竟，女性没有多少机会在一个性别歧视 89

① Ginsburg Archive，Library of Congress，Box 14；speech to ABA：Affirmative Action，the Impact of Bakke，1978.

的老式军队里大展身手，因此，这个规则只是稍微保护她们免受先前歧视的影响而已。类似于平权措施或卡恩案中的房产税减免政策；对女性没有危害，就没有犯规。

其次，避免卷入鲁斯·金斯伯格代理的爱德华兹诉希利案（Edwards v. Healy），此案代表所有根据规定不得作为陪审员的女性——路易斯安那州的该项规定要求女性须主动登记才能提供陪审服务。路易斯安那州已经改变了陪审团设置的方式，所以不必太过纠结于此，因为你可以说路易斯安那州妇女的抱怨得到了解决，这个案子的诉因已经不存在。如果要推翻路易斯安那州的旧式陪审团法，可以借助另一个案件，即援引泰勒诉路易斯安那州（Taylor v. Louisiana）一案，该案的男性被告人不服由路易斯安那州全男性陪审团作出的有罪认定。该案绝对没有因诉因消失而撤案，因为被告已经被定罪入狱。很久之前的涉种族案件已经判定：一个刑事陪审团的成员必须与选任他的社区相似，路易斯安那州绝非全部由男性组成，所以这个宣告有罪的刑事案件就是一个“惊人的成功”。克拉克对鲍威尔大法官说，裁决这个刑事案件时，你可能要推翻你在 1961 年霍伊特诉佛罗里达州案中所作的判决了，该案判决认可路易斯安那州的法律，即女性必须自愿登记才能作为陪审员。然而，在女性解放运动没有导致任何严重腐败的情况下，可以推翻路易斯安那州该法，因为自从最高法院在多年前推翻了纯白人陪审团以来，公正陪审团的标准就一直非常严格。在一个女性能够普遍出现在选民名单的民主社会中，被全男性陪审团审判虽然不像被纯白人陪审团审判那么糟糕，但依然显示出不公。

随后，它起作用了。对最高法院而言，刑事被告人比女性公民议题重要多了，克拉克让鲍威尔将关注点放在运用法律消除陪审团评选中的性别歧视，而不去继续纠结他在性别角色领域所做的事情。一旦最高法院称不让女性参加陪审团值得怀疑，社会上就将停止这样做。大家坚信，陪审团拒绝女性的规定即将消失。因此，这个精明的女书记官完成了一次曲线救国，这正是金斯伯格靠直接打官司所没能做到的。

鲍威尔代表了最高法院的一部分观点，即金斯伯格必须胜诉。伦奎 90
斯特和伯格大法官是女性法律革命的主要反对者，而布伦南和马歇尔大法官则是主要支持者。道格拉斯大法官生病了（不能参加）。关键的摇摆票——越来越保守的最高法院守旧派——倾向于支持鲍威尔的意见。金斯伯格的五个案子中只有一个结案了。最高法院的四名核心成员，要么由于觉察到社会革命的气息而反对她，要么以为足够安全从而继续支持她。鲍威尔似乎很占上风，佩妮·克拉克向他摆明了在这个关键的开庭期采取审慎而非完全敌对立场的全部理由。鲍威尔不是天生的女性权利改革派，“这并不是第一次，也不是唯一一次，我们的团队中有人劝说他放弃之前的观点，”几十年后她愉快地回忆，“他告诉他的书记官们，在投票之前可以讨论任何事情。”

接下来她不知道的是，开庭期的前两周，鲁斯·巴德·金斯伯格身着红色套装并用配色丝带扎了马尾辫，参与了爱德华兹诉希利案的口头辩护。该案旨在拨正路易斯安那州女性陪审团的刻板印象，最高法院已经准备驳回该案，认为其已经丧失诉因。这太糟糕了。自第一次查阅案件后，她就一直在等待推翻最高法院在 1961 年霍伊特诉佛罗里达州案所作的判决。霍伊特案的全男性陪审团宣布杀害其不忠丈夫的被告格温多林·霍伊特（Gwendolyn Hoyt）有罪。陪审团拒绝了她间歇性精神错乱的抗辩。当时，这是一个饱受虐待的女人唯一的防御方式。最高法院驳回了霍伊特对全男性陪审团的质疑，且一致宣布：妇女是“家庭和家庭生活的中心”，这是佛罗里达州规定女性不能进入陪审团的充分理由。

金斯伯格自然对霍伊特案的结果不满。1993 年在最高法院大法官提名确认程序的听证会上，她回顾了霍伊特案，并向参议院解释改变最高法院对待女性的方式为何如此重要。

金斯伯格告诉参议院司法委员会的成员："最高法院称，佛罗里达
91 州的制度纯粹有利于妇女。"她们有两全其美的选择：如果她们愿意服务于陪审团，那么只需要到书记官办公室登记；如果她们不愿意，不去就行，所以还有什么可抱怨的呢？女性受到的待遇比男性好。显然，在该案中最高法院没有充分考虑格温多林·霍伊特的立场以及被确认的谋杀指控。[①]

也许，金斯伯格不满霍伊特案是因为这份1961年的判决与她的经历不谋而合。原因在于，尽管她身为法学院优秀毕业生的代表，但依然很难在全男性教员的环境中崭露头角或取得最高法院书记官的职位。或许就像19世纪的布拉德韦尔诉伊利诺伊案（Bradwell v. Illinois），它允许各州将女性排除在执业律师之外。这样的案件本是那个时代的错误，相反却刻画了金斯伯格时代的女性。在向参议院陈述该案时，她一反常态地流露出愤懑，说难以相信这样的判决是来自"自由派的沃伦法院"。[②]自1970年女权意识觉醒以来，她的演讲几乎都会提及这个现代化判决中令人惊讶的保守残余——假定女性没有审判其他女性的义务或被其他女性审判的权利。[③]

金斯伯格这个案件在最高法院审理了好几个月，直到路易斯安那州废除对女性陪审员的特殊待遇的新法生效，才把它销案。因此，金斯伯

---

① Hearings before the Committee on the Judiciary of the United States Senate…on the Nomination of Ruth Bader Ginsburg，July 20-23，1993，http://www.loc.gov/law/find/nominations/ginsburg/ hearing.pdf.

② Ibid.

③ Ruth Bader Ginsburg，"Sex and Unequal Protection：Men and Women as Victims，" Keynote address，Southern Regional Conference of the National Conference of Law Women，Duke University，October 1，1971，Published in *Journal of Family Law* 11（1971）：347；"Realizing the Equality Principle，" Ginsburg Archive，Library of Congress，Box 12.

格没有得到她所寻求的对于性别隔离社会的猛烈抨击。然而，正如克拉克的备忘录所预料的，最高法院不能完全避免这个问题，因为最高法院也同意复审刑事被告人比利・泰勒（Billy Taylor）所质疑的全男性陪审团作出的有罪认定——路易斯安那州规定，除非女性主动登记，否则不得强制其加入陪审团。

最高法院推翻了对泰勒的定罪。怀特大法官在泰勒案中为意见近乎
一致的最高法院写道：我们无须判定，保护女性是否是个好主意。保护
女性免于承担强制性的陪审义务，只是不能很好地证明与所在社区完全
不具备相似性的陪审团判定被告人死刑的正当性。判决陪审团权利的案
件中，怀特说，不理想的先例判决——霍伊特诉佛罗里达州案已不再是
良法："曾经，女性被假定不能胜任陪审员职务或者长期处于不能从事 92
陪审团工作，但那个时代早已过去……同一时代或同一区域的典型案件，
必然是不同时代或不同区域的典型案件。"

金斯伯格本应为这个判决欢呼。显然，问题在于最高法院忽视了金
斯伯格的雄心壮志——关于尊重女性公民权和终结性别角色刻板印象的
平等保护论。相反，最高法院对刑事被告人接受多元化陪审团审判这一
高度受保护的权利作出了限制性判决。怀特的判词并不完美，但毕竟最
高法院逐渐意识到已然变化的女性社会地位，金斯伯格也朝着她彻底废
除性别歧视的目标更进了一步。在以先例判决为指导的法律体系下，如
美国的法律体系，判决中的每个偏向性词语都可能构成潜在阻碍。 93

第七章

第三幕："家庭煮夫"挺身而出

"女人工作，男人持家，宝贝当宝贝"

聊聊引人瞩目的原告们：1972年，斯蒂芬·维森菲尔德（Stephen Wiesenfeld）的妻子死于难产，留下他这个单亲爸爸和儿子杰森。维森菲尔德下定决心要既当爸又当妈。有了政府发放的遗属抚恤金，他本可以留在家里抚养孩子。但社会保障机构不同意他这样做。他们声称美国政府的此类支持只适用于女性，如道格拉斯大法官的母亲。

如果不存在斯蒂芬·维森菲尔德，或许鲁斯·巴德·金斯伯格就不得不创造另一个他。因为他是最合适的原告。正如鲁斯的一个学生助理所言，"这个男人的妻子死于难产，还自己带着孩子，这在20世纪后半叶不常发生……单身爸爸和孤儿——你找不到比这更好的素材了！"[①] 拥有工商管理学硕士学历的维森菲尔德经营着一点小生意，但大多数时候他都待在家里料理家务，由他当老师的妻子宝拉（Paula）赚钱缴纳社会

① Strebeigh，Equal，67，quoting interview with M. E. Freeman.

保障金。但现在社会保障机构剥夺了他享受宝拉劳动收益的权利。维森菲尔德不是梅尔文·卡恩，那个男性解放运动的看似煞风景的例证，紧随着道格拉斯大法官的母亲，寻求赋税减免。斯蒂芬·维森菲尔德是金斯伯格最中意的当事人。

当社会保障机构一口回绝了他，维森菲尔德知道这意味着什么。毕竟，他在一个“民主、思想自由”的家庭中长大，是拥护人人平等理念的一分子。[①]他给新泽西当地报刊的编辑写了一封信，询问格洛丽亚·斯 94
泰纳姆（Gloria Steinem）是否知道发生在他身上的事。他并没有说笑；他确实希望能够得到一些帮助。维森菲尔德真的走运了。金斯伯格在罗格斯大学的一位同事看到了这封信并转交给她。他欢呼道：“遇见金斯伯格正是我写这封信时的心中所想。”[②]

数月的信件和电话联络之后，斯蒂芬终于在去往特伦顿联邦地方法院的火车上与金斯伯格见面了，她带着一堆案卷材料，去参加第一轮辩护。我来帮你拿这些文件吧？他问。他回忆说，从第一次相遇中“我得到了点教训，以后我再也不这么问她了”。他本该明白这一点的。从他们第一次通话开始，“她总是很有把握，并且确切地知道自己想说什么。她是一个极其聪明、警觉而犀利的人。你可以和她交流……她确切地知道自己想问什么，她也能准确地告诉我程序将会是怎样的。”[③]正如布莱克门大法官所说，她是个一丝不苟的人。美国公民自由联盟的金斯伯格在特伦顿法院打赢了这个案子。事实上，法院认为这种性别歧视就像种族歧视一样，只有强制性公共利益能够证明其正当性，法

① Stephen Wiesenfeld，letter to Ginsburg，August 8，1993.

② Ibid.

③ Stephen Wiesenfeld，interview with the author，October 14，2013.

院判决金斯伯格胜诉，这是她曾在弗朗蒂罗案中因一票之差错失的一致判决结果。法官认定社会保障法违宪。然而，正如她告诉维森菲尔德的，除了关注最高法院在政府上诉时会做些什么，其他均无足挂齿。

守门人的备忘录

不出她所料，联邦政府最终将维森菲尔德案上诉至最高法院。最高法
院为了防止开庭期内出现诉讼爆炸，所以对上诉设置了重重障碍。最高法
院在拒绝受理案件方面有很大的权限，导致大部分案件在最初申请阶段就
被驳回了。1973 年，为了削减工作量，伯格大法官成立了一个书记官小
组，专门负责浏览最高法院的复审申请。除了不愿意信赖他人意见的史蒂
95 文斯，其他大法官都指派了一位自己的书记官作为审查小组成员。书记官
小组程序一直沿用至今（阿利托大法官是目前唯一的一个例外），根据该
程序，每一份最高法院复审申请随机分配至八名书记官中的某一位，由该
书记官写一份案件初步备忘录，而不是由九位大法官各自的书记官分别审
查每一份申请。初步备忘录建议最高法院是否应当考虑全面审理案件，或
是否直接拒绝，或是在无须诉状和辩论程序的情况下简易审理。

自书记官小组成立以来，时常会出现抱怨的声音，一个案件的命运——甚至该案是否被审理——都完全取决于抽签（分配至书记官）的运气。研究显示，一个自由派法官的书记官对待自由主义主张的态度与一个保守派法官的书记官截然不同。当然，所有的大法官都可以自己审查，但他们自然不愿意投入时间。这意味着书记官小组在决定最高法院审理哪些上诉案件中起着实质性的守门人作用。

保留在鲍威尔大法官文件中的最高法院当时对于斯蒂芬·维森菲尔德一案的审议意见，无意中透露了那个关键时期书记官小组中的政治倾

向以及最高法院的性别政治。由于一个由三位法官组成的联邦法庭已经认定联邦法律违宪，美国政府作为被告，有权向最高法院上诉。与大多数复审请求不同，如果拥有上诉权，最高法院就不能拒绝审查三位法官认定的实体问题。当然，最高法院仍然可以立即确认（对金斯伯格一方有利）或者在不审查辩护状和辩论意见的基础上直接推翻（对金斯伯格一方不利）下级法院的判决，或者对其进行全面审理。

金斯伯格运气不佳，遇上了书记官约翰·奥尼尔（John E. O'Neill）
撰写本案初步备忘录。该书记官来自 1974 年最高法院中最为保守的威
廉·伦奎斯特大法官的团队。伦奎斯特在金斯伯格关于弗朗蒂罗案（即
空军配偶案）近乎一致的胜利中投下了唯一的反对票。[①] 奥尼尔撰写的
初步备忘录建议对维森菲尔德案作出最糟糕的裁决——根据最高法院在
卡恩诉谢文案中作出的对立判决，直接推翻原审裁判。[②] 鉴于所有大法 96
官和书记官阅读该备忘录时可能都会询问最高法院近期在弗朗蒂罗案中
作出的有利判决，所以奥尼尔天真地添了一行字："Cf. 弗朗蒂罗诉理查
森案。"字母"Cf."在最高法院的常用语中表示："当然，在你驳回金斯
伯格之前，你或许想看看你在其他性别歧视案中的判决。"

鉴于近两年来最高法院对性别歧视问题作出了两项实质性的冲突判决，奥尼尔的意见有些令人吃惊。在弗朗蒂罗案中，最高法院认为作为给丈夫带来利益的女兵，不如那些为妻子带来利益的男兵。这貌似就是

---

① O'Neill is an interesting bit player. When he clerked for William Rehnquist in 1974, he was a veteran of the war in Vietnam and had served time on a Swift Boat there. Decades later, he wrote a hotly controversial book about John Kerry, Unfit for Command, and in 2004 he was the mastermind of the Swift Boat Veterans for Truth, widely credited with destabilizing John Kerry's campaign for the presidency by attacking his version of his war record.

② Lewis F. Powell, Jr. Archives, Washington and Lee University School of Law, 001, Wiesenfeld case file, Preliminary Memo.

性别歧视。而在卡恩案中，最高法院认为寡妇应当比一个更幸运的男人得到更多。这看似很有道理。法律运动的宗旨在一个案件中被提及，就像女权运动旨在促使法院运用尽可能多地有利于她们的法律，来抵制在先法院判决所体现的不公一样——例如享有财产税减免的寡妇碰上了像梅尔文·卡恩一样贪婪的鳏夫。在他们意识到先前建立的无性别差异世界存在不良社会影响之前，金斯伯格就已经成为促使最高法院宣布两性间歧视性法律无效的领军人物。进入最高法院后，她促使法院声明类似弗朗蒂罗案中的妻子不能被推定为依赖他人。但她无法阻止最高法院继续坚称，类似卡恩案中的寡妇可以被推定为穷困老人。

如果最高法院不准备推翻其中一项冲突判决，那么它在裁决之后的案件时总是会忽略其中的某一项。奥尼尔的备忘录假定最高法院已经选择遵照卡恩案的歧视性判决，那么金斯伯格在弗朗蒂罗案的胜利就变得毫无意义。他建议，最高法院甚至不必审理斯蒂芬·维森菲尔德案。如果最高法院采纳他的建议，将严重威胁金斯伯格所推动的将平权修正案适用于女性的运动。

奥尼尔未能阻止最高法院细致审查温伯格诉维森菲尔德案（Weinberger v. Wiesenfeld）。会议上，包括奥尼尔的上司伦奎斯特在内
97 的大多数大法官，投票认为该案需要充分的辩护和论证。这对金斯伯格而言未必是好消息，因为最高法院很可能一直在考虑审理此案以推翻下级法院的判决，但即使如此，也比奥尼尔拒绝审理的建议好。鲍威尔大法官在他的文件里记录，他想部分审理此案，因为他对原审法院“鉴于卡恩案”判决的正确性持怀疑态度。[①]比起丧偶的父亲，社会保障机构更青睐丧偶的母亲，鲍威尔对此并不介意。他甚至不认为政府的做法不

① Lewis F. Powell, Jr. Archives, Washington and Lee University School of Law, 001, Weinberger case file notes from conference.

合理，即使对斯蒂芬·维森菲尔德而言，照顾杰森比成为一名寡妇更加艰难。

在鲍威尔对此案的批注中，他推测一名全职父亲一定是“好逸恶劳”的。布莱克门大法官也是如此，他一开始认为卡恩案会占上风。[①] 毕竟，如果佛罗里达州针对寡妇的倾斜性规定合宪，那为何社会保障机构针对寡妇的倾斜性规定就违宪呢？尽管在下级法院取得了胜利，但金斯伯格很清楚，她所要求的最高法院像对待种族问题一样对待性别问题的日子已经终结。于是，她没有在此过多纠结，只是在她的辩护词里建议更加严格地审查案件。虽然审查不及只赋予白人好处的种族歧视法律那么严格，但也比仅仅询问法律规定是否偏激要严格多了。

在口头辩论的准备阶段，鲍威尔又收到一份佩妮·克拉克所写的备忘录。她知道自己的任务有多艰巨：“他（鲍威尔）的妻子负责处理家庭事务，他想当然地认为几乎没有男人会选择留在家里照顾孩子。在弗吉尼亚州的里士满，乔·鲍威尔（Jo Powell）与他著名的律师妻子过着优裕雅致的日子。他的观点是——我们男人工作，这可以让妻子腾出时间去做她们自己的事，或许如果男人愿意那样做，会让男人看起来是好逸恶劳的。”对鲍威尔而言，全职在家的父母通常应该是打网球的弗吉尼亚妇女，而不是忙碌的单身父亲——他们大多雇用保姆然后自己外出工作来补贴收入。关于斯蒂芬·维森菲尔德的故事也就这么多了。

在关于性别歧视的早期备忘录中，佩妮·克拉克曾建议鲍威尔，不应当允许男性通过诉讼导致有利于女性的法律制度无效。但这一次，社会保障制度的受益人的确不甚明晰。根据这项制度，寡妇的受益多于鳏夫，但与此同时，已逝的女性工作者能够遗留给家庭成员的福利收入却

---

① Linda Greenhouse，Becoming Justice Blackmun：Harry Blackmun’s Supreme Court Journey（New York：Times Books，2005），217.

98 少于已逝的男性工作者。因此，某种程度上，已故的宝拉·维森菲尔德才是真正的原告，就像弗朗蒂罗案中的女兵一样。

克拉克认为，鲍威尔大法官可能会赞同这个主张——法律对于当前敢于进入职场的女性，存在着明确的性别歧视。所以她在备忘录里给大法官写道，这与寡妇和鳏夫无关。法律歧视的是工薪族女性，她们缴纳社会保险金，但获得的贴补家用的福利收入却比男性工作者少。她在备忘录里继续说，毕竟，普遍存在的现实做法是——“在计算寿险需求时要将社会保障利益考虑其中”。“没错，”鲍威尔大法官写在页边空白处——他对此案的最初想法似乎稍有松动。参加口头辩护时，他特别记录道：金斯伯格也主张，歧视实质上针对的是教师宝拉·维森菲尔德。

布伦南的女书记官采用了不同策略。得知金斯伯格在其辩护状里回顾了关于保护失去子女的健在父母的利益法律的诸多历史后，玛莎·贝尔宗向布伦南提出了自己的看法——该项法律确实旨在保护家庭成员。因此，由于剥夺任一健在父亲或母亲的政府扶持方式而对孩子杰森·维森菲尔德造成的伤害，才是决定案件胜负的关键。[1]

鲁斯·巴德·金斯伯格不在乎最高法院到底选择保护维森菲尔德家的哪一名成员；她只想打赢这个案件。在访问“平等之州——怀俄明”期间，她在游览“蓝天和雪山”时回复维森菲尔德的急信。[2]“佛罗里达州的鳏夫案（卡恩案）是我负责的，”她写道，“你的情况清晰可辨……也许如果最高法院先审理了你的案子，那么佛罗里达案中我们也会胜诉。”这位精明的战略家显得有些焦躁不安。她甚至做好了接受维森菲尔德案平票结果的准备。[3]道格拉斯大法官已经生命垂危不能参与，其余

---

① Strebeigh，Equal，Wiesenfeld 75.

② Ginsburg to Stephen Wiesenfeld，May 3，1974.

③ Stephen Wiesenfeld，interview with the author，October 14，2013.

的八位大法官中，4∶4 的投票结果将维持对她有利的下级法院判决，并给予她有朝一日推翻糟糕的卡恩案先例的机会。1975 年 1 月 20 日，她
坐在律师席上，代理斯蒂芬·维森菲尔德一方。婴儿杰森将成为金斯伯 99
格余生的宠儿。随后的年月里，她引导他步入法学院学习，还飞往佛罗里达州主持他的婚礼仪式。

大法官们开会讨论斯蒂芬·维森菲尔德案时，布伦南已经准备好提出贝尔宗建议的《社会保障遗属法》的家庭中心导向。“法令是为了更好地抚养孩子，”他在法官会议上说，“这符合立法意图。”① 布伦南打动了三位大法官，马歇尔、怀特和斯图尔特（他们都是在尼克松总统上台前得到任命的）——之后，佩妮·克拉克的上司刘易斯·鲍威尔投下了关键的第五票。至此，社会保障机构不再区分寡妇和鳏夫。

作为多数派的资深大法官，布伦南指派自己撰写意见。再一次像弗朗蒂罗案一样，他的初稿意见比大法官会议上的投票结果走得更远。正如金斯伯格五年前所设想的，判决援引了现行法律中一个本应无效的歧视性规定，不仅是为了杰森·维森菲尔德，还为了推翻社会性别角色的刻板印象。“对孩子而言，是由唯一健在的父亲还是母亲来照顾自己并不重要，”布伦南写道，“一个父亲享有的宪法性权利不亚于一个母亲。他也有陪伴、照顾、监护和管理他所生所养的孩子的权利，即便缺乏有力的补偿利益，这也不能否认该项权利需要被遵从和保护。”② 布伦南意义深远的论述得到了布莱克门的认同（他最初投票反对），所以他已手握五票，因而不再在乎鲍威尔的犹豫不定（尽管鲍威尔最终也作出了协同判决）。

---

① Powell’s notes on conference，Lewis F. Powell，Jr. Archives，Washington and Lee University School of Law，001，Wiesenfeld case file.

② Weinberger v. Wiesenfeld，420 U.S. 636（1975）.

鲍威尔的吹毛求疵也有一定的启发意义。他在维森菲尔德案中发现了应予以破除的歧视，丈夫无法得到之前在职、后不幸逝世的妻子的遗属抚恤金。正如鲍威尔所看到的那样，宝拉等于比一个相当的男性工作
100 者积累了更少的社会保障福利。但鲍威尔在他的协同意见中真正想表达的是，他很清楚谁应该待在家里照顾孩子。对鲍威尔而言，无须法律武器去攻击性别角色刻板印象：“我不想强调最高法院的观点，即法律的目的在于让健在的父亲或母亲留在家里照顾孩子。鉴于长期与此相反的经验，有人也许会对父亲放弃工作留在家里，像全职母亲那样照顾孩子持怀疑态度。”[1] 男性不应该待在家里。

维森菲尔德的家庭实在博人眼球，以至于最后伦奎斯特大法官也为女性投下了他为数不多的赞成票，同意推翻歧视性法律，因为它伤害了“一个有贡献的工作者的孩子[2]”。在生命的最后几年，伦奎斯特偶尔会向金斯伯格问起杰森·维森菲尔德——他将会是伦奎斯特永远的“宝贝”。

于是，全男性的最高法院完整再现了女权运动的历程。布伦南大法官代表的五人多数票意见，反映了这位“活动家”（和金斯伯格）的立场——男人和女人都可以外出工作或是在家照顾孩子，而不受限于刻板的性别角色。但他知道，他不可能让法庭的大多数法官承认任何区别规定都很可疑，就像他在最高法院的立场开始回缩前，在弗朗蒂罗案的那一票中表达的那样。那种将性别歧视视同种族歧视一样违宪的观点在此刻宣告终了。鲍威尔大法官提出贝蒂·弗里丹的“形式平等论”，即如果女性为了薪资而工作，那么她们的工资应当与男人一样多。当然，他提醒受众，从伦理上讲，女性也应背负照顾家庭的重任。伦奎斯特大法官为“后女权主义论”——孩子是所有判决中最重要的考虑因素——埋

---

① Ibid.，655.

② Rehnquist concurrence in Weinberger v. Wiesenfeld，Ibid.

下了伏笔。

金斯伯格从未使得最高法院认定性别问题类同于种族问题。然而，除了那些最棘手的案件（例如，涉及战争和性别的），最高法院再也不认同，一部美国法律会仅仅因为她们是女人就将其和男性区别对待。文化层面的问题——男性看护者一定“好逸恶劳”、照顾孩子是最重要的 101
工作——将会继续存在，一旦金斯伯格有朝一日构建起真正的法律平等，这个问题就会像一颗炸弹，随时引爆女权运动。但文化问题不是金斯伯格的使命：她要做的是改变法律。当然，没有法律会规定，女性与众不同、她们注定要囿于家庭生活，因此文化有机会改变女性的社会角色。之后，她在一份演讲稿中写道，家事应当“自由选择”，而不是强加给她们的“无可奈何”。①

金斯伯格不是唯一一个意识到女性开庭期到来的人。最高法院在审议维森菲尔德案时，她收到了平权修正案的反对者菲利普·库兰的来信。他负责编辑最高法院的学术期刊。信里说，他非常希望金斯伯格能够撰文讨论这一年“性别歧视案件的走向”。② 她告诫式地回应道，她几乎不可能客观面对此事，因为她是几个主要案件的辩护律师！然而，由于她将库兰的注意力完全转移到另一个问题上，所以觉得有义务提醒库兰，他很可能在他开设的芝加哥大学“精品课程”中错失一个表现不凡的学生。那时简·金斯伯格“不被允许在春季学期去参加库兰的研讨会”。两个星期后，库兰写信告诉鲁斯，得益于他的学生之一——她的女儿——友善地分享了她的副本，他的学生正在研究温伯格诉维森菲尔德案的判决意见。简后来被许可去参加库兰教授的这个课程。

---

① Ginsburg Archive，Library of Congress，Box 12，February-March 1973.

② Kurland letter，March 1975，from Ginsburg Archive，Library of Congress，Box 16.

金斯伯格同意在库兰的刊物上对几个女性案件发表意见，其实她一直担心维森菲尔德一案的判决结果。“我希望有四票。”她在电话中告诉斯蒂芬。[1]1975 年 3 月 19 日，维森菲尔德的电话又响了。[2]那是鲁斯用高速公路边的投币式公用电话亭打去的。收音机里传来消息说她们胜诉了。“投票结果是什么？”她焦急地询问。（其实她当时也不知道。）她很快得知是一致通过意见。“这是我当书记官以来听到的最精彩的口头辩护，”佩妮·克拉克回忆道，[3]“她口齿伶俐、沉着冷静，没有一丝的紧
102 张或迟疑，立场鲜明、论证有力。从那时起，每当我听到金斯伯格的名字，脑海里都会呈现一幅画面——娇小身材穿着红色套装，笔直站在台前，给出这场高质量的精彩辩护。对我而言这是极其震撼的，因为当时周围还没有很多出类拔萃的女性，她作为一名律师及辩护人为我树立了榜样。所以，这名年轻的女律师用行动告诉我，有一群女律师在她们的职业领域出类拔萃，而我同样也能做到，我简直备受鼓舞。”

几周后，金斯伯格举办了一个维森菲尔德案胜诉的庆功会。四十多个学生助手、资助者、维森菲尔德父子，大家聚集在他们位于上东区的大公寓里。杰森·维森菲尔德三岁了。金斯伯格的小儿子，八岁的詹姆斯正怀抱着一堆玩具和礼物等着小杰森。聚会结束后，金斯伯格写信给维森菲尔德，告诉他杰森是一个多么优秀的孩子，他该多么引以为傲。而后，待在家里的全职爸爸和未来的最高法院大法官开始了持续一生的信件来往。[4]在早先的信里，金斯伯格让维森菲尔德放心，他一定能找到一个好保姆——尽管有时需要尝试多次，才能找到合适的人选。他向金斯伯格描述自己的工作是“母亲的职责”，然后他意识到自己有些“性

① Stephen Wiesenfeld，interview with the author，October 14，2013.

② Ibid

③ Penny Clark，interview with the author，December 27，2013.

④ Ginsburg，letter to Stephen Wiesenfeld，May 1，1975.

别歧视”倾向，因为本可以说“父母的职责”。他坦言，“我同那些整天待在家里照顾孩子的母亲一样，非常压抑。”单身父亲斯蒂芬·维森菲尔德绝非“好逸恶劳”。

法律，尤其是社会保障法，仍然面临着温伯格诉维森菲尔德案中的问题——寡妇的特殊待遇超过了健在父亲或母亲所能得到的利益。其中最显著的福利是，没有社会保障福利的寡妇可以在无须证明其依赖配偶的情况下获得配偶的利益，而没有社会保障福利的鳏夫则需要证明其依赖已故的妻子。由于当时大多数男性有工作，并且将社会保障金累积至最大限度，因此他们无论如何也无法取得配偶福利。唯一例外的是男性公职人员，其津贴制度与社会保障金相分离。他们在技术上可以根据金斯伯格建立的先例请求鳏夫的社会保障福利。迟早有一天，金斯伯格将 103
不得不在高等法院为一个贪婪的鳏夫辩护，他享有作为教师的津贴，也不依靠其亡妻的社会保障福利生存，但他仍然想要这笔钱。然而因为他的性别，他的确有资格这样做。在维森菲尔德案后不久，一个名叫里昂·戈德法布（Leon Goldfarb）的公职人员出现了。他自己没有资格享受社会保障金，但诉请在不证明依靠妻子生活的情况下以从妻子以往的缴纳额中获得鳏夫利益。他向美国公民自由联盟寻求帮助。

戈德法布没有未成年子女。他只是基于社会保障金利益而希望获得鳏夫待遇：一个没有孩子的维森菲尔德。金斯伯格胜诉了，但相当勉强。大法官们非常不喜欢这个娇小而机灵的女人让他们陷入的处境，但其中五人还是被打动了。正如布伦南大法官在法官会议上所讲的，除非他们想推翻维森菲尔德案和弗朗蒂罗案，[①]否则不得不判定戈德法布可以获得这笔意外之财。“最高法院已经走得太远了。”新上任的约翰·保罗·史

---

① Notes on Conference，October 8，1976，Lewis F. Powell，Jr. Archives，Washington and Lee University School of Law，Goldfarb case.

蒂文斯大法官疾呼；他“不满足于法律的现状，但又感觉受制于已经裁判的案件——维森菲尔德案和弗朗蒂罗案”。意见开始传阅后，史蒂文斯投票支持金斯伯格，而后又反悔，但最后还是投给了她。[①]斯图尔特大法官认为社会保障的区别规定问题应该留给立法机关去解决，但他承认金斯伯格在另一个方向上推动了性别平权的发展。“如果能从头来过，”鲍威尔咕哝道，“我一定把它交给国会……但维森菲尔德案和弗朗蒂罗案明显有利于金斯伯格一方。”[②]如果作出支持戈德法布的判决，政府预计将耗资数亿美元，全部用于那些并不需要这些钱的人身上。大法官们纠结了几个月，试图寻求摆脱困境的出路。然而，一砖一瓦、一词一句，金斯伯格已经改变了关涉性别区分规定的法律推定。短短五年内，她尽其所能地借助博人眼球的当事人，搭建了性别平权的框架。因为金斯伯格的努力，如今甚至不会再出现另一个里昂·戈德法布了，这就是她完
104 成性别平权宏愿的最终见证。

---

① John Paul Stevens to William Brennan，October 21，1976，Lewis F. Powell，Jr. Archives，Washington and Lee University School of Law，Goldfarb case.

② Notes on Conference，October 8，1976，Lewis F. Powell，Jr. Archives，Washington and Lee University School of Law，Goldfarb case.

第八章

终幕：男孩和女孩在一起

女孩篇

对最高法院而言，虽然同等对待鳏夫和寡妇很困难，但是平等保护男女大学生应该不是难事。新生代年轻女性正在飞速变化。1974 年，除了温伯格诉维森菲尔德案和陪审团案，最高法院还审理了斯坦顿诉斯坦顿案（Stanton v. Stanton）。这是一起犹他州的离婚案，女方申请撤销离婚协议里继续支付女儿抚养费的条款，因为她已年满 18 岁。犹他州法律规定，年满 18 岁的女孩儿已经成年（甚至接近适婚年龄），因此她们不再需要被抚养。而犹他州的男孩儿则需要被抚养至 21 岁，想必这样他们才能上大学。鲍威尔大法官打算审理这起不平等的子女抚养费案件，佩妮·克拉克和他说："原谅我的愤慨。这种对男女行为差异的假设，特别是关于女性不必自食其力的假设，构成了对女性经济歧视[①]的

① Clark Memorandum, October 1, 1974, Lewis F. Powell, Jr. Archives, Washington and Lee University School of Law.

核心。”1975年，在没有金斯伯格的任何帮助下——她没有参与此案，最高法院认定犹他州法律违宪[①]。只有伦奎斯特大法官投了反对票。

斯坦顿案之后，金斯伯格代理了戈德法布案。她为该案的繁重工作做准备时，又出现了另一起涉及男女平等的案件。俄克拉荷马州允许女孩在18岁时就可以饮用3.2度的啤酒，而男孩儿则必须等到21岁。人们的异议和不满充斥了超市。相关的，被称作淡啤酒案的克雷格诉博伦案（Craig v. Boren）本来也应该是一起简单案件。遗孀案件之后，为保护年轻女性而设置的区别对待并没有引起争议。但金斯伯格认为该规定是荒谬的。[②]鲍威尔大法官的书记官克里斯蒂娜·惠特曼（Christina Whitman）认为此案是“愚蠢的”。[③]然而案件裁决结果比3.2度啤酒更加让人“醉意上头”，因为这一次，俄克拉荷马州证明了区别对待的正当性：男孩酒驾远多于女孩。从技术上来讲，法律的歧视对象是几乎不可能成为受害者的男孩。当年轻女性被未醉酒的市民伤害时，法律究竟应该如何对待年轻女性呢？地方联邦法院支持了俄克拉荷马州的法律，金斯伯格也询问了作为饮酒者的律师是否帮得上忙。

比起金斯伯格先前对地方律师的态度，她对克雷格那位来自俄克拉荷马州的律师弗莱德·吉尔伯特（Fred Gilbert）温和了一些。她提议，如果律师不想让她为其撰写诉状，或者放弃所有在最高法院口头辩论中获得乐趣的意图[④]，她可以仅充当法庭之友的角色。这两位民权律师进行了一场远距离的绅士过招：他忙于起草棘手的辩护状，而她在律师撰写

---

① Stanton v. Stanton 421 U.S. 7（1975）.

② Brief for ACLU as Amicus Curiae，Craig v. Boren，429 U.S. 190（1976）（No.75-628），21.

③ notes on Preliminary Memo，January 9，1976，Conference，Lewis F. Powell，Jr. Archives，Washington and Lee University School of Law，Craig v. Boren file.

④ Fred Gilbert correspondence，Ginsburg Archive，Library of Congress，ACLU file，Box 2.

诉状的过程中，认同了他的观点。等到第三轮辩护词完成时，她采取了一些策略，如发给他“适当答复的想法”。在她的案子——卡利法诺诉戈德法布案（Califano v. Goldfarb）的口头辩论之前，她先安排了克雷格诉博伦案的口头辩论，且都定在了 1976 年 10 月 5 日[1]这一天。但律师发挥得很糟糕。由于金斯伯格没有为俄克拉荷马州的案子辩护，因此法官直到她站出来为戈德法布案辩护时，才提了一些在上一个案件中有所保留的问题。这都无关紧要。在她的指导下，吉尔伯特的辩论重点变成了让法院意识到，实际上它已经建立了一项更高的法律标准——基于性别歧视的法律也许不如基于种族歧视的法律那样障碍重重，但显然也不是之前提到的，金斯伯格在 1970 年开始行动时那样了。

显然，一次对性别歧视性法律更为彻底的复审，正是她从“愚蠢的”淡啤酒案中得到的。俄克拉荷马州关于道路安全毫无意义的统计证据未能说服法院，因为这一项过时且“愚蠢的”法律只会让所谓的宪政主义充斥于性别歧视领域。布伦南作为资深自由派，至少有 7 票在手——除 106
了保守的伦奎斯特及沃伦·伯格大法官之外的所有人——都支持废除性别歧视法律。（此外，伯格刚刚转变为反对男女平等的立场，而伦奎斯特仍然强烈反对为性别歧视创设任何特殊标准，甚至提议退回到 1970 年金斯伯格介入里德诉里德案之前的状态。）布伦南再次将撰写判决的机会留给了自己。

因此，尽管布伦南从未在主张像对待种族歧视一样严格对待性别歧视方面得到 5 票支持，但他仍旧坚持逐步提高性别歧视法律的审查标准。

---

① 106 Ginsburg to Fred Gilbert，August 13，1976，Ginsburg Archive，Library of Congress，ACLU File，Box 2. The story about Ginsburg’s people arranging the order of argument with the Supreme Court clerk is in Amy Leigh Campbell，Raising the Bar：Ruth Bader Ginsburg and the ACLU Women’s Rights Project（Bloomington，Ind.：Xlibris，2004），162 n. 521，citing bcc of August letter to Jill Hoffman.

由于鲍威尔的书记官泰勒·贝克（Tyler Baker）时刻像热导弹一样准备就绪，所以我们后来人有幸能够确切了解布伦南挑战极限的程度。在初稿中，布伦南打算这样裁决——“为了迎接宪法的挑战，先决判例建立的性别分类必须服务于重要的政治目标，并且必须与实现这些目标的路径基本相关。[①]”“等一下，”贝克在一份备忘录中指出[②]，你所称“重要的”标准从何而来？这在先前的任何判决意见中从未出现过。然而，布伦南仅仅将鲁斯·巴德·金斯伯格经手的重大案例（以及犹他州青少年的非属美国公民自由联盟案件）罗列出来，就轻松反驳了质疑。他指出，法院一个接一个地驳回了关于区别对待两性的观点。在里德案中，它否定了行政便利原则；在弗朗蒂罗案中，它否定了过于宽泛的普遍原则；在温伯格诉维森菲尔德案中，它保护了职业女性；最后，在斯坦顿诉斯坦顿案中，它保护了犹他州斯坦顿的女儿，否定了关于女性家庭地位的错误思想。如果把法院所否决的规定综合起来，你会发现有关性别歧视的法律几乎不可能被维持。一路走来，早有倡导者准确指出，这已经提高了区分性别法律的合宪性审查标准。鲍威尔写了一份独立意见，同时表明他不喜欢上述观点，但他不得不“坦率”地承认诸如法律变迁这样的事情已然实现。

距今遥远的萨莉·里德案中早有铺垫，金斯伯格甚至为戈德法布案中
107 贪婪的鳏夫赢得了胜利。克雷格诉博伦案的6个月后，她知道了最高法院作出了对其有利的判决。戈德法布案的投票结果是5∶4，与她胜诉的其他案件相比，票数结果接近得多，但面对九位男性大法官，让他们接受鳏夫的请求是一项更难的工作。“哇哦！”1977年3月2日，她给自己最看中

---

① Craig v. Boren，429 U.S. 190（1976），http:// www.law.cornell.edu/supremecourt/text/429/190.

② Baker memorandum to Powell，November 2，1976，Lewis F. Powell，Jr. Archives，Washington and Lee University School of Law，Craig v. Boren file.

的当事人斯蒂芬·维森菲尔德写信，“戈德法布，5∶4 赢了！……如果没有在你的案件中确立的先例，我们绝不会取得这样的成功[①]。”

如果现在我的朋友能理解我

戈德法布裁决一周后，金斯伯格作为“十大塑造未来的教师”之一登上了《时代》周刊，与后来在布什诉戈尔案中声名大噪的哈佛大学传奇宪法学大师劳伦斯，以及致力于废除死刑的安东尼·阿姆斯特丹[②]等人齐名。她在《纽约时报》上传达了平权修正案的立法宗旨。她在参议院做证，证明延长平权修正案批准期限具有合宪性。她甚至以平权修正案为题材给 *Cosmo* 杂志写文章！她的女儿简在芝加哥大学读书时，通过一篇在研讨班中的论文让菲利普·库兰印象深刻；到哈佛大学法学院后，在叱咤风云的《哈佛法学评论》[③]上紧跟她母亲的脚步。至于詹姆斯，多年来致力于校园骚扰电话问题研究，近来他发现计算机是一门引人注目的学科，并利用在法国当交换生的机会度过了愉快的夏天。金斯伯格还和马丁庆祝了 25 周年结婚纪念日，她说这是“近来难得的开心事”。[④]

1977 年，金斯伯格获得了著名的贝拉吉奥中心为期一个月的驻校工作机会。贝拉吉奥中心下属于洛克菲勒基金会，位于一座坐落于意大利科莫湖（Lake Como）上的城堡。她写了一篇文章，内容是她经手的诉讼对宪法平等的影响。“无比神圣”，她写信给斯蒂芬·维森菲尔德。从

① Ginsburg，letter to Stephen Wiesenfeld，March 2，1977.

② “The Law：Ten Teachers Who Shape the Future，” Time，March 14，1977，http://content.time.com/time/magazine/article/0，9171，947277，00.html.

③ Ginsburg，letter to Stephen Wiesenfeld，November 8，1978.

④ Ginsburg，letter to Stephen Wiesenfeld，May 31，1979.

布满古玩的庄重房间远眺，高耸的松树林和修剪整齐的草坪映入眼帘。她写了张明信片给美国公民自由联盟的首领阿里耶·尼尔——他万万没想到会收到金斯伯格的明信片。她说："这不是一个用来写法律评论的地
108 方，而是用来给爱人写诗的地方。"然而，对于理解金斯伯格的男性而言，她更像是一个"思想库"。"她是一个极富魅力的女人，"尼尔深情回忆道，"我完全可以想象对她浪漫的依恋之情。"[1]

鲁斯和那些出现在《纽约时报》专栏页的有号召力的人物一同聚会，梦想着在沙沙作响的松树林间穿梭，包括她丈夫在内的许多人都动员她再次出发，进入下一个职业平台。马丁，这个在税务领域的卓越人才，离开了他的律师事务所，开始在哥伦比亚从事税法教学工作。于是他们成了同事[2]，马丁上班也更加便利了。

民主党人吉米·卡特（Jimmy Carter）于1976年赢得大选，他致力于消除联邦司法层面对少数族裔和女性的歧视性隔离。因此，女性的期望值变高了。[3]然而，前进道路是曲折的。首先，卡特政府不得不在参议院的白人男性中提名一位法官候选人。卡特在任职初期创建了公民提名委员会，借此为至关重要的上诉法院提名法官候选人。其次，那些在白宫任职的女权主义者，不得不通过无能的司法部试图进入卡特委员会，司法部通常负责诸如联邦法院法官的提名等与司法有关的事宜。司法部由部长格里芬·贝尔（Griffin Bell）领导，他之前长期工作的律师事务所金 & 斯派丁（King & Spalding），后来被证实存在非法性别歧视，可

---

① Aryeh Neier，interview with the author，July 11，2013.

② Ginsburg，letter to Stephen Wiesenfeld，August 31，1979.

③ Nancy Scherer，"Diversifying the Federal Bench：Is Universal Legitimacy for the U.S. Justice System Possible?" Northwestern University Law Review 105（2011）：587；see also Scherer，"Why Has the Lower Court Appointment Process Become So Politicized and What We Can Do about It?" Jurist（online journal of the University of Pittsburgh Law School），2004，http://www.jurist.law.pitt.edu/forum/symposium-jc/scherer.php.

见那里并不是一个包容多样性的所在。[①]随后，开明的白宫不得不竭力阻止美国律师协会，因其仍然规定必须具有 15 年（及以上）的法律实务经验才有资格成为法官。这让时间退回到 1962 年以前，那时从法学院毕业的女性屈指可数。

从卡特当选那一刻起，金斯伯格的名字便开始出现在各类文章预测的法官候选人名单上。[②]到 1978 年，国会投票新增了许多联邦法院法官，似乎即将打破女性与少数族裔候选人的僵局。当然，少数有资格进入联邦法院的候选人名单中，每一份都有鲁斯的名字。直到 1979 年，马 109
丁・金斯伯格一直是韦尔，戈查尔 & 曼格斯（Weil，Gotshal & Manges）律所（一家实力雄厚的纽约律师事务所）里优秀的税务律师，他开始写信，为妻子的提名事业活动。[③]与他交好的合作伙伴艾拉・米尔斯坦（Ira Millstein），写信给格里芬・贝尔律所中卡特的密友来支持鲁斯。令她没想到的是，最初对外国法的兴趣，为她带来了在别人看来有价值的关注点。她入选美国律师协会前往中国的十一人代表团，她称中国是一个“人口无数却没有律师的国家”。此次出行对促进交流很有意义，对她获得高级联邦法院职位也至关重要。她记录说出行很幸福，作为唯一的女性她有自己的房间。“我的男同事们必须住双人间，他们时常抱怨对方的鼾声。”[④]尽管会谈上充斥着陈词滥调，此次中国行的同事切斯特菲尔德・史密斯（Chesterfield Smith）——刚卸任的美国律师协会会长，写了一封信给他的继任者，第二巡回上诉法院任命的卡特公民委员会会长

---

① Sally Jane Kenney，Gender and Justice：Why Women in the Judiciary Really Matter（New York：Routledge，2013），72.

② Ginsburg Archive，Library of Congress，Box 19，Folder Bio 1976.

③ Ginsburg Archive，Library of Congress，Box 18，letters.

④ Ginsburg，letter to Stephen Wiesenfeld,May 31，1979.

劳伦斯·沃尔什（Lawrence Walsh）[①]。他说："毫无保留地相信鲁斯·巴德·金斯伯格将是一位完美、杰出的上诉法官。"

才华横溢又很年轻的联邦法院法官帕特里克·希金博特姆（Patrick Higginbotham），收到了他一个朋友直接写给迈克尔·伊根（Michael Egan）的信，此人负责审查法官提名。马丁利用每一次机会来笼络关系不错的熟人，甚至包括美国法学会联邦所得税项目会议这样不显眼的场合。因为不满意他的代理人，马丁·金斯伯格亲自写信给司法部部长助理迈克尔·伊根。如果伊根需要一些对于鲁斯的背书，她的丈夫在信里写道：他所有的好朋友都"乐意效劳"。此外，马丁担心司法部没有足够关于金斯伯格的资料，他还专门给伊根送了一些报纸和杂志。

尽管卡特希望候选人更加多元化，第二巡回上诉法院委员会还是给出了一份全部为男性的潜在候选人名单。卡特用男性填满第二巡回上诉
110 法院的所有空缺职位，这让已经做好准备要渗透进司法选举过程的坚定的女性团体非常不满，她们高声呼吁，据理力争。在华盛顿有广泛人脉的苏珊·内斯（Susan Ness），伴随着全国妇女政治党团会议的进程，对纽约参议员贾维茨（Javits）和莫伊尼汉（Moynihan）建立的"老男孩"网络进行公开批判。"贾维茨的小组，全男性！""莫伊尼汉的小组，只有一个女性，没有一位律师！"讽刺的是，他们都来自这个国家中女性律师密度最高的纽约。[②] 内斯特别针对金斯伯格提名失败一事向卡特政府喊话，金斯伯格谨慎如常，让她的女权主义"奇袭部队"来做这些工

---

① Jon O. Newman, "Probing and Allegations in the Confirmation of Federal Judges," *Journal of Civil Rights and Economic Development* 7（1991）: 15, http://scholarship.law.stjohns.edu/cgi/viewcontent.cgi?article=1520&context=jcred.

② Susan Ness, "A Sexist Selection Process Keeps Qualified Women off the Bench," *Washington Post*, March 26, 1978; Susan Ness, "The Bench: Where Are All the Women?" *Los Angeles Times*, April 4, 1979; Susan Ness and Fredrica Wechsler, "Women Judges—Why So Few?" *Graduate Woman*, November/December 10–12, 1979, 46–49.

作。“联邦上诉法官的职位对我而言，看似是不太可能了，”她在1979年给密友——美国律师协会会长威廉·斯潘（William Spann）的信中说，“真令人失望，尽管回想起来我的期望的确不切实际。”[①]

四十多岁的金斯伯格有些累了。1977年，在一次面向美国庭审律师协会（American Trial Lawyers Association）的演讲中，她建议未来最高法院的律师“给最高法院”（feed the Court）它所真正需要的，律师诉状中的文本能以“块儿”（chunks）的形式“一字不差地”写进最高法院的判决意见。“穿着要保守，”她警告说，“为他们的无礼做好准备！”觉得自己再睿智也不能失了礼数：“审理之前，哥伦比亚大学的同事们举行了模拟法庭。正式审理时，竟没有法官提出比在模拟法庭中更好或更难的问题。”事实上，她告诉听众，大法官们作出了极度恼人甚至错误的陈述。她与同事们分享了一些最糟糕的例子，特别是她假装耳聋来忽略一些涉嫌性别歧视的玩笑话。[②]演讲时不太客气的语气，是因为她希望提点明智的后来者正确行事。

当她渴盼的目光再次穿越法庭，又有一个案子提上日程——杜伦诉密苏里一案（Duren v. Missouri）。该案是在陪审团中排除女性那起案子的后续攻击，这次是允许她们要求自动豁免。凭借在先的一系列重大陪审团案例，她轻松获胜（投票结果为8∶1）。[③]1979年5月31日，她写信给斯蒂芬·维森菲尔德，如果女性平等的力量在近期卡利法诺诉威斯科特（Califano v. Westcott）案中获胜，她将“满足于我们已经成功抵达 111

① Ginsburg to Spann, Ginsburg Archive, Library of Congress, Box 16, December 1978.

② American Trial Lawyers Association speech,Ginsburg Archive, Library of Congress, Box 13, 1977.

③ *Duren v. Missouri*, 439 U.S. 357（1979）.

在法律中明确性别界限这条道路的终点”[①]。威斯科特案并不是她的案子，该案挑战了福利法的区别规定——父亲失业的家庭可以得到福利救济，而母亲失业的家庭则不能。自然而然地，面对这样一个不成熟的法律区别规定，最高法院在金斯伯格所做的基础性工作之上，支持了原告。用她自己的话说，她处在“路的尽头”。

一段漫长旅程

为了金斯伯格的提名，马丁继续打联络电话。越来越多的法官职位出现空缺，卡特的任期也将告一段落。玛丽莲·哈夫特（Marilyn Haft），此人是副总统沃尔特·蒙代尔（Walter Mondale）的顾问，从办公桌抬头看见了马丁·金斯伯格——这个她前夫的好友，站在她办公室里。[②] 新的法官法案使华盛顿特区联邦巡回上诉法院产生了一个空缺席位，尽管需要举家搬离纽约，但他仍然游说这位白宫人士考虑鲁斯。哈夫特与鲁斯同时进入美国公民自由联盟，所以她完全支持这件事，并且尽其所能地帮助她。

尽管存在公民委员会和备选项目，联邦法官席位的提名权最终还是归结到一小群非正式的白宫决策者手里。1979 年 12 月，因罗伊诉韦德案闻名的总统助理莎拉·韦丁顿（Sarah Weddington）、司法部长本杰明·希维勒提（Benjamin Civiletti），以及国会联络官弗兰克·摩尔（Frank Moore）都在审查候选人名单上。韦丁顿为金斯伯格努力游说，她们认识差不多已经有十年了，这缘于她们对于女性权利事业的共同追求。希维勒提的态度比较消极。最后，在乏味的模拟投票中，韦丁顿用

---

① Ginsburg, letter to Stephen Wiesenfeld, May31, 1979.

② Marilyn Haft, interview with the author, June 19,2013.

支持司法部长提出的两位男性候选人作交易，以换取他对金斯伯格的赞成票。但韦丁顿对希维勒提是否会忠于这笔交易没有把握，所以她在会议结束后直接去找了卡特——她在白宫的办公室就在他楼上。“我从未泄露过任命决定，”她提醒他，“但这一次我要在任何人改变希维勒提的 112
主意之前透露这个决定。”[①] 随后她打给金斯伯格告诉她这个消息。两天后，《华盛顿邮报》刊登了独家新闻：“女权主义者相中了华盛顿特区上诉法院。”[②]“内部可靠信源透露”，《华盛顿邮报》报道称。

鲁斯·金斯伯格依旧紧张不安。她的提名已经提前泄露，她抱怨道，她经历了漫长而焦虑的等待。[③] 卡特的人花了很长时间才把她的名字呈交至参议院，然后参议院司法委员会又花了很长时间审核，甚至举办了一次听证会。[④]“政治右翼”正打算“把她描绘为一个狂热的激进分子，”她很害怕这点。就职于全国妇女组织法律维权基金会的一个女权主义同事林恩·赫克特·沙佛兰（Lynn Hecht Schafran），向人讲述金斯伯格反对男人在“全男性俱乐部”里做事。金斯伯格得知此事后，写信提醒了林恩。她担忧地写道：“今后我们要对任何可能归咎于我的事情小心谨慎。事情不会同我们预想的一样进展顺利，我必须非常谨慎地对待激进女权主义这个标签，防止授人以柄。”[⑤] 时间悄然流逝，总统大选在 11 月开始了。

---

① Sarah Weddington, interview with the author,December 5, 2012.

② Laura Kiernan, “Feminist Picked for U.S.Court of Appeals Here,” *Washington Post*, December 16, 1979.

③ Ginsburg, letter to Stephen Wiesenfeld, February 15, 1980.

④ Lynn Hecht Schafran, letter to the author, October 9,2014.

⑤ Ginsburg to Lynn Hecht Schafran,Ginsburg Archive, Library of Congress, Box 19, Folder Century 1980.

与马丁·金斯伯格交好的朋友艾拉·米尔斯坦[①]挺身而出。巧合的是，米尔斯坦与参议院司法委员会的少数党成员，共和党人奥林·哈奇（Orrin Hatch）“有一些在先交易”。所以这位人脉广泛的律师为摩门教保守派犹他州参议员与美国公民自由联盟妇女权益项目的负责人安排了一次简单的午餐，希望鲁斯顺利步入法官席位。米尔斯坦敦促参议员听取鲁斯的意见，还让他自己判断她是不是一个空想家，是不是抱有偏见、不适合承担广泛司法责任的人。他说自己不记得她在午餐时说过什么。但无论那天她对参议员哈奇说了什么，午饭后“反对派似乎已经消失”。就像尼娜·托滕伯格提醒我们的那样，没有人能在面临压力时如此泰然自若，除了有钢铁般意志的鲁斯·巴德·金斯伯格。

马丁·金斯伯格把他在证券组合投资中的股票全部抛售，因此鲁斯
113 就无须再回避涉及他公司的案件[②]，他们全家也搬进了豪华的水门公寓。

1980 年 6 月 30 日，鲁斯·巴德·金斯伯格穿上了法官长袍。她“恳
114 请”法院的日子终于结束。如今轮到她来发号施令。

---

① Ginsburg confirmation hearings，http://www.gpo.gov/fdsys /pkg/GPO-CHRG-GINSBURG/pdf/GPO-CHRG-GINSBURG-4-28-1.pdf.

② Gardiner Harris，“M. D. Ginsburg，78，Dies,Lawyer and Tax Expert,” *New York Times*，June 27，2010.

SISTERS IN LAW

PART III

FWOTSC

第三部分

最高法院第一位女性大法官

第九章

奥康纳在亚利桑那崭露头角

她当时的想法

正如人们后来开始推动桑德拉·戴·奥康纳和鲁斯·巴德·金斯伯格最终成为最高法院大法官一样，1971年，时任州参议员的奥康纳向总统理查德·尼克松致函，建议他提名一位女性填补刚刚空缺出来的最高法院席位。“您的其他选择都是极好的，”她开始夸赞，“现在是增加一位女性的绝佳时机。”①

但总统并没有这样做。相反，他选择了与她建议的人选风格截然相反的威廉·伦奎斯特。他是奥康纳在斯坦福的同学，也是她在菲尼克斯的朋友。首要的当然也是最重要的，伦奎斯特是站在保守派法律运动最前沿的人物，他给予了民权运动的种族平等基础沉重打击。这场保守派法律运动对女性平权运动产生了毁灭性的影响，因为实现女性法律地位

① O'Connor papers，Arizona History and Archive，Box 1：1，letter to President Nixon，October 1，1971.

平等的运动显然依赖于种族民权运动的发展。这也是为什么克林顿总统在1993年提名鲁斯·巴德·金斯伯格时称其为“女性运动的瑟古德·马歇尔”。如果没有以种族平权运动为背景的宪法第十四条修正案的扩充解释，其他领域的平权运动也不可能取得实质进展。

确认提名阶段，伦奎斯特被发现他1952年以杰克逊大法官书记官的身份撰写的备忘录，其中记载了他建议杰克逊大法官在布朗案中应当反对消除学校种族隔离的原因。[1]“我意识到，”伦奎斯特承认，“那是一个不被广泛认可也不人道的立场，为此我遭受了‘自由派’同行的严厉指
117 责，但我认为普莱西诉弗格森案（Plessy v. Ferguson，1877年的裁决批准南部的种族隔离）是正确的，并且应当被再次确认。”（杰克逊没有采纳他的建议，而是加入了废除种族隔离的一致性决定。）书记官卸任后，伦奎斯特与他在法学院的朋友桑德拉·奥康纳和约翰·奥康纳定居在菲尼克斯。那时，他仍然反对种族平权。当菲尼克斯计划于1964年通过一项民权法令以禁止商人有种族歧视行为时，伦奎斯特作为一名私人执业律师在听证会上作证。伦奎斯特告知市议会，在这件事情上他并没有委托人。[2]但他希望立法者了解，法律禁止商人基于种族原因有歧视性行为的规定，虽然是出于保护少数族裔权利的目的，却牺牲了店主的利益。在这件事上，伦奎斯特认为，财产权利比种族平等更为重要。

尽管伦奎斯特在各个方面都实质性地反对女性法律运动，桑德拉·奥康纳依然全心投入于支持伦奎斯特任命的活动中。她积极拥护伦奎斯特取得这一席位，纵使她原本提议将这个席位授予一位女性，这让人很自然地产生疑问：她是否真的是一名女权主义者。

---

① William H. Rehnquist，“A Random Thought on the Segregation Cases，” 1952，http://www.gpo.gov/fdsys/pkg/GPO-CHRG-REHNQUIST/pdf/GPO-CHRG-REHNQUIST-4-16-6.pdf.

② O’Connor papers，Arizona History and Archives，3：9.

起初，她似乎和许多保守的女权主义者一样，表面上是共和党人，在70年代与女权主义运动彻底决裂。反对平权修正案的菲利斯·施拉夫利就是这类人物的早期典型。她们宣扬，优秀的女性在法律不做任何改变的情况下也能表现出色。她们不需要平权修正案，因为它会伤害那些更为传统的姐妹们。她们当然也不需要像堕胎权这样的权利及其引发的道德危机。在积极参与志愿服务时，奥康纳效仿了施拉夫利模式，她依靠律师丈夫的收入生活，亲近共和党，并促使所在党任命她到男性占压倒性优势的立法机构。她扬言，一旦任何性别歧视的全男性机构许可她加入，她就不会再面临任何其他困难，这听起来非常像施拉夫利的风格。如果奥康纳真的是菲利斯·施拉夫利式的人物，那么她拥护伦奎斯特就一点也不难理解了。 118

但即使在她事业早期的1971年，请求尼克松总统任命一位女性大法官的做法，也多少与女权主义保守派阵营的立场存在分歧。法律职业内部存在性别歧视，是一直以来存在的问题。这意味着，在1971年，无论基于何种中立标准，就任命最高法院大法官而言，女性候选人较之男性也毫无竞争力，尤其对手是威廉·伦奎斯特这样有声望的人。好在奥康纳深知这一点。后来，里根总统出于政治策略于1981年任命奥康纳为大法官之后，她为维护平权行动而与她的保守派同事安东宁·斯卡利亚据理力争。在一次关于平权行动的案件会议上，她打断斯卡利亚对平权行动的抨击，反问道："能不能不要这么做，安东宁？请你想想我是如何走到今天这一步的。"[①]

此外，在表示支持伦奎斯特之后，奥康纳立即积极推动各个领域的

---

① "10 Things You Didn't Know about Antonin Scalia," *US News and World Report*, October 2, 2007, http://www.usnews.com/news/national/articles/2007/10/02/10-things-you-didnt-know-about-justice-antonin-scalia.

法律变革以追求女性平等的实现。与金斯伯格一样，她意识到女性可以借助法律解放因长久以来而被排挤、禁锢的人生。她认为她们不应当只是通过为共和党服务而获得利益恩惠。因此，她拥护一个致力于破坏女性平权进程的男性当选，仍是一件让人无法理解的事。

另一个可能的解释是，尽管奥康纳承认法律有作为女性进步工具的价值，但她可能已经拿定主意，和伦奎斯特这位好友一致秉持保守理念——在任何情况下，州政府优于联邦政府，企业优于政府——比她对妇女的关注更为重要。毫无疑问，在她进入最高法院后，在联邦制和监管问题上她的投票几乎总是与伦奎斯特一致。

或者她可能已经意识到伦奎斯特——大家普遍认为，他是一个很好的朋友，也是一个日常生活中很公正的人——适合在最高法院这样重要的机构里任职。在她眼中，他的品行和工作能力是“很有吸引力”的，这是她一生中做出过的至高人格评价。

高尚的管理者——公允的法官遴选制度以及公民教育——是她始终坚守的主题。当奥康纳于20世纪五六十年代开启在亚利桑那州的政治
119 时代时，民主党数十年来奉行一党政策，害怕经济变革的民主党人统治已经造成了腐败和分裂局面。人们常说，如果亚利桑那州是依靠3C［铜（Copper）、棉（Cotton）和柑橘（Citrus）］发展经济，那么游说民主党立法机构的说客们则是依靠3B［酒（Booze）、牛排（Beefsteak）和金发美女（Blonde）］[①]。从堪萨斯等地新来的共和党移民很快表达了正直的政治立场，将自己描绘成有益于经济发展的积极的改革支持者。[②]就在伦奎斯特被提名之前，奥康纳在促使立法机构重划选区以支持共和党人

① David R. Berman, *Arizona Politics and Government* (Lincoln: University of Nebraska Press, 1998), 50.

② Ibid., 51-52.

的运动中起到了领导作用。[①][当民主党提出抗议时，基恩·普利亚姆（Gene Pulliam）的《亚利桑那共和报》称，任何有自尊的政治党派都会如此。][②]尽管奥康纳在女性问题上与共和党存在分歧，但并没有证据显示，她不再相信共和党是更好的管理者。[③]

她主动写信给参议院司法委员会主席，请求为她的朋友伦奎斯特在提名听证会上作证。伦奎斯特被提名之后的几天，她在参议院和极具社会影响力的菲尼克斯吉瓦尼斯俱乐部演讲，赞扬伦奎斯特。与她毕生的政治策略一样，她努力结交各色人物并与熟人共事。作为一个相对默默无闻的州立法机构成员，她一反常态地得以轻而易举地参与提名确认程序。伦奎斯特和奥康纳共同的朋友——前亚利桑那州人士、后成为美国助理司法部长的理查·克兰丁斯特（Richard Kleindienst），负责伦奎斯特的选任工作。她列出了所有可能提供帮助的人员名单，并给他们分配"任务"——主要是联系他们所认识的人。作为亚利桑那州一家大型银行的董事会成员，她聘请该行行长谢尔曼·哈泽泰（Sherman Hazeltine），请他动用辐射全国的银行行长关系网来联络各州的参议员。[④]这是一个好主意：银行行长们认识很多参议员，同时她收集了大量地方银行家写给国会众议员的信。她打印出斯坦福同学的花名册，联络那些她确信会

---

① Joan Biskupic，*Sandra Day O'Connor*：*How the First Woman on the Supreme Court Became Its Most Influential Justice*（New York：Harper Perennial，2006），37.

② *Arizona Republic* editorial，October 24，1971，cited in Biskupic，*Sandra Day O'Connor*，352.

③ Letter from O'Connor with calculation of election predictions，undated，Lewis F. Powell，Jr. Archives，Washington and Lee University School of Law；O'Connor，letter to Barry M. Goldwater，November 1，1988，Personal and Political Papers of Senator Barry M. Goldwater，Arizona State University Libraries Arizona Collection；Jeffrey Toobin，*Too Close to Call*：*The Thirty-Six-Day Battle to Decide the* 2000 *Election*（New York：Random House，2001），248.

④ O'Connor papers，Arizona History and Archives，3：8.

予以支持，并愿意联系相关议员的人。奥康纳的房子很快就被这些文件堆满了。

120 伦奎斯特一方认为由来自亚利桑那州的两位国会参议员作证足够了，因此谢绝了奥康纳出席作证的好意。然而，面对伦奎斯特在作为共和党监票人期间，要求黑人选民证明其读写水平的指控，他们还是选择启用奥康纳对这些指控进行辩护。克兰丁斯特派奥康纳开展收集无罪材料的调查工作，显然他们非常希望这些指控不会造成太大的影响。1971 年 11 月，在对伦奎斯特提名进行辩论期间，伦奎斯特本人给奥康纳写了一份备忘录，回忆起曾有一份亚利桑那司法部长关于禁止监票人要求投票人证明读写能力的法律意见。她能找到这份意见吗？这将为伦奎斯特说自己并未做此事起到有力的辩护作用。他的同事及时到场出具了这份意见。

奥康纳在调查中发现了负面文件，例如，一份伦奎斯特为地方小报写过的充斥着煽动性不实言论的法律文章，她建议伦奎斯特“不要发表”该文章。[①]伦奎斯特曾称最高法院在刑事诉讼程序中是一个“老好人”，并带着赞赏之情引用一份古老的最高法院意见：“刑事案件不应当被允许上诉；如果陪审团认定一个人应该被处以绞刑，那么他就应被施以绞刑。”[②]奥康纳让他不要担心，文章尚未发表。直至伦奎斯特确定其席位之后很久，这篇文章才出现。

确认程序尘埃落定，伦奎斯特给她和约翰写了一封充满真情的感谢信，感谢他们付出的努力。奥康纳也给每一位帮助过伦奎斯特席位确认

---

① O'Connor to William H. Rehnquist，October 29，1971，O'Connor papers，Arizona History and Archives，3：10.

② William H. Rehnquist，“A Cat Looks at Five Kings，” O'Connor papers，Arizona History and Archives，3：10. Rehnquist's admiration for Judge Parker surfaced at some point years later when it could no longer do harm. William H. Rehnquist，“Isaac Parker，Bill Sykes and the Rule of Law，” *University of Arkansas Little Rock Law Journal* 6（1983）：485（defending Parker against contemporary criticisms of his administration of justice）.

程序的人写了信。他们去参加了伦奎斯特的宣誓就职仪式，这对她而言，是“一个激动而感怀的时刻”，“这对最高法院的未来极其重要”，[①]最高法院自此将会拥有一位曾反对废止种族隔离的成员。对伦奎斯特的任命无疑意义重大：在接下来的9年里，每当美国公民自由联盟的金斯伯格出现在最高法院，试图为女性搭建法律平等的根基时，伦奎斯特几乎毫无例外地反对。[②]

管理家务和管理州务

几个月以后，总统选举委员会的地方办公室开始对亚利桑那州竞选运动主席山姆·马迪安（Sam Mardian）施压，要求他招募一位女性协 121
助负责尼克松1972年的大选工作。[③]即使总统无意消除最高法院的性别歧视，政客们仍认为，至少竞选连任的运作不应全部由男性负责。精力充沛并且足智多谋的奥康纳自然是不二人选。在致力于帮助尼克松总统连任的过程中，她走访多家地方办公室，组织各项活动，鼓励亚利桑那州立大学年轻的共和党人，协调地方和全国竞选活动的投票情况。她引以为傲的成就之一，是在竞选团队中以身份的一致性为依据进行分组，[④]如黑人、西班牙裔和老年人等，共计13个团组。尽管她对于女性应当平等地适用亚利桑那州法律也十分关注，但女性并没有作为一个独立的利益集团出现在共和党竞选的政治清单上。选举结束后，她在竞选工作中

---

① O'Connor，letters to supporters，O'Connor papers，Arizona History and Archives，3：10.

② The exception was *Weinberger v. Wiesenfeld*，where he voted for Baby Jason.

③ Biskupic，*Sandra Day O'Connor*，53.

④ O'Connor papers，Arizona History and Archives，2：3.

展现出的活力和才干自然引起了关注，有人询问她是否愿意加入政府机构，她拒绝了。她说，她的家人安居在菲尼克斯，丈夫约翰是律师，儿子们还在上学。[①]

在奥康纳选择继续生活的亚利桑那州，1972 年的选举使共和党人重新获得在州议会的权力，作为参议员的她也很快罢免了共和党多数党领袖。随后两年中，她到达了地方立法机构的权力中心。她强烈地意识到自己“手中有权，可以制定自己所希望的法律”。[②]她将自己在立法机构的岁月称作为人民的利益而推进两党合作的时期，她的履历也明确表示，她同时推动了自由派和保守派法律。在枪支管制、死刑和校车接送等领域，她采取了共和党立场，而在环境问题和双语教育方面，她又转而支持民主党一方。在社会福利问题上，她甚至试图走中间道路。[③]

奥康纳在女性平等问题上做出了切实努力。当时并不像现在这般党派独立。虽然伦奎斯特大法官的立场是主流取向，但共和党人没有立即完全背弃女性平权的信念。只在 1980 年，共和党在纲领中正式撤回对平权修正案的支持。整个 70 年代，国家专门机构之外的无党派人士的
122 “法律改革”运动——比如统一州法律委员——建议在家庭法等仍存在歧

① Interview with Thomas Reed，head of regional Committee to Re-elect the President，reported in Biskupic，*Sandra Day O'Connor*，56.

② Phoenix Oral History Project，taped interview with Sandra Day O'Connor，1980，Arizona Historical Society.

③ Nancy Maveety，*Justice Sandra Day O'Connor*，*Strategist on the Supreme Court*（Lanham，Md.：Rowman and Littlefield，1996），15，citing Edward V. Heck and Paula C. Arledge，“Justice O'Connor and the First Amendment，1981-84，” *Pepperdine Law Review* 13（1986）：993-1019，and Howard Kohn，“Front and Center：Sandra Day O'Connor，” *Los Angeles Times Magazine*，April 18，1993.

视传统的领域推行非歧视性制度。[1]1973 年，奥康纳领导两党通力合作，废除了亚利桑那州歧视女性的一系列法律。她对修订亚利桑那州夫妻共同财产法给予支持，修订后的法律赋予女方管理婚姻财产的权利，并删除了一些导致实质性后果的男权规则，比如，只有父亲有权就孩子的死亡或伤害提起诉讼。[2]

尽管兼采两党的政治立场，奥康纳最为坚定的立法提案还是一个保守的议题：设置税收上限。1973 年，她通过召开优秀市民会议开始倡导。到第二年，她已经提交了一份公民投票提案，提议通过修改州宪法，将州的财政支出限定在该州全部个人收入的固定比例。[3] 奥康纳努力排除万难促使提案通过。她写信给党派标志性人物——参议员巴里·戈德华特，请他联系反对的议员，无论是共和党还是民主党，以便提案得以通过。“我相信，这项提案将为（1974 年）11 月的共和党选举助力”，她恳求戈德华特，并且“在亚利桑那州通过这项提案将为其他州的类似举措铺平道路”。[4] 两天以后，一贯主张避免州内立法之战的戈德华特参议员，以给亚利桑那州众议院多数党领袖保顿·巴尔（Burton Barr）发电

① “Uniform Disposition of Community Property Rights at Death Act,” National Conference of Commissioners on Uniform State Laws，August 21-28，1971，http://www.uniformlaws.org/shared/docs/disposition%20of%20community%20property%20rights/udcprda%201971.pdf.

② Schafran testimony at confirmation hearings，http://www.gpo.gov/fdsys/pkg/GPO-CHRG-OCONNOR/pdf/GPO-CHRG-OCONNOR-4-24-2.pdf and statutes cited at Schafran notes 2 and 3. The Arizona Republic specifically credits O’Connor with fighting efforts to water down the equalizing initiative，May 4，1973，http://www.newspapers.com/image/8349961/.

③ O’Connor papers，Arizona History and Archives，5：1，5：8.

④ Personal and Political Papers of Senator Barry M. Goldwater，Arizona State University Libraries Arizona Collection，correspondence，O’Connor file.

报的方式回应了奥康纳的请求。[①] 奥康纳的提案甚至引起了加利福尼亚州州长罗纳德·里根的关注，他在亚利桑那州共和党的 Trunk'n' Tusk[②] 俱乐部会议上称赞了奥康纳。那很可能是里根第一次听说她。

税收限制运动反映了保守化政治的复兴。分析人士广泛认为，1978 年加利福尼亚州通过第 13 号减税提案对于提升罗纳德·里根的声望，使之成为总统候选人有显著的推动作用。因此，为了实现限制税收的重大立法举措，奥康纳将自己与全国范围内最为保守的发展趋势紧密联结。
123 巴尔——之后的共和党州众议院多数党领袖，这样评价他这位近乎残酷的工作狂同事："有桑德拉·奥康纳在，就不会有悠闲时光。"[③]

再次退出

然而，奥康纳没有因为在推动提案的过程中付出巨大努力而参加选举。1974 年选举前的几个月，多数党领袖奥康纳宣布她不会参与连任竞选，而后再一次离开了她辛苦建立的事业。奥康纳上一次离开工作岗位，是因为她的保姆辞职了。而这一次辞职，她说，是觉得一个人不应该在立法机构工作太长时间。[④] 他们太自以为是了。也可能只是她厌烦了。就在她宣布辞职之前，她厉声斥责了一位同事，这位同事对她说"你要是个男的，我就会给你一拳"。奥康纳则一反常态地回击道："不给我一

---

① "Arizona's Expenditure and Tax Limitation Proposal: An Analysis of Proposition 106," Arizona State University Papers in Public Administration，1974，O'Connor papers，Arizona History and Archives，5：2.

② Ibid.

③ "Justice Sandra Day O'Connor Announces Retirement after 24 Years," *Metropolitan News-Enterprise*，July 5，2005，http://www.metnews.com/articles/2005/ocon070505.htm.

④ Interview，O'Connor，Arizona History Project，January31，1980.

拳你就不是男人。”[①] 多年以后，当有人问起她在几乎都是男性的亚利桑那州议会的那段岁月，她叹息道：“我从不与你说的那些人为伍。”[②] 最终，税收限制提案没有被投票通过。

这一次，奥康纳依然在没有对未来作任何规划的情况下辞职。然而，这一次她是幸运的。在离开立法机构一个月之后，州法院的职位有了空缺。根据亚利桑那州法官任选制度，首先她必须赢得共和党初选。对于一位有权势的立法机构领袖而言，这似乎是一种奇怪的衰败现象，但在经过艰难的选举战之后，她发现自己具有在法院大楼地下室主管普通刑事案件审判的能力。[③] 据说她很享受这个卑微的职位，这让她接触了各种人的情感和经历。[④] 尽管职位略显逊色，但亚利桑那州 60 名左右的司法部门成员都尽力让自己过得不错。奥康纳在各种司法会议中与她在司法部长办公室的老同事保罗・罗森布拉特（Paul Rosenblatt）重逢，彼时他是一位州法官。那时总有大型晚宴，玛丽・弗兰・奥格（Mary Fran Ogg）——一位法官的妻子——带领大家举杯庆贺、弹琴高歌，度过漫
漫长夜。罗森布拉特不同意保顿・巴尔的玩笑话——“立法机构有了勤 124
奋的奥康纳，就再也没有悠闲的时光了。”罗森布拉特说，“如果巴尔也曾见过奥康纳在‘奥格 / 法官的悠闲时光’围着钢琴唱歌，他就不会这
么想了。”[⑤] 125

---

① Biskupic，*Sandra Day O'Connor*，52.

② Ibid.，63，citing Kohn，“Front and Center.”

③ Ibid.，64-65.

④ Ibid.，65.

⑤ Rosenblatt interview，February 7，2014.

第十章

欢迎奥康纳大法官

正如奥康纳原本热衷于政治随后又隐退一样，其他一些同样拥有富足婚姻生活的共和党女性，横跨在女性利益诉求和党派愈演愈烈的保守主义之间的鸿沟，对世界政治发动侧面攻击。成就最为杰出的是安妮·阿姆斯特朗（Anne Armstrong），她出身富庶，后来嫁给得克萨斯牧场主托宾·阿姆斯特朗（Tobin Armstrong）。[①]在南北战争后，得克萨斯州一直由民主党把持，阿姆斯特朗夫妇在此复兴了共和党。作为资金筹集人和组织者的安妮·阿姆斯特朗没有竞选公职，反而遵循了传统的资金筹集人之路，去了共和党全国委员会。她是委员会历史上第一位女性联合主席，随后成为理查德·尼克松的顾问。[②]如果人们想要咨询即将出任要职的女性候选人的情况，她是一位值得信赖的咨询对象。1972 年，西南地区竞选负责人想要推荐奥康纳担任要职，他咨询了阿姆斯特朗。[③]

---

① Shakespeare，*The Taming of the Shrew*，Act I，scene 2，"Wive it wealthily，" technically.

② Joe Holley，"Leading Texas Republican Anne Armstrong，" *Washington Post*，July 31，2008，http://www.washingtonpost.com/wp-dyn/content/article/2008/07/30/AR2008073002605.html.

③ Biskupic，*Sandra Day O'Connor*，56.

在 1974 年尼克松辞职前一个星期，阿姆斯特朗推荐了石油公司执行长罗伯特·林德（Robert Lindh）的妻子帕特里夏·林德（Patricia Lindh）担任白宫妇女事项特别助理。[①]

在共和党支持女性事业（如《平权修正案》）的全盛时代，阿姆斯特朗和林德顺利进入尼克松的继任者杰拉尔德·福特（Gerald Ford）麾下。她们致力于诸如信贷歧视和教育等领域的女性利益问题。随着平权修正案逐渐失去支持，女性候选人吸引了她们的注意。与诉讼律师金斯伯格和议员奥康纳不同，面对女性问题时，林德将自己的事业描述为“喋喋 126
不休的工作”。偶尔当白宫人事部门向她征询人选意见时，她“会列出大量女性人选”。

在帕特·林德的名单上，其中一位女性是马里科帕县初审法官桑德拉·戴·奥康纳。1975 年，林德建议杰拉尔德·福特考虑让她接替最高法院大法官威廉·道格拉斯。[②] 提议一位低级别的州初审法官成为最高法院大法官并不像听起来那么不切实际。1975 年，全国范围内的女性法官寥寥无几，因此林德的名单上只有一些与奥康纳的职位相当的低级别法官，比如华盛顿地方初审法院法官和佛罗里达州初审法院法官。（当然，来自全国妇女政治党团会议的金斯伯格也是在那一年第一次出现在名单上；然而，她并不是一个能引起执政的共和党注意的有力竞争者。）最终福特任命联邦上诉法院法官约翰·保罗·史蒂文斯接替道格拉斯，一切都前功尽弃。

如往常一样，奥康纳会沿着一条与华盛顿女权运动倡导者所想象的

---

① Ann Wood, “Pat Lindh Says She ‘Nags a Lot’ as Special Assistant to President,” *Toledo Blade*, November 17, 1975, http://news.google.com/newspapers?nid=1350&dat=19751117&id=BQ9PAAAAIBAJ&sjid=QgIEAAAAIBAJ&pg=7176, 4753121.

② Janet M. Martin, *The Presidency and Women: Promise, Performance, and Illusion* (College Station: Texas A&M University Press, 2003).

传统路径不一样的道路往前走。她的人脉关系再一次发挥了作用。目睹着奥康纳一直以来的好运，1979 年，她的朋友，一个滴酒不沾的摩门教徒——也是前菲尼克斯市市长——约翰·德里格斯（John Driggs）也希望自己的社交生活更活跃。[1]“我们要去参加其他人举办的所有鸡尾酒会和晚宴”，约翰对他的妻子盖尔（Gail）说，“我们不能再这样下去了。”为了能够既遵守信仰中禁止饮酒的信条，又融入聚会气氛，约翰询问他的妻子：“我们认识的人当中，谁是既重要，又能前来发言，并为聚会增添趣味的人？”“嗯，”她说，“你觉得马克·坎农（Mark Cannon）怎么样？”坎农，他们的一位远亲，是美国首席大法官沃伦·伯格的行政助理。

德里格斯立即接通电话。“你好，马克”，他询问道，“你有机会来亚利桑那吗？”

“嗯，我 8 月会去，”坎农答道，“首席大法官和我去弗拉格斯塔夫开会”。

菲尼克斯以北三小时车程的弗拉格斯塔夫，地处大峡谷区以南，距
127 离大峡谷也只有几小时车程，那里有科罗拉多河大坝和美丽的鲍威尔湖。多年来，亚利桑那人最喜欢的夏日休闲活动，就是租个船屋，绕湖自驾，在清澈的水中游泳，欣赏迷人的景色。一年前，德里格斯刚刚同邻居一道游览了鲍威尔湖，他们完全陶醉于那次经历。约翰·德里格斯不失时机地问坎农，首席大法官是否到过鲍威尔湖。坎农说没有。“如果，”德里格斯问道，“会议结束后，我们一起旅行如何？”一个月以后，首席大法官接受了船屋邀请。德里格斯计划带上自己的孩子，船屋主人的儿子提议为他们掌舵，得以有机会见见大法官。

德里格斯随后面临另一个问题：这三天要如何招待首席大法官呢？

---

① The story of the whole trip is from John and Gail Driggs，interview with the author，January 25，2014.

盖尔和约翰·德里格斯都不是律师！约翰决定，他们最好扩大聚会规模。回顾他们所熟识的朋友时，约翰说：“我们就邀请奥康纳夫妇吧。”虽然桑德拉孤军奋战在菲尼克斯最简陋的法院中，约翰和盖尔却觉得，与好友奥康纳夫妇相处非常舒服，而且他们知道奥康纳夫妇能够为聚会增添气氛。约翰·德里格斯拨通约翰·奥康纳律师事务所的电话，问他是否愿意在首席大法官沃伦·伯格结束在弗拉格斯塔夫的会议后帮忙招待他。“当然愿意！”约翰·奥康纳欣然应允。

数月之后，在亚利桑那州北部，首席大法官走上一艘船屋的甲板。“叫我首席吧”，他用那标志性的谦逊口吻说道。他们游泳，峡谷探险，品尝德里格斯夫妇和奥康纳夫妇精心准备的美味食物。饭桌上，首席大法官借机与这个临时聚集起来的大家庭讲述了他的过往和他对美国历史的兴趣，并谈论任何他们愿意讨论的话题。的确，如果有人问伯格与在场的七八个人关系不大的问题，他总是先设法引起所有人的兴趣，然后再说出答案。

有几次，客人们饭后在桌边徘徊，他们发现首席大法官和法官桑德
拉·戴·奥康纳不见了。约翰·德里格斯出去找人，发现两人坐在上层 128
甲板遥远的角落里，正像老友一样聊天。好几次，他们聊天直到凌晨。没人知道他们说了些什么。盖尔·德里格斯猜测他们在谈论历史故事。

“这难道不好吗？”度假结束后，在开车回菲尼克斯的路上，盖尔对她的丈夫说，“如果有一天桑德拉能走到最高法院。”

“别傻了，”他答道，“那不可能。”

6个月后，州长布鲁斯·巴比特（Bruce Babbitt）将奥康纳从地方法院升迁至上诉法院。她接替了刚刚被卡特总统任命为联邦第九巡回上诉法院法官的玛丽·施罗德（Mary Schroeder），她曾是菲尼克斯一家重要律师事务所的第一位女性合伙人。与金斯伯格到特区巡回法院工作一样，施罗德是相同的游说和组织集团的受益者，还是可能开创最高法院女性法官职

位先河的亚利桑那州民主党候选人。当时，奥康纳被任命接替的职位看起来只是州长为了保险起见选择的，他正在计划连任，因此不希望备受欢迎的女性前议员奥康纳成为他的共和党反对者。[①] 但要说关注受人瞩目的奥康纳的人，他可不是唯一一个。在奥康纳成为上诉法官的授职仪式上，她将约翰·德里格斯从迎宾队列中拉到一边。“猜猜怎么样！”她小声说，“首席大法官刚刚邀请我和一个美国代表团去伦敦参加法律研讨会。”

不论在什么场合，奥康纳总能从容应对。后来成为美国联邦巡回上诉法院法官的比尔·布莱森（Bill Bryson），当时是司法部的一名低级别官员。巧合的是，他是鲍威尔大法官的前书记官佩妮·克拉克的男朋友，也是伯格组建的代表团成员之一。从伦敦回来后，他告诉佩妮这次旅途中他认识了一位极富魅力的女性，她从一个议员的角度为会议讨论助益
129 良多。比尔感慨奥康纳的智慧，他还提到，更重要的是，与旅途中的其他重要人物不同，这位来自亚利桑那州的新人对“旅途中照顾他们的工作人员非常友善和体贴，并且能够体察到组织者为此付出的努力”。[②]

最高法院第一位女性的诸多恩人

到 1980 年，两党对于女性问题的共识——法律不得存在性别歧视，并且符合资质的女性可以平等竞争各个领域的工作职位——已经实质性破裂。尽管像安妮·阿姆斯特朗和派特·林德一样富有的女性还在向执政者建言，应尽量任命女性就职，但实际上留给共和党人的就平权修正

---

① Paul Rosenblatt, interview with the author, February 7, 2014. Babbitt apparently denies this; see Biskupic, *Sandra Day O'Connor*, 68.

② Penny Clark, interview with the author, December 27, 2013.

案之类，求同存异的空间已经所剩无几。1980年共和党大会召开，彼时共和党被保守派牢牢把持，并准备提名罗纳德·里根竞选总统，不仅拒绝支持平权修正案，并且公开与堕胎权的反对者结盟。投票显示，女性开始逐渐脱离“老大党”（Grand Old Party）[①]。4年后，女性几乎一边倒地支持民主党候选人，[②]而男性支持共和党的性别分歧开始成为美国政治常态。

随着女性增多，她们的投票力量也在增强。有时，候选人面对选举过程而产生的不安也会导致社会层面的变革。[③]比如，在1980年，里根被党内的保守倾向缚住手脚，他只能承诺给予女性投票者一些符号利益。在他那位有些自由主义倾向的竞选顾问斯图亚特·斯宾塞（Stuart Spencer）的催促下，[④]里根宣布，如果当选，他将任命一位女性大法官填补最高法院的下一个空缺。就在里根就职后不久，波特·斯图尔特大法官决定辞职。

很多人曾经说过，他们是奥康纳——这位未来大法官——的教父。里根当选后，奥康纳的船屋朋友沃伦·伯格邀请白宫顾问佛瑞德·菲尔丁（Fred Fielding）共进午餐，为奥康纳的候选资格拉票。奥康纳传记 130
的作者安·麦克费特斯（Ann McFeatters）称，奥康纳与威廉·伦奎斯

---

① Grand Old Party 即共和党。——译者注

② Biskupic, *Sandra Day O'Connor*, 70. Biskupic tells the story of O'Connor's nomination and confirmation in painstaking detail in chapter 5.

③ In 1992, Bill Clinton casually tossed off a commitment to stop the United States driving gay soldiers out of the military. Linda Hirshman, *Victory*: *The Triumphant* Gay Revolution (New York: Harper-Collins, 2012), 22.

④ "Interview with Stuart Spencer," 2005, Ronald Reagan Oral History, Miller Center, University of Virginia, http://millercenter.org/president/reagan/oralhistory/stuart-spencer.

特的关系对于她进入候选名单至关重要。[①]还有人说这得益于奥康纳与巴里·戈德华特之间长期友好的伙伴关系。凑巧的是，就在她的当选前景日趋明朗时，奥康纳正在戈德华特侄子的婚礼上尽地主之谊。她赞颂家庭的珍贵，后来奥康纳被亚利桑那州反堕胎权人士攻击，戈德华特常常以此为奥康纳辩护。[②]但在关于这个问题的所有历史探查中，几乎没有人关注这位著名的“教父”——里根本人。司法部长威廉·弗兰·史密斯（William French Smith）曾在历次最高法院大法官提名程序中发挥至关重要的作用，临终前他告诉助手，1980 年里根给了他一份亲手写下的最终候选人名单，其中就有奥康纳的名字。[③]现在我们知道，其实早在 1974 年，里根就因奥康纳在亚利桑那州努力推进税收上限而注意到她，这也使得司法部长的说法更加令人信服。白宫决定向奥康纳位于天堂谷的伊甸园般的家派出调查组。

她可能是当时唯一能够成功进入最高法院的女性。尽管一开始，共和党女权主义者承诺只要求基本的平等，直到 1980 年，女权运动与共和党已经渐行渐远。理查德·尼克松已经否决了仅有的为提供儿童保育公共基金所做的艰苦努力，共和党人为削减公共医疗资金贡献了绝大部分投票，而且作出提名罗纳德·里根决定的共和党大会也撤回了对平权修正案的支持。

打破法学院入学障碍并开始成为司法机构职位候选人的这类女性，大多是鲁斯·巴德·金斯伯格一类的人，而桑德拉·戴·奥康纳并非典

---

① Ann Carey McFeatters, *Sandra Day O'Connor*: *Justice in the Balance*（Albuquerque: University of New Mexico Press，2005），11-12.

② Goldwater to “each of the family,” Goldwater correspondence，May 14，1980，Personal and Political Papers of Senator Barry M. Goldwater，Arizona State University Libraries Arizona Collection；Biskupic，*Sandra Day O'Connor*，85.

③ Biskupic，*Sandra Day O'Connor*，77-78.

型。甚至，在史密斯为里根搜集的诸多候选人名单上，女性候选人都是民主党人！她们知道，成为一名更好的厨师和更好的律师仍不足以对抗这个世界的性别歧视和刻板印象，必须借助法律的强大力量才能对女性不平等问题施加影响，她们相信对门诊堕胎提供社会资助是一项巨大的进步，堕胎权也是女性的基本权利。 131

上诉法官桑德拉·戴·奥康纳认为，大多数女性只需迈出第一步，[1]所以她是共和党作出符号意义式任命的完美人选。她相信，只要人们了解她，大家就会发现她不同寻常的天赋和卓越的社交才能。在亚利桑那州这个仍旧人烟稀少的西部地区，如桑德拉·戴·奥康纳一般受过专业训练并且有天赋的实干者非常少。她并不认为，人们会固执地牺牲女性才能，以便保证彻底的男性霸权。

评审委员会来到奥康纳的住处后发现，[2]她是一位较为传统的女性。在与肯尼斯·斯塔尔（Kenneth Starr）和白宫团队讨论过联邦/州的复杂关系后，她为他们准备了美味的三文鱼沙拉和冰茶午餐。斯塔尔回忆说，她具备一切条件：合适的年龄、正确的理念和政治支持。此外，饱食了三文鱼沙拉的他说："我喜欢她。"她从未审理过联邦案件——的确，据玛丽·施罗德（Mary Schroeder）回忆，她的诉讼事件表排满了最为乏味的工人赔偿诉讼——但这并不重要。里根遇见她之后，他的感觉也是一样的。牧马、经营牧场——这次会面让他们逐渐熟悉，也造就了沐浴在西部阳光里的两个独立精神的完美结合。无须再见任何其他人了，他告诉他的团队。[3]与奥康纳会面后不久，罗纳德·里根赶在反对者有所行动之前提名了她。如果她能够通过确认程序，成功进入最高法院，

---

① "The only problem I ever had," she told an interviewer in 1980, "was in obtaining employment initially," from transcript of the Arizona historical society interview, 10.

② McFeatters, *Sandra Day O'Connor*, 12-13.

③ Biskupic, *Sandra Day O'Connor*, 77.

长久以来的性别桎梏就正式解除了。华盛顿巡回上诉法院法官鲁斯·巴德·金斯伯格从汽车广播中得知这一消息后非常高兴，即使她从未听说过这个被提名人。①

与里根会面结束后回到家，奥康纳赶上了她丈夫所在事务所的独立纪念日聚会。“我们没想到她能做到”，约翰·奥康纳的徒弟，也是桑德拉的仰慕者露丝·麦克格雷戈（Ruth McGregor）说。然而，尽管未抱太大希望，当奥康纳的提名被公布时，约翰的事务所还是全力投入其中。
132 司法部送来简介资料手册，麦克格雷戈和一部分约翰·奥康纳的合伙人在事务所图书馆花了一个周末审阅，为她的听证做准备。②

在经过提名确认程序时，奥康纳以她自己的方式疏解压力。那年夏天的一个周日早晨，约翰·德里格斯接到一个电话。③“约翰，”桑德拉问道，“你今天有什么安排？”

“去做礼拜。怎么了？”

“我可以去吗？”

“当然可以。”

“约翰·奥康纳是一个天主教徒，”德里格斯确认，“但他们两个并不经常做礼拜。”因此，尽管她不是一个摩门教徒，但在这个充满压力的夏天，她还是在周日匆忙去做了摩门教的礼拜。德里格斯夫妇当然非常激动，叫上了全家人，确保布道和训诫适合这个高贵场合。凑巧的是，男女隔离的女性礼拜会那一天竟然有来自当地著名的厨师——大法官桑德拉·戴·奥康纳——的食谱。她在礼拜的过程中一反常态的烦躁不安，

---

① Mike Sacks，“Women Supreme Court Justices Celebrate 30 Years since Court's First Female，” *Huffington Post*，April 11，2012，http://www.huffingtonpost.com/2012/04/11/supreme-court-women-justices_n_1419183.html.

② Ruth McGregor，interview with the author，January 23，2013.

③ John and Gail Driggs，interview with the author，January 25，2014.

在她的手提袋里翻来覆去寻找什么。但她没有解释，也没有人问。

尽管一开始很紧张，但当奥康纳真正出现在参议院时，她那令人惊叹的勤勉准备和西部领导魅力相结合的招牌气质横扫会场。她不仅研究了有关法律问题的答案，也研究了各位参议员的个人历史和兴趣。过去几十年间，人们见证了奥康纳的社交智慧，很多议员和法官同侪到她的家乡天堂谷享用墨西哥晚餐。传记作者琼·比斯科皮奇讲述了她拜访爱德华·肯尼迪（Edward Kennedy）的故事，肯尼迪不是最有希望支持里根的人。“肯尼迪议员，”她开场问道，“您母亲怎么样了？”肯尼迪随后向她讲述了自己母亲丧失短时记忆的家庭故事。[①]

作为女性候选人，她在很大程度上得益于大家对于这种里程碑式突破的极大支持。整个女性律师行业的代表都参加了提名辩论。埃莉诺·斯米尔（Eleanor Smeal）代表全国妇女组织为支持奥康纳而作证。 133
“我们并不是说，全国妇女组织同意奥康纳法官所有的法律和政治观点。事实上，我们了解到，全国妇女组织的亚利桑那州成员的确对奥康纳法官担任参议员时期的一些立场表示反对。但是，我们君子之交就应该‘和而不同’，况且总体上我们已经形成了关于歧视问题的共识和认知。”此后，奥康纳的民意支持率飞涨。

作为女性公众人物，她维护女性利益的立场使保守派阵营的警觉性有所提升。她曾对撤销亚利桑那州刑事堕胎法的提案表示支持，并拥护平权修正案，这可能会带来麻烦。[②]但在提名确认听证会上，她努力呈现出自己的清白过往。一方面，这是对她有担当或缺少担当的准确反映。另一方面，她根本就是在撒谎：她本人或是她在白宫的支持者曾指出，并不存在1970年她支持撤销亚利桑那州刑事堕胎法的投票记录，但事

---

① Biskupic，*Sandra Day O'Connor*，91.

② Ibid.，86-96.

实显然不是这样。[①]她采取了最高法院当时的统一立场，谴责现实中的堕胎——奥康纳称现在认为堕胎手术是“可鄙的”，而且她绝对不会亲身体验——并且坚定拒绝就她将如何判决罗伊诉韦德案发表意见。拜登（Biden）参议员提醒她作为女性利益维护者的历史使命，他同样得到的是沉默回应。[②]

确认程序以 99 : 0 的投票结果结束。*Ms* 杂志发表了一篇温暖乐观的文章，作者来自全国妇女组织法律辩护和教育基金（NOW Legal Defense and Education Fund），林恩·赫克特·沙弗兰（Lynn Hecht Schafran），她或许是女性和司法领域最有权威的发言人。[③]女权主义者希望，所有女性都能在成年之前就获益于奥康纳在 20 世纪 50 年代对女权运动展现出的雄心和兴趣，从而免受性别歧视之苦。[④]至少，她的存在会削弱法院在裁决时只将妇女视作想象中试验品的倾向。有时，法官
134 们对女性价值的忽视并不影响他们的裁决结果；例如，布伦南大法官尽管在用工领域有差别对待女性的倾向，但还是对性别歧视给予了最强烈抨击。但其他时候，法官们的忽视更多是一种潜在危险。鲍威尔大法官想当然地认为妇女都是像他妻子一样享有特权的里士满主妇，因此在社会保险案中他险些投票反对斯蒂芬·维森菲尔德。

任命奥康纳所带来的标志性影响立即突显。桑德拉·戴·奥康纳宣誓就职仪式的出席资格一票难求。作为行政主管的首席大法官伯格抱怨，

---

① Ibid., 84.

② Ibid., 96-97.

③ Lynn Hecht Schafran, “Sandra O’Connor and the Supremes,” *Ms.*, October 1981.

④ Virginia Kerr, “Supreme Court Justice O’Connor: The Woman Whose Word Is Law,” *Ms.*, December 1982, 52; Margaret A.Miller, “Justice Sandra Day O’Connor: Token or Triumph from a Feminist Perspective,” *Golden Gate University Law Review* 15 (2010): 493-525, http://digitalcommons.law.ggu.edu/cgi/viewcontent.cgi?article=1373&context=ggulrev.

“出席就职仪式造成的压力，远远超出了我们的掌控能力。这引发了很多问题。”[①]法官们携宾客出席的人数本不应超过惯例。大家——包括数量空前的媒体——站在大厅里，甚至室外的接待处都是“铺天盖地的客人”。其中有200位客人是受奥康纳邀请而来，[②]她邀请她刚刚离开的亚利桑那州法院系统中60多位成员参加她的宣誓仪式。[③]因此，当第一位女性大法官扶着她自己指定的护送者——沃伦·伯格走下最高法院大楼的大理石台阶时，人群中挤满了她的朋友和家人。其他人都在给她拍照，她反倒请一个朋友给记者们照相，这反映了她像往常一样对社会动态不同寻常的理解。

她理解并且接受将自己塑造成一个角色模型。就像她那句著名言论：“我可以做第一个。但不希望是最后一个。”[④]甚至她那些高贵的教友朋友们也希望把她引荐给他们认识的女孩。自路易斯·鲍威尔大法官在温伯格诉维森菲尔德案中发表了特别意见，向公众承认他认为妇女大多更倾向于家庭之后，他竟然接受了一位律师做自己的儿媳。作为奥康纳在最高法院的新朋友，鲍威尔的首要之举就是向这位最高法院第一位女性大法官介绍儿媳米姆斯·鲍威尔。于是，他安排儿媳参加了奥康纳的就职仪式。奥康纳也从不错过任何细节。鲍威尔在仪式后的家信中写道：“尽管奥康纳大法官与上百人握手，但她还记得米姆斯，并称赞了她。” 135

---

① Burger Memorandum to the Conference，September 22，1981，Lewis F. Powell，Jr. Archives，Washington and Lee University School of Law.

② O’Connor，family letter，October 8，1981.

③ Paul Rosenblatt，interview with the author，February 7，2014.

④ “Justice Sandra Day O’Connor Visits Duke Law,” *Duke Law News*（website），http://law.duke.edu/features/news_oconnor/（accessed November 18，2014）.

来自新朋友的小帮助

桑德拉·戴·奥康纳痛恨混乱。① “乱”（Messy）是形容她厌恶的法律、政治状态中最严厉的用词之一。提名确认程序还未结束，她的一位亚利桑那州朋友玛丽-奥黛丽·维克·梅勒［Mary-Audrey Weicker Mellor，洛厄尔·维克（Lowell Weicker）参议员的妹妹］给她的朋友路易斯·鲍威尔写信。“我实在等不及要告诉你我的好朋友桑德拉·奥康纳的情况……她是那么谦逊、朴素和高尚。”因此，她继续写道：“我写信来希望你照顾一下桑德拉。”② 鲍威尔通过一个在水门有公寓的朋友给桑德拉找到了住处。③

奥康纳就职后，据她的第一个书记官露丝·麦克格雷戈回忆，“所有房间全部堆满了案卷。”（麦克格雷戈，当时年近 40 岁，辞去了她在约翰·奥康纳律师事务所合伙人的职务，来帮助最高法院第一位女性大法官。她想，毕竟一个律师的一生能有多少次这样的机会呢？）在第一次参加最高法院会议前，奥康纳和麦克格雷戈都付出了辛勤努力以做好充分准备，这次会议要解决一整个夏天堆积起来的案子，是一项非常艰巨的任务，但他们不知道最高法院的大法官们已经制定了一套不同的工作制度。会议上，发到这位新人手中的资料全部混乱了，所以她在午休时

---

① Dahleen Glanton，“O’Connor Questions Court’s Decision to Take On *Bush v. Gore*,” *Chicago Tribune*，April 27，2013，http://articles.chicagotribune.com/2013-04-27/news/ct-met-sandra-day-oconnor-edit-board-20130427_1_o-connor-bush-v-high-court.

② Mary-Audrey Weicker Mellor to Powell，July 8，1981，Lewis F. Powell，Jr. Archives，Washington and Lee University School of Law，correspondence.

③ “A Tribute to Lewis F. Powell，Jr,” *Washington and Lee Law Review* 56（1999）：6，http://scholarlycommons.law.wlu.edu/cgi/viewcontent.cgi?article=1532&context=wlulr.

间匆忙赶回她的办公室，将资料重新整理，这样在会议的后半程她就不必一直在自己的笔记中翻找对应内容了。[①]鲍威尔将自己富有经验的秘书琳达·布兰福德（Linda Blandford）推荐给了她。

虽然媒体推测奥康纳会和她的老朋友威廉·伦奎斯特紧密搭档，但鲍威尔成了她的天然同盟。两对夫妇一起参观了鲍威尔大法官心爱的弗吉尼亚州项目——重建于原殖民小城的威廉斯堡（Colonial Williamsburg），还探访了那些穿着圈环裙和齐膝短裤的员工。奥康纳大法官在感谢信中写道："这是世界上最令人激动的动植物博物馆……由弗吉尼亚州最尊贵和最亲善的家庭陪伴参观……弗吉尼亚是位于我们历史核心的一个部分，很高兴借由您的视角见证了它的一部分。"[②] 136

虽然 Lazy B 牧场在弗吉尼亚州殖民地几千英里以外，但两个家庭惊人的相似。奥康纳到鲍威尔家参加第一次最高法院晚餐聚会时，他们发现同席中人有退休大法官波特·斯图尔特（有人打趣他"为了一个女人放弃了法官席位"）、罗纳德·里根的幕僚长共和党要员吉姆·贝克（Jim Baker）和他的妻子以及鲍威尔夫妇的老朋友，菲茨杰拉德（Fitzgerald）和玛格丽特·比米斯（Margaret Bemiss）。作为鲍威尔社交圈典型代表的比米斯是弗吉尼亚州守旧的保守派民主党人、商人和银行董事，他是一位环保主义者，投身很多有价值的事业，比如促使弗吉尼亚的学校执行布朗案的废除种族歧视令。"多么特别的款待啊，"奥康纳在依例写给晚餐会主人的感谢信中说，"美味的食物、有趣的伙伴和美妙的交谈——一个无懈可击的组合。"当奥康纳回请时，她事先告诉同事，她邀请了一些盎格鲁—撒克逊裔白人新教徒（WASP）的主要支持者参加："琼

① Ruth McGregor，interview with the author，January 23，2013.

② O'Connor to Powell，November 15，1982，Lewis F. Powell，Jr. Archives，Washington and Lee University School of Law.

（Jean）和莱斯·道格拉斯（Les Douglas）[投资公司福尔杰诺兰弗莱明道格拉斯（Folger Nolan Fleming Douglas）的执行副总裁]、菲利斯（Phyllis）和比尔·德雷柏（Bill Draper）（他是进出口银行的副董事）、希拉（Sheila）和艾伯索尔·盖恩斯（Ebersole Gaines）（海外私人投资公司的副董事）（海外私人投资公司，掌控对发展中国家的私人美国投资）、得克萨斯休斯敦的达芙妮（Daphne）和鲍勃·莫里（Bob Murray）（时任培蒙特银行执行委员会主席）以及盖尔和哈利·霍莱什（Gail and Harry Holes）[他是卵石滩公司和山杨公司（Pebble Beach Corp and Aspen Corp）总裁]。”①

他们对乡村俱乐部精英品德有着共同的默契的设想。奥康纳被提名时，约翰·奥康纳在俱乐部的会员资格发生了小危机——菲尼克斯俱乐部和天堂谷乡村俱乐部不接受女性会员。②亚利桑那州的社交力量集中在这些俱乐部中；其会员包括戈德华特参议员、普利亚姆（Pulliam）的继承人丹·奎尔（Dan Quayle）、联邦参议员保罗·范宁（Paul Fannin）以及大多数菲尼克斯律师事务所的知名合伙人。后来，1990年，菲尼克斯著名的非美裔市民林肯·拉格斯戴尔（Lincoln Ragsdale），对天堂谷
137 乡村俱乐部的种族歧视做法提出疑问。③

采访这次事件时，亚利桑那州的报纸尝试联系奥康纳大法官但没有

---

① O'Connor to Powell，May 25，1984，Lewis F. Powell，Jr. Archives，Washington and Lee University School of Law.

② Lynn Hecht Schafran，testimony at the confirmation hearing，http://www.gpo.gov/fdsys/pkg/GPO-CHRG- OCONNOR/pdf/GPO-CHRG-OCONNOR-4-24-2.pdf.

③ "Paradise Valley Country Club," *A People's Guide to Maricopa County*（website），May 2，2011，http://peoplesguidetomaricopa.blogspot.com/2011/05/paradise-valley-country-club.html.

成功，他们解释说奥康纳女士在蒙大拿，暂时无法联系。[①]鲍威尔最终退出了在里士满的白人俱乐部，包括共和俱乐部和弗吉尼亚乡村俱乐部，而奥康纳夫妇却从未退出。

1983 年，在鲁斯成为法官后不久，金斯伯格夫妇退出了他们的高尔夫俱乐部——位于马里兰州罗克韦尔的伍德蒙特乡村俱乐部。1980 年，金斯伯格夫妇移居华盛顿之前，他们已经加入了该俱乐部。马丁经常在那里打高尔夫。那里有一项政策，对华盛顿的高级政客（如上诉法院法官）减免 25000 美元入会费。其入会费本就不合理。1983 年，金斯伯格夫妇推荐鲁斯的同事亨利·爱德华法官（Harry Edwards）入会，他是一位狂热的高尔夫球手，也是一名非裔美国人。出人意料的是，在面对一位非裔美国会员时，俱乐部取消了会费减免政策。随后，金斯伯格夫妇也退出了俱乐部。[②]

奥康纳仍在天堂谷乡村俱乐部打高尔夫。就在 2000 年大选后，她还打出了一杆进洞的好成绩。

奥康纳打破僵局

在新来的女性大法官日渐适应最高法院工作的同时，女权主义者也在屏息观望。她们没有等太久。奥康纳就职几周之后，就遭遇了一个严

---

① "Senators Decry 'Racism' of Exclusive Country Club," *Prescott Courier* (Associated Press), April 3, 1990, http://news.google.com/newspapers?nid=886&dat=19900803&id=bQtTAAAAIBAJ&sjid=woEDAAAAIBAJ&pg=4272, 278272.

② "Ginsburgs Say Clubs Scored Poorly in Conscience," *Orlando Sentinal* (*Washington Post*), June 20, 1993, http://articles.orlandosentinel.com/1993-06-20/news/9306200267_1_martin-ginsburg-harvard-club-country-club.

峻的考验：一个开创性的性别歧视案。下级法院要求美国最古老的女性公立学校——密西西比女子大学——接受男性到它的护理学院学习。密西西比女子大学上诉了。

戏剧般巧合的是，奥康纳的书记官，曾在律师生涯中遭遇作为女性的不公平待遇的露丝·麦克格雷戈（那年 38 岁），被从书记官中挑选出来，提出自己关于最高法院是否应该审理密西西比上诉案的建议。她的建议是该案应当被审理。关于学校性别隔离的现行法律仍是“一团乱”，她写道；就此问题的唯一一份最高法院判决还是由八名大法官组成的不完整合议庭作出的，最终结果是 4∶4，在女子学校究竟是帮助了她们还
138 是伤害了她们这个问题上，他们并未达成共识。[①]

就职后一个月，她前往最高法院参加十月的法庭会议，当时奥康纳面临着一个意识形态分裂的法庭。三位由共和党任命的保守派大法官——她坚定的支持者首席大法官伯格、她在法学院的朋友威廉·伦奎斯特和总是出人意料的哈利·布莱克门，以及愈加保守的由民主党提名的拜伦·怀特——人数上已经足够准许复审——都主张审理此案，而且很可能寄希望于推翻此前的判决，并允许密西西比女子大学继续实行性别隔离。剩下的，法院中的自由派——威廉·布伦南、瑟古德·马歇尔和日益倾向自由派的由福特提名的约翰·保罗·史蒂文斯——主张拒绝复审，维持下级法院允许招收男性的裁决。奥康纳在法院中最好的朋友路易斯·鲍威尔也赞成自由派的主张，不予复审此案并维持下级法院取消隔离的裁决，尽管他坚持如此立场的原因并不清晰。

自从 1980 年金斯伯格告别为女权案件辩护的律师身份，最高法院大法官已经巧妙地从她费尽力气建立的适用歧视性法律所需的高标准倒退

---

① Ruth McGregor，Preliminary Memorandum，October 30，1981，Lewis F. Powell，Jr. Archives，Washington and Lee University School of Law，*Hogan* case file.

回去。他们没有公然推翻她缔造的那些伟大案件，但在某一案件中，他们批准了对触犯法定强奸罪的男性罪犯处以更为严酷惩罚的法律；在另一案件中不允许仅限男性的征兵登记。[①] 此外，在金斯伯格完美辩护的案件对社会产生微妙影响后，取消密西西比女子大学的隔离制度则代表了社会发展的一大步。判决取消学校的种族隔离后，最高法院亲身感受了这个判决带来的影响，也开启了要求公立大学废除隔离的序幕。

奥康纳大法官有一个特点：作出决断毫无困难。[②] 那些年在与世隔绝的牧场上度过的童年经历，练就了一个对于社会压力丝毫不受影响的非凡女性。奥康纳赞同审理案件。

密西西比女子大学是美国最古老的单一性别大学。在它成立之前的很多年，密西西比完全没有为白人女性设立的州立高等教育机构。密西西比大学和密西西比州立大学一直由男性占据。在重建时期，联邦政府 139
强制密西西比州设立了两所黑人学校，男校和女校各一所。直到 1981 年秋天，最高法院对霍根诉密西西比州案进行审理，不论密西西比州这些学校的种族融合程度如何，除密西西比女子大学之外的所有大学都废除了性别隔离。[③]

霍根案中，和通常情况一样，性别和种族问题过分交织在一起。以密西西比女子大学为代表的所有女校都遵循着如淑女一般的行为守则，这些守则都是白人妇女应当遵守的传统。美国的黑人学校传授诸如耕作

---

① *Rostker v. Goldberg*，453 U.S. 57（1981）；*Michael M. v. Superior Court of Sonoma County*，450 U.S. 464（1981）.

② Stephen Gilles，interview with the author，March 28，2014.

③ "School Desegregation，" *West's Encyclopedia of American Law*（2005），http://www.encyclopedia.com/topic/School_integration.aspx.

等工作技能。[1]密西西比女子大学，简称“W”，直到1966年仍全部是白人学生，白人女学生会学习诸如“绘图、油画、设计和雕刻”等技艺。[2]正如一位当代学者近来提出的观点，单一性别学校“教育白人女性如何成为淑女”。

在整个南部，性别隔离也被用作反对种族融合的武器。[3]在最高法院于布朗案中判决学校取消种族隔离后，南部校区突然启动了建设性别隔离学校的项目。密西西比已经有一所女校——密西西比女子大学。甚至种族融合开始在密西西比女子大学有所发展之后，维护性别隔离的斗争依然像维护种族隔离斗争一般存在。1971年，早在乔·霍根（Joe Hogan）申请学习护理专业的十年前，另一位白人男性，查尔斯·帕金斯（Charles Parkins）就申请了密西西比女子大学的艺术课程。在一块石头砸碎他房间的窗户后，他放弃了自己的追求。[4]或许密西西比不能合法地隔离种族，但是，通过性别隔离，至少它将白人妇女和黑人男性隔离开来了。[5]威伯尔·科洛姆（Wilbur Colom），霍根案中为男女可以同校辩护的非裔美国律师，接手了这个案子——乔·霍根认为他有权在自己家乡的公立大学接受护理教育，但城里所有白人律师都拒绝代理此案。没有白人律师愿意涉足密西西比州的习俗根基。[6]密西西比女子大

---

① Jill Elaine Hasday，“The Principle and Practice of Women's ‘Full Citizenship’：A Case Study of Sex-Segregated Public Education，” University of Chicago Public Law and Legal Theory Working Paper no.35（2002），http://chicagounbound.uchicago.edu/cgi/viewcontent.cgi?article=1333&context=public_law_and_legal_theory.

② Ibid.

③ Ibid.

④ Birney Imes，“Joe Hogan's Legacy，” The Dispatch，March 14，2009，http://www.cdispatch.com/opinions/article.asp?aid=678&TRID=1&TID=.

⑤ Hasday，“Principle and Practice.”

⑥ Wilbur Colom，e-mail to the author，November 11，2014.

学不是惧怕白人男性，正如科洛姆坦言：“异族通婚。这是传统的恐惧。”[①]

表面上看，霍根案没有使社会环境出现倒退。与之相反，该案看起 140
来是一个纯粹的性别歧视问题：如何论证用公共资金支持仅招收女性的学校的正当性？州政府引用了瓦萨女子学院（Vassar）和韦尔斯利女子学院的例子。州政府律师主张，女性更好地学习，成为更好的领导者，而且由于常年遭受歧视，她们值得拥有自己的学校。鲍威尔大法官的书记官约翰·威利（John Wiley）认为这些辩驳简直滑稽可笑，因为密西西比女子大学为那些梦想有朝一日成为桑德拉·戴·奥康纳的女性学生开设了这些课程：“密西西比女子大学的‘当代女性’系列课程（这些课程是为年轻女性在20世纪发挥重要作用而设计的）包括以下内容：‘时尚、造型介绍、（高级）造型和个人发展课程（该课程展示提升个人形象和适应社会环境的多种方法）。’”[②]

大法官们并不总是如预期一般行事。对霍根案进行判决时，曾赞成复审该案的怀特大法官在表决中维持下级法院裁决，而曾主张不改变下级法院裁决结果的鲍威尔大法官在表决中要求推翻下级法院裁决。这导致将由奥康纳在认为分校合法的保守共和党任命的四位大法官，和余下的四位主张驳回上诉的自由派和中间派大法官——布伦南、马歇尔、怀特和史蒂文斯——中作出最终决定。会上，奥康纳加入了自由派一方，但并不是彻底的支持。“就法庭记录而言，”她直截了当地说，“其并没有显示男女同校的优势。”[③] 威廉·布伦南，多数派中的资深大法官，精心安排这位新任女性大法官撰写性别歧视意见。

---

① Ibid.

② John Wiley to Powell, Lewis F. Powell, Jr. Archives, Washington and Lee University School of Law, *Hogan* folder.

③ Powell notes on conference votes, Lewis F. Powell, Jr. Archives, Washington and Lee University School of Law, *Hogan* folder.

6个月后，马丁·金斯伯格走进妻子的书房并把奥康纳的意见放在了她的书桌上。“你读过这个了吗？”他问。

她或许已经认真读过了。奥康纳大法官的第一个性别歧视案意见通篇读起来都像是关于鲁斯·巴德·金斯伯格职业生涯的专著。“刚开始分析该案时，”奥康纳开篇写道，“我们受助于很多牢固建立的原则。由于这项受到挑战和质疑的政策对申请者有明确的性别歧视，因此它属于
141 《宪法》第十四条修正案平等保护条款审查的范围，里德诉里德案。”里德案是金斯伯格在最高法院的第一个案子。

“我们的裁决，”奥康纳继续写道，“同时表明，致力于支持一项以性别基础划分个体级别法规的政党，必须证明这种等级划分有‘极具说服力的正当性’。希贝格诉芬斯特拉案（Kirchberg v. Feenstra）……只有能够证明，至少该等级划分服务于‘重要的政府宗旨，并且所采取的歧视性手段’是‘与达成那些宗旨有实质关联’的。”在结论中，她援引了更多近期案件，这些案件都精准地应用了金斯伯格在克雷格诉博伦淡啤酒案中确立的突破性标准。

虽然没有提及金斯伯格的名字，奥康纳的观点推进了金斯伯格的法律改革运动。该运动为改变禁锢性别角色的刻板印象而来：“检验基于性别进行等级划分的有效性……必须在该前提下进行：突破关于两性角色与能力的固定观念。在确认一项法规的宗旨本身是否反映了陈旧、刻板的观念时，必须格外谨慎。因此，如果一项法规排除或‘保护’某一性别的原因，是假设他（她）们有与生俱来的缺陷或天生低劣，该目标本身就不正当。参见弗朗蒂罗诉理查森案，411 U.S. 677，684-685（1973）（多数意见）。”弗朗蒂罗案是金斯伯格在最高法院的第二个案子。

为了让人们重视弗朗蒂罗案所激发的切实社会变革，奥康纳大法官更加明确地表述了它。如果我们赞同，国家应该追求的正当目标是促进女性发展，我们就不得不审视，建立女子大学制度是否是帮助女性脱颖

而出的最佳方式。我们应该基于自身立场对此进行判断，而不是“机械应用关于男女角色传统分工但通常不准确的假设。”毕竟，她进一步写道，只要看看所有这些州和联邦政府令人生厌的保守主张，他们试图以此证明我们早已推翻的那些制度的正当性，这个问题就很明朗了。密西 142
西比州既捏造了不实的宗旨，又未能建立该宗旨与学校性别歧视之间的充分联系，因此密西西比州没能证明这一歧视有极具说服力的正当性。

奥康纳借此机会提醒人们，类似于全女性护理学院的这类所谓保护主义机构具有多大的危害性。护士只是女性的工作这一刻板印象，对女性就是一种伤害。奥康纳建议：“美国护士协会官方曾表示，将男性排除在护士职业之外，这已经压低了护士的工资……就排除男性所产生的影响而言，密西西比女子大学的招生政策实际上惩罚了州政府打算帮助的那个阶层。参见温伯格诉维森菲尔德案。”如果男人不去做护士，护士就不会得到很好的薪酬，这个意志坚定的西部女儿如此说。刻板印象正在以所有可能的方式伤害女性。当然，马丁·金斯伯格问他的妻子，“你写过这个吗？”

路易斯·鲍威尔大法官是奥康纳大法官当时在最高法院最好的朋友，他被分派撰写反对意见。收到奥康纳的意见初稿时，他一定勃然大怒。初稿上满是他手写的批注，不时伴有感叹号和愤愤不平的修辞。他质疑这个案件涉及性别歧视这一基本前提。这真是“荒谬”，他在边缘空白处潦草地写道。这是一个由男性提起的控诉，他继续说。鲍威尔大法官几乎好像忘记了在他作出支持意见的性别歧视案中，许多是诉讼是由男性提起的——比如鳏夫斯蒂芬·维森菲尔德和利昂·戈德法布，还有野心勃勃的酒鬼科特斯·克雷格。而霍根在控诉什么呢，鲍威尔问。他在控诉由于无法在家乡的女子大学享有更加便利的学习机会，他不得不去密西西比大学学习护理专业。便利！鲍威尔大法官惊呼。自何时起便利成了一项宪法权利？这实在是非常诡异的论证。公民权利诉讼经常是裁决一些琐碎的事情。人们很难想象他所说的，非裔美国人罗莎·帕克斯（Rosa Parks）不得不在实施交通种族隔离的黑暗时代，为乘坐短途公共汽车的权利抗争是一件琐碎的事情。

143 鲍威尔的内部备忘录生动地描绘了一位“南部绅士”，正如佩妮·克拉克所描述的，他经历的社会变动已经够多了。好吧，他承认女性工作者应该为他们的丈夫获得配偶社会福利金，并且妇女不应被拒绝作陪审员。但在一个他觉得刚刚好的稳定社会环境中，强制男女同校是一项太过重大的社会变革。他信仰单一性别教育，他写道：“从我的妻子和三个女儿身上，我对此很有体会。”他继续道，单一性别教育没有服务于重大的州利益的观点，其实是在否定教育标准，而这一标准已经经过历史检验。（鲍威尔的书记官对密西西比女子大学课程的“喜爱”，显然并没有对大法官产生很大影响。）那些希望进入优秀的性别隔离大学的女性应当有权实现这样的选择。最近男女同校的热潮，他抱怨道，不过是一种时尚。[①] 鲍威尔大法官想要告诉人们，他妻子和女儿如何在性别隔离的教育制度中成为优秀女性。鲍威尔还告诉自己的书记官，他希望提醒这个世界自己那个州的女校有多棒。“霍灵斯学院、玛丽·波德因学院、兰道尔夫·麦肯女子学院和斯威特·布莱尔学院仍然只招收女性，它们都有着傲人的、令人尊重的口碑。”[②] 鲍威尔喜爱的女子学院都是私立学校，因此对宪法要求的平等对待所负义务较少，但那不是他的重点。几个世纪以来，女校已经证明了对女性培养的益处。因此，鲍威尔总结道：公立女校同样对女性有益，并且符合宪法标准。

鲍威尔大法官在本案中的乐观态度，在给他那位倒霉书记官的一份

---

① Powell memo to file，Lewis F. Powell Jr. Archive，Washington and Lee University School of Law，*Hogan* folder.

② Powell memo to Wiley，Lewis F. Powell，Jr. Archives，Washington and Lee University School of Law，*Hogan* folder.

令人惊讶的记录中有所体现。书记官试图回避某些不可回避的现代政治标准，该标准横亘于性别隔离学校与处于道德劣势的种族隔离学校之间。他提到，“由于种族隔离是对黑人恶意歧视的产物，因此提供给黑人的隔离设施，并不是为了扩展他们的替代选择，而只是他们的唯一选择。”“它（种族隔离）在我所在的州并没有那么恶劣，”鲍威尔在笔记空白处写道，“它只是不合理地接受一项已经盛行几世纪并在普莱西案中得以确认的制度（普莱西诉弗格森案，这个 1896 年的案件被布朗案推翻）。” 144

鲍威尔大法官对弗吉尼亚州种族关系的乐观描述实在令人难以理解。即便在鲍威尔热爱的弗吉尼亚州，布朗案之前每年也至少有一到两起私刑案件发生。[①]

鲍威尔写出如上异议。收到奥康纳的意见初稿之后，他分发了该异议，那份意见中表达了他对“骄傲且受人尊重”的南部女子学校的态度。奥康纳在最终意见中巧妙地化解了鲍威尔基于妇女的“选择权”而对隔离制度做出的辩解。每一个采用隔离制度的机构都将选择权赋予受优待群体，她写道，就像白人希望选择去全白人学校。而那些被排除的人，就如本案原告，被剥夺了选择权。这正是宪法第十四修正案所禁止的。

在众多意见初稿进行传阅时，发生了一件奇怪事，其中一个初稿版本暗含着奥康纳为最高法院和女性平权作出贡献的意味。伯格首席大法官注意到，鲍威尔将奥康纳的初稿描述成一种攻击，对象是密西西比女子大学所有学院的单一性别教育。虽然伯格注意到这个问题时，自由派大法官已经在奥康纳撰写的多数意见上签字，但显然案件会议中的一些讨论仅涉及护理学院。伯格在写给鲍威尔的私人信函中说，我们或许可

---

① Avis Thomas-Lester, “A History Scarred by Lynchings,” *Washington Post*, July 7, 2005, http://www.washingtonpost.com/wp-dyn/content/article/2005/07/06/AR2005070600637.html.

以将这个输掉的裁决限定仅在护理学院适用。“啊，”鲍威尔回信道，“我不同意。”“确实，桑德拉主要指的是护理学院……但这份意见的原理对所有其他学院或院系同等有效。”[①]（伯格将奥康纳写的多数意见初稿称为“法院意见”，而鲍威尔自始至终都称她“桑德拉”。）不管怎样，伯格肯定已经写信给奥康纳，因为两天后鲍威尔收到她的信，主动提出缩减这份意见的适用范围。

鲍威尔非常恰当地指出该提议不合逻辑：“除了前面提及的一些基本陈述，法院完整意见的逻辑似乎应彻底适用于整个大学。”[②]但她坚持限缩文本。因此，奥康纳到最高法院的第一个开庭期里，撰写了一份才华横溢且开创性的判决意见，其中阐明了女性权利保护的是非曲直。在意
145 见的一个脚注里，奥康纳大法官将她的判决限定在最小的可能情形：密西西比女子大学的护理学院。就像鲍威尔所认识到的，这份判决适用范围狭窄，虽然可以这么做，但完全不合逻辑。

“她的判决只适用于护理学院！”威伯尔·科洛姆讥笑。刚宣布判决的那几天，科洛姆回忆，“男学生涌进密西西比女子大学的其他院系提交申请。但管理人员认为他们已经为维护一个失败条款付出了巨大经济代价。密西西比女子大学在一年之内取消了所有院系的隔离制度。”奥康纳撰写了诸多引起重大社会变化的判决，这是第一个。后来又判决结果限定适用于案件中的某个部分，导致此后需要根据该案作出裁决时，总是不甚明朗。本案中，学校管理方自己决定了应该怎么做。在后来的案件中，联邦法院哀怨地要求澄清：“奥康纳大法官，我们现在怎么办？”

密西西比女子大学的女人们很讨厌乔·霍根。他甚至没有坚持到拿

---

① Burger to Powell and Powell to Burger，June 22，1982，Lewis F. Powell Jr. Archive，Washington and Lee University School of Law，*Hogan* folder.

② Powell，revised draft dissent，June 25，1982，Lewis F. Powell，Jr. Archives，Washington and Lee University School of Law，*Hogan* folder.

学位的那天。[1]然而，随着男孩子开始涌进密西西比女子大学，刻板印象如同堤坝一般倒下了。科洛姆观察到，曾“像修女一样生活，在规定时间被关在宿舍里”的女孩们搬出去住了！“她们加入在城里公寓生活的男生中”，就像80年代的多数大学生一样。“随后，”科洛姆欢快地说，“很多人认为，学校在某种程度上成为女同性恋中心。”他说，“许多女孩根本不像州政府所说的那样：如果学校变成男女同校，她们会被男生分散精力。”[2]

角色模型

霍根案成就了奥康纳，使她成为一名开创者。她推动了进步，也兼顾谨慎和妥协。无论人们评价奥康纳如何保守，她都别无选择。从宣誓就职那天起，她就是一束光芒，也是避雷针。就职仪式那天，她借了一
件非常短的长袍，在最高法院台阶上拍的照片里，她的套裙从长袍下端 146
露了出来。[3]在一份评价几十年来政坛女性的概要中，这一英寸粉色裙边招来诸多批评和意见。[4]

但她决心绝不倒下。[5]骄傲且好胜的性格——她在网球场上是出了名

---

① Wilbur Colom，e-mails to the author，November 11，2014.

② Ibid.

③ “Supreme Court Justice Sandra Day O’Connor and Chief Justice Warren Burger on Steps of Supreme Court，Washington DC，” image by Ron Bennett Photography，http://ronbennett.photoshelter.com/image/I0000Del5UB91v3M.

④ Mary Schroeder，interview with the author，February 27，2014.

⑤ Darragh Johnson，“Sandra Day O’Connor：Well Judged，” *Washington Post*，March 7，2006，http://www.washingtonpost.com/wp-dyn/content/article/2006/03/07/AR2006030700008_2.html.

的勇猛——以及工作上的无限潜力让她越发强大，就像多年以前在牧场面对漏气轮胎时她所表现的，坚定的决心能促使她完成任何事情。长期从政经历使她明白，自己的成功与在最高法院作出公正判决无关。她只是一个角色模型。

她在法院发起了全女性参加的有氧运动课程，实话说，在菲尼克斯时，她经常在去工作的途中做有氧运动。对她的女性书记官而言，清早的这场“御前演出”实在令人喜忧参半。（“我们在这跳舞的时候，男人们已经开始工作了”，其中一个人抱怨。）但有氧运动让这些女孩有机会与奥康纳真正亲密起来，也与“最高级别法院”只有男性参与的篮球运动形成鲜明对比。[①] 有氧运动也让这些充满政治慧根的年轻女书记官受益良多。奥康纳开始做有氧运动之后，“怀特大法官就不再掌控运动特权了”，这是苏特大法官（Souter）的书记官戴维·哥德伯格（David Goldberg）在 10 年后加入法院时观察到的。[②]

工作上手后，这位精力充沛的传奇大法官开始在撰写判决之外，安排大量演讲并参加有象征意义的剪彩仪式。1982 年 4 月的一天，威斯康星州拉辛市翼幅中心（Wingspread Center in Racine），在由四面玻璃包围的豪华礼堂中，两位优秀的女权主义学者和两个杰出的法官协会组织了一次女性法官会议，与会者对奥康纳的致辞充满前所未有的期待。[③] 在如何协调她对于女性发展的乐观态度与保守主义倾向的问题上，奥康纳不是一个成功的范例。而这种保守主义倾向多年来使她在亚利桑那州

---

① “Hoops at the Supreme Court，Literally,” *Baller-in-Chief*（blog），March 31，2009，http://baller-in-chief.com/articles/hoops-at-the-supreme-court-literally/.

② David Goldberg，interview with the author，November 24，2014.

③ Biskupic，*Sandra Day O'Connor*，142；Barbara Babcock，interview with the author，March 9，2014；Alexis K. Hill，*Keeping the Promise of Justice*：*Celebrating 25 Years of the National Association of Women Judges*（Paducah，Ky.：Turner，2003），22.

政坛一路坦途。提问环节，有人问她如何平衡工作和生活——这个问题在当时很超前。“妇女总是应该把家庭放在首位。”奥康纳回答。芭芭拉·巴布科克（Barbara Babcock），奥康纳母校斯坦福法学院的第一位 147 女教授对这个答案很不满意。奥康纳的答案本能地将家庭放在第一位，对在场所有女性是一种侮辱，她们中有许多人为了达到今日事业都在一定程度上牺牲了家庭。[1] 据巴布科克回忆，奥康纳还没有学会如何处理女性议题。

但她总是学得很快。[2] 她有着几乎过目不忘的记忆力，这对她充当角色模型的职责和处理如山一般的文书工作大有裨益。一天，她与一位亚利桑那州律师玛丽·施罗德（Mary Schroeder）搭乘同一部电梯，电力中断导致所有按钮都不亮了。电梯重新启动后，奥康纳大法官清楚地记得拥挤的电梯里每一个人早前按下的楼层键。

早期的大多数情况下，她尽可能地完全回避女性问题。最开始演讲时，她试图将自己单纯地定位为司法制度的官方代言人。她回到斯坦福大学作了一次演讲——“个人能为法院发展做什么”。[3] 在范德比尔特（Vanderbilt）法律图书馆开启仪式上，她作了“专业能力和社会责任”的演讲。[4] 这些关于个人美德的劝勉就像是志愿活动，符合鲁斯本（Ruthbun）案中的禁令规则——不实质推翻旨在创造一个更好世界的既存社会秩序，促进世界进步。和奥康纳有些短浅、总是从事实出发的观念一样，其出发点是善意的，但无法开启大规模变革。

---

① Biskupic, *Sandra Day O'Connor*, 142; Babcock interview.

② Stephen Gilles, interview with the author, March 28, 2014.

③ O'Connor, "What Individuals Can Do to Improve the Courts" (remarks at Commencement Address at Stanford University), June 21, 1982, *Los Angeles Daily Journal*, 4.

④ O'Connor, "Professional Competence and Social Responsibility: Fulfilling the Vanderbilt Vision," *Vanderbilt Law Review* 36 (1983): 1.

然而，当一个人在最高法院行使关键性的第五票权力时，就会引发巨大的社会效应，最高法院的理论家——不论左派、右派——都深谙其中的道理。姑且不论奥康纳大法官那种稍显短浅的、旨在解决问题的方法论，从下级法院允许男性进入护理学院，到前女子大学男女同校，以及学生在校外公寓大肆聚会，这都不是很大的跨越。同样，尽管她的裁决意见没有充分显示女权主义，但她能够出现在最高法院，这本身就是一种启示。

她迅速发展出一种在不威胁既有制度根基的情况下，探讨社会变革
148 的方式。这是一种精巧的平衡。在庆祝新英格兰法学院——其前身是为女性设立的法学院［波西娅（Portia）法学院］——成立 75 周年之际，奥康纳说法学院“继续表现出一种令人钦佩的敏感度，这样的敏感度来自一个为法律职业所忽视的群体……在接下来的 25 年中，毋庸置疑，无论在法官席、法学机构还是律师事务所合伙人的位置上，女性和其他现在被允许执业的少数群体比例将会提高。”[①] 之后的演讲内容都是关于法学院负有在“道德责任”和“实践能力”方面培养学生的责任这一中性话题。

参加位于纽约的福特汉姆法学院新大楼落成典礼时，她再次表达了对女性角色的敬意：“我想我应该承认并且在某种程度上感谢 1918 年福特汉姆法学院的院长。那一年院里经历了妇女权利问题。1918 年 5 月院系大会的会议纪要写着，临近会议结束时，院长‘要求讨论法学院录取女性是否适当’。在听取了不同院系成员的意见后，他宣布会‘仔细考虑这个问题’，并告知学院他的决定。”会议纪要的附言加注：“1918 年 7 月 6 日的信中，他写道：‘经决定，由于存在反对意见，法学院这个秋天不录取女性。’”但那份会议纪要包含着简练、未经解释的修订，奥康

① O’Connor，“Foreword,” *New England Law Review* 18（1982-83）：ix.

纳继续说："那一年9月，院长批准录取女性入学，并指示将该事登报。"

随后她更进一步表示：

"我愿意相信贵校前院长不仅助益了女性法律事业，他也会对今天有一位女性受邀发言而感到高兴。"[1]

演讲剩余部分是对公共服务的呼吁，与性别无关。有一位女性受邀发言已经足够；对奥康纳而言，媒介即信息。 149

奥康纳关于堕胎的自相矛盾的分析

奥康纳愉悦的、女权主义象征的和谐之旅就要驶入堕胎问题——这个永恒议题的浅滩。天主教会自20世纪60年代开始就与自由堕胎法案进行斗争。[2]1967年，天主教全国会议设立了全国性生存权委员会以抵制改革运动，而且在罗伊案之前，教会已经取得了一些成果。密苏里天主教会议的助理神父比尔·考克斯（Bill Cox）知道，天主教会如果孤军奋战，显然无法撼动法院裁决。[3]罗伊案之后，新教神职人员已经完全保持沉默。

经密苏里天主教会议职员建议，主教批准建立了被称为"密苏里公民生命"（MCL）的长期反堕胎组织。考克斯开始在州内奔波，建立MCL分会，召集非天主教徒的帮助。起初，MCL设立在天主教会议办

① O'Connor, "Legal Education and Social Responsibility," *Fordham Law Review* 53 (1985).

② Linda Greenhouse and Reva Siegel, eds., *Before* Roe v. Wade: *Voices that Shaped the Abortion Debate before the Supreme Court's Ruling* (New York: Kaplan, 2010), 282.

③ For the full story of the Missouri setup, see Mike Hoey, "A Short History of the Missouri Catholic Conference 1967-2007," http://www.mocatholic.org/wp-content/uploads/2012/10/MCC-Short-History-1.pdf.

公室，但同大多数反堕胎运动一样，它迅速有了独立身份：密苏里生命权组织（Missouri Right to Life），建立了政治行动委员会并开始支持反堕胎候选人参加选举。

罗伊案作出裁决那年，密苏里通过了罗伊案之后的首部《反堕胎法》，该法允许医生、护士和医院在堕胎手术违反道德、伦理或宗教信仰时拒绝实施。1974 年，密苏里通过了一项法案，该法案要求堕胎手术必须获得孕妇本人的知情同意，如果已婚还须获得配偶的知情同意，以及如果是未满 18 岁的未婚未成年人，须获得其父母的知情同意。该法案还禁止对怀孕 12 周以上的孕妇实施在母体子宫注射盐溶液的堕胎手术。

早期，在天主教之外也有抵制自由堕胎的力量。1972 年竞选总统的新教徒理查德·尼克松，将支持反堕胎作为一种吸引天主教民主党人的手段。[1] 虽然第一部密苏里法律是天主教立法者颁布的，在 1973 年大规模反堕胎集会上，密苏里生命权组织骄傲地向公众介绍他们自封的“圣
150 公会教徒”托马斯·伊格尔顿（Thomas Eagleton）。70 年代以后，共和党将反堕胎逐步确立为其反对文化放浪和性解放总立场的一部分。虽然最高法院推翻了野心勃勃的密苏里反堕胎法，但反堕胎运动还将继续通过其他法律、寻找罗伊案判决的漏洞，并利用所有法律手段限制堕胎。某种程度上，得益于考克斯及其同仁的努力，密苏里后来成为学者们所称的“挑战者”州。而这些挑战迟早会来到拥有了第一位女性大法官的最高法院。

没有人比罗伊判决的主笔者哈利·布莱克门更了解这其中的挑战。

布莱克门其实并不喜欢他这位新同事。甚至在 1981 年，女性大法官真正成为可能之前，这位所谓妇女解放者就曾愤怒地反对法院弃用传统

---

① Greenhouse and Siegel, *Before* Roe v. Wade, 291-92.

的“大法官先生（Mr. Justice）”这一称呼。[①] 史蒂文斯大法官与备受尊敬的上诉法院法官科妮莉亚·肯尼迪（Cornelia Kennedy）曾一起参加圣母大学（Notre Dame）的模拟法庭。一位来自全女性获胜团队的成员，多次称呼肯尼迪为大法官女士，肯尼迪提出了意见。“称呼我大法官就可以了。”她解释道。大法官已经是一个足够光荣的头衔了！对于最高法院何时也能出现女性大法官，史蒂文斯充满期待。他与同事波特·斯图尔特分享了这个故事，斯图尔特大法官提议做出改变。[②]尽管布莱克门反对，但最高法院还是让此事成真了。奥康纳就任之后，布莱克门这位兼具害羞、完美主义、谦逊的明尼苏达人立刻发现，他这位乐于助人、善于交际、极度自信的同事让所有人都吃不消。[③]

布莱克门的行事方法令人不悦，但性别或性格都不是他不喜欢奥康纳的核心原因。他的关注点在于堕胎问题。随着击退堕胎权的政治压力不断上涨，法院里支持布莱克门的标志性成就——罗伊诉韦德案的多数派逐渐减少，这令他很紧张。就在这时，罗纳德·里根总统提名了一个在参议院称堕胎“令人反感”的法官。

对堕胎权发起的挑战，使得布莱克门很快开始在堕胎问题上接受奥
康纳的主张。经由密苏里的比尔·考克斯及其组织推动，州和地方已经 151
制定了无穷的规定，使得实施堕胎手术极为困难。1982 年，就在奥康纳加入最高法院一年后，大法官们收集了一些案件——来自考克斯的密苏里州，以及俄亥俄州和弗吉尼亚州——来设定他们可以许可的堕胎限制标准。法院所审理案件中的州和市已经要求医生告知孕妇，所有孕育从一开始就是“人类生命”，并列举堕胎可能产生的极端后果。他们在 3 个

① Linda Greenhouse, *Becoming Justice Blackmun: Harry Blackmun's Supreme Court Journey*（New York: Times Books, 2005）, 142.

② Justice John Paul Stevens, interview with the author, July 21, 2014.

③ Biskupic, *Sandra Day O'Connor*, 140-41.

月后建立了针对堕胎的医院评审标准，并要求未成年人将自己的计划告知父母。罗伊案之后，上诉法院已经正式取消了这些限制。奥康纳大法官在审查这些案件时加入了保守派阵营，案件名称为阿克伦诉阿克伦生殖健康中心（Akron v. Akron Center for Reproductive Health）案。这是她发出的第一个信号。

阿克伦案尘埃落定，罗伊案并未受到影响。[①]鲍威尔大法官写了一份强有力的6票多数意见，禁止各州仅因完全不想让妇女堕胎而使得实施堕胎越来越困难。堕胎是一项基本权利，他写道，因此只有令人信服的州利益——通常而言是孕妇健康，才能限制该权利。

奥康纳不同意，并写了一份异议。她承认最高法院曾经说过宪法适用于这项所谓权利：

“在罗伊诉韦德案中……法院主张，宪法第十四修正案中的个人自由和限制州行为的概念体现了隐私权……宽泛的隐私权足以囊括妇女有权决定是否终止怀孕。”

处于（大法官提名）确认程序时，她拒绝透露如果坐在1973年的最高法院法官席上，她会怎样做。奥康纳注意到，两党没有要求启动核选项来推翻罗伊案，因此最高法院不会重新审查该裁决。即便新任大法官只是在判决十年后承认有这种可能，对于布莱克门和支持堕胎的势力而言都足够震撼。

然而，她继续说道，如果她当时在，一定会比哈利·布莱克门做得
152 更好。布莱克门在罗伊案中的意见已经扩大了根据怀孕时间长短决定堕胎的宪法保护。前三个月，就是堕胎比怀孕安全时，堕胎权是绝对的。随后，直到胎儿能够在子宫以外存活（成活性），州仅可以为了母亲健康

① *Akron v. Akron Center for Reproductive Health*, *Inc.*462 U.S. 416（1983），http://www.law.cornell.edu/supremecourt/text/462/416.

而限制堕胎。最后，州可以禁止堕胎，除非该等禁止损及母亲健康。自始至终母亲的健康都处于首位，并且直到胎儿能在子宫外存活前，都是最高利益。

“最高法院意见非常明确，”奥康纳认为，“无论是合理的宪法理论，还是我们需要基于中立原则进行判决的案件，都无法与根据怀孕‘阶段’而变化的分析框架相适应。该框架中，出现对于州规定的特殊挑战时，根据可利用的医疗技术水平，怀孕阶段和相应的审查标准也不同。”奥康纳推测，这标准本身就自相矛盾。在她的科学认知里，医生将越来越擅长在子宫外保全胎儿。这将彻底解决成活性问题。堕胎会变得越来越安全，这使得既定标准中不能碰触的前三个月孕期标准越走越远。在异议中，她描述布莱克门的框架“不可行”“不正当”“在法律或逻辑上无法证明”——好在布莱克门的一个书记官及时介入，才阻止她说“没有原则”。[①]

奥康纳大法官随后解释了她对堕胎判决的看法。与布莱克门在罗伊案中的意见相反，奥康纳认为州不应仅关注母亲健康，还应在胎儿的概念上做些文章。因此，只要政府没有对终止妊娠的决定造成“不合理负担”，它就可以在任何时间做任何它想做的事情。不要求考虑妇女的健康。在这个自她上任以来的首次尝试中，奥康纳表明意见，她赞成亚克朗市对妇女堕胎决定的每一项限制，并将此作为建议标准。

虽然此后人们将堕胎权的不合理负担标准归功于奥康纳，但那不是 153
她的主意。1980 年总统选举后，共和党执政的 12 年里，司法部才是推翻堕胎权运动的急先锋。奥康纳的标准直接来自里根政府司法部在阿克伦案中的“法庭之友”意见书。这份意见书引起了很大争论，它没有告

① Biskupic, *Sandra Day O'Connor*, 152.

知最高法院应完全撤销罗伊判决。[①]9 年以后，乔治·H.W. 布什总统政府以类似的“法庭之友”身份，一致同意并且坚定要求推翻罗伊案。这种对抗不可避免：一旦法院在持续 9 个月的胎儿利益方面作出让步，该利益就会与妇女获得堕胎权的利益产生冲突。这个终点没有原则，只有对畸形儿和用衣架堕胎之类故事的厌恶：不能回到糟糕的旧时代，将堕胎当作刑事犯罪。我们只能竭尽所能地远离那个时代。

奥康纳在 1983 年对罗伊案提出的修订只是一个异议。而 1986 年，在她的第二个堕胎案中，她输掉了同一场斗争的复赛。曾经谨慎乐观的女性团体，迅速转身离开她们的第一个最高法院女英雄。[②]与布莱克门所建立的清晰的、与时间相关，且基于女性健康设置堕胎限制的标准不同，“不合理负担”的含糊用语预示着——随后传达了对削减堕胎权不断增长的幻想。

冷菜味道更好

阿克伦案的异议引发了愤怒余波，但其实奥康纳的女性立场比一般人看到的要友好得多。1983 年，正当她准备接受里根政府所采取的与堕

① U.S. amicus curiae brief, *Akron v. Akron Center for Reproductive Health*, http://searchjustice.usdoj.gov/search?q=cache：GWtsK44B-J4J：www.justice.gov/osg/briefs/1982/sg820172.txt+repeal+roe+v.+wade&output=xml_no_dtd&ie=iso-8859-1&client=default_frontend&proxystylesheet=default_frontend&site=default_collection&access=p&oe=ISO-8859-1. The Reagan and Bush I solicitor general's of-fice were much criticized for their escalating attack on Roe，culminating，in 1992，with Solicitor General Charles Fried's argument to overturn it; Lincoln Caplan，*The Tenth Justice*：*The Solicitor General and the Rule of Law*（New York：Knopf，1987），143-45.

② Biskupic，*Sandra Day O'Connor*，151-52.

胎权完全敌对的立场时，她到了乔治·华盛顿法学院，第一次参加关于妇女和法律的全国性大会。①

这个大会历史悠久，可以追溯至60年代穿着破旧的女权主义活动家的集会。1983年的这次会议有包括律师、法学教授和学生在内的上千名与会者参加，特别是还有最高法院大法官出席。作为著名女性权益倡导 154
者和上诉法院法官，鲁斯·巴德·金斯伯格太有资格参加这次盛会了。当然，金斯伯格很早就开始参加这个会议，那时她带着自己的女性与法律课程的复印资料以及供交流使用的教学大纲。后来这些资料都被她收入女性与法律领域最早的一批案例书中。②1981年奥康纳出现，以第一位女性身份成为最高法院大法官提名人选时，金斯伯格还从未听说过她。那时金斯伯格此前的书记官之一黛博拉·梅里特（Deborah Merritt）正是奥康纳将要接替的波特·斯图尔特大法官的书记官。斯图尔特在梅里特做书记官时退休，继任者奥康纳接纳了梅里特。因此，在奥康纳的第一个开庭期，她有一个来自金斯伯格庭室的书记官。奥康纳密西西比女子大学案的意见公布时，马丁·金斯伯格问他的妻子是否是奥康纳的枪手。金斯伯格期待着与奥康纳相识。在第十四届妇女和法律大会上，这位新任大法官终于来了。

金斯伯格不知道的是，她和奥康纳在大会上相遇时，最高法院正要
向公众宣布一场女性和法律（律师事务所）议题的甜美胜利。 155

---

① David Von Drehle，“Ruth Bader Ginsburg: Her Life and Her Law,” *Washington Post*，July 18-20，1993，Ginsburg Archive，Library of Congress，Box 46（picture of Ginsburg and O’Connor at the 1983 conference）.

② Pat Cain，interview with the author，March 21，2014.

第十一章

奥康纳大法官的女性事业

法院的帮助对于女性律师而言确实有作用，但为时已晚。1952 年，吉布森律师事务所告诉桑德拉·戴·奥康纳，她可以在律所做一名秘书。1968 年戴安娜·布兰克（Diane Blank）和玛丽·凯莉（Mary Kelly）在法学院求学时，她们肯定不会想到，直到奥康纳大法官的第 3 个开庭期，也即她们成为法学院一年级学生的 16 年以后，最高法院才告诉律所不得命令法学专业的女性就职于速记室。[①] 年轻的法学院学生总认为事情按规则发展。只要她们学习用功、成绩优异，那么律所招聘的身份意识色彩和高度官僚化程序，本应让她们过上理想的大律所生活。读完法学院一年级之后，暑期她们去律所实习，在毕业后成为初级律师。这在很大程度上取决于她们的在校成绩，以及在权威和优秀的法律评论刊物上的表现。在那个女性员工受到诸多歧视、性别结构欠佳的环境中，几乎不存在对女性态度的转变余地。她们从来没想过，1968 年国际化的纽约律所仍然就像 1952 年前后的吉布森律所一样。

---

① Fred Strebeigh, *Equal: Women Reshape American Law*（New York: W. W. Norton, 2009），146.

法学院女毕业生诉人民

最终，布兰克、凯莉和其他几个同学不得不起诉纽约几家最大的律所，争取她们应得的机会。1971 年，布兰克起诉了苏利文和克伦威尔律师事务所（Sullivan and Cromwell），还有一个名叫玛格丽特·科恩（Margaret Kohn）的女生起诉了罗亚尔、凯戈尔和威尔斯律师事务所（Royall，Koegel and Wells）。1977 年，苏利文和克伦威尔律师事务所与
戴安娜·布兰克达成和解，同时拒绝让布兰克查阅律所招聘女性方面的 156
数据。这对于律所而言本应是一次教训。但 7 年以后，当奥康纳大法官考虑有关苏利文和克伦威尔律师事务所招聘的案件时，该律所的 75 名合伙人中仍然只有一位女性。[①] 实际上自 1970 年以来，大批女毕业生走出法学院，但不知何故，她们几乎从未被晋升为合伙人。

这位从未当过合伙人——或者说甚至在 1983 年未能成为一名律师——的女法官，正在审视这一现实问题。金 & 斯伯丁律师事务所（King & Spalding）是亚特兰大一家实力雄厚的律所——也是吉米·卡特的前司法部长格里芬·贝尔（Griffin Bell）的老东家，它拒绝一位年轻的哥伦比亚大学女毕业生伊丽莎白·安德森·海尚（Elizabeth Anderson Hishon）成为合伙人。金 & 斯伯丁律所合伙人中从未有过女性。他们在几年前刚刚提拔了第一位犹太裔合伙人。[②] 令他们大跌眼镜的是，贝

---

① Ibid.，199.

② David Margolick，“Sex Bias Suit Perils Law Firms’ Methods of Picking Partners，” *New York Times*，April 23，1983，http://www.nytimes.com/1983/04/23/us/sex-bias-suit-perils-law-firms-methods-of-picking-partners.html.

西·海尚（Betsy Hishon）[①]，这个大家眼中从不惹麻烦、按部就班的乖乖女，竟然提起了诉讼。她指控，律所在招聘中对她存有性别歧视，违反了《民权法案》。与苏利文和克伦威尔律师事务所及其他律所不同的是，金 & 斯伯丁律所并不否认他们对女性的歧视，而且不愿和解。与此相反，他们坚称：根据《民权法案》，律师事务所是合伙关系，不是雇主，因此在决定由谁作为合伙人时，律所并不是在招聘，而是在选择合伙人。他们可以无所忌惮地进行歧视。事实上，金 & 斯伯丁律所也向法庭表示，美国政治中最强大的自由驱动力，即宪法第一修正案，赋予他们选择与任何人结交——或不结交——为合伙人的权利。如果他们决定不接纳女性，那么也是基于他们的宪法权利。

事实上，拒绝贝西·海尚之时，金 & 斯伯丁律所也有少数女性员工。据《华尔街日报》称，在海尚一案上诉至最高法院之前，该律所其中一位女员工是有着“引人遐想的好身材”的获奖的暑期实习生。其他女员工参加了泳装大赛（律所策划举行“湿 T 恤大赛”，不过一定有人告诫
157 过他们，在诉讼未决的情况下，此举非常不明智）。泳装、湿 T 恤让报道海尚诉金·斯伯丁律所一案的媒体简直欣喜若狂。[②]

在最高法院，没有人想要作出支持金 & 斯伯丁律所的判决。奥康纳的书记官斯图尔特·施瓦布（Stewart Schwab），曾就是否受理该案撰写备忘录，并认为金 & 斯伯丁律所主张合伙制不受《民权法案》规制，而受第一修正案保护的观点是错误的。他建议先静待，直至下级法院就此

---

① Betsy，即 Elizabeth。——译者注

② Nina Burleigh and Stephanie B. Goldberg, “Breaking the Silence: Sexual Harassment in Law Firms,” *ABA Journal*, August 1989, http://books.google.com/books?id=_EhWudQgJpoC&pg=PA46&dq=king+and+spalding+wet+t+shirt+wall+street+journal&hl=en&sa=X&ei=AxZhVJKtKLLdsAT8k4CoAg&ved=0CCgQ6AEwAA#v=onepage&q=king%20and%20spalding%20wet%20t%20shirt%20wall% 20street%20journal&f=false.

作出不同的裁决，这一情况用最高法院的话来形容就是“巡回法院中的分歧”。所有那些被律所拒绝的女性求职者也可以等到下级法院之间出现分歧意见之时。意料之中的是，奥康纳大法官不认为这些年轻女性应该等待；三十多年间她申请的每一家律所都拒绝了她。她认为最高法院应当审理此案。后来最高法院以四票通过的最低要求受理此案。该案中的法律问题是一个技术问题。与雇主和雇员之间的关系不同，合伙人在风险承担和控制管理上是平等的，并且从《民权法案》立法历史沿革看，招聘中的禁止种族和性别歧视规定是否适用于更加灵活和平等的关系，答案并不明确。律所不能拒绝聘用女律师，不过或许他们自己可以拒绝成为女性的合伙人。

律师事务所可以豁免《民权法案》中的义务吗？[①] 在口头辩论环节，奥康纳一反常态，对金 & 斯伯丁律所的律师极具攻击性：“国会十分清楚如何在《民权法案》中设置豁免，”她说，“他们规定了三种情形（小企业、宗教组织以及州和地方政府），而现在你们要求我们创造一项关于律师的抽象概念的豁免。如果国会本就打算设置这项豁免，那为何没有这么做？”回答她的时候，金 & 斯伯丁律所的律师查尔斯 · 摩根（Charles Morgan）彻底愤怒了，他是传说中的种族民权运动斗士。或许，尽管可以用第一修正案为自己辩护，但承认律所可以合法地拒绝招聘女性——或黑人职员，还是让他十分尴尬。当然这也是摩根第一次不得不面对有巨大权力的女性法律人，回答律所为何不接纳女性的问题。 158

最终，以将案件的关注点转移至海尚遭遇的方式，最高法院回避了《民权法案》如何适用于律师事务所的问题。海尚被招聘为律师后，基本的假设是，在律师试用期结束时，律所会对她的表现予以公正的裁

---

① *Hishon v. King & Spalding*，467 U.S. 69（1984），oral argument，http://www.oyez.org/cases/1980-1989/1983/1983_82_940.

量，以决定她是否能够成为一名合伙人。不同于合伙人，律师毫无疑义就是律所的雇员。在司法部出具的支持性意见和理由的帮助下，法院判决：是否将一名作为雇员的律师晋升为合伙人，涵盖在《民权法案》所调整的雇佣关系项下（而不被第一修正案所保护，他们毫不犹豫地得出结论）。

该案也引起了最高法院爱好者的兴趣。档案显示，沃伦·伯格有时会做出令同事抓狂的举动，但这些举动往往也不容易被发现。[①] 在对案件作初步裁决时，他在案件会议上与多数人意见一致。随后，作为多数意见中的一员，他可以行使自己作为首席大法官的特权，指定某位大法官来撰写意见。然后他会自命撰写意见，然后在字里行间表明他并不真正支持多数意见，以避免让其他大法官撰写他不同意的意见，也不会因其表露真实态度后脱离多数派阵营。[②] 因此，在全体无异议的海尚案中，他向众人传阅意见初稿，指出海尚案系基于两者之间关于公平对待海尚的合同义务，而非基于《民权法案》中作为雇主的律师事务所应当公平对待所有雇员的要求。如果他能成功地为其意见争取到大多数同意票，则判决结果对于贝西·海尚而言尚可接受，但由于权利范围过窄，对于女性平等事业而言则无甚用处。律所也只会在他们的雇佣合同中增加一个条款，明确对律师的聘用并不意味着会考虑晋升其为合伙人。

很快，自由派大法官布伦南驳斥了伯格的观点。“结果是正确的，”他说，“不过，那并不是法律。我想我必须提出不同意见。”史蒂文斯大

---

① Lewis F. Powell，Jr. Archives，Washington and Lee University School of Law，*Hishon file*.

② Bob Woodward and Scott Armstrong，*The Brethren*：*In- side the Supreme Court*（New York：Simon and Schuster，1979），75. At least one of Burger's colleagues，Potter Stewart，blew the whistle on him with the reporters here；see J. Anthony Lukas，“Playboy Interview：Bob Woodward，”*Playboy*（February 1，1989），51.

法官也加入了论战，在备忘录中添加的意见一针见血：伯格的理论甚至无法论证该案由联邦法院审理的正当性。（普通的合同纠纷由州法院审理，仅有涉及联邦《民权法案》的诉讼才会由联邦法院审理。） 159

即使其他大法官都纷纷发表了意见，奥康纳也觉得不太好意思告诉首席大法官，她也不认可他。“我还是认为，裁决意见应当基于《民权法案》第七章判决赔偿，而不是仅仅根据合同理论。”意识到自己太过分，伯格退却了，就律所的晋升决定写出了适用《民权法案》的意见。

唯一一位认可首席大法官第一次意见的是鲍威尔大法官。他曾经非常激进地质问海尚的律师，如果每次晋升合伙人的决定都受制于《民权法案》，那么律所还如何运营。鲍威尔并不认为，在已经文明和进步的1984年，律师事务所存在性别歧视问题：“时至今日，可以确信歧视已经不可能发生——因为这与律所的最佳利益相悖”，他在自己的日常备忘录中写道。“律师事务所的未来，就如同足球队未来一样，取决于选择合伙人时的智慧和审慎。在现今的律师事务所中，性别或种族都不再是负面因素。”① 他提交了一份单独的协同意见，以强调合伙人选任决定的限度。律师事务所不得歧视其律师或雇员。但一旦该律师或雇员成为合伙人，该公民权利即告消灭，鲍威尔大法官反复重申。庆幸的是，女性合伙人并不需要这种帮助。

或者她们也需要。海尚案作出判决的4年后，新成立的美国律师协会职业女性委员会② 决定就该事宜举行听证。首任女主席——希拉里·罗德姆·克林顿（Hillary Rodham Clinton）——曾怀疑这种听证会是否有效。她预言，只有失败者会到场。事实恰恰相反，美国律师协会的领军人

① Powell，memo to self，October 27，1983，Lewis F. Powell，Jr. Archives，Washington and Lee University School of Law，*Hishon* file.

② Lynn Hecht Schafran，interview with the author，March 22，2014.

物——华盛顿特区巡回法院中唯一的女性帕特·沃尔德（Pat Wald），以及《斯坦福法律评论》的首位女主编、华盛顿知名律所阿诺德和波特（Arnold and Porter）的合伙人布鲁克斯利·波恩（Brooksley Born）——不仅到场，还分享了女性如果想在律所立足，可能遭遇的问题。她们能拿到的案子都不是那些利润丰厚的大案子，无从施展能力；她们做的都是低端工作，比
160 如核查文件。律所默许客户提出不准女性办理他们案件的要求，律所也不邀请她们参与重要的社交活动。于是，她们被认为无法拓展新业务。报告结论是：人们以"女性能力不足的假设"来看待她们所从事的工作。

海尚案在伯格时代最高法院浩如烟海的文献中无迹可寻。伯格、布莱克门、鲍威尔、布伦南、史蒂文斯甚至奥康纳的最高法院传记中，包括了对数百起案例的分析，涵盖了从人身保护令领域的穷尽救济原则，到露天采矿的联邦权力等各种事项。然而，那里面从不包括这位本来非常传统的年轻女性律师的抗争。对于最高法院的编史者来说，这个案件无足轻重。但对于那些想在金 & 斯伯丁律所一样的律师事务所中努力谋求成功的年轻女性来说，那里没有足够的女性合伙人，却充斥着太多"湿T恤大赛"，贝西·海尚的胜利犹如一根救命稻草。

从海尚胜诉中受益的也不仅是年轻女性律师。社会学家芭芭拉·哈里斯（Barbara Harris）对19世纪的职业女性进行研究，通过对比她们进入法律和医疗行业所遇到的困难，发现女性在律师协会中遭遇了最大的阻碍……法律显然是一个全男性领域，并且最为接近权力中心，不接纳女性也不会被女性改变。[1] 因而，法律制度中关于女性问题的进步会对女性的方方面面产生影响。

奥康纳完全清楚海尚案裁决的重要性。次年，纽约州律师协会邀请

---

[1] Barbara Harris, *Beyond Her Sphere: Women and the Professions in American History*（Westport, Conn.: Greenwood Press, 1978）, 110.

她为介绍女性在法律职业中所获成就的丛书作序，[1] 她以海尚案的裁决开篇："1983 年开庭期内作出的海尚诉金 & 斯伯丁案判决对女性律师有特殊意义，该判决确认《民权法案》第七章不仅适用于事务所的招聘和晋升，也适用于晋升合伙人。"

正如这篇序言所说，自从 1982 年那次会议的失误之后，三年来奥康
纳法官在处理"女性事宜"方面学到了很多。在为女性任职司法系统和 161
律所合伙人人数过少而惋惜的同时，她很快察觉"顽固的社会和文化障碍"使得女性更难获得发展，并且认识到由女性律师团体共同抗争，以消除"人为障碍"所带来的益处。这一次，她没有劝诫她的读者要始终把家庭放在首位；相反，她深知，要求女性承担绝大部分的家庭责任，是阻碍她们事业发展的一项重要原因。她甚至向纽约的先锋女性公开致敬，其中包括时任"美国哥伦比亚特区联邦巡回上诉法院"的鲁斯·巴德·金斯伯格。

湿 T 恤大赛

同一年内策划"湿 T 恤大赛"，又为律所招聘中的歧视行为辩护，金 & 斯伯丁律所承受了巨大压力。它向最高法院呈现了一例纯粹而简单的性别歧视经典案例，让举国公众一睹女性概念与更加模糊的女权概念之间的可怕联系。

这起性别事件沸沸扬扬了一段时间。男上司提出性要求或扬言报复

---

① O'Connor, "Introduction: Achievements of Women in the Legal Profession," *New York State Bar Journal* 57 (1985): 8.

的故事成为推动 70 年代女性意识觉醒的主题。[①] 这些故事并不具有吸引力。但是，它们真不合法吗？起初，各级法官和文化主管部门对于工作场所的性行为，是否属于法律规制的适格对象持怀疑态度。[②] 他们认为，性欲只是一种自然规律，而非《民权法案》所保护的范畴，女性员工成为某种目标是因为她们充满魅力。毕竟，上司并没有勾引办公室里的所有女性，而仅仅中意某几个人。

这种阻力可以理解。但即使只是将工作场合的性行为重新定义为非法骚扰，也是女权主义在法律进程中带来的最强有力的社会变化之一。人类
162 身份认同的基本观念——女性是性诱惑者，男性天生是性捕食者，性与社会平等不相称——在首例行政助理起诉上司的案件中成为争议的焦点。[③]

得知这些故事之后，耶鲁法学院的一名学生凯瑟琳·麦金农（Catharine MacKinnon），开始为解决这一日渐突出的问题提供理论解释。正如她所见，法院忽视了性骚扰对于民权的影响，因为不存在可供比较的（异性恋）男性上司想要骚扰的男性目标。所以法官认为，雇员并非由于性别而受到歧视。她认为，法官忽视了，无论是否存在可供比较的男性受害者，性骚扰都是对职业女性的歧视，因为这是轻视女性的行为。正如种族隔离学校永远不可能实现平等一样，因为他们的目标一直都是压制次级群体的成员。

最终，1976 年，华盛顿哥伦比亚特区联邦巡回法院作出首例支持女性雇员的判决。种族民权运动的传奇人物斯波特伍德·鲁滨逊（Spottswood Robinson）法官曾认为这是一起简单案件。上司迫使原告宝莲·巴恩斯（Paulette Barnes）与之发生性关系。即使这位上司没有勾

---

① Strebeigh, *Equal*, 218-26.

② Ibid. Strebeigh tells this story thoroughly and well.

③ Julie Berebitsky, *Sex and the Office: A History of Gender, Power, and Desire* (New Haven, Conn.: Yale University Press, 2012).

引所有女职员，又怎么样呢？“如果不是她的女性特征，她绝不会被要求发生性关系。”[1] 拒绝上司要求后，巴恩斯失去了工作。因此，根据《民权法案》，这是性别歧视。令人欣喜的是，凯瑟琳·麦金农的父亲——由保守派的尼克松任命的乔治·麦金农法官——负责审理此案。

事后来看，巴恩斯一案的确比想象中容易。法院不需要凯瑟琳·麦金农的轻视理论来论证该案存在歧视性待遇。法院需要做的只是摈弃“歧视只针对女性（而不包括男性）”的荒谬观点。性骚扰案件中，“身为女性”虽然不是被恶劣对待的充分条件，但它是必要条件。换言之，每一名女性都容易遭受恶劣的性骚扰，即使她们并非每个人都有招致性骚扰的足够“魅力”。因此，骚扰行为就是性别歧视。

就在华盛顿哥伦比亚特区巡回法院裁决首例性骚扰案件之际，一个
更加复杂的案子正在不可避免地涌向最高法院。在不发生其他职业侵害 163
的情况下，工作场所中对女性的差别待遇是否仍然违反《民权法案》？这种情况下，麦金农理论中关于女性被轻视和属于附属地位的深刻理解就必不可少了。

他很高兴见到你 然而他有个撒手锏

有抱负的年轻女性米歇尔·文森（Mechelle Vinson）住在巴尔的摩贫民区。她看见家附近的当地小银行，仿佛看到了摆脱贫困的机会。[2] 正如后来文森向法院所说，她在那家银行做出纳员实习生的试用期内，她的上司——经理西德尼·泰勒（Sidney Taylor）——“邀请她共进晚餐，

---

① *Barnes v. Costle*, 561 F.2d 983（1977）.

② Strebeigh, *Equal*, 209.

并且在用餐过程中暗示她去汽车旅馆发生性关系”。起初她拒绝了，但上司威胁她：会丢掉工作。因为害怕失去工作，她最终同意了。

“此后，泰勒一再向她提出性要求，通常是在银行里，无论是上班还是下班时间；据她估算，在之后的几年中他们发生了四五十次性关系。此外，文森说，泰勒会当着其他员工的面调戏她，或在她独自一人的时候尾随她进入女洗手间，向她裸露自己的身体，甚至数次强奸她。”[1] 在泰勒凭借与性骚扰完全不相干的理由解雇文森之后，她向法院提起了诉讼。

1980 年 2 月，文森败诉。但随后事情发生了巨大转机。初审法院作出裁决的两周之后，平等就业机会委员会（Equal Employment Opportunity Commission，EEOC）意识到，这类性骚扰事件并不仅仅是八卦，更是非法的职业歧视。这也是麦金农理论的根本。泰勒的行为不仅出于奉承或者本性使然，而是对雇员的歧视性压迫和轻视。上诉法院将该案发回，要求根据对《民权法案》的这一全新解读重新审理该案。银行就该发回指令向最高法院提起上诉。囿于法律变化，银行辩称，即使文森所言为真，她也
164 未曾因被银行解雇或降职而在工作中受到损害，因此她无权提出请求。或者说，银行主张，她不应该起诉银行。她真正的问题在于泰勒。银行怎么会知道一个如此不起眼的分行里存在被指控的性“领地”呢？

在口头辩论环节，奥康纳大法官对待银行一方的律师小罗伯特·特罗尔（F. Robert Troll，Jr.），就好像狗咬住一只老鼠来回戏弄一般：

她问道：“初审法院根本没有将此案……作为性骚扰案件处理？”

特罗尔承认，初审法院采取了对《民权法案》的旧式理解，认定文森的权益没有被侵害。

奥康纳追问道：“那么你现在是否同意，该案是基于《民权法案》第

---

① *Meritor Savings Bank v. Vinson*，477 U.S. 57，60（1986）.

七章的正当请求？”

特罗尔称，联邦法律只保护公民免受切实的工作损失。他争辩道，文森被解雇与性骚扰行为无关。

奥康纳回应说，“我注意到，司法部副部长提出，性骚扰导致了恶劣的工作环境，基于此而提出损害请求，是正当的。”

特罗尔称他不同意这种观点。但他感到如履薄冰，因为这已成为既定法律：种族歧视——储物柜上的三 K 党标志、带有种族歧视的称呼（Negro）等——是可诉的，无论黑人是否被解雇。只要存在骚扰事实就已经足够。

这一事实预示了奥康纳的下一个问题。提前知晓答案后，她问道，“如果该案请求是基于由种族歧视所导致的恶劣工作环境，那么你依然认为对雇员产生切实影响是一项必要的因素吗？”

特罗尔认为，文森有权提出赔偿请求的前提必须是她遭受了实际的工作损失，但他承认，“理性人可能会持不同立场”。他大胆提出，国会对于人的精神损害未作任何规定。

奥康纳继续追问：“你认为性骚扰领域是否应适用与种族歧视领域近似的原则？”

“是的，”特罗尔承认，“我们认为是的。”

在基本承认文森有权索赔之后，他辩称，她起诉的被告有误。银行 165
没有责任，因为银行对于所发生的事毫不知情。

奥康纳说道：“根据下级法院的种族歧视案件，公司主管的行为由公司负责。”

实施骚扰行为的主体正是公司主管，她继续说道。主管的工作难道不是关心雇员吗？奥康纳发问。他知道自己在做什么。这难道完全没有引起银行的注意吗？

奥康纳和银行律师结束口头辩论时，旁听人员几乎可以听见银行律师气喘吁吁的声音。

时机成熟后，奥康纳大法官加入全体一致意见，认为只要存在骚扰事实就符合可诉性标准，即使文森非因性骚扰事件被解雇，但她依然有权提起诉讼。由于性骚扰导致了恶劣工作环境而提起诉讼，这在10年前还是闻所未闻，如今已被《民权法案》明文禁止。就是否有权提起诉讼这件事情，大家很快达成一致。让法官们产生意见分歧的是，银行是否应对其主管性骚扰下属承担严格责任。在诸如此案的情形中，大老板是否承担责任是问题的关键所在。如果我们希望性骚扰不再发生，那么雇主应该对此承担起责任。如果他们对此负有严格责任，就会采取相应措施控制工作场所的性骚扰行为。踌躇满志却又惶恐脆弱的女性缺乏维护工作场所秩序的能力，银行办公室里的浑蛋们又不太可能支付赔偿金。

伯格法院的自由派们随后经历了他们非常厌恶的熟悉事件。① 首先，在会议上看到只有鲍威尔一名大法官同意他的意见时，首席大法官伯格改变了立场，不再支持银行一方。随后，作为多数意见中的一员，他可以指派意见撰写人。他指派了多数意见中对文森同情度最低的法官——威廉·伦奎斯特。4月22日那天，伦奎斯特向大家传阅了一份对于文森非常不利的意见初稿，以至于鲍威尔大法官都放弃了自己的异议，转而同意这份意见。

尽管文森能够得到一个证明其受到骚扰的机会，但与种族歧视案件
166 中的雇主不同，银行不会承担严格责任。文森不得不证明银行基于“代理关系的一般原则”负有责任，这是一种复杂的法律关系，即如果雇主知道或者应当知道其代理人的行为，雇主才对代理人的行为承担责任。在文森案中，她必须证明银行对泰勒的荒唐行径知情，而这几乎不可能。

---

① Powell's papers trace the developments on the Court; Lewis F. Powell, Jr. Archives, Washington and Lee University School of Law, *Meritor v. Vinson*.

或者她可以证明银行有义务以某种方式监督其员工的行为，从而知晓可能正在发生的恶性事件。鉴于性骚扰刚刚被正式承认是一种侵害公民权利的行为，法院会对雇主的“应当知情”义务作出何种认定，答案完全未知。无论是上述哪一种方式，她胜诉的概率都比法律直接规定雇主——拥有制止性骚扰的最有利地位——对不当行为承担严格责任要小得多。

可以预见的是，四位自由派大法官——布伦南、马歇尔、布莱克门和史蒂文斯——撤回了他们对伦奎斯特意见的支持。他们认为，如果女性员工在工作场所受到性骚扰，那么银行应当负有责任。马歇尔大法官撰写了一份意见，他只同意伦奎斯特意见的最终判决结果，尽管仍然支持将文森案发回重审，但其他方面的意见均与伦奎斯特相去甚远。局面变成 4∶4：所有人的目光都聚焦在桑德拉·戴·奥康纳身上。[①] 两周后，她投票支持伦奎斯特，主张雇主不承担员工性骚扰行为的严格责任。因此，文森不仅需要证明泰勒对她实施了骚扰，并且需要证明银行对她遭受骚扰知情或者应当知情。当然，银行并不打算主动站出来帮助她。直到 1986 年，文森起诉后的第 7 年，西德尼·泰勒仍然担任分行经理一职。

奥康纳当时的书记官——斯蒂芬·吉尔斯（Stephen Gilles）——推测她跟随保守派投票时有一个复杂而精妙的策略。[②]“或许她认为这种情况非常糟糕，以至于连保守派都愿意接受关于性骚扰的理论，不过如果我改变立场转而支持自由派，他们可能会撰写一些协同意见，这会导致达成共识更加困难。”如果保守派持反对意见，美驰工厂储蓄银行诉文森（Meritor Savings Bank v. Vinson）一案就会形成 5∶4 的局面，而不是在 167
性骚扰一事上达成一致。以 5∶4 的裁决结果确立的性骚扰具有可诉性的原则，在日后任何一位自由派大法官退休后都将极易被推翻，就好像过

① Strebeigh，*Equal*，303.

② Stephen Gilles，interview with the author，March 28，2014.

去数年间罗伊案开始变得岌岌可危一样。更好的结果是，最高法院对性骚扰问题达成一致意见，而将责任问题留待未来解决。

最终，如同奥康纳大法官通常以吝啬的方式支持平等一样，裁决结果的确帮助了女性——也是以非常吝啬的方式。最高司法机关认为，如同过去的种族歧视一样，性骚扰具有可诉性——即使加害人只是让受害者遭受痛苦，而没有使其丢失工作。银行与米歇尔·文森达成了和解，她用一部分赔偿金去护理学院深造，从此过上了幸福生活。[①] 几年之后，西德尼·泰勒于 1988 年被指控侵吞银行存款，这一次银行终于注意到了他，并且解雇了他。[②] 伯格即将退休，伦奎斯特加入了多数派。据说，伦奎斯特不希望人们认为他支持性别歧视行为仅是因为他要接替伯格成为首席。不过，几年来下级法院一直在苦苦探索，试图解决在纯粹的性骚扰案件中，基于“代理关系的一般原则”，雇员应当证明至何种程度，即可以判定雇主承担责任？在芝加哥上诉法院，由全部十一位法官听审的一起案件，最终产生了八种不同的意见！[③] 拜托了，奥康纳大法官，我们究竟应当怎么做呢？

就在沃伦·伯格退休之前，奥康纳的“守护天使”——组织鲍威尔游艇之旅的约翰·德里格斯携妻来到华盛顿特区拜访奥康纳。他们共进早餐，奥康纳大法官之后要去工作。她询问客人，你们愿意去法院旁听一次开庭吗？谁会拒绝这样的邀请？当他们在法官客人区域就座时，送信人捎来了一张来自首席大法官的便条，邀请他们庭审后去他的办公室。德里格斯夫妇来到伯格办公室后，首席大法官正等着向他们讲述那年的游艇之旅所带来的伟大成果。他说，奥康纳大法官为最高法院锦上添花。

---

① Strebeigh，*Equal*，305.

② Ibid.

③ *Ellereth v. Burlington Industries*，123 F.3d 490（1997）（United States Court of Appeals，Seventh Circuit）.

他行使自己作为首席大法官的权力，面对非常重要的案件时选择她撰写
意见，就是因为他非常看重奥康纳。伯格如此承认非常奇怪，因为长期 168
以来他被指责滥用撰写意见的分配权，违反了机构中大家心照不宣的规则。那么唯一的解释就是：这并非真实。即使奥康纳已经来到最高法院五年，也发生了多次首席大法官在意识到自己可能处于少数意见时突然改变立场的情况，但伯格始终没有指派过奥康纳在任何重大案件中撰写法院意见。[①] 回想起那些年，正如奥康纳一名书记官的讽刺，“噢，天哪，又是一件税务案子！多谢，伯格大法官。”1986 年，威廉·伦奎斯特在沃伦·伯格退休后继任，里根总统任命保守派的上诉法院法官安东宁·斯卡利亚填补最高法院的席位空缺。

巧妙处理平权运动分歧

在平权运动舞台上，女性角色总是微不足道。平权运动是抵制种族隔离运动中最容易攻击的目标。伯明翰市的“公牛”·康纳（Bull Connor）放出的狗还有消防水管占据着 60 年代中期的晚报版面，[②] 人们很难听到呼吁合法隔离回归的主流呼声。不过，法律之外的社会现象——居住隔离、工作年资、可以溯源至奴隶制时期的贫困——确保了大多数

---

① Beverly B. Cook，“Sandra Day O'Connor，” in *The Burger Court：Political and Judicial Profiles*，edited by Charles M. Lamb and Stephen C. Halpern（Urbana：University of Illinois Press，1991），272.

② 美国黑人民权运动是美国民权运动的一部分，于 20 世纪 50 年代兴起，直至 20 世纪 70 年代，是美国黑人为争取与白人同等的地位而发起的群众性斗争运动。过程中发生了不少冲突事件，比如 1963 年的伯明翰事件。当时在伯明翰，1000 多名学生聚集到教堂准备开始组织游行，时任公共安全委员，“公牛”·康纳放狗咬人，将市政消防栓打开，冲向学生。电视台对此进行了转播。——译者注

种族隔离在无须执法者介入的情况下得以存续。

但当州立大学等机构开始致力于通过诸如平权运动项目来克服这些遗留问题时，一股强大且自以为是的阻力几乎在一夜之间爆发。基于种族优先权？可耻！平权运动具备抵制运动想要的一切。比如在加利福尼亚大学医学院等地的项目中，聪明的白人男性处于不利地位。第一原告艾伦·巴克（Allan Bakke）好像就是当时政治和文化领域的舆论制造者。这个范围的另一端，在车间中将属于工人阶级的白人男性置于不利地位，是尼克松政治战略的首要目标，即后来所谓的里根民主党人（Reagan
169 Democrats）。挑战平权运动的智囊团如雨后春笋般涌现。

最初案件——几乎也是后来三十多年里的所有案件——的关注点都是种族问题。巴克反对加利福尼亚大学在高等教育中考量种族因素，一位名叫韦伯（Weber）的钢铁工人则对一项雇主联盟培训计划提出疑问，该计划旨在将更多黑人安排至熟练工种岗位。平权运动案件使最高法院产生严重分歧，鲍威尔和斯图亚特在支持和反对平权运动之间摇摆不定。对于平权运动，最高法院从未达成过多数赞成意见——由衷地将其作为纠正过去或重塑未来的一种方式，但也从未达成过彻底的多数反对意见——将其视为对白人男性公民权利的侵犯。法官们对于这些问题的分析过于细致，如雇主是否真的实施了侵权行为、雇主是类似公共还是私营性质、平权措施涉及招聘问题还是解雇问题——以至于没有一个案件能够对未来案件的裁决发挥指引作用。巴克案是首例平权运动案件，任何大法官的意见都没有形成多数。技术层面上，它的投票结果是4∶1∶4。简直一团乱！

在奥康纳任期的第五年，首例女性平权运动案件，约翰逊诉圣克拉拉交通局（Johnson v. Santa Clara Transportation Authority）一案上诉至最高法院。交通局采纳了一项平权运动计划，允许将性别作为晋升的考虑因素；此后不久，交通局第一次将一名女性晋升至总调度员的职位，从而把这一领域内的男女比例从 238 : 0 降为 237 : 1。约翰逊是一名男员工，他在评分中比最终获得晋升的女员工高两分，他提起诉讼，认为平权运动实际上是一种逆向歧视，违背了《民权法案》。

平权运动挥之不去的问题就是“合法的女权主义”。金斯伯格的伟大胜利常常挑战了那些看上去似乎有利于女性的方案，如给予她们遗属抚恤金的优待，或者为寡妇创设税收减免政策。但金斯伯格十分清楚，和所有规制女性的法律一样，平权运动必须放入实际情境中考察。历史上，所有善意、有益的事物结果是把女性禁锢在牢笼之中，如设置女性工作时间的最高限制、拒绝她们担任陪审员。当女性被与公民身份相关的职 170
业拒之门外，并被期望成为护工、称职驾驶员，或者更有甚者，只是被一贯认知为低层次人群时，就不能说她们从所谓的“利益”中真正获益了。她们的目标就是要打开这些机会的大门。

然而，平权运动的效果并不是让女性被禁锢在所谓美德和需要依附的传统模式里，而是为她们开启新世界。因此金斯伯格愿意认真思考平权运动的优点。① 特别是平权运动兴起的导火索就是长时间以来雇主公然歧视女性。金斯伯格最讨厌的就是面试，这也是约翰逊一案中那位被晋升的女性落败的环节。②

对约翰逊一案进行表决时，自由派的四位大法官——布伦南、马歇尔、布莱克门和史蒂文斯——都曾引导奥康纳和鲍威尔支持平权运动。现在的首席大法官不再是伯格，而是伦奎斯特，他诚实地加入了少数派，并因此丧失了指派意见撰写权。布伦南，这位多数意见中的自由派资深大法官，决定自己撰写意见。

---

① Ruth Bader Ginsburg，“Gender and the Constitution,” *University of Cincinnati Law Review* 44（1975）: 1-42，75.

② Ginsburg，speech，New York Historical Society，October28，2014.

奥康纳和鲍威尔对于布伦南来说都至关重要。他非常想在这场激烈角逐中获得六票的稳固多数意见，并避免出现大量细枝末节上的意见分歧。最坏的情况是，通常总是达成一致的这两位大法官，如果其中一位反对，那么另一位就会危及布伦南的多数意见。

布伦南给出意见初稿后，事情变得很明朗了，奥康纳成为布伦南的主要顾虑。奥康纳希望，只有雇主过去行为恶劣至违背《民权法案》的程度，才能将平权措施作为救济形式。这个案件中她问自己，[①] 在交通局采纳平权运动计划之前，女性员工是否能够以性别歧视导致 238 名技术员工中没有一位女性为由起诉？奥康纳大法官认为，当然有权。或许她回忆起了多年前，在《民权法案》尚未出台时，她被仅接受男性的律师事务所粗暴拒绝的情景。

布伦南确实不想为了维护一场自发的平权运动项目，而要求雇主承
171 认此前的行为侵犯了公民权利。哪一家公司会承认呢？布伦南接受了鲍威尔提出的琐碎修改意见，也失去了奥康纳的支持。多数派意见只要求雇主纠正工作场合中的“明显不均衡”。奥康纳提交了一份独立意见，为论证平权运动的正当性建立了严苛标准：“雇主必须有坚实基础，相信补救措施是必要的。如果统计数据中所显示的差异足以支持雇员提出的诉讼请求，那么就可以认定存在雇主必须补救的坚实基础。这种依据《民权法案》第七章提出诉求的雇员则是歧视诉讼模型或实践中的平权运动计划的受益者。”[②]

由于鲍威尔给了布伦南第五票，奥康纳在约翰逊一案中的意见就只能成为一种技术上的警告。然而，约翰逊案判决作出后不久，鲍威尔离

---

① Powell，notes on conference，Lewis F. Powell，Jr. Archives，Washington and Lee University School of Law，*Johnson* file.

② *Johnson v. Transportation Agency*，480 U.S. 616（1987），at 647，http://www.law.cornell.edu/supremecourt/text/480/616#writing- USSC_CR_0480_0616_ZC1.

开了最高法院。随后几年里，随着大多数自由派大法官的离开，平权运动的标准变得越来越难以达到，而奥康纳也日趋保守。[①]尽管在最高法院工作的最后几年中，她都是保全平权运动至关重要的第五票，但随后也退休了。

她并不是呼吁社会变革的最强音。对于女性的最好结果可能是，最高法院的判决能够鼓励企业协助改变世界，而非女性持续起诉他们去贯彻最高法院设立的平等规则。奥康纳在关于平权运动的协同意见中主张，雇主不负有进行社会变革的责任，这正如她在性骚扰案件中责任认定方面的意见一样。雇主被禁止按照平权标准补救历史上形成的性别隔离——除非这种隔离曾是雇主所积极主动采取的非法措施，所以大多数雇主就干脆对女性什么都不做了，以防他们不得已承认曾经违背过《民权法案》。由于不承担防止性骚扰的严格责任，雇主也就没有动力教育其员工不要在工作场合进行不当行为。

在性骚扰领域，最高法院最终还是超越了奥康纳的吝啬意见，使女
性雇员能够更容易地让其雇主承担性骚扰的责任。然而，在那一刻到来 172
之前的数年间，女性不得不在一个又一个诉讼中为每一寸进步极力奋斗，
并在启动社会变革的这场诉讼战役中，将老板视为自己的对手。

不过，只要奥康纳还掌有关键的第五票，大法官们就绝不会禁止平
权运动。虽然法律原则有些不合逻辑，但不计其数的女性和少数族裔还
是获得了就业和受教育机会——如果最高法院将平权运动作为逆向歧视
给予打压，这一切都不会发生。 173

---

① *Adar and Construction v. Pena*，515 U.S. 200（1995），http://www.law.cornell.edu/supremecourt/text/515/200.

第十二章

桑德拉女王的法院

生活是美好的

1987年6月26日，刘易斯·鲍威尔退休了。里根总统提名加利福尼亚州联邦上诉法院法官安东尼·肯尼迪（Anthony Kennedy）补缺，他看上去比鲍威尔保守得多。这一变化改变了最高法院的立场组合以及奥康纳在其中的角色。比如在那段时期平权运动的案件中，通常她与鲍威尔、怀特组成了自由派的潜在票池。鲍威尔离开之后，鉴于布伦南、马歇尔、布莱克门和史蒂文斯在左派阵营，而伦奎斯特、斯卡利亚、肯尼迪和怀特基本上属于右派，两派都更加注重拉拢唯一剩下的奥康纳。

当时，奥康纳在她那由一名大法官和四名书记官组成的小型“律师事务所”里建立了运转良好的例行程序。当案件递交至最高法院，她指定其中一名书记官就她应当如何裁决撰写一篇初步备忘录，被称为“法官”备忘录。她并非只让指定的助手参与处理某一案件，而是将全部初步备忘录在所有书记官间传阅。在进行口头辩论之前的那个周六，全部书记官在会议室集合并讨论下周将要进行辩论的所有案件。奥康纳带去她西南家乡的一种特产作为午餐，大家在讨论时畅所欲言。

她其中一位书记官的母亲是职业女性，这位书法官认为午餐会很奇怪。他的母亲很少做饭。为什么这个世界上最重要的女人会给他们做午餐？其他人则对她“慈母般的”善举报以感激。[1] 奥康纳退休后，其1985年至1986年间的书记官约翰·西特尔（John Setear）在撰写回忆文章时说，他们拥有目前为止整个最高法院最愉悦、最友好的工作氛围，并感受到了真正的母性关怀和对书记官个人生活的照顾。当然，并不是 174
每个孩子都喜欢妈妈做的饭。“呃，辣椒太辣，”西特尔回忆，“我是中西部人，我并不喜欢辛辣食物。”

作为奥康纳的书记官，他们需要接受她的一系列文化习惯。像很多西部人一样，奥康纳一家带着休闲娱乐活动的悠久传统来到华盛顿哥伦比亚特区——比如主题派对、圣诞节卡片上滑稽的服装图片。这些活动在竞争激烈的最高法院书记官群体中找到了安身之所。万圣节时，由会议室里一个镂空南瓜导致的莫名小插曲，很快引发了一场精心制作南瓜灯的比赛。后来其中一位书记官劝说他的艺术家朋友来帮忙雕刻南瓜，气氛达到高潮。1986年，书记官们上演了根据整出《绿野仙踪》改编的滑稽短剧。第二年，他们抢到了法院向游客播放的视频副本，并为聚会重新录制了一遍，将展现大量复审请求涌入最高法院的严肃片段替换为《夺宝奇兵》中的最后一个场景。[2] 奥康纳的女书记官们很快意识到，清晨的有氧运动课简直就是一场御前演出。

奥康纳乐于聘用政治立场不同的书记官，这一点人尽皆知。琼·格列柯（Joan Greco）是奥康纳的第三名书记官。格列柯是时任华盛顿哥伦比亚特区巡回法院法官金斯伯格的书记官。在面试这位自由派书记官

---

① John Setear，interview with the author，April 1，2014.

② Joan Greco，interview with the author，April 4，2014.

时，奥康纳问格列柯是否喜欢在金斯伯格手下工作。[1]“哦，非常喜欢，”格列柯脱口而出——奥康纳有着神奇的循循善诱能力，格列柯已经失去了警惕，“为那些与你意见完全一致的人工作是一件非常好的事情。”紧跟着一阵沉默之后，格列柯恢复了清醒。“哦不，”她反应过来，“我刚刚说了些什么？”“嗯，”奥康纳继续，“如果为与你立场不同的人工作呢，你觉得如何？”“为什么不呢，”格列柯非常激动，“那当然也很好。”奥康纳当场给了她这份梦寐以求的工作。

鲍威尔离开法院后，对于就任一个更关键位置，奥康纳已经做好准备。生活是美好的，她一如既往的充满活力，为书记官们安排体育比赛。
175 她总是能够战胜那些年龄只有她一半的年轻人。[2]

鲍威尔退休后的又一个开庭期结束之后，7月，美国法官代表团去法国访问，法国最高行政法院院长盖伊·布雷邦（Guy Braibant）负责接待。奥康纳是代表团领队，代表团中还有她已经见过的上诉法院法官金斯伯格，[3]以及波士顿第一巡回上诉法院的斯蒂芬·布雷耶（Stephen Breyer）。大家都很清楚谁是最重要的人物。此行中，奥康纳大法官将会介绍“美国法院系统的基本结构”，金斯伯格法官将对她的发言进行评论。[4]不出所料，在他们来到巴黎的第一天，精力充沛的奥康纳大法官就为代表团安排了一次行至毕加索博物馆的清晨散步。金斯伯格的旅行日记本[5]是一个非常可爱的小册子，封面上还印有热气球图片，她在日记中写道：“奥康纳看地图的能力欠佳，所以我们走了一个多小时，但却

---

① Ibid.

② Ibid.

③ Ginsburg，letter to O'Connor，April 25，1988，Ginsburg Archive，Library of Congress，Box 39.

④ Ibid.

⑤ Ginsburg Archive，Library of Congress，Box 39.

是晴朗天气里令人愉快的散步。”那注定是一次快乐的旅行，金斯伯格的日记里记录了摆满鲜花的酒店房间，作为礼物的爱马仕丝巾和纪念章、香槟和美食（“贻贝尤其好吃”），包括在宪法法院享用的一顿“优雅午餐”以及在凡尔赛的一顿鸭宴晚餐。在巴黎传奇的拉彼鲁兹（Lapérouse）餐厅用过晚餐之后，金斯伯格写道：“只想说太赞！”

事情正在起变化

然而，行程结束后，奥康纳被告知噩耗。1988 年 10 月，这位强健、充满活力的 58 岁大法官收到了一份令许多女性恐惧的报告：乳腺癌。[①]在例行体检时刚刚听到这个消息时，她完全无法接受。那时她非常忙碌，她对医生说癌症治疗必须暂时搁置，因为她还要听几轮口头辩论。但医生没有同意。所以她上的第一课就是“所有事情必须停止”。更糟的是，她还有“许多裁决等待作出”。她一直认为医生总会有办法。的确，她的治疗团队里囊括了可能是华盛顿最好的癌症医生，马克·利普曼（Mark Lippman），[②]还有乔治城大学的系主任以及一位国际知名的乳腺癌医生。她的病情发展迅速，必须进行乳房切除手术。甚至，在手术之后，她还
必须经受放疗和化疗这些最激烈的治疗手段。医生们未能在所有问题上 176
达成一致，这使得整个治疗过程更加困难。

1994 年，在被诊断出癌症后的第 6 年，她在一个乳腺癌幸存者会议上将自己的故事分享给了大家。这个演讲还通过电视转播传送到了世界

---

① She did not speak of it for six years，until she gave a graphically revealing speech to a convention of breast cancer survivors. O’Connor，“Surviving Cancer，” C-SPAN，November 3，1994，http://www.c-span.org/ video/?61342-1/surviving-cancer.

② Ibid.

各处。这位最为坚强果断的女性回忆说，这也许是她第一次觉得作出决定很困难。她记得当时甚至无法消化这些信息。那是非常容易激动的时期。因此她干脆回最高法院处理工作。她做了大量调查，然后作出决定。“我不会回头，也不会说‘哦，如果我当时选择那样做，又会是什么结果呢？’”她还尝试信赖他人。她多次回忆道：“拥有一个有着共同经历的亲密朋友，对我帮助很大。”确实，大法官意识到，“有那么多人给她写信”，或是来到她身边，用同样的经历宽慰她，告诉她生活会继续，这弥足珍贵。手术后，有一天她感觉很不好，于是打电话给正在家的朋友，让她来医院看看我，“她放下一切跑来医院。我们痛哭一场，聊了很多，这让我觉得舒服了许多”。

“压抑”和“痛苦”，[①] 是她写给鲍威尔信中的描述，即使癌症也没有将果敢、严肃的奥康纳变成一位敏感脆弱的“新时代人”[②]（New Ager）。后来她回忆，来医院的支持者建议她“想象”一下自己康复的情形，她犹豫了。“我不是活在想象世界的人。我活在当下。”因此，她在日历上做了一张图表，标记了所有的化疗预约安排，并逐项核销：“第一次，挺过去了。什么时候会开始掉头发？”她自问道，“第二次，结束了。”她惊讶于身体损耗所带来的痛苦，也惊喜于有缘陌生人的善意，她的发型师“成为”她所遇到过的“最善良、最了不起的男性之一”。她就这样默默承受着。她看到自己的身体状况也让家人十分痛苦，就告诉自己一定要好起来。“凡事往好的方面想，”她下定决心，“不要让其他人痛苦。”

---

① O'Connor，letter to Powell，Lewis F. Powell，Jr. Archives，*Washington and Lee University School of Law*，October 28，1988，and letter to Goldwater，Personal and Political Papers of Senator Barry M. Goldwater，Arizona State University Libraries Arizona Collection，November 1，1988.

② 新时代运动（New Age Movement），是一种去中心化的社会现象，起源于20世纪七八十年代西方的社会与宗教运动。该运动所涉及的层面极广，涵盖了神秘学、替代疗法，并吸收世界各个宗教的元素以及环境保护主义。——译者注

这不过是癌症而已。

正如她后来所复述的，“最棒的事”是她“有一份等待她去完成的工作”。在疲惫焦虑时，“有一份重要的工作等待我去完成，于是我平静 177
下来走到办公室继续工作，我没有落下一天工作，也没有落下一次会议。难以想象没有工作的人如何承受这一切”。

2013 年，大法官金斯伯格受邀谈谈她的同事奥康纳，那时奥康纳已经退休很久了。金斯伯格将奥康纳在 1994 年所做的癌症幸存者演讲视作她在任期内为世人留下的最重要馈赠之一。[①] 金斯伯格说：“她的故事，给予那些饱受病痛折磨的女性希望以及像她一样坚持下去的勇气。”观看最高法院大法官奥康纳的演讲录像确实令人印象深刻，这位高贵自信的女性有些忧郁，声音有明显的颤抖，不时落泪，正在向癌症幸存者们讲述她的故事。多年以前，马丁罹患癌症时，工作赋予大法官金斯伯格生活上的保障，她能够供养自己以及她的小女儿。当大法官奥康纳被病痛击中，充满意义的工作让她有了寄托，也淡化了对疾病的注意。

有待完成的工作

因此她继续帮助女性，不断突破。1988 年 10 月 31 日，在她离开医院五天之后，尽管媒体猜测奥康纳的身体状况不足以应付工作，她还是听了一整天的口头辩论。

首日工作漫长难熬，那天第四个也是最后一个议题是安·霍普金斯

---

① Ginsburg, “A Woman’s Voice May Do Some Good,” *Politico*, September 25, 2013, http://www.politico.com/story/2013/09/women-oconnor-ginsburg-supreme-court-97313.html.

（Ann Hopkins）质疑会计巨头普华永道事务所[1]拒绝其合伙人资格。霍普金斯是一名高级经理，也是有资格成为合伙人的四十多名候选人中唯一的女性，她的合伙人资格最初因重新评估而被搁置了一年，之后被拒绝。没有人质疑她是一位非常有能力的经理，在成为合伙人之前就签下了与国务院的大单合同。对普华永道不利的一项关键证据来自一位男性，他负有义
178 务，向霍普金斯解释拒绝其入伙的原因。在第一次被推延后，为了增加霍普金斯成为合伙人的可能性，他建议霍普金斯应该“走路、说话、衣着更女人一些，注重化妆打扮，改变发型并穿戴珠宝首饰”。[2]我们很难完全因其可笑的歧视性建议责备这位男士，因为他看到了来自合伙人的报告，说她太“男子气”，“作为一个女人，她做得太过了”，她应该去“礼仪学校”接受培训，并且她经常说脏话。她的一位支持者在一份据称是对她有利的评估中写道，她“已经从一个难以交流、男子气、固执的经理成长为一名权威、令人敬畏但更有魅力的女性合伙人候选者”。[3]

过去几年里，普华永道也对其他女性合伙人候选者进行性别方面的评估。审判记录显示，在普华永道，如果“合伙人认为候选人在成为能力出众的职业经理的同时，还保持了女性魅力”，这些候选人就会得到更有利的评价。其中一位合伙人从未认真考虑过让女性入伙，甚至他的投票也记录在最终评估中。

普华永道想尽一切办法止损。声称霍普金斯被拒绝是因为她无法与同事友好相处。事务所辩称，也许同事们说了一些不好听的话，但他们拒绝她成为合伙人完全是基于独立且充分的理由。最高法院再一次面临伪装成程序问题的重大社会政策问题。因为态度不好而开除员工并不违

---

① *Price Waterhouse v. Hopkins*，490 U.S.228（1989）.

② 618 F.Supp. at 1117.

③ *Price Waterhouse v. Hopkins*，at 237.

反《民权法案》。但如果因为不够女性化而开除女性员工就违反了《民权法案》。这类纠纷被称为“混合动机”案件。

下级法院裁决支持霍普金斯，认为只要霍普金斯能够证明存在歧视，雇主就必须提出“明确且令人信服的”证据证明其无论如何都会解雇她，这是一项比通常适用的优势证据标准高得多的证明标准。在上诉程序中，甚至连霍普金斯的律师都没有要求雇主达到如此高的证明标准。他只是希望得到这样的裁决意见：在原告证明了雇主存在恶劣行为后，雇主必须设法证明其行为的正当性。当然，普华永道所希望 179
的裁决意见是，原告不仅需要证明雇主存在歧视，还须证明如果不存在该歧视，合伙人任用的结果就会不同。这是一个非常重要的“程序性”裁决。雇主几乎总是能为解雇某人找到某种替代性理由。因此，应当由谁来解释作出拒绝决定的动机——这一事实的证明责任，是性别歧视诉讼中的一场重要博弈。

从霍普金斯就坐的地方看去，“奥康纳大法官凝视前方、眼圈深灰、脸色惨白，毫无表情却又十分坚毅。尽管十天前刚做了乳房切除术，她还是出现在了法庭上”。[①] 不仅出席庭审，在会计师事务所刚陈述了三分钟时，她就向事务所律师凯瑟琳·奥伯利（Kathryn Oberly）提出了一个关键问题。当双方都有证据时，哪一方更胜一筹？雇主律师援引了一个经典的程序性答案：谁主张谁举证。双方力量均衡时，被告胜诉。奥康纳立即打断了他。如果被拒绝的女性能够证明雇主确实行为不当，或许责任就转移至了被告一方——接下来雇主就必须承担举证责任。不，律师回答说，原告有义务“让法官形成超越 50% 的初步确信”。并非如此，

① Ann Hopkins, “*Price Waterhouse v. Hopkins*: A Personal Account of a Sexual Discrimination Plaintiff,” *Hofstra Labor & Employment Law Journal* 22 (2005): 357, http://law.hofstra.edu/pdf/academics/journals/laborandemploymentlawjournal/labor_hopkins_vol22no2.pdf.

奥康纳说，其他案件已经表明，“歧视性理由就是一个实质要素”。奥伯利继续反驳时，奥康纳坚持道：“你的意思是，这些意见都没有相关性？”她表示难以置信。“这是假想的歧视，”奥伯利回答，“它并没有发生在原告身上。”

会议投票立即显示出最高法院也意识到了这种“虚妄”的歧视不合常理。六名大法官同意，一旦雇员出示某些表明歧视存在的证据，雇主就必须设法为自己辩护。尽管最终多数意见支持了安·霍普金斯，但普华永道一案的表决结果还是反映出最高法院的立场变化：肯尼迪现在加入了伦奎斯特和斯卡利亚的阵营，支持雇主。不过，由于怀特和奥康纳都认为雇主负有一定责任，因此资深的自由派大法官布伦南还是握有六
180 票的多数票。

最高法院的关键

如果奥康纳坚持己见，那么自由派阵营不会这么快就再次拥有这样的机会。布伦南的身体状况已经明显欠佳，[1]并且最高法院的势力均衡显然取决于谁会赢得即将到来的总统选举。普华永道案辩论的次日，奥康纳写信给她的好友巴里·戈德华特，说癌症确诊后她度过了“压抑且非常痛苦的三周”，“我现在已经开始工作，并在逐渐康复”。她注意到，那是 11 月 1 日，“距离选举只有一周了”。考虑到民众可能对此并不关心，并且“许多人都不会去投票”，奥康纳大法官告诉戈德华特，“如果乔治·布什当选，她将十分欣慰。这对于最高法院和国家来说都

① Biskupic，*Sandra Day O'Connor*，195.

至为关键”。[①]

奥康纳与她的政治教父——戈德华特之间的通信往来，极为罕见地让人们得以窥见这位具有传奇色彩的大法官持重的政治生活。4 年前的 1984 年，当时的国会众议员约翰·麦凯恩（John McCain）写信给参议员戈德华特，为黑人民主党人士塞西尔·帕特森（Cecil Patterson）争取联邦法官的职位。帕特森曾经给予麦凯恩很大帮助，“在我们共和党人与黑人群体之间搭起桥梁……并建立起超越党派或种族观念的有效对话”。[②] 作为回复，戈德华特写信给约翰·奥康纳。“我有一个问题想问问你和桑德拉”，对于“在黑人仅占人口比例 3% 的国家，如果我任命一位黑人律师做法官，那么在政治、法律或任何其他方面会产生什么影响？”[③] 奥康纳夫妇如何回答这个问题，文献中并没有记载。不过透过这封信可以看出，戈德华特可以随意将这样一个敏感政治话题与在任的最高法院大法官进行探讨。就在参议员私下征询意见之后不久，他与奥康纳大法官在华盛顿共进午餐，并向她提供了一个更为公开的政治机会——亚利桑那州青年共和党（Arizona Young Republicans）希望她接受他们的巴里·戈德华特奖（当然也希望她在仪式上发表讲话）。“我应该早点告诉你们，”午餐后戈德华特向年轻的党员们反馈说，“她的回答一定会是，在任大法官这么做不太合适。”

她非常谨慎，但并不冷漠。1986 年，桑德拉与伦奎斯特、史蒂文斯

---

① O’Connor to Barry Goldwater，November 1，1988，Personal and Political Papers of Senator Barry M. Goldwater，Arizona State University Libraries Arizona Collection.

② John McCain to Goldwater，November 26，1984，Personal and Political Papers of Senator Barry M. Goldwater, Arizona State University Libraries Arizona Collection, O’Connor file.

③ Goldwater to John O’Connor，December 3，1984，Personal and Political Papers of Senator Barry M. Goldwater, Arizona State University Libraries Arizona Collection, O’Connor file.

181 和鲍威尔一起参加了最高法院内关于中期选举的赌局。为自己的失利付出代价后，她伤感地意识到，正是她的“乐观主义”使她付出了代价。她过于自信，认为最终的结果是共和党胜出。[①]不过两年后，她告诉戈德华特，她依然对共和党的乔治·H.W. 布什当选充满希望。

奥康纳的法院

在获胜的乔治·H.W. 布什得以施展他对最高法院的影响力之前，身体虚弱但仍在任的布伦南就写出了一份雄心勃勃的普华永道案意见初稿。大法官们对普华永道案意见的商讨，形象地揭示了以桑德拉·戴·奥康纳为中心的最高法院为女性做了哪些事情。奥康纳提交了一封五页的单倍行距信函作为回复，建议布伦南修改意见初稿，以在多个方面有利于雇主。来自奥康纳的阻力总是带有这样的威胁：她能吸引到温和的自由派怀特，从而使得布伦南只获得四票。在随后的六轮意见交流中，传统自由派和她潜在关键选票之间的分歧可以归结为是否坚持奥康纳的主张，雇员必须证明不良动机在公司决策中发挥了“实质性”作用——抑或采纳布伦南的观点，在较低程度上证明不良动机的作用。他反对，而她坚持，并威胁以协同意见的方式迫使他改变意见。通常认为“五票总比四票好”，布伦南最终同意提高雇员一方的证明标准，其须证明歧视性理念“诱发”了——而不只起到“一些”作用——不利的合伙人决定。奥康纳回应道，无论如何她也打算单独写一份意见。[②]

① O'Connor，letter with calculation of election predictions，undated，Lewis F. Powell，Jr. Archives，Washington and Lee University School of Law.

② Byron R. White Papers，Library of Congress，*Hopkins* case file.

她确实这么做了。她要求原告通过“直接证据”证明性别歧视主义是女性遭受恶劣对待的“实质性”动因，这取得了怀特的支持。在布伦南丧失了多数票之后，他的意见只能代表四位自由派法官。常常在无意识或者潜藏的性别歧视主义之下成为受害者的女性，很难证明性别歧视主义是她们遭受次级待遇的实质性动因。对于女性而言，正如之后的性
骚扰案件所显示的，真正压制她们的其实是茶水间的闲言碎语。奥康纳 182
的意见让下级法院苦苦挣扎于有“实质性”作用的“直接”证据的内涵，这令他们痛苦至极。[1]通常他们只能不断重复奥康纳所说的，直接证据并非指茶水间的闲言碎语。（1991 年，国会修订了《民权法案》，采纳布伦南的标准，废除奥康纳的标准。）

奥康纳的重要性一路飙升。作为更加保守的最高法院有目共睹的核心人物，她像个老练政客一样运用着她的有利位置。她在会议上作出模棱两可的判断，或者声称自己还没决定，直到她看到被分配撰写意见的大法官写的初稿；然后在初稿传阅时故意拖着不签字，用尽所有技巧吸引意见撰写人来取得她的支持。[2]她最明显的策略就是提出协同意见，同意她所选择的多数意见结果，但又与撰写人的论证过程存在分歧。[3]尽管她并不是最高法院里撰写协同意见最多的，但她提出的意见是迄今

---

① Robert A. Kearny, “The High Price of *Price Waterhouse*: Dealing with Direct Evidence of Discrimination,” *University of Pennsylvania Journal of Labor and Employment Law* 5 (2003): 303-33, at 305, and cases cited in footnotes therein, https://www.law.upenn.edu/journals/jbl/articles/volume5/issue2/Kearney5U.Pa.J.Lab.&Emp.L.303 (2003).pdf.

② Maveety, *Justice Sandra Day O'Connor, Strategist on the Supreme Court* (Lanham, Md.: Rowman and Littlefield, 1996), 51 (from the Marshall papers).

③ ibid., 61; Robert W. Van Sickel, *Not a Particularly Different Voice: The Jurisprudence of Sandra Day O'Connor* (New York: P. Lang, 1998), 49, citing Susan Behuniak-Long, “Justice Sandra Day O'Connor and the Power of Maternal Legal Thinking,” *Review of Politics* 54 (1992): 428.

为止最有影响力的，因为她不只是想要突出一个附带问题或是表明对法律原则的分歧。

奥康纳经常成为至关重要的第五票，每当此时，她会利用协同意见使多数派丧失多数意见。她会通过协同意见对结果作出不同解释。由于她在这些案件中都是关键的第五票，当事人和下级法院都意识到，只有她所处的位置才能吸引到五个必需的支持者。几乎无一例外，她运用协同意见作为手段，通过将意见结果与案件中的具体事实相结合，使保守的裁决更自由，使自由的裁决更保守。这种模式无法对争议焦点类似但具体事实不同的案件发挥指导作用，从而导致下级法院面对这类案件时
183 倍感困惑。

第十三章

女王在堕胎之战中也不能独善其身

自 1987 年鲍威尔退休至 18 年后奥康纳自己离任，近 20 年间她策略性的做法影响了很多法律领域，但受其影响最大的还是女性平等的标志性议题：堕胎。罗伊诉韦德案作出 7∶2 判决的 20 年之后，1992 年她重写了堕胎规则。完全可以预见她挑战 1973 年罗伊案中脆弱的多数意见。她被任命后不久的 1983 年阿克伦诉阿克伦生殖健康中心案中，奥康纳就已经提出不同于六人多数肯定罗伊判决的反对意见。她支持那些没有为堕胎权设置“不合理负担”的抑制堕胎的地方立法。

不止她一人批判罗伊案。已经做了多年上诉法院法官的金斯伯格不再拥护罗伊案，转而紧紧追随奥康纳关于女性问题的观点。奥康纳刚出现在公众视野中时，金斯伯格就在一次演讲中援引了奥康纳只被律所招做秘书的经历，1984 年她又在另一次演讲中称赞了奥康纳在密西西比女子大学案中撰写的第一份性别歧视意见。

用与奥康纳在 1983 年阿克伦案中的异议明显相似的口吻，金斯伯格抨击了罗伊案。[①] 这令她的许多追随者大吃一惊。和奥康纳一样，金斯伯

---

① The lecture, which was delivered on April 6, 1984, was later published as Ruth Bader Ginsburg, “Some Thoughts on Autonomy and Equality in Relation to Roe v. Wade,” *North Carolina Law Review* 63 (1985): 375-86.

格强烈抨击布莱克门大法官在罗伊案中建立的以怀孕时间为基础的框架，并以此来调整所有堕胎问题。她抨击罗伊案涉及的德州特定法律，该法认
184 为所有堕胎都是刑事犯罪。虽然金斯伯格没有明确指出她会允许哪些限制（如果有的话），但她指出最高法院本应作出消极姿态，等待并观察各州如何行事。如果当时奥康纳已经就任，最高法院或许也会等等看各州是否对堕胎权施加了不合理负担。因此，可能就哪些限制应获准许，她们还存在分歧，但金斯伯格和奥康纳在最高法院的程序问题上达成了一致。

霍根案后，奥康纳很少明确表达她的判决对于女性的社会意义。与她不同，金斯伯格强烈表示女性平等是保护堕胎权的正当理由。女性必须有生育控制权，从而获得法律和社会中的平等。在金斯伯格的分析中，堕胎权与已经取得的其他女性权利密不可分，这是基于宪法第十四条修正案的平等条款，而不是毫无根据的隐私概念。不论州法律是否关切自受孕开始的胎儿利益，女性的生命利益都应被放在天平的另一端进行考量。如果女性需要堕胎权来实现平等，那么很难想象一州可以合法地施加什么限制——除了那些服务于女性健康利益本身的限制，如要求从业者经过培训或拥有执照。最高法院当然不能认同奥康纳堕胎限制的意见，如让女性去听讲座，随后再决定是否堕胎，或者未成年女性必须取得父母同意。所有那些限制的目的是引导女性远离堕胎；根据奥康纳的分析，禁止堕胎以外的一切均可接受，甚至包括用衣架进行流产或选择海外堕胎。在金斯伯格对女性生命权的强烈愿景下，有权不受限制地作出决定是实现女性平等的核心要义。告诉女性要做什么就是对平等的根本侵害。

文化战争中的堕胎战役

金斯伯格的愿望以一种可怕的方式实现了。早在 1972 年总统选举

时，堕胎就被视为女性平等战役中的小规模冲突；更广泛地讲，它是 185
美国文化概念对抗之战的一部分。具有先见之明的反女权主义者菲利斯·施拉夫利很早就认识到这种关系，借用平权修正案抹黑堕胎权，认为这是对传统家庭的威胁。保守主义的复兴重塑了施拉夫利的理论框架，并推动建立了她在天主教徒、原教旨主义新教徒和正统派犹太教信徒中的强大同盟势力。他们将堕胎列入不祥的文化变革清单——同性恋权利、道德相对主义和衰落的爱国主义。罗纳德·里根在 1980 年赢得选举，标志着新右派正式取得共和党的支配地位。他们在党派纲领中加入了一个明确政策条款，即任命“尊重传统家庭价值观和无辜生命尊严”[①] 的法官。在奥康纳之后，里根任命保守的天主教徒安东宁·斯卡利亚和安东尼·肯尼迪为最高法院大法官。奥康纳已经明确表达了她对罗伊案的不满，并在 1983 年阿克伦诉阿克伦生殖健康中心系列案中提出异议。

与此同时，1986 年，强大的密苏里公民生命组织起草了当时最具野心的法律文本。其中包括，认为生命始于受孕之时的序言部分、必须将胎儿视作拥有人的权利的命令，医生必须检测胎儿成活情况，以及禁止使用公共资源堕胎甚至不能用于咨询堕胎的禁令。这项法律过于极端，天主教会会议担心密苏里州司法部长会因避免败诉而不完全支持这项法律。最高法院立场结构的变化已经足以彻底撼动罗伊案判决，密苏里的激进分子们希望他们的司法部长能够推动最高法院展开行动。[②]

韦伯斯特诉生殖健康服务案中，这项密苏里法律进入了最高法院的

① Linda Greenhouse and Reva Siegel，eds.，Before Roe v. Wade：*Voices that Shaped the Abortion Debate before the Supreme Court's Ruling*（New York：Kaplan，2010），260.

② Mike Hoey，“A Short History of the Missouri Catholic Conference 1967-2007，” http://www.mocatholic.org/wp-content/up-loads/2012/10/MCC-Short-History-1.pdf.

视线，它的确不可避免地与罗伊案相冲突。[①] 正如比尔·考克斯和他的同盟所担心的，密苏里州司法部长可能推测最高法院没有准备好直接推翻罗伊案，只是主张该法律没有看起来那么糟糕。[②]“生命始于受孕之时”只是序言中的高谈阔论，密苏里州的答辩状中这样写道（只是表达“恳
186 求”，而没有对任何人附加任何限制）。州政府承认不能禁止公立医院医生告知女性患者她们需要堕胎。医生在实施成活性测试时可以作出专业判断。但最高法院对彻底推翻密苏里法律表现出足够兴趣，并允许美国政府以法庭之友的身份参加辩论。乔治·H.W. 布什的司法部副部长向新近变化的最高法院重新提交了 1986 年里根政府的意见书，要求最高法院推翻罗伊案判决，并且硬着头皮在仍包括罗伊案判决的哈利·布莱克门大法官在内的法庭进行辩论。

和平常一样，奥康纳麾下有许多持不同意见的书记官。初步备忘录的责任落在了来自金斯伯格团队的书记官丹尼尔·曼德尔（Dniel Mandil）身上。[③] 他的结论是接受密苏里州的橄榄枝。他建议，只是让他们将堕胎限制的严重程度最小化，进行司法自我约束，除非必要，否则不得对抗宪法性裁决。如果曼德尔的建议被采纳，韦伯斯特案就会得以平息，虽然女性将承担一系列此前从未被批准的限制，但可以让罗伊案逃过一劫。

奥康纳的另一个书记官安德鲁·麦克布莱德（Andrew McBride），是刚刚从未能当选的最高法院大法官候选人、保守的华盛顿联邦巡回法院法

---

① Webster v. Reproductive Health Services，492 U.S. 490（1989），http://www.oyez.org/cases/1980-1989/1988/1988_88_605.

② Ibid.，oral argument.

③ Edward Lazarus，*Closed Chambers*：*The First Eyewitness Account of the Epic Struggles Inside the Supreme Court*（New York：Times Books，1998）. A lot of the inside information on Webster comes from Lazarus，who explicitly cites Mandil as his source.

官罗伯特·伯克（Robert Bork）[①]那里过来的，他主张限制堕胎权；而曾为自由派地方法院法官路易斯·奥伯道夫（Louis Oberdorfer）做书记官的简·斯特伦塞斯（Jane Stromseth）则持相反的政治意见。[②]甚至当曼德尔承担被指派的任务时，斯特伦塞斯和麦克布莱德都采取了非常之举：准备了竞争性备忘录。麦克布莱德支持推翻罗伊案，而斯特伦塞斯建议奥康纳应当认定密苏里法律的很多内容是不合理负担，从而保障罗伊案的大部分裁决不受影响。口头辩论前的那个星期六，书记官们如常走进奥康纳的会议室，无须任何刺激，大家就展开了激烈讨论。奥康纳丝毫没有透露将如何决定。

然而，在下一周的口头辩论上，她表达了对各州能够无限控制女性
生育权的不安。如果最高法院推翻罗伊案的判决，她问司法部副部长弗 187
莱德（Fried），如果“我们面临严重的人口过剩问题”，州是否“有权要求女性堕胎？”弗莱德否认了这一点后，她进一步追问施压。如果没有保障女性堕胎权，那么反过来，什么可以保障她们不被强制堕胎呢？（当然，强制堕胎这个非常没有说服力的假设，是多年前金斯伯格最先想在她的案件中提出的，用以构建女性生育权，那时她的当事人苏珊·斯塔克因拒绝堕胎而被空军解雇。但精明的司法部副部长欧文·格里斯沃尔德与斯塔克达成和解，该案最终没有作出判决。）

密苏里案的口头辩论生动展现了平权战略的吸引力。正如金斯伯格所倡导的，女性所拥有的掌控自身命运的平等权利是堕胎权的根基，如果不

---

① The clerks' political commitments can often be verified by a quick check of their political contributions; see, for example, “Andrew McBride: Political Campaign Contributions, 2010 Election Cycle,” CampaignMoney.com, http://www.campaignmoney.com/political/contributions/andrew-mcbride.asp?cycle=10 (accessed November 17, 2014).

② “Jane Stromseth Contributions,” Find-TheBest.com, http://individual-contributions.findthedata.org/l/1010743/Jane-Stromseth (accessed November 17, 2014).

对此作出坚定的承诺，那么堕胎权的拥护者就会在约束各州的道路上障碍重重。由于斯卡利亚大法官的穷追不舍，堕胎权拥护者的律师不断回到这个没有说服力的理由：密苏里法律应被推翻，因为理性人对于生命何时开始持不同意见。斯卡利亚想知道，为什么不能把生命究竟何时开始这种争论留给各州。如果一州确认生命始于受孕，那么问题就转化为，阻止该州强迫女性孕育生命至分娩的理由是什么？金斯伯格已经作出回答，女性平权阻止了各州如此行事。如果女性希望以平等的身份参与美国生活，她们就需要掌控自己的生育权。金斯伯格精妙地设想，在完美的逻辑世界里，只有当女性没有价值时，罗伊案才会被推翻，各州政府才可以为所欲为。

但最高法院很少在所谓完美的逻辑世界行事。布莱克门屏息以待，最高法院却从悬崖边缘退了回来。在会议上，五票组成的多数意见支持密苏里法律，伦奎斯特传阅了一份初稿，提议废除罗伊案中的三阶段论证框架，支持奥康纳最初提出的不合理负担标准，但不完全推翻罗伊案。这不是举白旗屈服。如果那样，他会支持密苏里法律的全部内容，包括
188 密苏里州没有上诉的、对公立医院医生施加限制的那部分规定。如果密苏里州的成活性检测要求违反了罗伊案设定的成活性检测的明确标准，那么就罗伊案判决的这一部分内容，他的初稿称“就是与宪法无关的”。

伦奎斯特的分析完全没有法律根据。最高法院只是保全了罗伊判决的外壳，即将禁止各州为女性堕胎权施加不合理的负担视作一个缺少法律依据的抽象问题。接着他主张，到目前为止，各州不可能出现施加不合理负担的情况。很明显，他在试探奥康纳忍耐的底线。

奥康纳立即威胁要作出协同意见，甚至，如果对方继续施加压力，她将就密苏里法律的医生部分提出异议。① 这让自由派看到了机会，他

---

① O’Connor, memorandum, May 23, 1989, Byron R. White Papers, Library of Congress.

们提出加入奥康纳的异议。伦奎斯特让步了。现在他知道奥康纳不会彻底推翻罗伊案。只要她把持着决定性的摇摆票，女性的堕胎权就还有生机，即使脉搏微弱。

就罗伊案判决的确切框架而言，她建议最高法院接受密苏里的让步，就当作密苏里法律没有挑战罗伊案的核心观点。“我知道，”她写道，“本案没有必要走得更远。”最终伦奎斯特没有让步。奥康纳如她所说的那样及时提交了协同意见，正式保留了罗伊诉韦德案中设立的怀孕阶段先例。伦奎斯特所在的阵营不再是多数。她谨慎地解读密苏里法律以克服其与罗伊案判决的冲突，因此，正如她在意见中写的那样，驳回“密苏里州关于重新检验罗伊案判决在宪法上有效性的请求……当一州的堕胎法律是否违宪在本质上取决于罗伊案判决的合宪性时，才有必要重新检验罗伊案，并且应当审慎进行。”[①]

即使是罗伊案的拥护者布莱克门和史蒂文斯也认为假装密苏里法律与罗伊案很协调是“不诚实”且“不妥当”的。[②]但奥康纳还没有准备好跳堕胎权这个坑。新的堕胎案不可避免地在下一个开庭期到来，奥康纳事实上与自由派组成了五人多数，以否决强制年轻女性堕胎须取得父母同意的法律。这是奥康纳第一次没有公开支持对女性提出各种限制的
生命权运动。奥康纳的观点并不代表她充分支持堕胎权了。与其他保守 189
派一致，只要女孩拥有通过法官获得堕胎许可的权利，奥康纳就允许法律规定必须告知父母堕胎决定。

1990年，布伦南离开最高法院，他的空缺由从未处理过堕胎议题的特尔斐·大卫·苏特（Delphic David Souter）接替。1991年的一个案件中，苏特加入保守派，同意医生禁言的法律——紧张关系加剧了。第二年，保守派

---

① Webster v. Reproductive Health Services，492 U.S. 490（1989），at 526，http://supreme.justia.com/cases/federal/us/492/490/case.html.

② Linda Greenhouse，*Becoming Justice Blackmun*：*Harry Blackmun's Supreme Court Journey*（New York：Times Books，2005），193.

的克拉伦斯·托马斯接替了瑟古德·马歇尔的位置。1992 年堕胎问题不可避免地再次出现，在涉及宾夕法尼亚州堕胎控制法的计划生育联盟诉凯西案（Planned Parenthood v. Casey）中，有六位大法官投票彻底推翻罗伊诉韦德案。苏特主张反对堕胎权。1989 年以来的 4 票——怀特、伦奎斯特、斯卡利亚和肯尼迪——加上新来的保守派克拉伦斯·托马斯，反堕胎的多数意见中可能会有苏特，也可能没有——但一定不会有桑德拉·戴·奥康纳。

最高法院第一位女性会做什么？

宾夕法尼亚州已经实施了许多堕胎限制，如严格的父母通知制度，向怀孕女性具体说明堕胎危害的规定。但真正影响案件的是，管辖宾州的第三巡回上诉法院的三位法官中，有两位“抢跑”了，并且彻底判定最高法院的多数意见不再支持罗伊案。取而代之地，他们采取关键的一票，桑德拉·戴·奥康纳的立场。明确拒绝遵循罗伊案判决后，巡回法院将奥康纳的不合理负担标准几乎完全适用于宾州。[第三巡回法院的塞缪尔·阿利托（Samuel Alito）法官甚至投票支持怀孕女性在堕胎前须告知其配偶，但没能说服另外两位法官支持他的观点。] 尽管如此，支持堕胎选择权的活动家们非常害怕最高法院，他们开始犹豫不对第三巡回
190 法院的判决进行上诉。宾夕法尼亚人只能忍受该州反堕胎法的苛刻条款。

但那是 1992 年。负责该案的律师，来自美国公民自由联盟的凯瑟琳·科尔伯特（Kathryn Kolbert），代理美国计划生育联合会[①]（Planned

---

① 美国计划生育联合会，指美国一家专为女性提供生育健康服务的非营利机构：Planned Parenthood Federation of America。该机构受政府资助，其提供的主要服务内容包括：女性相关癌症筛查、HIV 筛查、避孕及堕胎。——译者注

Parenthood)。她作出了一项推动最高法院直接推翻罗伊案的政治决定。她主张，宾州法律不可能与罗伊案相协调，所以最高法院要么推翻该法，要么最终推翻罗伊案。她不愿意失去女性堕胎权的根基，但希望女性要求推翻罗伊判决的强烈呼声会在接下来的选举中将乔治·H.W. 布什踢出白宫。之后的任命将会由民主党总统作出。在她心里，什么情况都比下级法院开始作出一堆不利意见要好——就像宾夕法尼亚的第三巡回法院不久前作出的那样。[①]美国公民自由联盟请求最高法院复审，他们提出，案件的争论点在于最高法院是否已经推翻了罗伊诉韦德案。对此，宾州加快了诉讼进度，就其败诉的问题提起上诉，要求最高法院批准女性应当告知丈夫堕胎计划的要求。因此没有人再争论其他问题了。

然而，为了推动政治策略成功，科尔伯特必须促使案件立即得到审理。任何拖延都将导致判决在 1992 年选举结束之后作出，那样的话，到下一次公民能够对堕胎权问题进行投票，还要再等 4 年。3 个星期后，1991 年 11 月 7 日，她以创纪录的速度提交了复审申请。但她无法对抗控制排期的首席大法官。伦奎斯特在这几个星期里极其痛苦，他只是一直拖延着不去考虑凯西案，这被称为“搁置”；同时也拖延着不去考虑是否应当复审堕胎案。[②]最终，史蒂文斯和布莱克门大法官[③]一起威胁要史无前例地公开反对这种搁置决定，这让伦奎斯特对这个问题重视了起来，

---

① Ibid., 201-3, for the story on Kolbert's strategy and the Court's scheduling of the appeal. The memo on O'Connor's concerns about the election comes from Blackmun's papers; see David Garrow "The Brains Behind Blackmun," *Legal Affairs*, May-June 2005, http://www.legalaffairs.org/issues/May-June-2005/feature_garrow_mayjun05.msp; David Garrow, "A Landmark Decision-Planned Parenthood of South-eastern Pennsylvania v. Casey," Dissent 39 (Fall 1992): 427-29, n.4; Harry A. Blackmun Papers, Library of Congress, Box 601.

② Jeffrey Toobin, *The Nine: Inside the Secret World of the Supreme Court* (New York: Doubleday, 2007), 49-50; Lazarus, *Closed Chambers*, 463.

③ Different leakers have different versions.

并放弃了他原来的想法。[①]

最高法院投票决定受理该案，在选举结束前还有充足的时间作出判
191 决。那时，只有奥康纳和伦奎斯特投票不想受理该案。如果他们成为多数意见拒绝受理该案，就无疑会挫败堕胎权拥护者的计划：使堕胎成为选举热议话题。暂时表态同意受理该案的苏特大法官认为还是应该再等等再做决定！这给布莱克门在内的自由派大法官们敲响了警钟。在对苏特的团队进行侦查后，布莱克门的书记官斯蒂芬妮·丹戈尔（Stephanie Dangel）确认苏特不会把案子延迟到总统大选之后。“与首席大法官和桑德拉·奥康纳不同，苏特没有考虑选举的事。”苏特的书记官告诉丹戈尔。[②]

就像布莱克门的书记官汇报的，奥康纳的确是在考虑选举。直到书记官们就奥康纳的政见交换意见多年之后，参议员巴里·戈德华特的文件对公众开放，奥康纳对老布什竞选命运的持续关注才完全显现出来。4 年前，她对自己这位亚利桑那州同事说过布什的竞选对“最高法院和国家”有多么重要。现在堕胎案危及他在 1992 年的连任。然而，除了投票反对受理该案——她也确实这么做了，无效，也就没有其他办法了。

凯瑟琳·科尔伯特对此志在必得，决心通过上诉挑战这位最高法院第一位女法官去推翻罗伊案。[③] 口头辩论时，她用长达 7 分钟的时间吹捧罗伊案，并攻击奥康纳大法官在韦伯斯特案中的保守主义策略。科尔伯特对奥康纳勉强保留罗伊案判决毫不领情。她认为罗伊案应该被再次确认或推翻。终于，奥康纳大法官被激怒了，她打断科尔伯特，指责她没有谈及法院要求复审的问题。科尔伯特打算谈及最高法院感兴趣的问

---

① Toobin, *The Nine*, 50, on Stevens; Lazarus, *Closed Chambers*, 463, on Blackmun and Stevens.

② Greenhouse, *Becoming Justice Blackmun*, 201.

③ Tom Zemaitis, interview with the author, April17, 2014.

题吗？科尔伯特回答说，她会的，但事实上她并没有。

会议中的分歧一目了然，但伦奎斯特大法官显然认为他能获得足够的票数来支持宾州的所有规定，包括通知配偶，因此他再一次指定自己撰写意见。[①]看起来罗伊案判决要完了。对于仅因最高法院组成的改变就推翻已经建立的先例，苏特大法官深感困扰。但考虑到伦奎斯特多数派的规模，苏特大法官当时的意见似乎并不重要。这显然大错特错。联 192
想到奥康纳大法官在韦伯斯特案和要求堕胎女性通知父母类似案件中的表现，苏特猜测奥康纳不会支持伦奎斯特，他决定先看看她会如何做。他们只有一个选择：联合安东尼·肯尼迪大法官。

没有证据表明是奥康纳大法官挽救了堕胎权。关键的第三票人物肯尼迪，是虔诚的天主教徒，自被任命以来就与保守的天主教徒安东宁·斯卡利亚关系密切，而且他与奥康纳的关系并不是特别亲近。事实上，奥康纳在那一年的开庭期没有与任何人结成同盟。在场的人都以为是苏特笼络了肯尼迪。斯卡利亚教条的意识形态和夸张言论已经让优雅的安东尼·肯尼迪感到不得体，所以当苏特大法官找到他时，他很快放弃了保守阵营。在此之前，苏特和肯尼迪还在一起重要的环保案中共同致力于作出中间意见，从而让顽固的保守派四人破坏濒危物种保护法的意图落空。[②]他们之间有合作的途径，也有视彼此为中间派的共识。他们决定合作撰写意见，这在 1992 年显然不寻常。一个月以后，肯尼迪写信给布莱克门："我想告诉你一些有关凯西诉计划生育案的进展，而

---

① Lazarus, *Closed Chambers*, 466-70, for the story; also Dennis J. Hutchinson, *The Man Who Once Was Whizzer White: A Portrait of Justice Byron R. White* (New York: Free Press, 1998), 428-29.

② Lujan v. Defenders of Wildlife, 504 U.S.555 (1992), http:// www. law. cornell. edu/supremecourt/text/504/555.

且我相信我所说的会是好消息。”[1]

开庭期的最后一天，肯尼迪、奥康纳和苏特三人坐下后，向每一位大法官分发他们共同撰写的意见书。堕胎权这一宪法权利没有被推翻。

肯尼迪写了一部分协同意见，他赞扬将“自主定义生存和人类生命奥秘”的权利纳入自由的概念中。怀孕女性的痛苦经历是个人且私密的，一州无权只基于自己对女性角色的认知而坚持让女性生育，他继续批判道。[2] 难怪金斯伯格法官——后来的最高法院大法官——对这份意见欣喜
193 不已，[3] 而在其他方面，这份意见对于女性而言无疑喜忧参半。让一州不再将自己对女性“生存概念”的认知强加于女性，是金斯伯格一生致力的事业。苏特撰写部分的突出成就在于，有力地反击了推翻罗伊案的主张。他认为，将影响人们的性行为和判决已经 20 年的稳固先例推翻，看起来更像是赤裸裸的政治权力，而非法律。

意见的第三部分讨论了宾州法律的实际规定，这归功于奥康纳的精湛技艺。回顾该案，以及之后那些为女性堕胎层层设阻的判决意见，奥康纳提出的不合理负担概念巩固了一项新秩序。在凯西案和接下来的 12 年里，最高法院反复纠结于奥康纳的问题：该州是否对寻求堕胎的女性施加了“不合理负担”？与布莱克门禁止前 3 个月内对怀孕女性进行干涉，以及孕妇的健康利益在随后 3 个月中高于一切的主张不同，不合理负担概念未对“什么是被允许”的这一问题提供客观指导。多年来，最高法院大法官之间的分歧导致问题最终总是由掌握关键摇摆票的女性来

---

① Harry A. Blackmun Papers，Library of Congress，1992.

② Planned Parenthood v. Casey，505 U.S. 833（1992），troika opinion，http://supreme.justia.com/cases/federal/us/505/833/case.html.

③ Ginsberg delivered the Madison Lecture at New York University School of Law in 1992; Ruth Bader Ginsburg，“Speaking in a Judicial Voice，” *New York University Law Review* 67（1992）: 1185，1199，http://www.law.nyu.edu/sites/default/files/ECM_PRO_059254.pdf.

决定：她认为女性应当过怎样的生活。当然，这也意味着这个国家会对她的继任者也提出同样的问题，而不论他或她是谁。

凯西案之后的所有诉讼，均着眼于奥康纳那部分意见所论证的问题。从三年前的韦伯斯特案开始，奥康纳就开始不断从自己提出的不合理负担标准向后退让。她承认，我知道我曾经说过，相对于母亲的利益，一州应当更加侧重保护始于受孕的胎儿利益，但我以后不会再这么说了："我们要回答的问题是，一部对女性在胎儿成活前的堕胎决定施加不合理负担的、旨在保护胎儿利益的法律是合宪的吗？以往的很多案件裁决也讨论了不合理负担标准。现在的答案是，它违宪。"随后她维持了宾州法律中每一项烦琐的规定，这些规定涵盖整个怀孕期间，只推翻了必须告知丈夫的条款。女性的生命权意味着，即使堕胎权被否决，她们也不会因为分娩而失去生命。女性的生命权意味着，她们的堕胎计划无须 194
取得丈夫同意。就是这样。

1983 年奥康纳第一次提出，各州反堕胎运动的正当性应以是否为女性的堕胎决定施加了"不合理的负担"为衡量标准，彼时她尚未因其良好的常识而闻名。接下来的几年中，她对每一个重要的民事权利问题——宗教信仰自由、平权行动、雇用歧视——都采取同样的开放性标准。她所采用的模糊性语言，意味着每个裁决只解决了当前案件，这使得最高法院成为人们采取最后手段的常识法院。到什么时候建立圣诞托儿所相当于建立了宗教场所？当它"过多"的时候。何时大学会更加优先考虑黑人申请者？直到这种行为不再是"必要的"。什么是性别歧视的可诉性证据？当它"足够严重或普遍"。她在凯西案中的判词延续了这一点。

常识——普通人的实践智慧——在定义上不需要理论或专业知识，这是一个使未经检验的直觉和偏见进入决策的有效工具。堕胎案当时形成了很大的争议，人们认为奥康纳对女性问题加入了自己的世俗直觉。

从其 1983 年第一个堕胎案到 1992 年凯西案的几年里，各州想出的所有抑制女性的障碍——要求医生告诉女性堕胎很危险，或告诉她们有人希望领养她们的后代，阻止公立医院参与其中，让女性容忍等待期，获得父母同意或法官同意——奥康纳支持了全部。早年间，偏向于自由派的最高法院推翻了州立法，她提出反对意见。她投票跟随新组成的保守多数派，使最高法院最终允许对堕胎施加限制。凯西案之前的所有案件中，她只提出，年轻女性有权不告知其父母堕胎决定，而向当地法官倾吐秘
195 密。凯西案中，她同意州政府规定，堕胎手术提供者必须告知女性堕胎对她们健康的危害，她们必须等待 24 小时消化这些信息，以及多数情况下年轻女性必须告知父母等规定。

唯一让她和她的两位同事感到纠结的就是告知配偶这一条。想到政府要求本来不想告诉丈夫堕胎决定的已婚女性必须告知其丈夫自己的决定，就让奥康纳感到厌恶。批评家总结道，[①] 奥康纳可以从自己已婚的中产生活中联想到这是多么沉重的负担。对于其他贫困女性而言——不得不向工作单位请假，行至可以实施堕胎的地方（那通常是离家几百英里以外的地方），然后听一堂与她们的需求或医疗服务毫无关系的讲座——这都不是问题。

批评家推断，当她谈到常识，其目光无法超越她自己所在群体——白人、中产、已婚[②]——所共同建立的常识区域。这是相当严重的批评，也是奥康纳的直觉导向方法自然会引起的批评。但相比告诉女性要忍耐、要去能提供堕胎的地方听他们吩咐而言，奥康纳的常识性直觉可能并没

① There are many examples. One of the best summaries is Judith Olans Brown，Wendy E. Parmet，and Mary E. O'Connell，"The Rugged Feminism of Sandra Day O'Connor，" *Indiana Law Review* 32（1999）：1219-46，Northeastern University School of Law Research Paper，http:// ssrn.com/abstract=1984862 or http://dx.doi.org/10.2139/ssrn.1984862.

② Ibid.，1227.

有更残忍。奥康纳不是一个弱者。在乳腺癌治疗期间，当她需要帮助时，人们给予她的爱和支持甚至让她惊讶不已。

无论法律如何，苏特、肯尼迪和奥康纳三位大法官至少保障了女性被赋予对其核心决定的一点点保护。中间派获胜。1992 年，民主党经过
十六年再次入主白宫。 196

SISTERS IN LAW

PART IV

SISTERS IN LAW

第四部分

最高法院姐妹花

第十四章

我是鲁斯，而非桑德拉

参议院司法委员会开会商议提名巡回法院法官鲁斯·巴德·金斯伯格去最高法院就职。这时，该委员会有两名新成员：来自加利福尼亚的参议员黛安娜·范斯坦（Dianne Feinstein）以及来自伊利诺伊的参议员卡若琳·莫斯利·布劳恩（Carol Moseley Braun）。在范斯坦开始投票之前，其他发言的成员已经吹嘘过他们商议最高法院被提名人的悠久历史。但是，范斯坦表示："对于我和参议员莫斯利·布劳恩而言，这是我们的第一次。而作为第一次，选择与自己类似的人就并非巧合了。"范斯坦向被提名人提到。事实上，这确实不是巧合。

比尔·克林顿就任总统的 1992 年，又被称为"女性之年"，因为女性在全国不同层级就职的数量开创了历史新高。最高法院在"女性之年"发挥了出乎意料的作用。1991 年乔治·布什提名克拉伦斯·托马斯为大法官，俄克拉荷马州的法学教授安妮塔·希尔（Anita Hill）指控克拉伦斯在工作期间对她性骚扰。参议院司法委员会召开了一场针对此事的听证会，被广为播报。之后，托马斯以 52∶48 确认通过。对托马斯的确认在相信希尔的人群中引发了强烈抗议，他们认为一个完全由男性构成的司法委员会对希尔以及性骚扰问题进行错误处理。1992 年 11 月之后的政界与几周前相比可谓风云突变。

在克林顿（一名对于其政治遗产有着敏锐观察力的前宪法学教授）
任职仅 3 个月后，最高院大法官席位就出现了空缺，克林顿注定会创
199 造历史。[①] 他认识到了提名第二位女性成为最高院大法官的意义。黛安
娜·范斯坦和卡若琳·莫斯利·布劳恩入选参议院，环境已经发生改变，
很少有女性会比克林顿提名的鲁斯·巴德·金斯伯格更加“正当其时”。
那是一个奇妙时刻。

全力以赴

由于想要提名一位才华横溢、教育背景上佳、经验丰富而又具有标志性意义的候选人，克林顿考虑良久。这并非完全是他的过错。他的第一选择是迷人又充满魅力的纽约州州长马里奥·科莫（Mario Cuomo）。他认为科莫像之前另一位由州长转任为大法官的厄尔·沃伦一样，可以说服由共和党主导的法官团成员作出更加称他心意的判决，而非仅仅是另一张自由派投票。[②] 以优柔寡断著称的科莫让总统等待了数月[③]。在白宫，似乎每个人都有不同的理想人选。一些人梦想提名杰出的宪法学者，例如，哈佛的拉里·特赖布（Larry Tribe）。另一些人认为任命没有法学学位的人是明智做法（这可以，但未有先例）。克林顿非常中意他的内务部部长，聪明善辩的布鲁斯·巴比特（Bruce Babbitt）。重要的参议院

---

① Richard Davis, *Electing Justice: Fixing the Supreme Court Nomination Process*（New York: Oxford University Press，2005），http://www.thedivineconspiracy.org/Z5252I.pdf.

② David Alistair Yalof, *Pursuit of Justices: Presidential Politics and the Selection of Supreme Court Nominees*（Chicago: University of Chicago Press，1999）.

③ George Stephanopoulos, *All Too Human: A Political Education*（Boston: Little, Brown，1999），165-70.

司法委员会共和党成员奥林·哈奇（Orrin Hatch）希望提名他的朋友——泰德·肯尼迪（Ted Kennedy）的前参谋长，后来成为第一巡回法院法官的斯蒂芬·布雷耶。

由于克林顿在犹疑，金斯伯格的提名变得困难。[①]甚至她辞世已久的母亲西莉亚·阿姆斯特·巴德（Celia Amster Bader）也发挥了作用。巴德的侄女贝斯·尼·阿姆斯特（Beth née Amster）嫁给了纽约参议员丹尼尔·帕特里克·莫伊尼汉（Daniel Patrick Moynihan）一位名叫斯蒂芬·赫斯（Stephen Hess）的好朋友。他和莫伊尼汉曾一起供职于尼克松时期的白宫政府，而后赫斯就职于华盛顿强大的中立智库布鲁克林学会。贝斯的丈夫出面采取行动，联系了参议员莫伊尼汉。莫伊尼汉后来成了贝斯最佳的拥护者。虽然他俩从未见过面，但睿智的哈佛前教授莫伊尼汉通过金斯伯格的著作和观点了解到这位杰出的哥伦比亚前教授。 200
在某种程度上，对莫伊尼汉而言，金斯伯格就如同一位结交已久的老友。莫伊尼汉在一次采访中提到，正是金斯伯格关于司法尊重立法机关的观点吸引了他。当然，金斯伯格出生于布鲁克林这一点并无大碍。

春光缓缓流逝，对被提名人的选择有举足轻重作用的白宫顾问伯纳德·努斯鲍姆（Bernard Nussbaum）突然接到了他在纽约大学法学院一位朋友的电话，询问努斯鲍姆和他的妻子是否愿意参加在弗吉尼亚郊区附近豪华的小华盛顿酒店举行的六人晚宴。另外一对夫妻是他的朋友，马丁和鲁斯·金斯伯格。“我当然知道他们想要干什么，”努斯鲍姆说，但那个夜晚很美妙，“我真正看到她靠近。所有的一切都产生了影响。对我个人而言，印象深刻[②]。”

---

① Stephen Labaton，“Senators See Easy Approval for Nominee,” *New York Times*, June 16，1993，http://www.nytimes.com/1993/06/16/us/senators-see-easy-approval-for-nominee.html.

② Bernard Nussbaum，interview with the author，June 2，2014.

莫伊尼汉与总统一起乘坐空军一号从华盛顿飞往纽约，他利用这个机会为他的候选人进行游说。但金斯伯格是一位书生气的上诉法庭法官，正是克林顿表示不中意的“脚注人”类型[1]，而非一个能说服其他法官支持其意见的政治家类型。同时，金斯伯格那时已经60岁了，而白宫成员期望的是能与年轻的克拉伦斯·托马斯抗衡的更年轻人选。

随后反对提名金斯伯格的意见浮出水面，而且是来自意想不到的阵营：左派。金斯伯格的整套方法论是建立在男女在法律上的相似性和平等性之上的。自从1970年她的女权主义思想觉醒以来，其他对帮助女性的策略提出疑问的人物就开始出现。例如，一些人提出，即使女性与男性存在区别——尽管或甚至因为这些区别，但她们仍有权享受赋予其权利的政策措施。

上述反对也在意料之中：所谓“革命”早从巴士底狱时代起就开始消耗它的青春。植根于学院和大学的女权主义被怀疑为不切实际的理论。事实上，就在20世纪80年代早期，鲁斯为了舒适的终身法官职位而离开美国公民自由联盟之时，两项基于区别理论的新兴运动就获得了真正
201 的关注——每一项都是对鲁斯终生事业的挑战。

上述两种运动都以金斯伯格的组织原则为目标：男性和女性本质上都希望实现人类繁荣的共同目的，因此应当被许以相同的选择权。凯瑟琳·麦金农的工作成果对于法庭认定性骚扰起着非常重要的作用，她主张男性以对女性特有的方式主导女性。金斯伯格平等理论的核心在于否认男性和女性在宪法下应被推定存在区别，这通常被称为“反传统原则”[2]。麦金农不赞同这一观点。她认为，甚至男性之间都存在区

① Jeffrey Toobin，The Nine，75.

② Cary Franklin，“The Anti-Stereotyping Principle in Constitutional Sex Discrimination Law,” *New York University Law Review* 85，no. 1（2010）.

别，我们不应该要求女性克服千年以来受压迫的传统，为了主张社会福利而与男性看齐。这样使女性的生活变得更加艰难的政策和实践（如不支持产假）自然是非法的。自 80 年代晚期，她开始正面攻击金斯伯格几十年以来实行简单平等理论的成就。她提出，金斯伯格的大部分成果剥夺了女性享有的为数不多的有利条件，如寡妇的选择权。她竟然还代表过男性原告！麦金农主张，女性是不同的。问题不应该是金斯伯格提出的"与同等男性相比，她们是否得到了区别对待"。而应该是：考虑到生理状况、历史和社会权利，她们是否受到了男性从来不会遭受的恶劣对待？[①]

女性是不同的，哈佛心理学家卡罗尔·吉里根（Carol Gilligan）同意对金斯伯格理论第二项的质疑。女性甚至连思考方式都不一样。当遇到一个道德问题，例如，是否应当堕胎时，女性考虑的是她们的行为对社交圈的影响，而非仅仅是对自身的影响。吉里根得出结论称，不能说女性比男性更优或更劣，但她们确实发出了不同的声音[②]。尽管吉里根并非律师，没有像麦金农那样直接对金斯伯格提出挑战，但她的观点暗示——女性在做决定时，会与处在相似处境的男性作出极为不同的决定。如果不同的声音仍是有价值的，吉里根的主张像麦金农一样，比金斯伯
格仅仅主张不要预先将女性固化为不同类型的观点更具野心。尽管金斯 202
伯格"平等女权主义"的毕生事业在当时如此激进，但还未持续十年，就受到了号召在不有损于女性的前提下承认女性区别的挑战 。"区别女

① Catharine MacKinnon, *Sexual Harassment of Working Women*（New Haven, Conn.: Yale University Press 1979）, Introduction, 1-8; Fred Strebeigh, *Equal: Women Reshape American Law*（New York: W.W.Norton, 2009）, 240-41; Jeffrey Rosen, "The Book of Ruth," *The New Republic*, August 2, 1993, http://www.newrepublic.com/article/politics/the-book-ruth and http://www.holysmoke.org/sdhok/fem02.htm.

② Carol Gilligan, *In a Different Voice: Psychological Theory and Women's Development*（Cambridge, Mass.: Harvard University Press, 1982）.

权主义”，正如该新观点的名字一样，比金斯伯格的理论更为强势，但也更为危险。无论区别是源于更易受到伤害还是基于不同的道德观，从区别到歧视往往只有一线之隔。

尽管这些新思想显现时金斯伯格还就任法官，但她在政治上并没有完全保持沉默。她一反常态地公开表达了对麦金农的不喜。70 年代晚期，当她在哥伦比亚法学院听了麦金农关于色情文学的演讲后，一向尊重自由言论传统的金斯伯格对她的一位朋友说道：“这个女人论调很坏。”[①]1988 年，她甚至直接对麦金农进行了攻击：“美国公民自由联盟的女性权利项目，确实不如在一个男性不定义女性地位的纯理论化世界里阐述观点那样大胆。”但是，她的诉讼也曾意在“动摇女性的隔离领域”[②]。比起麦金农更具野心地主张对被历史和文化弱化的女性提供保护的观点，[③]更令金斯伯格讨厌的是麦金农对自己和其他先行者努力的不尊重。麦金农加入该项目之后，金斯伯格就提到两个字：“傲慢”[④]。

金斯伯格对不同的声音持更为审慎的态度。面对类似的主张时，她在 1991 年 5 月承认：“一些结论，没有可靠依据就认为男女思维方式明显不同[⑤]……我持克制或回避态度。”巧合的是，在 1991 年，不同的声音传到了更不具有学术倾向的大法官桑德拉·戴·奥康纳的耳朵里。一位不灵光的法学教授建议，奥康纳的判决可以被当作“不同声音判决”[⑥]

---

① Rosen，“The Book of Ruth.”

② Ginsburg Archive，Library of Congress，Box 15，F 1988.

③ Rosen，“The Book of Ruth”; http://www.newrepublic.com/article/politics/the-book-ruth.

④ Ginsburg Archive，Library of Congress，Box 15，F 1988.

⑤ Ginsburg Archive，Library of Congress，Box 15，F May 1991，Amherst speech.

⑥ Suzanna Sherry，“Civic Virtue and the Feminine Voice in Constitutional Adjudication,” *Virginia Law Review* 72 (1986): 543; see O'Connor's comments in the Madison Lecture，delivered at New York University School of Law in 1991，Sandra Day O'Connor，“Portia's Progress,” *New York University Law Review* 66 (1991): 1546.

的范例，而奥康纳明显被这种观点惹怒了。在 1991 年于纽约大学举行的麦迪逊系列演讲中，奥康纳花了大部分时间将这些意见谴责为危险的时代倒退，认为此类建议又回到了曾认为女性过于纤弱而无法从事法律 203
职业及民主投票等复杂活动的时代：“讽刺的是，再次提出女性是否仅因为生为女性就存在区别的这个问题，让人想起了我们曾努力抛诸身后的古老成见。但是，不畏历史的回响，越来越多的作者指出女性以不同于男性的方式从事法律职业。一位作者甚至得出结论，我的意见从一种独特的女性视角出发，从而与我的同事们不同。”[①] 奥康纳演讲的几个月之后，上诉法院法官鲁斯·巴德·金斯伯格收到了最高院办公室传真来的奥康纳评论的副本[②]。接下来的一年，金斯伯格法官同样选择了麦迪逊演讲这一工具来表达她对女权主义的信条，即关于堕胎案（罗伊案）判决[③]的异议。金斯伯格重申并强调了她在 1984 年首次阐述该案件时的批判。她显然非常关注因堕胎问题而产生的政治摩擦，特别是与她在 70 年代精心筹划的相对平稳的平等革命首秀相比。她主张：“一个更不具有概括性的罗伊案（该案仅剔除了极端的得克萨斯法律，而没有走得更远）可能已经减少争议而不是加剧争议。”她认为堕胎不同于学校隔离，因为女性同时扮演着妻子、女儿和姐妹的角色。当人们的身份交织在一起时，政治可以发挥更大的作用。一旦女性发现了她们遭受不平等待遇的非正义性，她们可以在“家”（从字面意义上讲）教育她们的“压迫者”，也许之后男性将停止试图以犯罪的堕胎法律来压制他们的妻子、姐妹和

① Portia's Progress，http://midcoastseniorcollege.org/wp-content/uploads/2014/03/Sandra-Day-OConnor-Progress.pdf，citing Sherry，“Civic Virtue.”

② Ginsburg Archive，Library of Congress，Box 30，December 1991 folder.

③ Roe v. Wade：Ruth Bader Ginsbury，“Speaking in a Judicial Voice,” *New York University Law Review* 67（1992），http://www.law.nyu.edu/sites/default/files/ECM_PRO_059254.pdf.

女儿。相反，她提到，少数群体被绝望地与多数群体隔离，因此只能通过法院寻求进一步的改变，别无他法。

现在看来，最妥帖的观点反倒是金斯伯格的强烈反对并非正确。女性不同于那些少数群体根据权利的内容而被深度区分的情况，她们在“压迫者”家庭中的分工使她们不仅有机会教育“压迫者”，还使她们有机会平等地推动这项运动。在女性的想法里，宗教可能会发挥强大的作
204 用。在最高法院对罗伊案下判时，对堕胎权的强烈反对就已经如火如荼地展开。而最高法院无论做什么，都不会延缓对具体堕胎权或女性普遍权利的抵触。

但无论对错，金斯伯格都在最不正确的时机作出了评论。当她在麦迪逊这个公开论坛表达她对罗伊案判决的谴责时，拜伦·怀特大法官宣布辞职，于是克林顿总统有了一个空缺需要填补。金斯伯格的名字出现在了最初的大多数长名单中。但白宫调查者了解到，“某些女性团体”领导人并不认同金斯伯格成为候选人，全国堕胎权利行动联盟中具有影响力的凯特·米歇尔曼（Kate Michelman）就是其中之一[①]。并非由于激进的学术派女权理论者是国家政治圈的重要参与者，而是最高法院大法官席位的竞争非常激烈，以致任何的反对或问题都构成对提名极大的威胁。很快金斯伯格不再成为揣度的对象[②]，其他名字成了焦点。

对金斯伯格冷却数周之后，斯坦福法学教授芭芭拉·巴布科克（Barbara Babcock）在早上 7 点钟接到了马丁·金斯伯格的电话。“那些

---

① Tom Brokaw and Lisa Myers, “Reaction to Nomination of Ruth Bader Ginsburg to Supreme Court,” *NBC Nightly News*, June 14, 1993, https: //highered.nbclearn.com/portal/site/HigherEd/flatview?cuecard=3734.

② Anthony Lewis, “Abroad at Home: How Not to Choose,” *New York Times*, May 10, 1993, http://news.google.com/newspapers?nid=1755&dat=19930512&id=qQocAAAAIBAJ&sjid=q3sEAAAAIBAJ&pg=6654, 2594453.

东海岸人，”巴布科克说道，“他们起床了，虽然在我们这里还太早，但只要认为电话内容非常重要，他们无论如何也要打电话的。”巴布科克是少数杰出的女性主义法学教授之一，她甚至有资格向白宫保证鲁斯是女性运动的传奇人物。“他完全肯定我会为鲁斯挺身而出，”巴布科克回忆到，“而且事实上，他是正确的。”巴布科克联系到她以前的学生——白宫副顾问谢丽尔·米尔斯（Cheryl Mills）为金斯伯格进言。马丁的跟随者寄来了太多的信件，以致白宫没有一个人能把它们全部读完。斯坦福和哥伦比亚大学的校长写信了。得克萨斯州女州长，民主党人安·理查兹（Ann Richards）写信了。（她因在 1992 年民主党全国大会上引人注目的表现而成为新晋名人。）罕见地，非裔美籍共和党人的坚实拥护者、吉拉德·福特的交通部长威廉·科勒曼（William Coleman）也写信了。[①] 但克林顿仍渴望科莫，并且更倾向斯蒂芬·布雷耶。

然后，举止优雅、具有贵族气质的法官布雷耶［或是他的英国妻子 205
乔安娜·弗里达·哈雷·布雷耶（Joanna Freda Hare Breyer）阁下，或者严格来讲是他们俩］被发现没有给他们的家务人员支付社会保险税，同样的问题也使得克林顿内阁的两名成员的任命失败。尽管白宫的一些人认为布雷耶是解决 1993 年“保姆税”问题的最佳候选人，但事实上克林顿不希望再发生任何突发事件（金斯伯格在她漫长的工作生涯中有过许多的工作人员，而她的税法律师丈夫总能打理得井井有条[②]）。

所以，金斯伯格的名字又重新进入了人们的视野。许多评论家将此

---

① Stephen Labaton, “Senators See Easy Approval for Nominee,” *New York Times*, June 16, 1993, http://www.nytimes.com/1993/06/16/us/senators-see-easy-approval-for-nominee.html.

② Gardiner Harris, “M.D.Ginsburg, 78, Dies, Lawyer and Tax Expert,” *New York Times*, June 27, 2010.

归功于[①]总法律顾问珍妮特·雷诺（Janet Reno）（人们认为克林顿会向她咨询），认为她向总统提起过金斯伯格。努斯鲍姆认为金斯伯格基于她在美国公民自由联盟的历史性地位，会是一个好的选择。在一定程度上，一些消息源归功于马丁·金斯伯格发掘了一段引言——克林顿了解到金斯伯格那不为人所喜的哈佛院长欧文·格里斯沃尔德将她称为女性运动中的瑟古德·马歇尔。克林顿向伯尼·努斯鲍姆承认，“她听上去确实不错”，但总统曾听说她很“酷”。“嗯，”努斯鲍姆说道，“我和您提过我在三周之前跟她共进过晚餐吧？她丈夫给我打了电话。我知道他们想干什么，但我还是跟她共进了晚餐，事实上她是个很随和的人。”

努斯鲍姆说，所以他给金斯伯格打电话让她来白宫。“啊，不，”这位法官说道，“我们刚从佛蒙特州回来，而且我穿的是便装。”毕竟那是星期天。“不用担心，”努斯鲍姆向她保证道，“总统将在打完高尔夫后回来。我向你保证你不用担心。”他去水门接她。他说，她身着非常得体的上衣和裤子，距离去白宫时会选择的理想着装只差一线。

他们到达白宫里长走廊尽头的总统房间时，总统出现了，无可挑剔地穿着一套海军蓝西服和衬衫，打着领带。原来那个星期天，比尔·克林顿选择了去教堂而非去打高尔夫。“伯尼，你之前怎么告诉我来着？”她问道。“不要担心，”他向这位华盛顿巡回法院以完美穿着著称的女士回答，“一切都会很顺利。”

206 一个半小时之后，总统打电话告诉努斯鲍姆他们已经结束谈话了，他可以将金斯伯格送回水门。

努斯鲍姆回到白宫时，克林顿说他已经作出了选择。这两位前法学教授大部分时间聊了聊她的孩子和其他个人情况，没什么严肃内容。“我

---

① Jeffrey Toobin，*The Nine*：*Inside the Secret World of the Supreme Court*（New York：Doubleday，2007），81.

打完篮球后就打电话给她。”克林顿漫不经心地说，而比赛马上就要开始。努斯鲍姆也就不好再说什么催促克林顿尽快决定。但他知道金斯伯格肯定坐立难安，所以努斯鲍姆自己给金斯伯格打了个电话。他不能告诉她已经被选中，只说了能够说的。“鲁斯，”他说，“我不知道你正常就寝的时间是什么时候，但今晚不要睡得太早。”

然后，他说他听到电话那头传来哭泣的声音。

比赛开始

第二天，高大的总统先生与身高未及他肩膀的法官金斯伯格出现在了玫瑰花园，宣布提名人的时刻到了。[①]金斯伯格穿着一件漂亮的蓝色大衣，一贯的马尾辫上系着一条蓝色大缎带。她感谢了很多人。她感谢了女权运动及促使其涌现的种族运动。最后，她怀念了她的母亲，说希望可以达到母亲本可以达到的高度。如果她母亲生活在一个女人也可以和男人一样有所作为、女儿也可以和儿子一样得到珍视的时代，那该有多好。

一旦被提名，“金斯伯格不通过确认的概率为零”，克林顿的顾问乔尔·克莱因（Joel Klein）称，他的工作是带金斯伯格通过整个流程[②]。在华盛顿巡回法院，金斯伯格已经累积了一个相当中立的记录，她对刑事犯罪很严厉，有时也会支持商业。共和党人已经对该任命表示了祝贺和赞赏。而且与往常一样，金斯伯格在介绍时的冷静和丝毫无误的举止广受赞誉。但是，鲁斯·巴德·金斯伯格很紧张。“她以如同投票结果会

---

① “Ginsburg Supreme Court Nomination,” C-SPAN，June 14，1993，http://www.c-span.org/video/?42908-1/ginsburg-supreme-court-nomination.

② Joel Klein，interview with the author，May 21，2014.

是 51 : 49 的情况来准备听证。”克莱因回忆。她不分昼夜地给他打电话。
207 他们如果问这个问题怎么办？他们如果问那个问题怎么办？

自从最高院候选人罗伯特·伯克（Robert Bork）在 1987 年向参议院阐述了他的法律哲学却以失败告终后，所有在最高院确认过程中的参与者都认识到规则就是保持沉默，或者至少是给出你能够接受的最简短回答。伯克法官的经历导致了一个动词“borking”的产生，意思就是为了否决一个被提名人，就让他阐述他奇怪的、边缘化的信仰。在那之后，白宫指导他们的被提名人运用类似第五修正案的原则进行辩护：我礼貌地拒绝回答，因为该问题以后可能出现在我的案件中。“没有人因保持沉默而失败。”克莱因回忆。乔伊·科勒尔尝试过，但金斯伯格让她此时的看护者感到不快[①]。7 月 14 日，白宫法律顾问罗恩·克莱因（Ron Klein）向克林顿的顾问大卫·吉根（David Gergen）写信提到，他预计在听证中可能会出现问题。克莱因说，问到美国公民自由联盟时，“她有为一些相当极端的自由派观点进行辩护的本能”。“她也乐意为自由联盟的机构性质以及它在美国社会的重要性进行辩护。”她永远会回答问题，并且对问题吹毛求疵。克莱因继续提到，尽管如此，不要告诉她我们希望她怎么做。她不认为她的利益和我们的利益是一致的。[②]

而结果是，在听证会上她所表达的司法观点相当谨慎。尽管她的顺从出人意料，但其实确认听证会事实上仍提到了许多关于她的信息。如全国女法官协会在之后在给她的 T 恤上写的，有一点迅速变得清晰：“我

---

① Marcia Coyle，Tony Mauro，and Todd Ruger，“Clinton Docs Reveal Concerns About Court Nominees,” *Legal Times*，July 18，2014，http://www.nationallawjournal.com/legaltimes/id=1202663790913/Clinton-Docs-Reveal-Concerns-About-Court-Nominees#ixzz3IsohEp8v.

② *The Nomination of Ruth Bader Ginsburg*，*to Be Associate Justice of the Supreme Court of the United States*：*Hearings Before the S. Comm. on the Judiciary*，103d Cong. 127（1993），http://www.loc.gov/law/find/nominations/ginsburg/hearing.pdf.

是鲁斯，而非桑德拉。”（前述协会也给了奥康纳相同的 T 恤，上面写着“我是桑德拉，而非鲁斯”。）最高院第二位女性大法官比她的律政姐妹看上去更接近自由派。在重大事项上的观点也一样。

在 1987 年的民权法案案件，约翰逊诉圣塔克拉拉案（Johnson v. Santa Clara）中，奥康纳把布伦南大法官惹怒了。因为她坚持采取《民权法案》计划的那位雇主，必须承认之前可能违反了《民权法案》（布伦南获得了多数投票，奥康纳提供了协同意见，但仍然惹怒了布伦南）。金斯伯格被问及如何看待实施平权行动，她说同意布伦南的观点：“有时候对一个社会而言，更好的做法也许不是把人们推上墙头，然后强迫他们说，是，我是一个歧视者。” “在一场激烈论战中，更好的做法也 208
许是追求自愿行动，以及常常考虑到存在相反利益的可能……” 金斯伯格表示愿意推动私人机构，如雇主承担起改善工作环境的责任。

她同样认为，自卡西案以来，在新的堕胎判决中对女性的严格限制与早先案件中赋予女性的堕胎权利不一致：“所以，我必须说的是，这些……判决存在张力关系，而我希望这些关系尽早得到解决。”在此后没有如此敏感的麦迪逊演讲中，金斯伯格表达了对卡西案施加繁多限制的多数意见的看法：当大法官们接受明显违反罗伊判决的宾夕法尼亚法法律条款时，“那些大法官们未能仔细考虑女性处于困境当中，她们对克服这些限制束手无策”。

虽然金斯伯格在一些特定案件上不同意奥康纳的观点，但她还是认可，通常而言，奥康纳是运用宪法解释重大问题的典范。只要对宪法有一个首要认识，奥康纳就会采取一种中性的社会学分析方法来判定主张新权利的案件。虽然不渴望推翻先例，但她愿意考虑在某个特定领域的权利的社会概念是否已经发生改变。她认为法院有一定义务尊重人们主宰自我生活的愿望。早在霍根诉密西西州比一案中，当她投出了决定性的第五票以否决护理项目必须纯粹由女性参与时，此种开明的思想就已经在她的身上显现。无论起草人在内战后的1867年起草第十四修正案时对性别歧视持何种看法，奥康纳在1981年认为，人们希望对基于性别的武断划分施加一些限制。此种开明想法将她与斯卡利亚大法官区别开来。斯卡利亚在大多数时候会让时间停留在宪法被制定的时候。

1989年，斯卡利亚大法官试图将他严格解释的规则悄无声息地纳入多数判决意见中。他建议，传统的实践不能因新近提出的权利主张而被
209 废除。毋庸赘言，斯卡利亚的时间穿梭会废除前60年的大多数法律理论。但奥康纳和肯尼迪都反对他的这种观点，从而使得对他“脚注妙计”的支持减少到了少数两票。[1] 听证会上，金斯伯格采用了奥康纳关于宪法解释的立场，即允许法院拥有一定公允的裁量权，带领宪法脱离“假发时代”[2]。向最高法院前进，第二位女性大法官同意了第一名女性大法官的观点：宪法需要搭载前进的列车驶向当前世界。

但是，她们对于当前世界的愿景非常不同——当然并不是因为她们生活在不同的世界。事实上她们的生活如此相似，以至于在某种程度上，混淆桑德拉和鲁斯是可以理解的，更何况她们的年龄只相差3岁。到了1993年，她们都富有而且享有很大的话语权。鲁斯居住在豪华的水门公寓，而桑德拉居住在切维·切斯（Chevy Chase）[3]。子女都已成人，且丈夫都收入颇丰。她们经常在华盛顿国家剧院或华盛顿国家剧院律师协会[4]的晚宴相遇。不在法官席上时她们经常四处旅行，在风光秀丽的地

---

① Michael H. v. Gerald D.，491 U.S. 110（1989）.

② periwig age，意指停滞不前的时代。——译者注

③ Ann Carey McFeatters，*Sandra Day O'Connor*：*Justice in the Balance*（Albuquerque：University of New Mexico Press，2005）.

④ Ginsburg Archive，Library of Congress，Box 154，Supreme Court general，copy of O'Connor speech to Opera Lawyer's dinner.

方，如佛罗里达和萨尔斯堡演讲和教学。[①]

在确认提名的过程中，事实表明金斯伯格已经打算常常了解她优渥生活之外的世界。她说道：“我和我的书记官经常做的事情是，每隔两年，如果他们愿意，参观地方监狱和距离最近的洛顿监狱（Lorton Penitentiary）。我们参观了曾是联邦物业的圣·伊丽莎白之家，现在用于关押在刑事上被认定为精神失常的人。我这样做是为了让自己和书记官了解这些场所。大多数书记官会继续在大型律所里从事公司业务，而不会了解影响大多数人的法律。这是我将继续坚持做下去的事项之一。”

尽管白宫成功控制了金斯伯格在听证会上赞美美国公民自由联盟的倾向，但金斯伯格的右派反对者还是敏感地意识到，这位偶尔会在上诉法庭投出保守票、举止温和的女权主义者可能会对他们不利。他们因无 210
法对她进行任何牵制而感到不快。在与保守党团的领导者，霍华德·菲利普斯（Howard Phillips）进行热烈讨论后，参议员奥林·哈奇（Orrin Hatch）清楚地表达了国会共和党的立场。这时正是克林顿总统执政早期。共和党已经输了1992年的大选，因此不会纠缠对于金斯伯格的提名：“所以不要试图以政治化的方式或非要选择一位反对堕胎的人而改变最高法院。”哈奇告诉菲利普斯，“我们有一个持这种想法的总统，而他选择了一个与他意见相同的人。他有这样做的权利，而这才是重点。”[②]

投票结果是96∶3。

---

① Ginsburg to Stephen Wiesenfeld，correspondence 1982-83；Joan Biskupic，Sandra Day O’Connor：How the First Woman on the Supreme Court Became Its Most Influential Justice（New York：Harper Perennial，2006），244.

② The Nomination of Ruth Bader Ginsburg，http://www.loc.gov/law/find/nominations/ginsburg/hearing.pdf.

办公室如家

对于最高法院而言，这位新晋大法官在许多方面都是新鲜的，而不仅是她的新晋身份。之前的大法官为了与其他所有大法官同在第一层办公，总是屈就，宁可选择条件差一些的办公室。但金斯伯格没有如此。她愿意以与其他同事距离较远的代价，来换取在第二层一个更棒的自己独立的办公室。她打破了最高法院既有的装修风格，换上了透明的窗帘、浅色简朴的地毯，挂上了从国家美术馆[①]借来的和她自己收藏的现代画，以及在那之下摆上了20世纪中期标志性的现代艾里尔·沙里宁郁金香餐桌。她的办公室如同她的家一样现代奢华。

办公室里聚集着家人。“对金斯伯格大法官而言，书记官都是家人。”她的第一任最高法院书记官曼格·斯兰格（Margo Schlanger）表示。毕竟，她是以挑选家人的标准来挑选他们的。第一，如同家人一样，他们必须同她相似，不是指外表相似，而是在他们班级名列前茅。曼格·斯兰格来自以不对学生进行排名而著称的耶鲁，但她在班上成绩优异而且赢得了表彰出色文案工作的文森奖（Vinson Prize），并担任了法律期刊的编辑。这都能说明她的能力[②]。雅丽·大卫·施策尔（Yalie David

---

① Ruth Bader Ginsburg，televised interview with Brian Lamb，C-SPAN，July 1，2009，http://supremecourt.c-span.org/assets/pdf/RBGinsburg.pdf; photograph of Ginsburg in her chambers，August 2013，http://www.msnbc.com/sites/msnbc/files/2013/08/ap800767019711.jpg.

② Margo Schlanger，University of Michigan Law School faculty website，http://www.law.umich.edu/FacultyBio/Pages/FacultyBio.aspx?FacID=mschlan（accessed November 18，2014）.

Schizer）同样在班上成绩优异，也担任了法律期刊的编辑。[①] 肖恩·多纳休（Sean Donahue）在芝加哥大学以最高荣誉毕业；大卫·波斯特 211
（David Post）[②] 是乔治城大学的优等生。如鲁斯一样，亚历山大·夏皮罗（Alexandra Shapiro）在哥伦比亚大学是班上的第一名。[③] 能进入最高院书记官团队的人一般都具有很强的文字功底。鲁斯寻找的是更为本质的特征。她希望"有些关系"的人来。在书记官中众所周知的是，就如芝加哥本地政客的名言所说，金斯伯格不会想要"没人推荐的无名小卒"。

《耶鲁法学杂志》的编辑斯兰格——她的父亲迈克·斯兰格（Michael Schlanger）与马丁·金斯伯格一起在长岛长大。他们两家参加了同一个高尔夫俱乐部。而且在他们长大后很长一段时间，每年曼格的父亲都会与同为纽约州律师的马丁·金斯伯格一同出去打几次高尔夫球。哥伦比亚大学法学院，鲁斯所在 59 级班上为数不多的女学生的后代都成了书记官——无论是金斯伯格任职于巡回法院期间的大卫·戈德伯格（David Goldberg），还是她任职于最高法院期间的大卫·施策尔[④]。1991 年，所有的书记官都知道肖恩·多纳休（Sean Donahue）应聘金斯伯格 1992 年巡回法院书记官的职位具有优势。他是詹姆斯·金斯伯格在芝加哥法学院[⑤] 的同学（在金斯伯格去最高法院之前，她在巡回法院的书记官也大都会成为最高法院大法官的书记官；如戈德伯格是苏特的书记官，而多

---

① David M. Schizer，Columbia Law School faculty website，http://www.law.columbia.edu/fac/David_Schizer（accessed November 18，2014）.

② David G.Post，Beasley School of Law，Temple University faculty website，http://www.law.temple.edu/pages/faculty/n_faculty_post_main.aspx（accessed November 18，2014）.

③ Alexandra A. E. Shapiro，Shapiro Arato & Isserles biography，http://www.shapiroarato.com/person/alexandra-shapiro/（accessed November 18，2014）.

④ David Goldberg，interview with the author，November 24，2014.

⑤ Ibid.

纳休是史蒂文斯的书记官）。她的策略是选择与她颇有渊源，并且更重要的人作为书记官，而非仅仅是参考写手[1]。所有的候选人都是精英，她只是在搭建值得信任的关系圈。

也许在早期，她最喜欢的书记官是大卫·波斯特，他是她最初在地方法院的书记官，而后又到了她的最高法院办公室。波斯特独特的魅力在于他如同斯蒂芬·维森菲尔德一样，打破了性别角色的传统模式。他第一个孩子还很小的时候，就承担起了主要的养育责任，让妻子得以工作。“那是我做出的最好的职业选择。”波斯特提到，因为这使得他第一次担任金斯伯格书记官时就得心应手。第二次担任金斯伯格的书记官时，他已经在照顾第二个孩子，在他整个书记官生涯中，一直如是。“她是你能梦想到的最好的老板。”他说，“她根本不介意你是早来晚来或是干
212 脆不来，只要你把工作完成了[2]。”

在许多方面，与鲁斯·巴德·金斯伯格的交往是一种紧密相连的关系。1993 年 4 月，她注意到维森菲尔德的孩子杰森（Jason）正在申请法学院。鲁斯建议他将杰森送到她在哥伦比亚大学的女儿那里去。正当维森菲尔德琢磨着金斯伯格的信可能会激励他的孩子时，这封直接写给杰森的信就来了：“亲爱的杰森，我从你的父亲那里听到你要申请法学院的好消息。我的女儿简，现在在哥伦比亚法学院教书[3]，她会很愿意跟你聊聊[4]。”她修改了杰森的申请信[5]。一年之后，她打电话祝贺斯蒂芬的孩子被录取了。“谢谢您的电话，”斯蒂芬写道，“杰森对于被哥伦比亚

① Margo Schlanger，interview with the author，May 28，2014.
② David G. Post，interview with the author，June 3，2014.
③ Ginsburg，letter to Stephen Wiesenfeld，April 30，1993.
④ Ginsburg，letter to Jason Wiesenfeld，May 27，1993.
⑤ Ginsburg to William Brennan，copy in Wiesenfeld collection，November 8，1993.

录取①万分激动。”还有大量这样的故事。在某一年情人节，她将所有已婚的或已订婚的书记官带到华盛顿一家名叫亚洲诺拉（Asia Nora）的餐厅吃晚餐。晚餐之后，他们收到了里面夹有情诗的幸运饼干。

金斯伯格也没有忘记她的犹太人身份。作为她们那一代的第一位犹太大法官，最高法院的书记官立即与她联系请求解决一个犹太问题。传统的犹太律师偶尔会被拒绝将他们就职证书的年份描述为“我主之年”（The Year of Our Lord）。以金斯伯格典型的行事风格，她启动了一项关于地方联邦法院实践的调查。了解到一些法院已经修订了证书，以避免冒犯非以耶稣诞辰作为元年的律师，她给首席大法官写了一封信要求改变实践中的做法②。正因为写了报告，她为此备受指责。“一位同事问我，‘你为什么要掺和这件事？对于布兰代斯而言已经足够好了，对于卡多佐和法兰克福特而言，也足够好了。’”我说：“打住。对金斯伯格而言还不足够好③。”尽管金斯伯格没有透露反对的声音来自哪里，但她的一名书记官认为伦奎斯特大法官不太高兴，布莱克门大法官的一份含有讨论记录的文件显示，“我们管得太多了”。④但无论如何，最高院同意改变它的做法，并允许人们选择他们就职文件⑤中的措辞。

与对第一位女性大法官潮水般的关注和祝贺不同，第二位女大法官 213
金斯伯格的宣誓就职仅仅是和“司法界同事、大家庭成员以及最亲近的

---

① Stephen Wiesenfeld，letter to Ginsburg，May 9，1994.

② Ruth Bader Ginsburg to William H. Rehnquist，November 30，1993，Blackmun Papers，Box 1420，folder 12.

③ Ruth Bader Ginsburg，oral history page，Jewish Washington，May 27，2005，http://www.jhsgw.org/exhibitions/online/jewishwashington/oral-histories/ruth-bader-ginsburg.

④ Blackmun Papers，Box 1420，folder 12.

⑤ Tony Mauro，“Lifting the Veil：Justice Blackmun's Papers and the Public Perception of the Supreme Court，” Missouri Law Review 70（2005）：1037-47，http://scholarship.law.missouri.edu/cgi/viewcontent.cgi?article=3674&context=mlr.

朋友”[①]一起，在白宫东厅举行了一个小范围的活动。除了因白宫顾问文斯·福斯特的自杀丑闻而来到现场的记者，并没有很多媒体赶来。但无论如何那是一个大日子。正如格洛丽亚·斯坦因办公室给维森菲尔德的信中写的那样：“现在鲁斯·巴德·金斯伯格已经被确认了，我们保证
214 现在最高法院拥有了一个真正的女权主义声音。”[②]

---

① Ginsburg to Joel D.Lowinger，copy in Wiesenfeld Collection，November 11，1993.

② Amy Richards，Steinem assistant，to Wiesenfeld，November 11，1993.

第十五章

金斯伯格的女权主义声音

女权主义声音

在 1993 年 10 月任期开始之后，金斯伯格最初碰到的案件之一就是臭名昭著的性骚扰案件，即哈里斯诉叉车公司案（Harris v. Forklift Systems）[①]。自最高法院开始认可工作中的性骚扰后，性骚扰行为就成了文化战争的焦点，其中最为出名的是 1986 年最高法院在米歇尔·文森一案中判决银行败诉。要说平衡两性之间权利最有力的手段，那么非一位女性基于性别提起一场诉讼莫属，这样做既令对手难堪又使他们代价高昂。

没有人想要为诸如声名狼藉的银行经理西德尼·泰勒之类的人辩护，所以相关讨论反倒平和。第九巡回上诉法院的保守派代表亚历克斯·柯辛斯基（Alex Kozinski）法官担心人们可能对开始“办公室恋情”感到迟疑。没有恋情，办公室可能成为一个不那么吸引人的场

① 510 U.S. 17（1993），http://supreme.justia.com/cases/federal/us/510/17/case.html.

所，谁会想要去那里工作？[1] 哈佛的媒体红人艾伦·德肖维茨（Alan Dershowitz）认为在工作场所唐突的性对话受第一修正案项下言论自由[2]的保护。广受尊重的保守派法学理论家理查德·波斯纳质疑性骚扰不只是一种通常误解[3]。

这些倒退就经常集中在女性遭受相关打击方面了。德肖维茨将爱抱怨的女性称为“爱哭鬼”。而这也正是法院在哈里斯案中再次处理这个问题时必须解决的事项。需要达到多么恶劣的程度，女性才能够以在工作地点被性骚扰为由进行反抗？

哈里斯案的案情相当乏味：公司的总裁查理斯·哈迪（Charles
215 Hardy）将他的经理特里莎·哈里斯称为一个“在需要男性的公司”里的“愚蠢女人”。但当她在公司时，他让她（以及其他女性员工）在他的裤子口袋里找硬币、捡起他扔在地上的物品，以及到假日酒店讨论她升职的问题。查理斯称他非常惊讶这些玩笑使她感到了冒犯，并承诺停止这些行为。但相反，在她与客户的一次谈话中，他打断了她，并问她是否愿意“讨好他”[4]（最高法院的判决中委婉地将哈迪的话翻译为她是否“愿意跟这个男人共度［性的］周六夜晚？”）。哈里斯辞职了，随后她提起了诉讼。

自最高法院在文森诉美驰储蓄银行案作出关于性骚扰判决后的 7 年

---

① Alex Kozinski, Foreword to Barara Lindemann and David D. Kadue, *Sexual Harassment in Employment Law*（Washington, D.C.: Bureau of National Affairs, 1992), 5, vii.

② Alan Dershowitz, “Putting a Gender Bias on Free Speech,” *Buffalo News*, July 27, 1993, B3.

③ Richard A. Posner, *Sex and Reason*（Cambridge, Mass.: Harvard University Press, 1992), 391-92.

④ Harris v. Forklift Systems, 60 Empl. Prac. Dec.（CCH）74, 245, 74, 247（M.D. Tenn. 1990)(the District Court opinion was unpublished)

内，就性骚扰应该对《民权法案》违反到何种恶劣程度这个问题，地方法院分为了两派。美驰案因为涉及性敲诈、强奸、攻击及不雅暴露等指控，很难对相对较轻的冒犯起到足够的指引作用。法律并没有规定女性只有在被开除或被降职后才能起诉。但是，一些法院，如哈里斯案中的地方法院认为，员工必须在某种程度上遭受了损害，首先是实际的物质损害，其次是精神伤害。其他的联邦法院认为不需要受到该等损害。平等就业机会委员会提出了指导意见，反对要求存在精神伤害并建议采用更为宽松的标准，仅要求“环境阻碍了她获得男同事的机会或不认可她实现的成就”。[①] 田纳西州的地方法院根据先前判决认为需要遭受严重的精神伤害，他们不认为哈迪的行为已经严重到足够给哈里斯造成上述程度的伤害，所以他们作出了不利于哈里斯的判决。

会议上，所有人都同意地方法院应停止在性骚扰案件中要求原告遭受严重的精神伤害这一标准。这样的标准会产生一种不当的后果，即支持精神脆弱的女性可以因她的痛苦而提起诉讼，而惩罚可以忍受痛苦的
女性继续回到水深火热的工厂里工作。首席大法官委派奥康纳撰写判决。 216

奥康纳第一稿措辞谨慎，仅最低限度降低了性骚扰的证明标准，建议只有工作环境达到恶劣的程度，受害人才能提起起诉。奥康纳的努力立即引起了哈里·布莱克门的强烈批评。布莱克门提醒她，即使是最高法院之前的判决也包括了对“敌意性的”和“冒犯性的”工作环境的救济。

金斯伯格甚至没有试图对奥康纳草稿的措辞进行协商。相反她立即加入了奥康纳的阵营。主笔法官试图拉拢多数票的做法总是受到欢

---

① Equal Employment Opportunity Commission，brief in Barbara Harris，Beyond Her Sphere：Women and the Professions in American History（Westport，Conn.：Greenwood Press，1978），25.

迎——即使在会议上已经讨论出了结果。金斯伯格提到，她仅附加了一个“简短的协同意见”，只是稍微加入了“我希望强调的一点”。金斯伯格的意见并非小意见，她指出在《民权法案》下性骚扰的标准应当同种族歧视的标准一样：冒犯性的行为是否会使一个理性的人更加艰难地从事工作？在口头辩论中，她向她所不喜的被告人律师提问：“如果是基于种族、宗教或国籍，你的分析会不同吗？”“是基于同一法律，适用种族和性别的民权法案第七章，对吗？”她使得该律师不得不承认这一点。在她措辞谦逊的协同意见中，她主张最高法院应当适用在种族骚扰案件（如戴维斯诉孟山都化学公司案）中解释《民权法案》的标准。

在种族标准中，“只需要证明，一个遭受歧视行为的理性人，如原告，认为骚扰改变了工作环境，以至于‘使得正常工作更为困难’……第七章宣布了所有基于种族、性别、宗教或国籍的歧视行为皆属违法”。金斯伯格“简短”的意见紧跟平等就业机会委员会的规定，可以使证明性骚扰更为简单，而且她还强调了平等议程始终分析的焦点。即对一位女性职员进
217 行骚扰使得她在从事同样工作时，所要付出的努力与男同事不对等。

布莱克门的书记官萨拉·克利夫兰（Sarah Cleveland）认为金斯伯格的主意很好。她“简短”的协同意见抓住了奥康纳草稿的不当之处，并聚焦一项以平等为导向的标准[①]。克利夫兰认为布莱克门大法官应当加入金斯伯格的协同意见。但他又给奥康纳写信了，建议使用戴维斯标准（Davis standard）。而奥康纳并没有采纳这些意见。她在给他并抄送给每一个人的信中提到：“也许戴维斯标准最终会被证明是正确的，但现在还不是我们决定这件事情的时候。”[②] 所以在接下来的第二稿中，她明确

① Sarah Cleveland to Blackmun，Blackmun Papers，*Library of Congress*，October 26，1993.

② O’Connor，letter to Harry Blackmun，October 25，1993，Blackmun Papers，Library of Congress，Harris folder，Box 635，folder 1.

拒绝接受他们的意见，她表示："在这一主题上，我们不需要……专门强调平等就业机会委员会的新规定。"

相反，奥康纳引用了最高法院在 7 年前银行案件中的判决。她写道："当工作场所充斥的歧视性威胁、嘲弄和侮辱'足够严重或普遍到已改变受害者就业的条件，并形成了一个恶劣的工作环境'……就违反了法案第七章。"

因为地方法院对最高法院究竟想表达什么意思存在疑惑，所以奥康纳尝试进行解释："没有足够严重或普遍到已产生一个客观上充满敌意的或恶劣的工作环境（一个理性的人认为敌意的或恶劣的环境）的行为，不在第七章的管辖范围内。同样，如果受害者没有主观感受到环境恶劣，行为事实上也并没有改变受害者的就业环境，那就没有违反第七章。但如果一个骚扰行为导致了精神崩溃，第七章就应当适用。"

尽管奥康纳明确拒绝适用金斯伯格建议的标准，但金斯伯格在收到奥康纳给布莱克门信件的抄送件后，显然决定适当地"装聋作哑"。在金斯伯格指出种族案件标准（正是奥康纳不准备采纳的标准）的协同意见中，她提出因为奥康纳的多数意见与她的观点"一致"，所以她会加入。

金斯伯格第一年的得力助手，她的华盛顿巡回法院前书记官休·巴 218
克斯特（Hugh Baxter）归纳了这些毫无理由的赞同，将其称为金斯伯格对多数意见的"笑脸反对，即表达的都是溢美之词"。她寻求"调和"（即使是存在明显反对意见的时候）的部分原因是策略性的，他说，通过将失败的有害后果最小化以为今后的案件做好准备。"非常聪明。"他认为，"毕竟她曾经是一位公益诉讼律师，她了解如何为未来打基础。"①

① Hugh Baxter，interview with the author，June 24，2014.

最高法院的防守和进攻

在她们12年同为大法官之初，这次过招设定了奥康纳和金斯伯格各自在女性法律平等进程中的角色。桑德拉·戴·奥康纳扮演着防守角色；她不会允许法院将平等倒退。她已经通过拒绝推翻罗伊案判决而宣示了该承诺；当然，最著名的还是在凯西案中。在性骚扰案件中，她与其他所有同事一起拒绝认可雇员必须达到“精神崩溃”才能寻求补偿。但在堕胎案件中，她的判决意味着希望获得平等的女性必须愿意忍受没有刑事处罚和通知配偶的负担，才能进行堕胎。在性骚扰领域，奥康纳希望让她们忍耐和战胜骚扰，直到情况变得非常糟糕以至于工作场所充斥着敌意或虐待。按照她父亲哈里·戴形象的说法，原告在法院介入提供帮助之前，可能必须拿着扳手把轮胎换了。

事后来看，这些意见还可以走得更远一些。但奥康纳的书记官斯蒂芬·吉尔斯和美国公民自由联盟敏锐的社会观察家阿里耶·尼尔都对她作出的关于最高法院和社会在特定时刻可以吸收何种观点的前卫判决表示赞赏。毫无疑问，凯西案投出支持堕胎权关键第三票的安东尼·肯尼迪，在1992年之后的岁月里反复证明对女性平等权利缺乏同情。如果奥康纳运用他们对于堕胎案件简单一致的意见去废除更多宾夕法尼亚法
219 律，他很有可能就不同意了。有时候，勇敢的防卫行动正是一支部队所需要的。[①]

鲁斯·巴德·金斯伯格以充满魅力的温和派形象出现在参议院沙龙，

---

① Plato, *Symposium*, 220d-221c, describing Socrates's calm courage in retreating to a more defensible stronghold after the Battle of Delium.

却扮演着进攻性角色。第一个任职年度的第一个月，哈里斯案的口头辩论中，她正式表达了，为女性平等奋斗的终生事业将如何融入她在最高法院的裁判工作中。[①] 当史蒂文斯大法官与哈里斯的律师谈论一个雇主可能说“你是一个男人，你知道什么”的玩笑话，并称他的妻子经常对他说类似的话时，金斯伯格打断了他。她知道工作时的“愚蠢”谈话与无害的性别调侃有天壤之别。

“不能这么理解，”金斯伯格迅速打断，“‘你是一个女人，你知道什么？’与‘你是一个男人，你知道什么？’含义有所不同。”最高法院的男士们可能会调侃他们的妻子是如何管治他们的，但金斯伯格大法官知道这对于一个在男性占主导地位的社会中，试图做好自身工作的女性意味着什么。她继续道，试想，许多事情都曾经被认为正常。“连大教授们都会搞女人节这类名堂，”她回忆道，“还有些女人并不认为自己是受气包，反而觉得这玩意儿很讨厌。”古老的最高法院遇上了新问题。奥康纳在麦迪逊的讲座中说，明智且老迈的女法官会和明智且老迈的男法官作出相同的结论。[②]金斯伯格却认为未必如此。她坐在最高法院的椅子上，回想起自己在有女人节的时代依然出类拔萃，回想起女性为突破职场而做的全部努力，这一切恍若隔世。她说这些经历造就了“一套完全不同的视角”，而这些视角以她认为的恰当方式，深刻地影响着她所作的判决。[③]

哈里斯案的协同意见是金斯伯格在最高法院的第一份意见。主张通

---

① oral argument，Harris v. Forklift Systems，http://www.oyez.org/cases/1990-1999/1993/1993_92_1168.

② Sandra Day O’Connor，“Portia’s Progress，” Madison Lecture，1991，*New York University Law Review* 66 (1991): 1546，1558，quoting Justice Jeanne Coyne.

③ Golden Slipper Club Humanitarian Award 1995，Ginsburg Archive，Library of Congress，Box 146.

过法律实践，使女性员工与男性员工完全平等，如同美国黑人与美国白
人平等一样。金斯伯格从未让最高法院承认在第十四修正案下性别和种
220 族同等可疑，她只是试图根据《民权法案》的平等条款使相关标准在就
业议题下保持一致。该协同意见当然没有影响一致判决的结果。她甚至
没有夺走其他更为自由派的法官如布莱克门、史蒂文斯以及苏特对奥康
纳的投票，但就此埋下伏笔。

5年之后，最高法院终于越过奥康纳谨慎的表述，而明确采用了金斯伯格的标准。在另一个判决原告胜利的骚扰案件安克勒诉日暮离案服务公司案中，斯卡利亚大法官在撰写一致意见时逐字引用了金斯伯格的协同意见：“‘第七章的内容指出，关键问题是某一性别的成员是否在就业的条件或要求上处于另一性别成员所不曾有的不利地位’，哈里斯，上文，第25页（金斯伯格大法官，协同意见）。”①

奥康纳在性骚扰法律发展过程中的步步为营同样证明了她在法院中起到了更大作用。在最高法院自由派、保守派势均力敌占主导地位的岁月里，评论家总在猜测奥康纳大法官正在做什么。她是否真诚相信最高法院应如同某些国家的法院一样，遵循普通法传统，仅通过在早先案例基础上增加附加意见而对案件进行裁判？她是否执着于某种法理学，如斯卡利亚的原教旨主义或布伦南的自由主义？她经常主张中立也是一种哲学，尽管她从未说起中立哲学的内涵是什么，或为什么在相互竞争的两种重要哲学中选择中立——这本身也是一种哲学。许多人认为奥康纳作为一名资深立法领袖，她将法院带入了公众的视野，无论是基于何种内容或理论。

哈里斯案的书面记录貌似证明了“法官也是立法者”这一观点。尽

---

① Oncale v. Sundowner Offshore Services，523 U.S. 75（1998），http://supreme.justia.com/cases/federal/us/523/75/case.html.

管最高法院的观察者经常搜寻档案材料，以使那些大法官自己公开的文
件可以为公众所用，但似乎没有人看过哈里斯案（一个与女性最为相关
的判决）的书面记录。但在奥康纳给布莱克门的回信中，她拒绝将性骚
扰等同运用种族骚扰标准。奥康纳直接表示她认为种族骚扰标准（即每
个人在工作场所均有取得成功的平等权利）可能是正确规则，但尽管 221
如此，她还是希望等待一个让最高法院在判决中发布该正确规则的“时
机”。在奥康纳决定等待判决和最高法院作出正确判决之间，唯一发生的
是地方法院与哈里斯案实际要求的角力失败。不必多说，奥康纳加入了
安克勒案的多数意见。基于从来没有在判决或公开场所表达的一些理由，
1993 年到 1998 年间的某段时间，奥康纳确信国家已经做好适用更为简
单的平等规则的准备。

与奥康纳的关系非常重要

不知是故意还是巧合，这两个女人齐心协力时会比孤军奋战更有效率。尽管金斯伯格在哈里斯案中给最高法院指出了方向，但她同时注意不越过她的前辈。加入最高法院前的十几年，金斯伯格一直追寻奥康纳在法官职业上的步调。她撰写的文献中许多都含有那位最高法院第一女性的内容。她为奥康纳在护理学校案件中的意见所倾倒——该意见中奥康纳判决密西西比女子大学需要接收男性[①]。

休·巴克斯特在结束了第一段书记官生涯之后，又来到最高法院，再次成为金斯伯格的书记官。他很快意识到对金斯伯格而言，与奥康纳的关系非常重要。他从未见过她们一起出行，而且新晋大法官也没有期

① Ginsburg Archive，Library of Congress，Box 37，F February 14.

待影响奥康纳，但金斯伯格公开尊称奥康纳为法律界的先锋。巴克斯特认为，金斯伯格意识到在她到最高法院之后，生活将会因为奥康纳而变得不同。她希望是朝着好的方向发展。金斯伯格很在意与首席大法官和其他大法官的关系，但巴克斯特表示："我明显地感觉到与奥康纳的关系最重要[①]。"

从奥康纳的角度而言，自 1981 年起，她从金斯伯格的法庭挑选的书记官比下属法院中任何其他法官的都多。作为其中一员，琼·格列柯表示："因为金斯伯格大法官向奥康纳推荐了我，所以我得到了面试机会。
222 有一群书记官曾同时担任过她们俩的书记官，原因在于奥康纳对金斯伯格的建议十分看重。"[②]金斯伯格到最高法院的第一个夏天，奥康纳是金斯伯格的向导，就如同数年前鲍威尔是奥康纳的向导一样。

斯卡利亚大法官显然是金斯伯格投靠的对象，他们是多年的老友。最著名的是，斯卡利亚在金斯伯格参选的预备阶段曾说过，如果被派到一片沙漠，他会选择金斯伯格作为他的同伴。[③]奥康纳的说法是："很高兴有另一位女士加入最高法院。"她对于第一位女性同伴是如此技艺娴熟且称职充满欣喜。但在一封写给巴里·戈德华特的信中，提到两位女性大法官时，奥康纳却意外地采用了完全社交化的行文，"金斯伯格大法官是一位非常有能力而且知识渊博的大法官"。

金斯伯格对于华盛顿而言并非新人，而且判断联邦问题对她而言也不是新鲜事。所以她不需要像奥康纳从刘易斯·鲍威尔那里得到的大力提携。例外只在于，比如，当奥康纳按惯例给新晋大法官打电话时，她告诉金斯伯格可以把办公室里的灯光调得更柔和一些。[④]而且从一开始

---

① Hugh Baxter，interview with the author，June 24，2014.

② Joan Greco，interview with the author，April 4，2014.

③ The Nomination of Ruth Bader Ginsburg，227.

④ Hugh Baxter，interview with the author，June 24，2014.

奥康纳就做了她能做的一切，以确保金斯伯格顺利适应新环境。金斯伯格的第一项工作不是传统的“小”案件，即最高法院一致同意且并不复杂的案件。相反，首席大法官伦奎斯特意交给她一件极具争议的案件——以最复杂的联邦法律之一作判，投票结果为 6∶3。“桑德拉，”金斯伯格向她的前辈直接问道，“他怎么能这样对我？”[1]奥康纳（在判决中持反对意见）作出了她一贯平淡的回答：“只管去做。”她建议，在他作出下一轮分配之前完成它。奥康纳知道这是在一个机构中，新手必须学习的潜规则之一，而且奥康纳知道在金斯伯格完成她手里的这个案件之前， 223
伦奎斯特不会再分给她其他案件。[2]金斯伯格在多年后回忆时说，前辈直截了当的指导“有示范作用”。她将奥康纳称为“任何人理想的最有帮助的姐姐。”[3]当金斯伯格提交她的第一份意见时，奥康纳写了张便条表示欢迎：“这是你在最高法院出具的第一份意见，它很好，希望以后会有更多这样的意见[4]。”

同侪法官

金斯伯格大法官有理由期待她很快就会撰写那些前瞻性意见。J.E.B

---

① Joan Biskupic，Sandra Day O’Connor：How the First Woman on the Supreme Court Became Its Most Influential Justice（New York：Harper Perennial，2006），261.

② Jeffrey Toobin，The Nine：Inside the Secret World of the Supreme Court（New York：Doubleday，2007），35.

③ Biskupic，Sandra Day O’Connor，260；Joan Biskupic，“Female Justices Attest to Fraternity on Bench；O’Connor and Ginsburg，in Separate Speeches，Discuss Personal Aspects of Supreme Court Life，” *Washington Post*，August 21，1994.

④ Ruth Bader Ginsburg，“A Woman’s Voice May Do Some Good，” *Politico*，September 25，2013，http://www.politico.com/story/2013/09/women-oconnor-ginsburg-supreme-court-97313.htm-1#ixzz32wJiBxtP.

诉阿拉巴马案（J.E.B v. Alabama）在她的第一个任期里被提交到最高法院，该案对陪审团中仍少量存在的性别歧视提出挑战。

金斯伯格希望得到J.E.B这个案件是可以理解的。在20世纪70年代，她已经成为使女性有同等权利进入陪审团之类法律策略的缔造者。就这个意义而言，当下这个陪审团案件只是新近在一长串将排除种族歧视规则适用到性别案件中的一个。作为长达一个世纪的黑人陪审员论战的一部分，控诉方一直在几乎所有案件中运用无因回避权要求回避，以使陪审团全部由白人组成。这些被称为“无因回避”的攻击，长期成为“律师本能”地识别哪些陪审员可能帮助或伤害他们委托人的工具。1985年，最高法院叫停了这种做法。J.E.B 案件中，州运用无因回避权使陪审员只具有单一性别。所以 J.E.B 案从表面上看只是扫尾操作，以确立在遴选陪审团程序中，避免种族歧视的规则同样适用于性别。

本案中，原告州毫无理由地将男性排除在了陪审团之外，因为案件涉及亲子鉴定以及婴儿抚养，被告被认定为这个婴儿的父亲。预料之中，本案被告方极力剔除女性，但花名册中女性太多，导致最后还是产生了一个女性陪审团，而且这个全部由女性构成的陪审团认为 J.E.B 是婴儿父亲并需要对婴儿进行抚养。J.E.B 提起上诉，称州使用无因回避权将一种性别（在本案中为男性）从陪审团中剔除违反了宪法。

如果不是金斯伯格和她的战友们，这起父子关系案件中的被告 J.E.B 甚至不会遇到女性陪审员的问题——直到1966年女性在原教旨女权主义运动中起诉要求加入陪审团之前，亚拉巴马州都不允许女性成为陪审
224 员。[1] 在 J.E.B 案中对男性陪审员存在特定歧视的事实并不重要。无论女权主义者如凯瑟琳·麦金农等人喜欢与否，对男性的歧视目前也被普遍

---

① Black v. Wilson，198 So.2d 286（1967），http://law.justia.com/cases/alabama/supreme-court/1967/198-so-2d-286-1.html.

认为是性别歧视之一。

但性别问题并非总是与种族问题类似。州坚称其有理由并非仅因为性别歧视剔除男性，而且提供了一些社会科学研究支持其主张。州推测在一个涉及父子关系的案件中，男性陪审员对被告而言更有利。州并不在意男性的性别本身，男性的性别代表了男性更可能作出对被告有利的判决。所以州将男性陪审员从陪审团中剔除。

阿拉巴马可能提出了一个有力论点，但大法官们在会议上以6∶3的投票禁止使用无因回避权剔除特定性别的成员。因为首席大法官持反对意见，所以会后关于谁应撰写意见，就应该由自由派多数意见中的资深大法官哈里·布莱克门决定了。由于金斯伯格被认为是女性在陪审团平等地位法律的缔造者，她看上去显然是一时之选。但相反，布莱克门把这个案件留给了自己。

布莱克门对女同事们的视而不见是众所周知的。尽管当时否认，但他留下的文献中公开反映了他从一开始就对奥康纳不满。[①]奥康纳被选任后，他埋怨她的一夜成名以及华盛顿社交圈对她的热烈欢迎。他的书记官透露他曾恶意模仿过奥康纳独特、大声而又夹杂着鼻音的发言。[②]布莱克门实际上对金斯伯格也没有太高的评价，当这位最高法院传奇的诉讼律师首次出现时，他给她的口头辩论的分数为C+。

公平地讲，布莱克门对任命奥康纳的热烈庆祝有逆反心理并非毫无理由。他预计反对堕胎的里根政府可能会任命一个推翻罗伊案判决的大法官。奥康纳在确认过程中表示她个人认为程序“悖逆”并没有让他安 225
心。他知道当时要是程序合法，在罗伊案前就非婚怀孕的他自己的宝贝

① Biskupic，Sandra Day O’Connor，140.

② Ibid.，175.

女儿，可能已经选择堕胎。[①] 奥康纳在她任期的第一个堕胎案件，阿克伦诉阿克伦生育健康中心中采用了里根司法部长建议的削弱罗伊案判决的观点，印证了他最糟糕的顾虑。

奥康纳关于堕胎的批判态度是一码事，这是一项来自里根革命的秘密任务，但更为意外的是，同样的批判来自女权运动之首——鲁斯·巴德·金斯伯格！布莱克门很清楚地知道，金斯伯格在阿克伦案后不久，1984 年的一次演讲中，就开始对罗伊案的判决和方法论展开了批评；此后她又在 1993 年那次广受追捧的麦迪逊演讲中进一步阐述了观点。尽管金斯伯格明确支持罗伊案的结果，布莱克门还是对她的批评感到不悦。[②] 来到最高法院时，金斯伯格就知道布莱克门不喜欢她。他在文章中评论她“很有进取心”（pushy），这在一些人看来是对某人不感冒的暗示用语。[③]

但事实上在 J.E.B. 案中，他出具了一份完美得可供直接使用的草拟意见。无形中跟随了金斯伯格的诉讼事业，他认为基于性别的无因回避与已经被废除的基于种族的无因回避同样恶劣。将公民排除在陪审团之外的代价是高昂的，性别的陈腔老调已经苍白无力。布莱克门强调了公民成为陪审员的权利，这正是金斯伯格若干年来在陪审员歧视案件中所追求的。他甚至在一个脚注里引用了金斯伯格在哈里斯案里的协同意见，提醒最高法院性别歧视是否与种族歧视一样。一天之内，金斯伯格给布莱克门回信表示她将加入他的意见，并感谢他在脚注中的呐喊。[④]［法院

---

① Cynthia L. Cooper, “Daughter of Justice Blackmun Goes Public about Roe,” *The Nation*, February 29, 2004, http://womensenews.org/story/the-nation/040229/daughter-justice-blackmun-goes-public-about-roe#.U6GvXsYQhG4.

② Hugh Baxter, interview with the author, June 24, 2014.

③ Ibid.

④ Blackmun Papers, Library of Congress, Box 636, folder 6.

记者琳达·格林豪斯（Linda Greenhouse）将这个脚注称为他对新同事奉上的一捧“花束”（bouquet）。[1]］

金斯伯格想要拥有选择花束的权力。她非常有理由认为 J.E.B. 案件的判决意见应由她来起草。[2] 让她感到烦恼的是，在终于成为最高法院大法官后，金斯伯格还是要请求哈里·布莱克门，以得到她想要的判决。
但如果不守规矩，金斯伯格什么也做不了。因此，如同她多年前在美国 226
公民自由联盟与许多桀骜不驯的地方律师打交道的方式一样，她试图给布莱克门写一些东西。这些后来的交流方式，[3] 使得大法官们在他们优雅得体的束缚——标志性法袍、天鹅绒窗帘、礼貌性握手和在辩论日无聊的集体用餐之后，对彼此有更为深入的了解。

金斯伯格以最善意的方式写道，她仅是“提供一些意见供您参考，您可以接受或不接受”。第一，在列举不以性别来构建陪审团的案例时，您为什么不借鉴杜伦诉密苏里州一案呢？当然，她没有在任何方面提到杜伦案是她的代表作。相反她提醒布莱克门，他的前任书记官之一为上诉人杜伦撰写案情摘要。她问道：“引用一个颠覆性判决是否会不恰当？”“查询该案例。”布莱克门在这封信件上作了标注，就当以异常谨慎著称的金斯伯格可能会错误引用的一个案件。然后她问：“您为什么引用施莱辛德诉巴莱德（Schlesinger v. Ballard）一案，来主张法律不能依赖以性别为标准的陈旧观点？”她提醒他，施莱辛德案事实上判决，

---

① Linda Greenhouse, “The Evolution of a Justice,” *New York Times Magazine*, April 10, 2005, http://www.nytimes.com/2005/04/10/magazine/10BLACKMUN.html.

② Philippa Strum, *Women in the Barracks: The VMI Case and Equal Rights* (Lawrence: University of Kansas Press, 2002), 81, n. 86, cites Wilson, May 19, 1995, in Federal Judicial Center, “Diversifying the Judiciary: An Oral History of Women Federal Judges” (on file with the Federal Judicial Center's History Office).

③ Ginsburg, letter to Blackmun, January 20, 1994, with his annotiations, Blackmun Papers, Library of Congress, Box 36, folder 6.

根据关于性别的陈旧观点，女性可以被排除在军队之外。所以尽管它语言优美，但为什么不能引用——在这里，她附加了一系列事实上对女性有利的案例清单。布莱克门在这些建议旁加上了他标志性的感叹号以及数字“6”——也许反映了他对金斯伯格提供了 6 个能够更好支持他观点的案例而感到不快。凭借敏锐的历史感知，她紧接着建议布莱克门提及亚拉巴马州在 1966 年被起诉后，才认可女性成为陪审员的事实。最后，她纠正了他对施莱辛德诉巴莱德一案废除了《社会安全法案》部分条文的描述，因为该判决并没有这样做。她并没有称他（或他的书记官）犯了一个技术性错误，而是写道：“对于斯蒂芬·施莱辛德而言，重要的是最高法院没有‘废除’该条款。因为该条款继续有效，排除了性别归类，所以他能够享有受监护儿童带来的利益。”

227 金斯伯格初来乍到而布莱克门素来以脸皮薄闻名。尽管金斯伯格尽了最大的努力，布莱克门肯定还是会发现金斯伯格认为自己才是撰写 J.E.B 一案多数意见的更好选择。布莱克门的文件中没有包括给金斯伯格回信的第一稿。但它肯定很刺眼，因为他的书记官米歇尔·亚历山大（Michelle Alexander）建议他可以“更圆润一点”。亚历山大建议，你为什么不说金斯伯格的建议主要是写作风格问题，应由撰写者自己决定呢？一周之后，他写信告诉金斯伯格他不愿意放弃施莱辛德诉巴莱德案。毕竟，“引用是恰当的”。至于剩下的问题，他采用了亚历山大的建议，说这些问题通常是作者风格的问题。但在经典的男性对待女性的场景中，他将金斯伯格的信件视为一个冲动事件。因为金斯伯格“貌似对一些细节感到不舒服（强调）”，他“试图适应”她。他确实这样做了，他在定稿中加入了杜伦案以及亚拉巴马州的诉讼史，并纠正了对施莱辛德诉巴莱德案的描述。

正如金斯伯格处理过的大多数文案工作一样，因为有了她的建议，布莱克门对 J.E.B 案的判决变得更完善。她有意使布莱克门纳入亚拉巴马州对待女性陪审员的历史并非仅仅是从学术角度考虑。她不断利用这样的历史，论证那种貌似有益于女性或承认她们存在区别的安排，事实上伤害了她们，但很容易察觉她对没有得到这项任务的不满。来到美国联邦最高法院之后，她不能再忽视那些不为自己所喜的意见了。

奥康纳在 J.E.B. 案中单独撰写了意见。她希望重述她曾在一个基于种族的陪审员案件中没有获得支持的观点，即关于无因回避的限制只能适用于政府。奥康纳长期主张在这些案件只有起诉方行为代表州时才适用，而刑事被告并不是州。因为第十四修正案仅约束州，而不适用于公民个人。奥康纳一直坚持认为被告应有权以他们想要的方式来构建陪审团。

因为不断在这场辩论中失败，所以奥康纳在这一点上的意见不太起 228
眼。但部分的反对意见很重要，因为就最高法院应在何种程度上限制被告的权利进行辩论时，她提出了一个比布莱克门更为激进的关于性别歧视的论点。多年来奥康纳主张男性和女性法官可以得出同样的结论。现在她貌似认可在陪审员的决定中可能存在区别。她提醒公众，州提交了现实的社会科学意见，证明男性陪审员如何对被控告的强奸犯持宽容态度。[①]至于余下的部分，“尽管还没有例如关于性骚扰、儿童监护，或虐待配偶或儿童的类似确定性研究，但一个人不需要变成一个性别歧视者就可以有这样一种直觉：在一些案件中一个人的性别和生活经历影响他或她对案件的判断”。（关于男性陪审员和强奸施暴者的社会科学意见，存在争议，也被存放在 J.E.B. 案的档案中。）

令人震惊的是，这位正统的共和党人得出了如同先锋女权主义理论家卡罗尔・吉里根和凯瑟琳・麦金农一样的结论。女性是不同的。因为

---

① this social science was and is heavily disputed. Hubert S. Feild, “Juror Background Characteristics and Attitudes Toward Rape: Correlates of Jurors’ Decisions in Rape Trials,” Law and Human Behavior 2 (1978): 73-93, http://www.socio-legal.sjtu.edu.cn/uploads/papers/2012/qtl120203050423823.pdf。

女性经历和了解事物的方式不同，她主张，在限制诉讼当事人通过传统的无因回避构建陪审团时，最高法院只应做宪法绝对要求做的事情。

尽管奥康纳运用有区别的文化假设为被告所提出的性别质疑提供辩护，但她仍旧认为，州不能被允许基于性别主张回避。这应该是州行为。性别并非没有区别。她主张州在行事时必须不迟疑地忽略女性平等利益的区别。女性，即使可能在陪审团中表现不同，但应有权成为公民，以及基于此成为陪审员——尽管她们将自身的不同带入了陪审室。这是激进的观点。斯卡利亚大法官在 J.E.B 案的反对意见中，将奥康纳对于区别女权主义的不审慎思考，作为对两性之间的自然区别故意视而不见的证据。他在 J.E.B 一案中是少数意见，但对于区别女权主义的让步在这
229 里成了先例，如同一个尚未引爆的炸弹。

奥康纳的世界

奥康纳在陪审团遴选案件中对第十四修正案进行限制解释的论点，是极少数最终没有按她想法下判的例子。当最高法院被几乎完美地分为四位保守派法官和四位自由派法官时，奥康纳在每一个旗鼓相当的案子中都是被热衷拉拢的第五票。[①] 历史学家南希·马韦蒂（Nancy Maveety）在她的书中将这一时期的最高法院称为“皇后法院”[②]。奥康

① Jeffrey Toobin, *The Nine: Inside the Secret World of the Supreme Court* (New York: Doubleday, 2007), 112 ("if she thought a law was unconstitutional, it was; if not, it wasn't").

② Nancy Maveety, *The Queen's Court: Judicial Power in the Rehnquist Era* (Lawrence: University of Kansas Press, 2008), http://www.kansaspress.ku.edu/mavque.html.

纳还拥有金斯伯格从来没有过的待遇：开会投票时首席大法官先决，然后按资历投票，奥康纳在会议上是第四个投票的。在她投票之前，只有伦奎斯特、布莱克门（不久之后就离开）和史蒂文斯，在还有五票没投出之前，以及在接下来最接近的摇摆票，苏特和肯尼迪阐述他们的观点之前，她有机会为她的观点进行辩护。在最高法院办公区，当大法官们不再像布伦南那样在走过大厅途中提前为自己拉票，在会议中率先出击就变得越发重要。[①] 另外一个奥康纳可以确定她的同事能够听到她的意见的地方，就是口头辩论时认真地提出表明其立场的问题。

相反，轮到金斯伯格大法官投票时，通常大局已定。当然，金斯伯格在口头辩论时运用了大量技巧。（布莱克门酸溜溜地记录了金斯伯格在性骚扰案件中如何提出了许多不当的问题。[②]）但在涉及女性在社会中的正当地位时，奥康纳有机会在会议中作出论述，而其他八位仍洗耳恭听。无可争议的是，奥康纳是女性权利的忠实策略家。即使是在她投票支持女性一方的案件中，她苛刻的意见也反映了她在作出决定时试图寻求共性并基于事实下判的风格。无论如何，于金斯伯格任职的早些年，相对于其他领域，奥康纳在涉及女性案件中会投出更倾向自由派的一票。一旦她这样做了，其他法官就知道至少有 5 票赞成。金斯伯格不需要努力说服她的同僚们来获得她想要的投票。当奥康纳发言时，正如年老的 230
E.F. 哈顿（E. F. Hutton）发言时一样，大家都静静聆听。

① Tom Goldstein，“Oral Argument as a Bridge Between the Briefs and the Court’s Opinion，” in *The Legacy of Ruth Bader Ginsburg*，edited by Scott Dodson（New York：Cambridge University Press，2015）.

② Blackmun Papers，Library of Congress，Case 636，F6.

手拉手

所以关于她们“特别关系”的猜测悄然升起。一篇文章报道，高大的金发资深法官与她小巧的入门级自由派女同事被发现在法院大楼里“紧握着手”①。但这其实没什么。前参议员奥康纳在菲尼克斯社交圈里以喜爱握手著称。② 在琼·比斯科皮奇撰写的奥康纳自传中照片小集锦部分，就包括了一张奥康纳在 1981 年“桑德拉·戴·奥康纳日”③ 紧握一位客人手的经典照片。她的前任书记官米歇尔·弗里德兰德（Michelle Friedland）被任命为加利福尼亚联邦上诉法院的法官时，她主持了宣誓仪式，并一直紧握着弗里德兰德的左手。④

除了奥康纳在谈话时喜欢握住对方手的习惯，最高法院的第一位女性和第二位女性并没有以任何公开的方式“握手”。在文字可查的范围内，她们并没有在中午溜出去逛鞋店，而有记录表明金斯伯格曾与其他人（马丁或她的好朋友尼娜·托滕伯格）逛街购物。⑤ 她们的书记官甚至在遇到待裁决的关于女性权利的重要案件时，也没有用办公电话提前沟通。

---

① Biskupic，“Female Justices Attest to Fraternity on Bench.”

② Loretta McCarthy，interview with the author，June 1，2014.

③ Joan Biskupic，*Sandra Day O'Connor：How the First Woman on the Supreme Court Became Its Most Influential Justice*（New York：Harper Perennial，2006），image section after 276.

④ “Investiture of Judge Friedland，” United States Court of Appeals for the Ninth Circuit，YouTube，June 30，2014，https：//www.youtube.com/watch?v=7D-8OhPjKHY.

⑤ Travel diary from Paris（“chaussures”），Ginsburg Archive，Library of Congress，Box 39，and Nina Totenberg，interview with the author，September 6，2013.

但在一起时，比起所谓的社会准则，她们更关注女性权益本身。最高法院终于在法官的更衣室里添加了一间女性更衣室。[1] 在金斯伯格任职后几个月的一天，她和她的律政姐妹奥康纳下班参加了克林顿任命的另一位女性朱迪思·罗格斯（Judith Rogers）法官的宣誓仪式。[2] 令人愉悦的是，罗格斯被任命替代华盛顿上诉巡回法院的克拉伦斯·托马斯，她是另外一位部分由于托马斯的性骚扰丑闻而获得任命的女性。

6 个月后，她们在康涅狄格州最高法院首席大法官艾伦·阿什·彼得斯（Ellen Ash Peters）任职国家州法院中心（the National Center for
State Courts）[3] 负责人的仪式上共同发表了讲话。她们再次扮演了一贯的 231
角色。金斯伯格选择强调彼得斯成功处理了典型的传统女性问题——工作和家庭之间的竞争关系。彼得斯成为耶鲁大学第一位女教授时，金斯伯格提道："怀疑论者们（Doubting Thomas[4]），不要再怀疑了。"怀疑论者认为女性不能一边生孩子，一边在工作中取得成功。"艾伦有一个孩子时是助理教授，有两个孩子时是副教授……有第三个孩子时就是一位正教授了。"在她发言的最后，这位热爱戏剧的女权主义者让每个人都加入她，"为女性喝彩"（BRAVA[5]）[6]。

奥康纳发言时，她完全没有提及彼得斯"性别错位"的职业。她

① Linda Myers, "Justice Ruth Bader Ginsburg Weighs In on Women's Progress in the Law Profession—and What Kept Them Out for So Long," Cornell Chronicle, July1, 2004, http://www.news.cornell.edu/stories/2004/07/justice-ruth-bader-ginsburg-womens-progress-law.

② Ginsburg Archive, Library of Congress, Box 155, folder Women 1994.

③ Ibid.

④ Doubting Thomas，源自《圣经》，指门徒托马斯不信基督复活，引申指怀疑论者。——译者注

⑤ BRAVA，专指为女性喝彩，"好啊！"——译者注

⑥ "Chief Justice Peters Dinner," C-SPAN, October 17, 1994, http://www.c-span.org/video/?60896-1/chief-justice-peters-dinner.

将彼得斯称为一位优秀的个人、妻子、母亲和朋友。她强调了她们共同的优势，遇到了好丈夫，而且她请彼得斯的丈夫——在那个晚上第一次——起身与大家见面。她有趣且深入地讲述了州法院在联邦体制内的角色。奥康纳经常说，一个女人最好的成就是证明存在感，而且胜任男性留给男性本身的工作。她眼中的彼得斯大法官在性别上是中性的。

适时地，这两位大法官在最高法院为出席国际女性论坛华盛顿会议的同仁们准备了午餐。该论坛聚集了一群经邀请制加入，来自世界各地的成功女性。欢迎客人来到最高法院时，金斯伯格又一次引用了奥康纳的话，这一次引用是来自奥康纳在法院任职之前的一次演讲："随着社会见证女性能够做到什么，随着女性见证自己能够做到什么，会有越来越多的女性投身事业，而我们所有人都会因此过得更好。"[①]

1997 年，金斯伯格被邀请为《霍夫斯特拉法律评论》撰写她的个人主题"宪法裁判与平等地位"[②]，她提及奥康纳 1981 年，进入最高法院后的第一年，在一个案件中发出了女性声音。金斯伯格提到，在霍根诉密西西比州一案中，奥康纳作出专为女性设立的公立密西西比大学需要接收男性的判决，以微弱的优势将局面扭转成了对性别融合有利的 5：4。

232 无论是否是女权主义发言人，或是否代表不同的声音，桑德拉·戴·奥康纳都成了金斯伯格叙事中的惯常角色，即她的"富有远见卓识，又

① Ginsburg, Remarks for Women's Forum Lunch, Ginsburg Archive, Library of Congress, Box 147, April 8, 1999.

② Ginsburg Archive, Library of Congress, Box 148, 1997; Ginsburg, "Constitutional Adjudication in the United States as a Means of Advancing the Equal Stature of Men and Women under the Law," Hofstra Law Review 26 (1997): 263.

和蔼可亲的同事和顾问”。[①] 金斯伯格在讲述自己经历的歧视和沮丧故事时，每每要援引奥康纳自斯坦福大学毕业后的悲惨遭遇。[②] 她将奥康纳作为故事的引证，讲述女性的改变。[③] 金斯伯格恪守奥康纳大法官关于睿智女性和贤明男性法学家之间相似性的论断：女性的经历可能而且应当使她们从不同的角度看待世界。但她强调正是奥康纳用海伦·苏士曼（Helen Suzman）的例子使她关注到了女性声音的单一性，若干年中，海伦·苏士曼是在南非议会反对种族隔离的唯一声音。[④] 金斯伯格补充道："也是在立法机构的唯一女性。"金斯伯格通过更为保守的法官姐妹掩饰了她明显的女权主义气息。提到南非的苏士曼，无疑是对奥康纳也向最高法院唯一女性的勇气致敬。

这应该是鲁斯的

金斯伯格特别推崇奥康纳在刚成为最高法院第一位女性数月后，就在学校性别隔离案中投出了第 5 票。后来最高法院又遇到了公立学校性别隔离的问题，这次是政府迫使弗吉尼亚军事学院[⑤] 招收女性的一桩诉

---

① "Remarks on Women's Progress in the Legal Profession in the United States," speech at July Institute on World Legal Problems in Innsbruck，Ginsburg Archive，Library of Congress，Box 151，F Seminars 1995; Fordham Law Review 64（1995）: 288; Ginsburg Archive，Library of Congress，Ginsburg Archive，Library of Congress，Box 148，1995.

② "Remarks on Women's Progress in the Legal Profession in the United States," speech at July Institute on World Legal Problems in Innsbruck，Ginsburg Archive，Library of Congress，Box 151，F Seminars 1995.

③ Oklahoma Bar Association Women in Law Conference Banquet Address，1997，Ginsburg Archive，Library of Congress，Box146.

④ Ibid.

⑤ Much of the description of the VMI scene comes from Strum's excellent history of the VMI case，Strum，*Women in the Barracks*，85-86.

讼案，金斯伯格一同与奥康纳位于法官席。

从 1981 年奥康纳在霍根案中作出结束密西西比女子大学性别隔离的判决，到 1995 年美国诉弗吉尼亚一案上诉至最高法院期间，许多事情发生了改变。最明显的是，1981 年，乔伊·霍根必须自己起诉大学。霍根案判决之后，司法部的民权部门开始通过安排明星律师朱迪思·凯斯（Judith Keith）接手处理在公立学校的性别歧视问题。1989 年，一位匿名的女性申
233 请人认为她被弗吉尼亚军事学院拒绝是性别歧视，这时凯斯刚结束迫使马萨诸塞州海事学院（Massachusetts Maritime Academy）承诺平等招收女性的数年斗争。意料之中，司法部门认为弗吉尼亚将女性排除在弗吉尼亚军事学院之外的政策违反了第十四修正案，国家应迫使弗吉尼亚遵守宪法。

不仅是司法部和最高法院的成员改变了，关于性别歧视的整体观点也发生了改变。金斯伯格在美国公民自由联盟开始她的事业时，问题通常是涉及表面的歧视，如明确的不平等待遇或将女性排除在陪审团之外。但到 1989 年针对弗吉尼亚军事学院的案件开始时，没有律所敢告诉一个有抱负的女律师，她的最高期望就是速记员。相反，女权运动不断遇到一些暧昧的观点——文化性别角色，或被金斯伯格称为成见的东西。

女权运动律师们清理了表面歧视问题之后，社会并没有停滞不前。随着诉讼开始转向女性的本质，文化层面也开始了争论。而且这是一场喧闹的争论。卡罗尔·吉里根的“区别”论点，即女性以一种从道德上区别于男性的方式来进行推理，反映了她们在意他人以及公共关系的维系，这种观点得到社会生物学家的附和。这些社会生物学家又被称为进化心理学家。这些学者主张进化压力使得性别从根本上存在区别，男性为狩猎者，生性不忠且以外表为导向；女性为采集者，崇尚一夫一妻且以金钱为导向。[①]

---

① Zuleyma Tang-Martinez，“The Curious Courtship of Sociobiology and Feminism：A Case of Irreconcilable Differences，” in Feminism and Evolutionary Biology：Boundaries，Intersections，and Frontiers，edited by Patricia Gowaty（New York：Chapman and Hall，1997），126.

因此参与者存在极大的不同。确实如此，立场对立的政治议程聚焦到了女性区别这一问题上。区别主义女权学者主张公共政策应当尊重女性的道德诉求，并且促进交流和对话。吉里根提到她最不希望看到的事情就是，出现一个仅遵循男性道德行为规范的领导层。她对自己工作成果被使用的方式感到愤怒。[1] 通常支持保守政治议题的进化心理学家主张试图改变进攻性的男性行为（如性骚扰）是徒劳的，而且可能会附带 234
极权主义色彩的政府措施。弗吉尼亚军事学院一案正在最高法院审理时，有意帮助穷苦孩子在城市公立学校获得成功的自由派们开始支持性别隔离学校。[2] 此种倡议虽然饱受争议，但也是对单性别教育的理由给予的重新审视。

金斯伯格的策略总是旨在通过迫使州废止性别歧视性法律，从而改变女性角色的刻板观念。值得称赞的是，大多数争取平等的战斗都以胜利告终，所以到 20 世纪 90 年代中期，通过挑战明显不利于女性的法律，而质疑恰当性别角色的机会已经极少。但这起针对公立、全男性的弗吉尼亚军事学院的案件是她女权运动的巅峰。军事学院的所有抗辩都是基于文化意义上的性别冲突。弗吉尼亚的辩护者称，如果有女性存在于军事学院创造的道德世界，他们训练和塑造男性学员的方式可能不再适用。后来军事学院退而求其次，为应对它自己于其他地方设立的女性领导项目辩护，这时律师们在很大程度上依赖了吉里根的研究成果。令吉里根感到不安的是，他们主张女性以“不同声音”进行学习。

如果最高法院否决了该类争论，该案的文化意义会比让一批女孩进

---

① Philippa Strum，“Do Women Belong in Military Academies?” *Historic U.S. Court Cases*：*An Encyclopedia*，2nd ed.，edited by John W. Johnson（New York：Routledge，2001），vol. 2，781.

② Rosemary C. Salamone，*Same*，*Different*，*Equal*：*Rethinking Single-Sex Schooling*（New Haven，Conn.：Yale University Press，2003），135-37.

入一个狭隘、经济受限的大学的意义大得多。弗吉尼亚军事学院案件开庭时，法庭里的记者太多以至于他们只能坐到陪审室里[①]。这起案件之所以获得如此大的关注，是因为双方开启了一场文化战争。

弗吉尼亚军事学院将其文化称为“对抗文化”。学院将新生隔离，使他们遭受由学生运作的仪式化的“欺侮”，施加沉重的荣誉准则并剥夺所有学生的隐私或庇护。（厕所甚至没有门。）在长达 7 年的诉讼过程中，弗吉尼亚的主要抗辩理由是对抗的方式专门适用于男性。这是最后的文化堡垒。

235 对新生的欺侮仪式，即著名的“鼠线”（rat line）就是一个例子。多年以来，被称为“老鼠”的新生，需卑躬屈膝地伺候高年级学生并经受各种训练——以痛苦的姿势前行、在任何时间被拽出被窝以及被大吼大叫。在经典的折磨式训练的可怕乌云下，被称为“老爹”（daddy）或“戴克”（dyke）[②]的保护者也被指派给了受害者，他们在该体系下为新生提供安全庇护。

在深冬第一个温暖的日子，“老鼠”们奋力挣脱鼠线。镇上的消防车向山上洒水将它变成了一片泥泞之地，“老鼠”们匍匐穿过一系列障碍，全身裹满了泥，而同时高年级学生骑在他们身上，将他们拽回并对其进行奚落。一项研究报告显示，“老鼠”们经常会被“拽掉裤子”。只有当他们爬过最后一个斜坡，他们才会收到祝贺、“温柔的拥抱”“冲洗”并“被裹在毯子里”。然后这些年轻人会跑到营房里，让他们的“老爹”们

---

① Strum，*Women in the Barracks*，140.

② Supposedly a perversion of the pronunciation of “deck,” as in “all decked out.” The rats help the dykes to dress. Abigail E. Adams，“The Military Academy Metaphors of Family for Pedagogy and Public Life,” *Wives and Warriors*：*Women and the Military in the United States and Canada*，edited by Laurie Lee Weinstein and Christie C. White（Westport，Conn.：Bergin & Garvey，1997）.

给他们冲洗干净，从而被“纳入”弗吉尼亚军事学院的政治体系中。他们会吟唱关于当地女性怀孕的歌曲。[①]（这并非纽约公立学校试图帮助可怜的黑人及西班牙裔女孩毕业。）

现在一些可能成为本科生的女性（她们的名字从未公开）在联邦司法部女性律师的协助下，想要迫使弗吉尼亚军事学院招收女性。

尽管成立于 1839 年的弗吉尼亚军事学院不再像内战之前那样有美国军人直接毕业，但对抗仍是其神话的核心。它的毕业生是当时南方军的核心成员。早期它被称为“南方西点军校”。在马纳萨斯之战[②]，它的大多数学员参军后，当时这所学校事实上关闭了。[③]“石墙”（“Stonewall”）杰克逊将军以及他的马被埋在那附近。

布朗案之后，种族民权运动的诉求影响到弗吉尼亚。作为回应，弗吉尼亚军事学院要求资格有疑问的申请者要有 3 名校友推荐——这就担保了所有学员均为白人。[④]福特基金会威胁撤回对学校的资助，学院没有妥协。后来健康、教育和福利部门考虑撤走联邦资助资金，它才在布 236
朗案 14 年后的 1968 年接收了 5 名黑人学员。

案件于 1989 年开始，直到最高法院在 1996 年作出判决，弗吉尼亚军事学院的校友和支持者都坚定地排除女性选项。[⑤]尽管弗吉尼亚州最终放弃了为其排除政策辩护，但弗吉尼亚军事学院还是募集并花费了

---

① Ibid.，68-69.

② 第一次马纳萨斯战役（First Battle of Manassas）也称第一次布尔河战役（First Battle of Bull Run），于 1861 年 7 月 21 日发生在弗吉尼亚的马纳萨斯和布尔河附近，是第一场南北战争中的重要战役。南军在杰克逊将军的率领下，挫败了北军进攻里士满的计划。13 个月后，在第二次马纳萨斯战役（第二次布尔河战役）中北军再次大败。——译者注

③ Strum，*Women in the Barracks*，20.

④ Ibid.，29.

⑤ Ibid.，88.

1400万美元和美国政府打官司。

意识到他们身处于一场文化战争，弗吉尼亚军事学院的律师们做了一件非常聪明的事情。他们收到来自司法部通常于诉讼前发出的信件后，跑到法庭，先发制人地提起了针对美国政府的诉讼。[①]这使得他们可以选择在哪家弗吉尼亚法院听审：他们在距离弗吉尼亚军事学院最近的区，洛亚诺克（Roanoke）起诉。这也就选择了里根任命的法官杰克逊·基瑟（Jackson Kiser），一位曾偶尔被看到与弗吉尼亚军事学院顾问打高尔夫的当地法律人。如果有人可以了解弗吉尼亚军事文化的独特性和价值，这个人非杰克逊·基瑟法官莫属。

尽管注定会失败，但弗吉尼亚军事学院的抵抗并非完全疯狂。最高法院并没有公开判决过性别隔离的公立教育总是违反宪法。1976年，金斯伯格参与美国公民自由联盟女权项目的早期，宾夕法尼亚的律师对费城的公立男子和女子高中提出了疑问。[②]这个案件辩论不充分，诉状也不很恰当，它将最高法院的投票分为了4∶4（伦奎斯特当时离开了，不能投票）。这次分裂给地方法院批准学校隔离的判决留了余地。奥康纳大法官在霍根案中否定密西西比仅为女性开设护理项目的判决，确实为这些学校证明其性别隔离的合理性提出了更高的标准。根据霍根案，军事学院必须为隔离提供“非常具有说服力”的理由。但在霍根案中，密西西比为女性设立的护理项目，与其他州立学校的护理课程在教育目标上没有什么显著区别。它仅仅是单纯的隔离。军事学院引用了当时流行的“区别女权主义”，试

---

① Katherine T. Bartlett，“Unconstitutionally Male?：The Story of United States v. Virginia，” Duke Law Scholarship Repository，Working Papers（2010），http://scholarship.law.duke.edu/cgi/viewcontent.cgi?article=2936&context=faculty_scholarship；published in *Women and the Law Stories*，edited by Elizabeth M. Schneider and Stephanie M. Wildman（New York：Thomson Reuters/Foundation Press，2011）.

② Vorchheimer v. School District of Philadelphia，430 U.S. 703（1977）.

图使自己成为温和、隔离但平等、具有功能教育的典范。 237

弗吉尼亚军事学院为了确保策略成功，首先必须说服法官，女性不合适一个为社会领导力打造的对抗式训练模式。因此，女性应在军事学院系统规则之外接受教育。然后他们必须主张，即使一些女性适合这种模式，她们的存在也会使男性分心，破坏他们的团结，最终摧毁这种模式。这个案件由地方法院审理。通过运用专家证人的证据，如82岁的社会学家大卫·莱斯曼（David Riesman）以及卡罗尔·吉里根的工作成果，弗吉尼亚军事学院成功地对其教育方式的独特性、女性对于此种方式的不适性，以及性别排除对于其获得成功的核心重要性进行了阐释。

基瑟法官支持了弗吉尼亚军事法院的所有请求。他认为，军事学院已经通过它独特的方式促使某种区别的存在，该区别会因接收女性而受到严重损害；同时他还认为弗吉尼亚的行为并非歧视，女性可以在附近学校接受类似的课程教育，而无须摧毁军事学院的独到之处。基瑟的意见[①]和该学院的策略是选择一位充满同情心的、当地共和党任命的法官，有趣地反映了女性平等已不再是一个法律问题，更多的是关于人性和社会的深层信仰问题。

即使是保守的第四巡回上诉法庭也不同意基瑟的一审判决。合议庭由总统尼克松、乔治·H.W.布什和卡特任命的法官们组成，他们一致推翻了一审判决：弗吉尼亚军事学院不能简单地将它的项目对象限于男性。但是，合议庭没有强迫军事学院进行整合。相反，他们建议州通过为女性单独设立一个项目，从而将军事学院的优势延伸到女性，而又不会削弱它本身的特质。

对此，弗吉尼亚军事学院在附近的玛丽·鲍德温（Mary Baldwin）学院发起了一个并行项目，旨在为女性提供一个在非对抗环境中学习

---

① United States v. Virginia，766 F. Supp. 1407（W.D. Va. 1991）.

“实质性相当”（“substantively comparable”）的领导能力的机会。发回重审后，基瑟法官表示同意。在他同意维持纯男性军事学院的意见中，基瑟法官将弗吉尼亚军事学院比喻为“擂鼓的声音”，而将玛丽·鲍德温学院比喻为“笛子的旋律”。在第二次上诉中，法庭认可弗吉尼亚军事学院做得已经足够。法庭认为，另行设立的项目虽然不如原来的项目
238 有名或资金充裕，甚至采用了不同的学习理念，但已满足法律关于平等保护的要求，女性的选择只需要与隔离的项目“实质性相当”。“实质性相当”是第十四修正案项下的一个新概念，曾引发了合议庭里民主党任命法官的强烈反对。该案件的判决是巡回法院联席重审后作出的，但是让人羞愧。美国政府向联邦最高法院提起了上诉。

于是弗吉尼亚案出现在了最高法院面前：带着对平等保护法律毫无根据的解释，并基于排他性的理由和对军队的顺从，设立了一个完全低一级的项目——甚至连许多鲍德温的教职人员也不喜欢。[①]

弗吉尼亚军事学院的希望渺茫。托马斯大法官有一个儿子在弗吉尼亚军事学院就读，所以很有可能自请回避；四位自由派法官可能会仰仗奥康纳。这样一来就有了五票。那时有许多关于性别隔离教育如何具有优势的传言，但任何关于它的合理抗辩必须证明：不同于种族隔离，性别隔离教育优于混校教育。或者单一性别的项目是为了补救以往的过错（如平权行动）而设立和维系，并非为了挽救陈腐的单一男性机构而孤注一掷。军事学院看上去更像是来自另一个时代的历史残留，而不愿迎合男性和女性在道德上的多元化试验。

1995 年，在由司法部副手德鲁·戴斯（Drew Days）领导的团队的协助下，政府要求最高法院为性别歧视制定同种族歧视一样的标准。最高法院应该对弗吉尼亚军事学院的安排进行严格审查。这会要求它证明

---

① Strum，*Women in the Barracks*，206-9.

军事学院的安排是一项重要的国家利益，且该利益只有通过隔离的制度才能实现。这几乎不可能实现。大量女性团体提出了表达相似意见的法庭之友意见书。

希望参加口头辩论的队伍排得很长。很快，大家都清楚弗吉尼亚军 239
事学院要败诉了。这个案子太不合时宜了：弗吉尼亚有着将女性排除在其最负盛名的公立大学的悠久历史，而真正的军事学院，如西点军校已经提交了大量的法庭之友意见，以向法院证明合校教育也能训练军人。口头辩论阶段，金斯伯格向军事学院的律师提问，这种训练未来领导力的项目，是否没有涵盖与女性公民或公民与军人共处（事实上，是听命式）的能力。这几乎已挖掘出该训练项目中潜藏的性别歧视假设。

代表弗吉尼亚军事学院的律师西奥多·奥尔森（Theodore Olson）（传奇的最高法院辩护律师，后来在布什诉戈登案中胜诉），被迫采取这样的论点：军事学院的训练方法对它吸引的学生成效显著。① "那又怎么样呢？"布雷耶大法官立即开门见山地问。维系一个完全由男性组成的对抗性训练体制，对公众具有什么重要意义？布雷耶引出一个判断歧视性方案的标准：重要公共利益。如果有一个公共部门比种族排他学校做得更好，又将如何？难道要让法院推翻布朗案？！布雷耶问道："难道弗吉尼亚不应当证明，为什么自己说公众从满足少数男性个体的需要中受益匪浅，大到使此种利益超越了我们对隔离学校的怀疑？在更高层面上，为什么对抗式的方法对社会如此重要？"

奥尔森没有回答，因为本身就没有答案。仅有男性的"鼠线"世界假定女性从根本上就不配享有公民权的某些领域。更为重要的是，正如布雷耶大法官通过他犀利的问题所指出的，弗吉尼亚军事学院必须说服

---

① United States v. Virginia, oral argument, http://www.oyez.org/cases/1990-1999/1995/1995_94_1941.

最高法院，像他们一样经过特别训练、充满兄弟情谊的毕业生为社会服务，对这个世界而言不可或缺。截至 1996 年，最高法院已经用超过 20 年的先例来反驳这些观点。甚至连部队也称它不需要像弗吉尼亚军事学院老鼠线毕业生一样的男人。在过去作出的判决里，法院认为对女性本质的假设是歧视性历史的产物，居然还挂着帮助女性的幌子。一些男孩
240 需要男孩俱乐部的需求，根本不具有社会意义——大到足以超越女性因歧视所受到的损害。

为什么这起案件能走得这么远呢？因为即使在现代女权运动开始 30 年后，许多美国人仍然认为女性是不一样的。弗吉尼亚军事学院就代表了这样的观点：认为女性不适合参与社会生活的某一部分。保守的联邦地方法官也持有这种观点。同样，在非常保守的第四巡回法院中，三分之二的法官，以及整个巡回法院的大多数（投票不需要对这个案件进行联席审判）法官也持这种观点。每一个了解这个案件的人都知道当最高法院介入时，一场重要的文化论战即将上演。公众对最高法院作为一个公共机构的信任度是非常高的，超过 60%。这就是希望参加口头辩论的人会有那么多的原因。

最高法院辩论开始时，支持那种旧文化的人实质上已经很少了。只有首席大法官和斯卡利亚支持弗吉尼亚军事学院。6 位法官投票赞成该校必须接收女性。史蒂文斯大法官作为多数意见方的最资深者，正常情况下应该有权指定意见撰写人。后来首席大法官伦奎斯特改了主意，加入了多数意见方，所以史蒂文斯认为这项权力应该属于首席了。[①] 但无论谁有权指定，史蒂文斯或伦奎斯特都将它分配给了奥康纳。然而，精明又善良的奥康纳拒绝了。她说：“这应该属于鲁斯。”

金斯伯格在有 6 票赞成的情况下开始撰写意见。她还有些余地，所

---

① John Paul Stevens，interview with the author，July 21，2014.

以必须作出决定：是否会运用这 6 张赞成票的机会，最终使性别歧视等同于种族歧视，从而完成她在美国公民自由联盟时，致力于使性别平等等同于种族平等的目标。如果她成功了，任何关于男性和女性的法律区别就几乎不可能作为抗辩理由了，就如同政府针对黑人的歧视一样。

金斯伯格不会冒这个险。她害怕失去肯尼迪和奥康纳，他们是六票
之中的不稳定因素。在口头辩论阶段，奥康纳打断了司法部律师。该律 241
师提出性别歧视案件的标准仍是一个未决问题（如布莱克门在一年前的陪审团案件——J.E.B 中提出的那样）。这个标准仍在讨论中吗？“不尽然。”奥康纳表示，“法院已经在多个判决中表明，应该适用一种中立的审查[①]。”4 票关于严格审查的多数意见，并不比布伦南大法官在 20 年前弗朗蒂罗案中实现的成就走得更远。金斯伯格希望能够得到女性平等的最广泛多数意见，而奥康纳在这个标志性性别案件中的支持对她来说至关重要。因此她援引了奥康纳在霍根案中已成功建立的标准。州因为未能提供弗吉尼亚军事学院性别区分“超乎寻常、具有说服力的正当理由”而败诉。

但金斯伯格从来不是浪费机会的人。她利用在该案中多数方的机会，来“混淆”多年来她不得不接受的、关于性别歧视审查的较低标准与最高法院关于种族歧视的较高标准。[②]金斯伯格从几十年以来缓慢向女性法律平等迈进的案例中精挑细选，结合奥康纳在霍根案中的意见，以及肯尼迪在 J.E.B 中的协同意见，撰写了最有利的表述语言，她得出结

---

① Strum, *Women in the Barracks*, 270, citing the oral argument tape.

② Strum, *Women in the Barracks*, 267, citing Jeffrey Rosen, "The New Look of Liberalism on the Court," *New York Times Magazine*, October 5, 1997, http://www.nytimes.com/1997/10/05/magazine/the-new-look-of-liberalism-on-the-court.html?module=Search&mabReward=relbias%3As%2C{%221%22%3A%22RI%3A10%22}, who quotes a Ginsburg speech to students in 1997 that there is no practical difference between what has evolved and the ERA.

论——最高法院正在“对基于性别，而拒绝女性权利或机会的官方行为进行审查”。[①]

所以她确认，考虑该学院在整个国家以及弗吉尼亚历史进程中性别歧视的不良过往，其立场值得怀疑。抓住弗吉尼亚长时间且公开抵制为女性提供平等教育的记录，金斯伯格完全无视其新发现的，所谓单一性别教育对于所有人的好处（如为应对之前判决而产生的，对玛丽·鲍德温学院项目的支持理由[②]）。尽管金斯伯格婉转地提到注意“两性内在差异”[③]是值得“庆祝”的事情，用以缓和采用怀疑审查标准的决绝观点，
242 但这种让步只是虚与委蛇。几乎没有歧视性方案可以逃过她设下的历史重负。在对于女性自然道德独特性的强大文化复苏中（无论是好是坏），这位最高法院大法官重新回到了她最早的启发者以及女性平等之父，自由派哲学家约翰·斯图尔特·密尔（John Stuart Mill）[④]的观点。在金斯伯格提出该请求的一个世纪前，密尔在其代表作《论女性的屈从地位》（The Subjection of Women）中宣称：“与平等对待相反，也许某一天女性应当被以不同于男性的方式区别对待，但首先我们必须尝试从平等对待开始。”“如果我们只经历过一个过程[⑤]，经验就不可能在对比中做出选择。”

怀疑审查提升了标准。如果这项标准被一丝不苟地遵行，按照金斯伯格的想法，拒绝将女性作为特殊群体一概而论，将会在实质意义上挫

---

① United States v. Virginia et al.，531.

② Ibid.，at 537.

③ Ibid.，at 533.

④ Ruth Bader Ginsburg，“Sex and Unequal Protection：Men and Women as Victims，” keynote address，Southern Regional Conference of the National Conference of Law Women，Duke University，October 1，1971，published in *Journal of Family Law* 11（1971）：347（hereafter Duke Speech）.

⑤ John Stuart Mill，“The Subjection of Women”（1869），chapter 1，http://www.constitution.org/jsm/women.htm.

败所有基于性别的歧视。弗吉尼亚军事学院辩护称，大多数女性不想接受该学院类似的教育。最高法院完全否定了该观点：“问题在于联邦能否合宪地否认，有意愿和能力的女性参与弗吉尼亚军事学院这种特殊训练的机会。”即使只有一个女性准备好、愿意并能够加入弗吉尼亚军事学院，这项排除的政策就必须废止。金斯伯格反对陈规的信条被载入法律。

持异议的斯卡利亚大法官主张，对性别分类的审查需要一个完美的契合点。[①]如果女人都适合全男性的事业，那么两性之间的界限就不会成立。他指责他的好朋友，以及这位前华盛顿巡回法院同事在没有被认同的情况下，就为女性制定了的严格审查标准。尽管依照惯例，意见和异议会来回反复，但金斯伯格从未回应上述指责。对于金斯伯格的判决，奥康纳没有出具单独意见，也没有对保留“一种中立审查”提出只言片语。

接下来的一年里，几个年轻女性出现在了弗吉尼亚军事学院的校园里，她们剪短了头发，身着滑稽、不合身的运动制服短裙。一有机会，她们就爬上泥泞的小山坡，越过山顶。尽管最开始存在真正的挑战，但 243
直到现在，军事学院仍有女性存在。

凭借授予我的权力

金斯伯格喜欢在最高法院工作（她将其称为“一份好的工作”[②]）。尽管非常尊重前辈，但她并没有遵循奥康纳的惯例。她冒失地回避了早上的有氧运动课程。贯彻典型的金斯伯格方式，她没有批评奥康纳早上

① United States v. Virginia et al.，566.

② Ginsburg，letter to Stephen Wiesenfeld，June 13，2011.

有氧运动的女性仪式性特征，她只是说这个课程安排得太早了。[①] 而且她没有像奥康纳一样花费大量的时间和精力，经常在偏门的地方演讲、为美国法治欢呼。作精力充沛的西部人的同僚并不容易。金斯伯格经常接到出席活动或出版著述的请求，这些人声称奥康纳曾出席或做过同样的事情。秘书们猜测奥康纳有一个神秘的孪生姐妹来帮她分担这些事情。[②]

但金斯伯格无疑很享受这份工作附加的旅行活动。她充分利用了大法官们应该去国外教学和参加会议的大量机会，特别是在夏季。无论他们去哪里，都会受到如同“美国王室”般的待遇。金斯伯格的文档中满是供出行参考的优秀歌剧团日程。例如，1998 年她去萨尔斯堡参加会议，一开始就有一辆奔驰车在机场等候，将她和马丁送往维也纳的帝国酒店入住，然后又将他们带去美泉宫观看私人的歌剧表演。这确实是份好工作。[③]

当然，并非所有时候都有宫殿和帝国酒店。1998 年，她飞往佛罗里达的科勒尔·盖布尔斯（Coral Gables），使用她的特权参加了杰森·维森菲尔德（Jason Wiesenfeld）的婚礼。杰森是她之前关系最好的客户的儿子。杰森在很久以前就开始了诉讼业务。[④] 与大多数“王室”不同，她注意到这间小酒店的账单里有 78 美元的错误，立即提醒新郎的父亲

---

① Adam Liptak, “Honoring O’Connor’s Legacy at the Supreme Court,” *New York Times*, April 12, 2012, http://thecaucus.blogs.nytimes.com/2012/04/12/honoring-oconnors-legacy-at-the-supreme-court/?_r=0.

② Ruth Bader Ginsburg, “A Woman’s Voice May Do Some Good,” *Politico*, September 25, 2013, http://www.politico.com/story/2013/09/women-oconnor-ginsburg-supreme-court-97313.html.

③ Ginsburg Archive, Library of Congress, Box 153, Seminar 1998 summer Salzburg.

④ Ginsburg, letter to Stephen Wiesenfeld, September 8, 1998.

注意。3 个月之后，20 多岁的杰森被发现罹患癌症，金斯伯格致以慰问， 244
向他们保证疾病终将会过去，并分享了她和马丁是如何度过马丁患病的黑暗时光。[①] 史蒂文斯有一张来自金斯伯格办公室的漂亮手写卡片，上面有金斯伯格的婆婆写的话："一切终将过去。蝴蝶会跟随其后[②]。"

那是一段愉快的时光。杰森·维森菲尔德确实康复了。而马丁开始
为大法官夫妇们准备晚餐。 245

---

① Ginsburg，letters to Stephen Wiesenfeld，December 7 and 22，1998.

② Ginsburg，letter to Stephen Wiesenfeld，undated but 1998 series.

第十六章

成为奥康纳和金斯伯格的重要性

在弗吉尼亚军事学院案之后的几年里，这对律政姐妹听审了差不多20例涉及女性的案件。大部分只是对前10年里，就性骚扰和歧视的重大判决相对没有争议的微调。这些案件很少形成势均力敌的分歧；大多数判决获得6票或更多的多数票。很明显，最高法院在民权法这两个重要领域，正朝着加大保护女性原告的方向发展。

在学校的院子里徜徉

两名女法官之间短暂而罕见的分歧出现在1998年，在盖普瑟诉拉哥维斯塔独立学区案中（Gebser v. Lago Vista Independent School District）[①]，最高法院面临新课题。民权法是否明确禁止了对学生的性骚扰？

对学生的性骚扰问题是法律女权主义的某种衍生物，它始于1963年贝蒂·弗里丹（Betty Friedan）号召妇女参加工作的运动。1964年美国民权法案，革命性地将“性别”一词收入其保护范畴，主要是针对就业。但

---

① 524 U.S. 274（1998）.

在运动初期，马里兰大学不起眼的讲师柏妮丝·桑德勒（Bernice Sandler；“Bernice”亦作 Bunny，昵称），指出林登·约翰逊（Lyndon Johnson）总统在 1968 年发布的禁止种族和性别歧视的行政命令也适用于接受联邦资金的学校。政府开始调查，发现哈佛几乎全部是男性教员。哥伦比亚大学 246 法学院注意到它没有女性教师在任，进而雇用了年轻的鲁斯·巴德·金斯伯格。国会众议员中为数不多的女性之一，伊迪丝·格林（Edith Green）把桑德勒（Sandler）列为民权法案修订委员会的工作人员。4 年后，上述行政命令所保护的权利被写入联邦法律，称为“教育法修正案第九章”（Title IX）。桑德勒被纽约时报称为“第九章之母”[①]。当国会考虑“教育法修正案第九章”的时候，教育界的说客正发愁学校是否应该有女足球运动员，而没有注意到正在酝酿的性别平权革命。[②]或许哈佛法学院最终将不得不雇用金斯伯格这类女教师。但在 1972 年，尼克松总统签署教育法修正案第九章时，甚至还没有“性骚扰”这个词。谁曾想到尊敬的老师不能对崇拜他的女学生献殷勤？无数校园小说将要重写。

正如托克维尔所言，美国生活中每一个社会问题迟早都会在法庭中终结。这个案件的剧情直追那些校园小说。青少年原告，阿莉达·斯塔尔·盖普瑟（Alida Star Gebser）已经与她高中搞社会研究的老师保持了长时间性关系。虽然其他学生已经抱怨了老师的不当言辞和类似行为，但盖普瑟和她的老师还是费了九牛二虎之力，掩盖了他们的行为。他们被发现在汽车里发生性行为，于是学校开除了这名老师，州也取消了他的教师资格。然后盖普瑟的家人起诉了学校。奥康纳同意四位保守派的意见，拒绝认为当老师骚扰学生时，学区负有责任。奥康纳认为，不同

---

① “All about Bernice Sandler,” http://www.bernicesandler.com/id2.htm.

② Iram Valentin，“Title IX：A Brief History,” Womens Equity Action League，Equity Resource Center，August 1997，http://www2.edc.org/WomensEquity/pdffiles/t9digest.pdf.

于就业领域，《教育法》第九章项下对学生的保护，没有像民权法案项下禁止工作场所骚扰的规定那样清晰有力。因此，法院追究学校责任的唯一可能是，如果学校确实知道发生了什么事情，却对它视而不见。史蒂文斯、苏特、布雷耶和金斯伯格四位大法官对此持异议。

一年后，在戴维斯诉门罗县教育委员会案（Davis v. Monroe County Board of Education）[①] 中，奥康纳变换了阵营。不同于盖普瑟案，按奥康
247 纳的话来说，戴维斯是一个"有吸引力"的原告。这位无可指摘的年轻受害者被一个五年级的同学没完没了地性骚扰；而老师和校长却无视她无数的投诉，导致她成绩一落千丈并试图自杀。奥康纳加入自由派，投了第五票认为学区负有责任，它忽略了关于学生之间虐待的投诉，奥康纳撰写了金斯伯格完全同意的意见。

虽然大部分就业案件和性骚扰案件并不相关，盖普瑟 / 戴维斯案件表明了，有关女性权利的任何新生或争议性问题上，奥康纳的投票是多么至关重要。

女性可能平等　但母亲们特殊

尽管女性工作者和女学生在法庭里得到公平待遇，但在挑战女性作为孕育者的传统角色的案件中，可以预见，女性平等的理由就有疑问了。凯西案之后，堕胎的话题一直风平浪静。1998 年，法律如何将女性与生育联系在一起的问题又以新的方式出现了——移民。在 1964 年到 1974 年越南战争期间，美国派遣大量人员前往亚洲，且大多数是男性。他们中的许多人与外国女性生育了孩子。美国公民法给予父亲们 18 年时间

① 526 U.S. 629（1999）.

来主张他们后代的公民权。与外国父亲生育孩子的美国籍母亲则没有此项义务。她们孩子的公民权是被推定的。法律出现了区分规定。在越南战争中出生的后裔渐渐长大，最高法院对政府的这种武断区分表示怀疑。到 20 世纪 90 年代时，政府对这些孩子的大门渐渐关闭。因此，亲子关系的问题又一次摆在了最高法院面前。[①]

如许多在亚洲驻守的美国士兵一样，查尔斯 · 米勒（Charles Miller）与外国人（在本案中是一名菲律宾女性）有一个非婚生育的小孩，而且没有在允许的法定时间内主张她的公民权。20 年之后，这名女儿试图成为一名美国公民。 248

米勒诉奥尔布赖特（Miller v. Albright）一案非常混乱，奥康纳大法官基于与法律中性别歧视无关的程序原因对结果撰写了协同意见。但意见的措辞明确表示：截至 1998 年，最高法院的多数大法官在面对两性生育角色问题时，还没有准备好给予两性同等待遇。史蒂文斯大法官在他的多数意见中建议，女性必须因为生育这项工作而获得奖励。“如果一位公民是未婚女性，她必须首先选择怀孕到分娩的时间，并且拒绝堕胎——这是法律允许许多人作出的一个选择，而实际上也是世界上大多数妇女可以作出的选择。然后，她必须事实上进行了分娩。公民法通过授予她的孩子公民权，而对女性的选择和苦难进行奖励。”[②] 并非仅仅是生育。法律之所以对女性关照，还因为它希望女性抚养孩子：“她们最初的看护，至少会让她们有机会与孩子建立一种关爱关系。”[③] 规定由外国母亲和美国父亲非婚生育的孩子必须在 18 岁之前合法化的法律，“应该获得支持。这是因为父亲与母亲相比，毫无疑问，不太可能与孩子建立这种紧密关系”。

---

① Miller v. Albright 523 U.S. 420（1998）.

② Miller v. Albright，434.

③ Stevens opinion for the Court，Miller v. Albright，at 444.

在异议中，金斯伯格首先试图在意见中加入她温和的标准。也许这只是一个关于女儿能否对于父亲歧视提起诉讼的普通案件。

但她的顾虑是：

“即使人们接受了[1]政府宣称的那种表面价值，但无疑它是基于对女性（或男性）状态的总结（刻板印象）而来。这些刻板印象在史蒂文斯大法官的意见中随处可见，他不断地提及并且以‘典型的’‘正常的’或‘可能经常’发生的事情做论证。”

“但我们已经反复警告，当政府控制‘机会的大门’时，它可能不会基于‘关于男性、女性角色和能力的固有概念’来排除有资格的个体。”

金斯伯格的意见只是利用数年来最高法院措辞中的一个小例子，否
249 认了任何试图基于固有概念而关闭机会之门的意图。然而，即使她凭借身为辩护者和法学家所拥有的坚实基础，生育都未曾远离与女性相关的讨论。涉及移民问题的米勒案，看似是赞同了政府的政策——通过自动给予女性的孩子公民权而对她们进行奖励。

最高法院赞同就生育给予女性奖励后，为实现这一目的，许多州通过法律宣告常见的晚期堕胎形式——宫颈扩张钳刮术（dilation and extraction，“D&X”）违法。一位自称持“女权主义”的精神健康倡导者，珍妮·韦斯伯格（Jenny Westberg）称，1992 年她通过拿到一份描述堕胎手术提供者程序的医学论文复印件，而开启了新的反堕胎倡议。[2]韦斯伯格是一位优秀的漫画家，她为反堕胎杂志《生命主张》（Life

---

① Ginsburg，J.，dissenting，Miller v. Albright，at 469.

② Jenny Westberg，“D&X：Grim Technology for Abortion's Older Victims，” LifeAdvocate.org，1997，http://lifeadvocate.org/arc/dx.htm. Toobin describes the genesis of the movement as coming from an anonymous tip to Douglas Johnson，a lobbyist for the National Right to Life Committee；Jeffrey Toobin，*The Nine：Inside the Secret World of the Supreme Court*（New York：Doubleday，2007），155.

Advocate）创作了一系列插图。一位佛罗里达州共和党国会议员的助手将D&X重新命名为易记的“半生产堕胎”（partial birth abortion）[①]。然后，关于堕胎的争论又硝烟再起。[②] 到 90 年代中期，国会及全国各州的共和党人谋求通过禁止 D&X 的法律（克林顿总统否决了联邦层面立法[③]）。

奥康纳大法官特别不愿意再碰触堕胎问题，但一些新的反堕胎法律甚至被解读为能适用于胎儿在子宫外、存活之前，并明确拒绝为女性的健康而设置例外——即使原来被禁止的程序对女性健康更有利。相应地，一些地区联邦法院认为内布加拉斯州的“半生产堕胎”法律根据最高法院在凯西案中的判决而违宪，重申堕胎的权利，并试图保留对堕胎权利的基本保护。2000 年，最高法院同意对这起案件进行审查。[④] 凯西案的三驾马车——奥康纳、苏特及肯尼迪——还会一如既往吗？

会议召开时，5 票赞成撤销内布加拉斯州的法律，但肯尼迪转变了观点。凯西案中，肯尼迪因其判决堕胎权利是美国基本自由观念而广受赞誉：“自由的核心就是有权定义自身的存在、普遍性以及人类生命的 250
奥秘。”

他在这一新案件中的异议表明，他认为凯西案为妇女只提供了很少的保护。[⑤] 在他看来，州应该能够管理好堕胎，即使仅仅是保护社会的良好道德：“州……有权通过其合理判断，禁止其认为可能导致如下后

---

① Gloria Feldt, *The War on Choice: The Right-Wing Attack on Women's Rights and How to Fight Back*（New York: Bantam Books, 2004）, 174.

② Drew Halfmann and Michael P. Young, “War Pictures: The Grotesque as a Mobilizing Tactic,” *Mobilization* 15（2010）: 1-24, http://sociology.ucdavis.edu/people/halfmann/grotesque.

③ “Bill Clinton on Abortion,” OnTheIssues.org, http://www.ontheissues.org/celeb/Bill_Clinton_Abortion.htm（accessed November 18, 2014）.

④ Stenberg v. Carhart, 530 U.S. 914（2000）.

⑤ Stenberg v. Carhart, Kennedy dissenting, http://www.law.cornell.edu/supct/html/99-830.ZD2.html.

果的医疗程序：医疗职业或社会整体对生命（包括以人类胎儿形式出现的生命）的冷漠甚至蔑视。”凯西案判决，堕胎的意义不仅限于女性及其胎儿。

凯西案认为：“堕胎对于堕胎程序中的实施者和辅助者有重要影响，对于这个社会也有重要影响，社会要正视堕胎程序的存在，特别是在一些人看来，这种程序无异于对无辜人类生命的暴力摧残。一州可以采取措施，确保医疗职业及其成员都成为这样的医者：富有同情心、遵守严格的道德观念，以及认识到人类生命（甚至包括必须依靠其他人协助才能存活的生命）的尊严和价值。”

奥康纳尽管投票给了自由派的多数意见，但也出具了协同意见，指出如果是为了避免在胎儿存活前进行堕胎和母亲健康的例外，一些禁止措施可以存在。[①]这样，奥康纳的意见将自由派的绝对多数票，减少到了一个相对多数的四票。更重要的是，她一直支持这样的观点：干预性限制有助于反堕胎运动的道德合法性。奥康纳的意见是 1983 年以来，她自己关于堕胎的法学理念的一部分。她绝不会用她关键性的第五票将女性送回 1972 年，但她也不会让女性们越过 1973 年爆发的，那一轮强烈抵触的界限。由于这种合情理的可能性，一些干预可能刚好落入奥康纳“负担测试”理论的最佳范畴，所以关于堕胎的论战必将持续。在斯坦伯格诉卡哈特案（Stenberg v. Carhart）判决作出两年后，国会通过了一项禁止在晚期堕胎中使用该项程序的法案。

托马斯·莫尔（Thomas More）中心的律师与参议员们紧密合作，

---

① Stenberg v. Carhart，O’Connor concurring，http://www.law.cornell.edu/supct/html/99-830.ZC1.html.

草拟了一份能够符合奥康纳“负担测试”理论的法案。[1] 乔治·W. 布什 251
签署了该法案，而法律也慢慢地在最高法院获得了支持。它没有包含涉及母亲健康的例外情况。

涉及公民权的米勒案一片混乱，关于半生产性堕胎的斯坦伯格案却是女性的胜利。但对于观察入微者而言，女性平等的危险信号很明显。从最初的投票角度看，倾向于女性的五位法官——史蒂文斯、奥康纳、苏特、金斯伯格和布雷耶中的任何一位退休，都会将法庭分为四票对四票。史蒂文斯在米勒案中的倒戈行为很奇怪。他在大多数案件中都不是摇摆票。在共和党总统任期内一名自由派法官的退休，会让安东尼·肯尼迪处于摇摆票的位置。肯尼迪会做什么？

肯尼迪在米勒案中的投票以及在斯坦伯格案中的反对意见是危险信号。1987 年肯尼迪被考虑提名时，司法部的保守派就反对这一选择。他们认为他是奥康纳类型，对以现代方式解释宪法持开放态度。[2] 在他对凯西案和其他环境案件作出选择后，保守派们都是一副“我可提醒过你”的神情，指责他比起保守宪政主义，更乐意讨好当权派。当时的一项著名批评是，肯尼迪“为了回应精英阶层意见而偏左”。[3] 这本应正中金斯伯格下怀，因为她的主要策略之一就是运用法律，将对待女性的陈旧做法归为“已过时想法”，从而渐渐将女性全面平等的思想深深植入当权者的思想。作为精英意见领袖的肯尼迪，如像他在凯西案之后那样随意

---

① “Defending the Innocent,” *Washington Times*, November 8, 2003, http://www.washingtontimes.com/news/2003/nov/8/20031108-111532-9290r/.

② Jan Crawford Greenburg, *Supreme Conflict*: *The Inside Story of the Struggle for Control of the United States Supreme Court* (New York: Penguin, 2007), location 830 0f 5283 in Kindle edition.

③ Jason DeParle, “In Battle to Pick Next Justice, Right Says, Avoid a Kennedy”, *New York Times*, June 27, 2005, http://www.nytimes.com/2005/06/27/politics/27kennedy.html?pagewanted=all&_r=0.

判决或决定女性问题，金斯伯格试图将女性平等转变为传统观念的整体策略就会遇到麻烦。

肯尼迪表达的意见，几乎与他的投票一样对上述策略不利。正如金斯伯格在1974年之前唯一失败的案件——佛罗里达一名寡妇的税务案，卡恩诉谢文案一样，米勒案和斯坦伯格案的判决削弱了她保护女性平等
252 地位的核心策略。1971年以来，金斯伯格步步为营，排除了肯尼迪意见中的每一个要件，稳步推进对女性有利的改变。从1971年的里德诉里德案到1996年的美国诉弗吉里亚案，最高法院进步到将女性作为个体对待，而非将女性视为屈从于团体普遍行为的某一阶层成员。即使出于行政上的便利，如州在里德案中所争论的，也遭到了最高法院的禁止。特别是，女性不能被一概而论，看作天然具有依赖性，而男性则被认定自给自足。从斯蒂芬·维森菲尔德的标志性案件开始，所有的社会保障判决都否决了政府轻易将女性固化为这样一种形象：在丈夫去世后必须被照顾的非独立家庭主妇。而陪审团案件也否定了州的抗辩：通过使女性免受法庭混乱之苦，从而保护这种脆弱生物的道德福祉，以及使她们远离粗鄙社会。陪审团案件和社会保障案件同样推翻了州关于女性必须被区别对待——因为她们需要留在家中照顾孩子的论点。女性不能因为她们是假想的被照顾者就被剥夺陪审员义务，同时她们也不能因为后进就自动得到更好的社会保障利益。

虽然经过长久努力，由于1998年的公民权案件以及肯尼迪意外在斯坦伯格中的反对意见，金斯伯格突然发现自己又面临着性别角色传统观念的死灰复燃。她原以为这在很久以前就被埋葬了。如果肯尼迪是决定性的一票，那么女性会基于她们的行为被认定为一个阶层，特别是被认定为生育者和照料者。为了国家利益，生育将被给予奖励。拒绝生育将被给予严厉处罚，以保护社会的正统道德。

脆弱的多数

事情开始变得更糟糕。1999年夏天，金斯伯格在克利特（Crete）教学时，开始觉得不舒服。医生认为她患了憩室炎，后来被确诊为结肠癌。① 那年9月，她做了长达“九个半小时”的手术，之后她告诉了斯蒂芬·维森菲尔德。律政姐妹奥康纳在她手术后第一个给她打了电话。奥康纳建议这样来处理癌症：你在周五进行化疗，这样你可以在星期一法院会议 253
之前，利用周末恢复。②

这是个好建议。手术之后，金斯伯格忍受了8个月的化疗和放射治疗。法院记录显示她没有缺席任何会议，甚至是在秋季任期开始之前的那些会议，尽管她悲哀地承认她“试图对任何‘额外事项’说不③”。（一年之后，放疗化疗的劫后余生依然造成了她委婉称呼的“停工”④。她向维森菲尔德承认，最好的救济是“坚持到底”⑤。）她参与了半生产性堕胎案，并在会议上投出了关键性的第五票。2000年8月，她的年度体检显示不再有结肠癌的迹象。他的医生说，3年后再来复查。⑥ “这个消息

① Sheryl Gay Stolberg, “Ginsburg Leaves Hospital; Prognosis on Cancer Is Good,” *New York Times*, September 29, 1999, http://www.nytimes.com/1999/09/29/us/ginsburg-leaves-hospital-prognosis-on-cancer-is-good.html.

② Jon Craig, “Ruth Bader Ginsburg Reminisces About Her Time on the Hill,” *Cornell Chronicle*, September 22 and November 16, 2014, http://www.news.cornell.edu/stories/2014/09/ruth-bader-ginsburg-reminisces-about-her-time-hill.

③ Ginsburg, letter to Stephen Wiesenfeld, December 6 1999.

④ Ginsburg, letter to Stephen Wiesenfeld, February 27, 2001.

⑤ Ginsburg, letter to Stephen Wiesenfeld, September 24, 2000.

⑥ Ginsburg, letter to Stephen Wiesenfeld, September 22, 2000.

太棒了！”她欢呼着。

在美国妇女和肯尼迪大法官的仁政之间，只隔着一纸最高法院的任
254 命。2000 年的大选即将到来。

第十七章

奥康纳大法官的自伤

布什诉戈尔案（Bush v. Gore）

2000 年的大选之夜，奥康纳大法官和约翰·奥康纳正在玛丽·安·斯托塞尔（Mary Ann Stoessel）家的一个竞选晚会上。斯托塞尔是华盛顿当权派中资历最深的女性，也是传奇外交官沃尔特·斯托塞尔（Walter Stoessel）的遗孀。[①] 快到晚上 8 点的时候，美国全国广播公司（NBC）宣布了佛罗里达州的计票结果，民主党的阿尔·戈尔（Al Gore）胜出。“这太糟了，”大法官说，“这意味着一切都结束了。”她愤怒地从电视机前的椅子上起身。约翰·奥康纳主动为她唐突的举动做了一番解释。她希望退休，他和大家解释，这样他们就可以回到菲尼克斯。然而，她不会把自己的席位拱手让与一位民主党总统。所以如果戈尔赢得佛罗里达

① The story was apparently frst reported by Christopher Hitchens, “Now There Is No Referee Left,” *Evening Standard* (London), December 13, 2000, 13, but gained widespread currency when it appeared in Evan Thomas and Michael Isikoff, “The Truth Behind the Pillars,” *Newsweek*, December 25, 2000, 46.

州，他们就不得不在华盛顿特区再待上至少 4 年。

随后几年里出现的情况，足以让她担忧他们的未来：约翰·奥康纳得了早发性阿尔茨海默症。实际上，这也许可以解释他对大法官政治忠诚所作的一反常态的轻率言论。他迟早要住院，而大多数可能帮大法官照顾丈夫的孩子住在亚利桑那。她悠然而至的沮丧也许来得太早。几个小时内，媒体宣布佛罗里达州——和大选——票数过于接近，以至于暂时无法宣布结果。两党开始了疯狂的为期五周的竞选活动，以期将结果拉向有利于自己的一方。民主党人寄希望于重新进行手工统计选票，而共和党人则支持共和党州务卿所宣布的布什在佛罗里达州获胜。

255 五周之后，奥康纳为布什诉戈尔案[①]投下了决定性的第五票，等于宣告了佛罗里达乃至全国的获胜者，世纪竞选结束了。最高法院最为保守的大法官——伦奎斯特、斯卡利亚和托马斯——想判定佛罗里达州法院无权决定该州如何处理选举争议。他们主张处理选举争议是州立法机构的职责。他们的观点有问题，因为如果法院不能审查州法律，甚至州选举法，过去两个世纪的大部分宪法性职权，包括最高法院审查国会法案的职权都会遭到质疑。[②]

安东尼·肯尼迪希望判定重新统计佛罗里达州选票的做法违反第十四修正案的平等保护条款。因为它没有将佛罗里达全州的投票都进行重新统计。平等保护的论据本身存在显著的问题，因为最高法院可以命令佛罗里达进行一次统一和普遍的重新计票。更糟糕的是，由于全国各州的投票差别很大，此举暗含的观点对未来选举的影响将是毁灭性的。为解决这个问题，肯尼迪补充了一句话：该裁决仅适用于布什

---

① 531 U.S. 98（2000）.

② Jeffrey Toobin，*The Nine*：*Inside the Secret World of the Supreme Court*（New York：Doubleday，2007），187.

诉戈尔案中，佛罗里达州重新计算投票的具体情况。他说他的观点对其他任何案件不具有先例价值。有了奥康纳的支持，肯尼迪的判决（伦奎斯特、斯卡利亚和托马斯各自出具协同意见）将乔治·布什（George Bush）送进了白宫。[①]

她怎么能这样做？这位反击性骚扰和挽救堕胎权的女性，转而支持来自得克萨斯的共和党总统。“未来将不可能再看到奥康纳、肯尼迪、斯卡利亚、伦奎斯特和托马斯站在同一阵线。”《新共和》[②]（New Republic）的法律评论员杰弗里·罗森（Jeffrey Rosen）称。[③] 与 1993 年《洛杉矶时报》（Los Angeles Times）对她工作的描述“小心地思考立场”不同，[④] 取而代之的，布什诉戈尔案之后，她的极简主义法学忽然之间变得“混乱且摇摆不定”。[⑤]

该判决显然缺乏法律基础，仅剩政治意图可以解释。也许她不知
道，评论家推测，对准女性权利的枪已经上膛。[⑥] 毕竟乔治·W. 布什出
身于一个如此优秀的家庭。[⑦] 她想，也许布什会效仿父亲的方式管理国 256
家。奥康纳在 1988 年写给戈德华特的信中称，老布什“对最高法院和

① Ibid., 200.

② 《新共和》杂志，美国左派杂志，自 1914 年开始发行至今，以政治与艺术为主题。——译者注

③ Jeffrey Rosen, “Disgrace,” *The New Republic*, December 24, 2000, http://www.newrepublic.com/article/politics/disgrace.

④ David M. O’Brien, “Holding the Center: As Thomas and Scalia Stake Out the Far Right, O’Connor Takes the Moral High Ground,” Los Angeles Times, March 8, 1992, http://articles.latimes.com/1992-03-08/opinion/op-5987_1_justice-clarence-thomas; David O. Stewart, “Holding the Center-Sandra O’Connor Evolves into Major Force on Supreme Court,” ABA Journal 79 (1993): 48, http://heinonline.org/HOL/LandingPage?handle=hein.journals/abaj79&div=61&id=&page=.

⑤ Rosen, “Disgrace.”

⑥ Toobin, *The Nine*, 166.

⑦ David Margolick, “Meet the Supremes,” New York Times, September 23, 2007.

国家至关重要”。[①] 考虑到奥康纳作为选举政治狂热观察者的历史，这无知的解释几乎令人无法相信。[②] 根据选举网站 On the Issues 当时的报道，候选人布什曾称他支持关于禁止堕胎的宪法修正案，除非在强奸或乱伦，又或是出于保护母亲生命的情况下，否则堕胎是违法的。[③] 他对最高法院的判决表示“失望”——有了奥康纳投出的关键性一票，内布拉斯加的“半生产堕胎”法被废止。[④] 他“信仰严格的宪法解释者”，特别是这样一位：“我非常尊敬斯卡利亚大法官，为他的智慧、他所作判决的一致性和他所捍卫的司法哲学。”[⑤]14 年来，斯卡利亚大法官是最高法院最为执着的反女权主张的人。他甚至为弗吉尼亚军事学院投了支持票。

曾为最高法院第一位女性大法官写了许多正面报道的记者杰弗里·图宾（Jeffrey Toobin），试图将她在布什诉戈尔案中的选择解释为对共和党的忠诚：“她热爱政治，更热爱共和党。”[⑥] 根据其报道，奥康纳不仅在讨论伦奎斯特有关选举的打赌时以“我们”指代共和党，她还将自己在 1986 年下注时的不佳表现解释为“乐观主义”——相信共和党人

---

① O'Connor，letter to Barry Goldwater，1988，Personal and Political Papers of Senator Barry M. Goldwater，Arizona State University Libraries Arizona Collection.

② Lewis F. Powell，Jr. Archives，Washington and Lee University School of Law，letter from O'Connor with calculation of election predictions，undated；O'Connor，letter to Goldwater，November 1，1988，Personal and Political Papers of Senator Barry M. Goldwater，Arizona State University Libraries Arizona Collection；Jeffrey Toobin，*Too Close to Call*：*The Thirty-Six-Day Battle to Decide the* 2000 *Election*（New York：Ran- dom House，2001），248.

③ “George W. Bush on Abortion” and “George W. Bush on the Constitution，” On The Issues，http://www.ontheissues.org/Celeb/George_W_Bush_Abortion.htm#Supreme_Court_+_Constitution（accessed November 18，2014）.

④ Ibid.，citing Sandra Sobieraj，AP article in *Washington Post*，June 28，2000.

⑤ Fred Barnes，“Bush Scalia，” Weekly Standard July 5，1999，http://www.weeklystandard.com/Content/Protected/Articles/000/000/010/268gdffq.asp.

⑥ Toobin，*The Nine*，165.

实际上会赢得更多。[①]根据最近可供使用的资料显示，巴里·戈德华特称她为乔治·H.W.布什可能无法赢得1988年大选而焦虑，她将布什描述为对国家和最高法院至关重要的人。[②]

布什诉戈尔案期间一场奢华的华盛顿特区晚宴上，她大声对其他客人证实，她知道戈尔竞选团队在佛罗里达州做的糟糕事："'你们不知道戈尔团队的人都做了什么，'她说，'他们到一家私人疗养院对本不属于他们的人进行登记。这简直太离谱了。'"[③]图宾指出，没有明确的说法来
解释，为何最高法院大法官散布一些来自右翼网站毫无根据的谣言。但 257
这种言论效果显著。对于桑德拉·戴·奥康纳这样的正统共和党人，民主党人总是带着坦慕尼协会[④]（Tammany Hall）老板似的微弱气息，利用墓地（或私人疗养院）里的人投票，[⑤]然后窃取选举的胜利。

不仅民主党人被认为从失格私人疗养院中的患者那里获得选票，许多支持他们的选民似乎也不知道他们在做些什么。在佛罗里达州，棕榈滩县（Palm Beach County）改变了投票形式，戈尔阵营声称年老的民主党选民不知道如何进行投票。对于那些日常生活能力差的人，奥康纳是出了名的没耐心；不论对方是否需要，她总是在告诉人们如何开车以及到某地的方向。由民主党主导的佛罗里达州最高法院得出了一个非常倾向于戈尔的意见，这看起来显然是党派努力的结果。就像民主党和它的

---

① Ibid.，165.

② O'Connor，letter to Barry Goldwater，1988.

③ Toobin，*Too Close to Call*，248.

④ 坦慕尼协会，也称哥伦比亚团（the Columbian Order），1789年5月12日建立，最初是美国一个全国性的爱国慈善团体，专门用于维护民主机构，尤其反对联邦党的上流社会理论；后来则成为纽约一地的政治机构，并且成为民主党的政治机器。——译者注

⑤ 民主党人在当时有很糟糕的名声，就是利用死人投票，作假；或者蒙骗那些根本不知道自己在做什么的人给本党候选人投票。——译者注

失格选民一样，佛罗里达在奥康纳要求整齐的标准里面就是“一团糟”。① 与此相反，共和党代表了她老朋友芭芭拉・布什（Barbara Bush）的儿子乔治，一个“富有同情心的保守派”，被佛罗里达州州务卿凯瑟琳・哈里斯（Katherine Harris）确认的选举赢家。

一个事实统一了奥康纳的前后判断：从 1951 年，她选择（别人眼中）无足轻重、离经叛道的斯坦福大学哈里・罗斯本教授作为她的导师，到半个世纪后她在布什诉戈尔案中的投票，奥康纳没有受到政治理论的影响。罗斯本宣扬创造更好的世界，却没有任何关于何为更好世界的稳定愿景。奥康纳在类似缺少愿景的情况下，对从宗教信仰自由到堕胎自由的每件事进行投票。后来她退休，投身于公民教育、法官选任和政府良治举措等事业，同样也没有政治目的。

但选择那个总统毫无疑问地改变了整个国家。2000 年的共和党对于应如何管理美国有一个明确的理论，且对其结果信奉焦土政策。她可能认为自己正在选择更具吸引力的当事人②或是在清理一团糟的局面，但
258 当这位老派的西部女性在布什诉戈尔案中遇到了 21 世纪的共和党理论家们，结果她被他们利用了。5 年后，丈夫的病变得完全无法控制，奥康纳选择退休。乔治・W. 布什提名塞缪尔・阿利托（Samuel Alito）接替她的席位，一位来自宾夕法尼亚的法官——他认为已婚妇女在堕胎时必须取得丈夫同意。

---

① O'Connor's tidy standards: Dahleen Glanton, "O'Connor Questions Court's Decision to Take On Bush v. Gore," Chicago Tribune, April 27, 2013, http://articles.chicagotribune.com/2013-04-27/news/ct-met-sandra-day-oconnor-edit-board-20130427_1_o-connor-bush-v-high-court.

② 指小布什总统。——译者注

奥康纳的转变

需要澄清的是，最高法院的决定可能并没有改变历史。即便重新计票也很可能确认布什当选，或是任何其他宪法授权处理选举争议的机构——佛罗里达立法机构，即众议院——可能将他正式请到总统办公室。最高法院所做的是通过阻止重新计票的方式终结2000年大选产生其他结果的可能性。2001年1月20日，乔治·W.布什就任第43任美国总统。两天后，他恢复了比尔·克林顿中止的对从事或“推动”堕胎的所有机构给予国外援助的禁令。[①] 国际计划生育联合会的预算下降了20个百分点。[②]

布什诉戈尔案过后，2001年，新一届的书记官来到最高法院，他们明显感到最高法院里有什么东西发生了歪曲。不只是意见分歧，那很正常，而是一些根本违反了制度性规范的东西。在奥康纳的法庭，书记官的重心在于同所有法庭的其他书记官搞好关系然后共事。[③] 有时候被指派到同一案件的全部9名书记官会一起写一份备忘录，通常站在一方的所有书记官会聚在一起。与此同时，大法官们会离席，以最为“民主”的方式交换意见——给全体会议发送正式备忘录，在对所有人公开的文件中交换意见。

可能出于对布什诉戈尔案中自己立场的懊悔，奥康纳大法官开始在

---

① “George W. Bush on Abortion” and “George W. Bush on the Constitution,” *On The Issues*, http://www.ontheissues.org/Celeb/George_W_Bush_Abortion.htm#Supreme_Court_+_Constitution（accessed November 18，2014）.

② budget went down by 20 percent：Alison Motluk，“US Abortion Policy：A Healthy Strategy for Whom?” *New Scientist*，October 6，2004（retrieved September 29，2007）.

③ Michelle Friedland，interview with the author，June 20，2014.

五年间的重大民权和平等案件中投票支持自由派。她在布什诉戈尔案之
259 后的每个案件中代表女性投票——并撰写了两份重要判决。她反转了自己此前几十年间的决定，投票允许某州设立支持黑人代表人的区域，[①]并在多年的反对后，推翻了允许对智力有缺陷的人执行死刑的法律。[②]2003年，她投票赞成鸡奸法违宪。[③]奥康纳是在1986年支持鸡奸法的五位法官中唯一改变立场的人。首席大法官伦奎斯特仍然支持刑罪化。其余在1986年与伦奎斯特一起投票的三位法官全部离开了最高法院。不愿意承认自己此前的错误，奥康纳提出了推翻该法的新颖的平等保护论据，并提交了一份单独的协同意见。[显然，这位大法官决定在同性性行为议题上转向多数派的举动，在书记官之间引起了不小的反响。其中一位书记官是保守律师组织联邦主义者协会（Federalist Society）的忠实成员，后来是乔治·W.布什的顾问。] 最后，奥康纳撰写了一份在一定时间保护高校招生平权行动的意见。[④]

甚至肯尼迪大法官更为突出地向自由派阵营移动，[⑤]支持限制党派重新划分选区，[⑥]保护政府土地征用权，[⑦]控制死刑。[⑧]他获得了撰写意见的任务，彻底推翻了鸡奸入罪化的法律；肯尼迪对男、女同性恋所应获得

---

① Easley v. Cromartie，532 U.S. 234（2001），http://www.oyez.org/cases/2000-2009/2000/2000_99_1864.

② Atkins v. Virginia，536 U.S. 304（2002），http://www.oyez.org/cases/2000-2009/2001/2001_00_8452/.

③ Lawrence v. Texas，539 U.S. 558（2003）.

④ Grutter v. Bollinger，539 U.S. 306（2003），http://www.oyez.org/cases/2000-2009/2002/2002_02_241/.

⑤ David Cole，"The Liberal Legacy of Bush v. Gore," *Georgetown Law Journal* 94（2006）: 1427，1443，http://www.scotusblog.com/ archives/bushvgore-cole.pdf

⑥ Vieth v. Jubelirer，541 U.S. 267（2004）.

⑦ Kelo v. City of New London，125 S. Ct. 2655（2005）.

⑧ Atkins v. Virginia，536 U.S. 304，321（2002）; Ring v. Arizona，536 U.S. 584，609（2002）.

的尊重由衷的歌颂，可以被视为他在任内的最佳表现。

肯尼迪大法官观念中的圣母和荡妇

但肯尼迪再也没有站在女性的一方。

几个女性权利案件涉及微调既存公共机构和工作场所的平等结构。这一工作本来是在军事学院那个案子的判决中完成的。但最大的争论仍然兜回到永久的未决问题：她们在生育和抚养婴儿方面的角色。每当涉及女性，肯尼迪大法官的做法都看似是在对因为挽救了罗伊案而进行的忏悔。 260

肯尼迪大法官放弃女性平等事业最突出的例子是他在 2001 年弗格森诉查尔斯顿案（Ferguson v. Charleston）[1] 中出具的协同意见书。该案涉及十名黑人孕妇起诉一家由南卡罗莱纳医科大学（Medical University of South Carolina）经营的医院。医院的麻烦始于一个名叫雪莉·布朗（Shirley Brown）的白人护士（在有大量黑人公共设施的查尔斯顿工作）——她在电台听到这样的新闻：怀孕的吸毒者因虐待儿童而遭到警察逮捕。[2] 布朗护士认为她遇到的，所有在怀孕期间吸毒的病人都应被视为罪犯进行起诉。毕竟，根据南卡罗来纳法律，成活的胎儿是人。她和医院律师联系了该市律师，构建了一个确认怀孕罪犯的程序。如果医院怀疑一位怀孕妇女在使用可卡因，医院将会把她们以医疗目的采集的尿液进行检测，如果检验结果呈阳性，他们就把这位患者交给警察。孕

---

① 532 U.S. 67（2001）.

② Philip J. Hilts，“Philip J. Hilts，Out Prenatal Drug Abuse，” *New York Times*，January 21，1994，http://www.nytimes.com/1994/01/21/us/hospital-sought-out-prenatal-drug-abuse.html.

妇会在监狱里待产。孕妇在生产前的几天甚至几小时遭到逮捕。她们被戴上手铐、被禁锢、被夺走孩子并投进监狱。(之后如果她们同意进入戒毒所，新母亲将被给予“特赦”。)

纽约生育法律与政策中心（Center for Reproductive Law and Policy）的律师们提起诉讼，主张擅自使用患者的医学尿样检测毒品，进而执行逮捕，属于违宪搜证。审判期间颇为惊人的记录包括，布朗护士曾被人听到建议黑人妇女应进行输卵管结扎，黑人社群应推行生育控制的言论。中心的律师也起诉医院种族歧视。[①] 当地陪审团作出了有利于医院的判决，上诉法院维持了该判决。

医院主张该程序属于宪法反对非法搜查的例外情况，称为“特殊需要”。问题是，根据最高法院的先例，特殊需要必须是特殊的，[②] 服务于特定利益而非根植于所有刑法条款保护的公共福利。本案中，为搜查正
261 名的特殊原因是母亲和胎儿的健康。考虑到所有反毒品的法律执行都着眼于吸食毒品对成人的伤害，那么，胎儿就是本案中唯一的新因素。实际上，医院本身承认其行为部分受到对所谓“毒品婴儿”[③]（crack babies）蔓延的空前的媒体关注影响。史蒂文斯大法官分配到这个案件，并撰写了一份意见，认为该问题是单纯的搜证问题，不存在母亲和胎儿之间的区别。他判决公立医院没有足够特殊的需要，使用为例行健康检查采集的尿样；在没有得到批准或患者同意的情况下，将其交给警察执行逮捕的行为非法。

肯尼迪大法官出具了一份协同意见，正式投票制止护士布朗和她该

---

① Dorothy E. Roberts, *Killing the Black Body*: *Race*, *Reproduction*, *and the Meaning of Liberty*（New York: Vintage, 1998), 174-75, citing the plaintiffs' filings in the trial court.

② Ibid., at 70.

③ 指母亲在怀孕期间吸食可卡因而生下的胎儿。——译者注

行为的追随者。严格意义上讲，这是投给女性原告们的一票。但其意见没有仅止于此，他在胎儿的特殊地位，以及政府如何被允许在适用刑法的时候，强制妇女照顾她们“没有出生的孩子”上花了大量篇幅。“切入点，”肯尼迪写道，“应该是承认州在保护胎儿生命利益方面的合法性……毋庸置疑，南卡罗莱纳可以对那些一点都不考虑自己未出生的孩子，并使其置于永久损害和痛苦危险中的孕妇施加刑罚。”虽然医院不能以医疗为名义伪装采集患者尿样，但一旦被采集了，他认为警察应该可以从医院采集证据，然后对违法的妇女实施惩罚。

整篇行文对于一个搜证问题的判决而言完全没有必要。但肯尼迪大法官似乎总是认为女人不是圣人就是荡妇。目睹极致的二分法再次出现在最高法院一位握有关键投票权的人身上时，他的女同事们都吓坏了。

歧视性移民法问题再次出现，肯尼迪有另一个机会回馈伟大的母亲们，这次是在一个程序无瑕疵的案件中。金斯伯格大法官称美国男性与亚洲女性养育孩子的一系列案件为“蝴蝶夫人”案（Madame Butterfly），这反映了她的修辞天赋和对戏剧的热爱。在第二个案件，即阮诉移民归化局 262
案（Nguyen V. INS）[1] 中，阮的父亲，就如那出悲惨戏剧中的平克顿中尉[2]（Lt. Pinkerton），将他年幼的儿子从越南带到美国抚养。阮在数年后遇到法律上的麻烦，他的父亲没有及时递交相关文件，美国打算遣返这个自从6岁就生活在美国的年轻人。如果阮的父亲是一个越南种茶人，由不注意的美国女性在越南生育，他就可以自动成为美国公民。阮案是一个明显的性别歧视案，肯尼迪大法官却没有帮助性别平权的想法。在有了史蒂文斯

---

① Tuan Anh Nguyen v. INS，533 U.S. 53（2001），http://supreme.justia.com/cases/federal/us/533/53/case.html.

② 《蝴蝶夫人》是意大利作曲家普契尼创作的一部抒情悲剧。该剧以日本为背景，叙述的是女主人公小蝶与美国海军军官平克顿结婚后空守闺房，等来的却是背弃，小蝶以自杀了结尘缘。——译者注

大法官罕见的第五票后，他写了一份意见，否定了父亲可以像在国外生育的美国女性一样，自动将美国国籍传递给出生在国外的子女。

《移民法》可以给予美国妇女在外国生育的婚外子女公民身份，但美国男性无法得到同样待遇，肯尼迪写道。“这种认知并没有什么不理性或是不恰当的：孩子出生时（于法律体制和整个国籍法传统都是重要事件）就已经建立同母亲的身份和亲子关系，但在父亲尚未婚的状态下，这一条很难得到保证。这不是一种刻板印象。”

对美国男性的海外非婚生子女的歧视，相对最高法院令人钦佩的长期支持性别平等的记录而言，似乎不值一提。很大程度上要感谢金斯伯格做律师时的工作，自 1971 年萨利 · 里德为管理儿子财产而起诉时起，最高法院为保护可接受的妇女行为开启了可能性。

而这一成就恰恰是肯尼迪大法官在阮案中质疑的。他刻板地认为妇女是自然的亲生父母的主要观点，直击金斯伯格构建的理论核心。刻板印象极致的一点在于，它总是基于大部分人如何行动而建构起来的。与斯蒂芬 · 维森菲尔德不同，大部分男人不需要社会福利来养育他们没有
263 母亲的孩子。即使她们得到允许，女大学生申请者也不会潮水般涌进弗吉尼亚军事学院。旧准则还在持续。许多（甚至是大部分）人仍然按照他们从历史和文化中接受的熏陶行事。金斯伯格的意图从一开始就是消除对迂腐行为的法律支持，从而为新行为方式争取空间。法律不应把社会差别的认识，比如像安东尼 · 肯尼迪一样的认识，看作常识。

史蒂文斯出人意料地加入保守阵营后，奥康纳成了反对阵营中最资深的大法官。她决定承担回应肯尼迪的任务。[①]“多数派，”她解释说，直指肯尼迪反对意见的核心，“清楚表达了一个错误的‘刻板印象’概念，以及它在我们平等保护法律体系中的重要性。多数派认为‘刻板印

① Ibid., at 74.

象'是'被界定为由非理性或偏差批判的分析导致的思维结构。'然而，最高法院很久前其实已经认可，这样的刻板印象可能有其实证支持，具有某种'理性'。"

在平等保护条款的指引下，奥康纳指出，某些广泛的预设对试图以不同方式生活的人造成了伤害，而我们这个社会似乎已经认同这种忽略证据的做法。她提醒她的同僚，自里德案以来，他们已经重复判决支持该做法。在格尔兹规则（Girlz Rule）的引注中，她重申："过去的案件中，我们已经明确判定，即使在一些数据支持、很常见的情况下，对于被禁止的刻板印象中的性别划分，也违反了平等保护条款。"她的权威从她自己在陪审团案件中的反对意见，延伸到了金斯伯格最重要的胜利——克雷格诉博伦案、男性青少年、啤酒以及驾驶案，还有斯蒂芬·维森菲尔德非典型的儿童保护主张。

而多数派无法仅通过主张如果其不是恶劣的，就不是刻板印象——来隐藏这种刻板印象。这不是那种你伤害了我的感情的情况，她补充道。她不关心肯尼迪是否想到了圣母般的母亲。这仍然是一种刻板印象，而且仍旧伤人。这是一个绝佳的反对意见。但它始终还是一个反对意见（少
数意见）。女性平等的前景依旧黯淡。 264

在接下来涉及性别的案件中，肯尼迪大法官对妇女母亲角色膜拜的负面影响，几乎立即显现了出来。内华达诉海布斯案（Nevada v. Hibbs）中，雇主内华达州政府因拒绝按照联邦家庭休假法的规定，为男性护工威廉姆·海布斯（William Hibbs）提供休假，而被海布斯起诉，并要求赔偿金。[1] 在美国宪法体系中，针对州政府的诉讼具有天然劣势。然而，

---

[1] This was very contentious, four—Stevens, Souter, Breyer, Ginsburg—didn't agree with the premise, but all agreed that FMLA abrogated the immunity. For our purposes, Rehnquist/Kennedy is the interesting view. Nevada Department of Human Resources v. Hibbs, 538 U.S. 721（2003）.

有了史蒂文斯在自由派阵营的协助，甚至伦奎斯特大法官也站在家庭休假的一方，6名大法官投票支持海布斯可以起诉内华达州政府因违反联邦法而受到损害。伦奎斯特写了自己的意见，结论是：弥补性别之间的歧视并让每个人都能得到休假足够重要，员工可以在联邦法院起诉他们的雇主——甚至当雇主是像内华达一样有自治权的州。

肯尼迪大法官对于所有关于家庭价值的早期评论表示异议。关于性别角色的刻板印象和工作场所对女性歧视的历史言论，对他而言没有说服力。“所有人都同意，受条件限制，女性在以往就业机会方面比男性获得的机会要更有限。但正如最高法院认可的，国会通过允许个人起诉州政府赔偿的方式（如果州违反1964年民权法案）回应了该问题。”他很满意自己的总结。如今为了不歧视护工，他们就在性别中立的基础上对家庭休假的问题小题大做。那下一步会是什么呢？

无论是什么，他们都不会得到安东尼·肯尼迪的支持。

最后的案件

奥康纳在离职前的最后一个性别案件中挫败了肯尼迪。杰克逊诉伯明翰教育委员会一案（Jackson v. Birmingham Board of Education）[①]（对于一个相对不起眼的案件而言，作出了令人惊讶的比分相近裁决）中，她投出了关键的第五票——并撰写了意见书。长久以来，联邦教育法第
265 四章就禁止获得联邦资金的学校稿性别区别对待。一位体育老师罗德里克·杰克逊（Roderick Jackson）被指派到一所新学校，他发现女子篮球

---

① Jackson v. Birmingham Board of Education，544 U.S. 167（2005），http://www.law.cornell.edu/supct/pdf/02-1672P.ZO.

队待遇不好，于是进行了投诉。校方对其评价忽然下滑，他最终被解雇。

在先判例已经认可学生可以起诉，要求禁止学校中的性别歧视。杰克逊诉伯明翰教育委员会案只是确认了第四章，禁止性别歧视，也禁止对性别歧视投诉人报复的规定。肯尼迪大法官加入了托马斯大法官等组成的四个保守派反对意见，主张针对性别歧视投诉人的歧视不属于性别歧视。奥康纳做出了一个相对简短的反驳。"报复是'基于性别的'歧视，"她认为，"因为这是对投诉性质的当然回应：这是一种性别歧视主张。"

奥康纳的努力收效甚微。肯尼迪在凯西案后的记录表明，如果奥康纳离开，女性平等的希望很渺茫。唯一的问题是，安东尼·肯尼迪在反对这对律政姐妹性别平权事业的问题上，有多大的决心。

你想说，"哦，亲爱的"

最高法院记者杰弗里·图宾总是听到奥康纳大法官在口头辩论中加入她淑女般的感叹词：哦，亲爱的！哦，天哪！[①] 随后你就知道，奥康纳对自己所说的内容，以及她可能如何判决持非常认真的态度。在离职5年后，2010年，一次威廉·玛丽学院法学院的座谈会上，她承认自己对最高法院推翻了她此前的判决而感到失望。"如果你认为自己做了些有意义的事情，它现在却被废除了，然后你会想说，'哦，亲爱的。'"按照图宾的理解，这几乎等同于这个牛仔女孩承认她十分沮丧。"但是，"她以自己惯常的"接受并采取措施"的强调继续说，"生活在继续。它不

---

① Toobin, *The Nine*, 198. O'Connor was asking Gore's lawyer David Boies why the Florida court didn't set a uniform standard for whether a ballot should be included in the count. "For goodness' sake！" she exclaimed impatiently.

266 会永远都积极阳光。”①

最高法院第一位女性大法官的传奇命运，早在她离开之前就已经清楚明白。保守共和党人乔治·W. 布什成功当选，安东尼·肯尼迪又对强调女性权利不感冒。但她却相反，她看到了这一切，并身陷其中。②她的丈夫约翰，15 年前被诊断为阿尔兹海默症时仍然年轻，其后身体迅速恶化。2002 年前的一段时间内，他受雇于华盛顿的一家律师事务所，名义上仍进行一些工作，但有时下班后他甚至找不到回家的路。直到 2003 年，这位大法官就再也不和她的书记官们做一种著名的名叫“chili fests”的周六晨间活动了；她不能留下丈夫独自一人。她开始带着丈夫到法院，并一直照看他。③

据最高法院记者简·克劳福德·格林伯格（Jan Crawford Greenburg）说，实际上是首席大法官威廉·伦奎斯特促使奥康纳作出的退休决定。④2005 年 6 月，她与伦奎斯特会面，畅谈了他们挚爱的联邦最高法院的未来。他患有甲状腺癌；9 个月之前医生给了他 1 年的时间，她以为他会和自己说他要退下席位。为了不让最高法院一次增加两个空缺，她计划再留任一年然后和约翰回到菲尼克斯。结果与此相反，伦奎斯特打算再留一年的消息着实让她吃了一惊。如果她现在不离开，她只能再等两年让他先退休，或者造成令人担忧的双空缺。正是如此，奥康纳同意

---

① Rebecca Lowe，“Supremely Confdent：The Legacy of Sandra Day O’Connor，” Guardian Legal Network，August 30，2011，http://www.theguardian.com/law/2011/aug/30/us-supreme-court-georgebush.

② Jan Crawford Greenburg，*Supreme Conflict*：*The Inside Story of the Struggle for Control of the United States Supreme Court*（New York：Penguin，2007），location 300 of 5283 in Kindle version.

③ Joan Biskupic，*Sandra Day O’Connor*：*How the First Woman on the Supreme Court Became Its Most Influential Justice*（New York：Harper Perennial，2006），324-25.

④ Greenburg，*Supreme Conflict*，location 302 of 5283 in Kindle version.

自己先离开。

奥康纳写了辞职信，正式递交辞职信的时间就是她远在西部的儿子们收到她通知他们，自己即将辞职的信件当天。“我将在接替我的人确认后即刻退休，”她在给布什总统的信中说。“作出决定，就要承担后果，”她告诉格林伯格。在信件到达后的几小时，她搭上了飞往菲尼克斯的航班。

这个突然的决定使她在最高法院少待了一年时间，并且可能改变了历史。2005 年 7 月，布什总统提名了约翰·罗伯茨（John Roberts）接替奥康纳大法官，这是一个十拿九稳的提名。这是一个非常好的选择，她对媒体说。“除了他不是一位女性。”她补充道。[1] 因为充分了解作为唯一的女性会遭遇什么，她无法接受留下金斯伯格大法官独自一人的未来。 267

然而，等到罗伯茨确认听证开始的时候，他要接替的就不是这位女性大法官第一人了。9 月 4 日，在接替奥康纳大法官的过程中，伦奎斯特首席大法官去世了。布什提名罗伯茨作为下一任首席大法官候选人，并需要为奥康纳的席位另找候选人。不到一个月之后，罗伯茨得以确认。如果奥康纳再稍微多等待几个月，她就可以多一段时间去思考如何做。相反，她出局了，最终被第三巡回法院的塞缪尔·阿利托（Samuel Alito）接替。[2]

阿利托的保守政治和判决众所周知。他是第三巡回法院堕胎案审判席上唯一认为妇女应该在打算堕胎时告知丈夫的人。但最高法院确认听证程序在现代看来，更多的是一场政治戏。说话轻柔的萨姆·阿利托，由于谦卑的人生故事和以为他遭遇不公平待遇而在听证室里激动痛哭的妻子，被认为是像吉米·斯图尔特（Jimmy Stewart）一样的人。他最后

① Elisabeth Bumiller, “An Interview by, Not with, the President”, *New York Times*, July 21, 2005, http://www.nytimes.com/2005/07/21/ politics/21bush.html?pagewanted=all.

② Greenburg calls him “Sam,” *Supreme Conflict*, location 724.

以 58 : 42 得以确认。2006 年 1 月，桑德拉·戴·奥康纳离开了。

未尽之事

直到 2007 年，2003 年联邦“半生产堕胎”法伴随冈萨雷斯诉卡哈特（Gonzales v. Carhart）一案被提交到最高法院，退休的桑德拉·戴·奥康纳大法官认为涉及堕胎的案子都是负担的情况已经不再重要。虽然起草该法是为了避免在胎儿成活之前进行手术，并没有包括为了保护妇女健康的例外情形，与最高法院 2000 年推翻的内布拉斯加州法律并无二致，但她的席位已经被塞缪尔·阿利托接替，四位保守派成了五位多数派。“半生产堕胎”法如今得以成立。[1]

反对意见中，金斯伯格大法官对该判决的真正政治意味毫无保留：
268 “这份判决的意义远没有深远到抛弃罗伊案或凯西案；与我们最终考虑限制性堕胎法规不同，最高法院仍忠实于我们恪守的‘法治’和‘遵循先例原则’。”[2]

金斯伯格的反对意见指出了该案的核心问题。与受到影响的几位妇女（大部分堕胎在最初几个月）一样糟糕，损失的还有法院对妇女地位的符号化定位。自 1971 年起，金斯伯格大法官的真正事业已经不仅是为女性争取正式的法律地位平等，而是重建真实和受尊重的女性意义。让最高法院认可女性平等法律权利是一个巨大成就，但法律权利仅是达到更高的文化和道德目标的手段。女性前景的改变也说明了奥康纳通过

---

① Gonzales v. Carhart，550 U.S. 124（2007），http://www.law.cornell.edu/supct/html/05-380.ZO.html.

② Ibid.，emphasis added.

成为一位有影响力的、受人尊敬的女性大法官所带来的影响（除了她在堕胎议题上断然冷漠的声明）。

其实仅是顾虑金斯伯格取得第一次成功后的这 40 年，肯尼迪大法官就一直在提醒金斯伯格和奥康纳的女性受益人们，注意自己的位置。不论她们是财产管理人、空军军官、小学教师、银行职员、经营顾问、律师事务所合伙人或是军校学员，在肯尼迪的心中，所有的妇女角色都比不上她们作为母亲的角色。事实上，所有的人类行为都是"尊重人类生活"的不完全表达，对此，他认为"在母亲对孩子的爱之纽带中发现了终极表达"。尽管没有证据证明肯尼迪大法官关于这一终极表达的表述，但他明确指出了："不论堕胎是否需要一个艰难而痛苦的道德抉择……尽管我们没有找到可靠的数据来衡量这个现象，但似乎可以毫无意外地得出结论——一些妇女后悔作出将自己曾经创造并孕育的胎儿生命毁灭的决定。"①

金斯伯格愤怒了："这种思考方式反映了关于女性家庭地位的迂腐观念，而在宪法项下——该观念长期遭到质疑。"她将自己最大的一杆枪退了膛，引用德雷德·斯科特（Dred Scott）妇女运动、布拉德维尔诉州政
府案（Bradwell v. State），该案在 1873 年允许政府禁止妇女从事法律职 269
业。"男人是，并且应当是"，她再次引用这个古老案例，"女性的保护者和捍卫者。女性惯有的自然和适当的胆怯及敏感，显然不适合诸多公民生活的职业……女性至上的命运和任务，就是完成高尚而亲切的妻子和母亲的职责。"与之对应地，金斯伯格说，在里程碑式的弗吉尼亚军事学院一案判决中：州政府不能依靠关于女性"智慧、能力或表现"的"过于宽泛的概括"；"这种判断已经在我们国家的历史中阻碍了女性迈向完全公民地位的进程"。之前关于女性地位的法律声明，她总结道："已被

① Ibid.，at page 29 of the draft.

长久质疑。”[①]

更糟糕的是，在肯尼迪的构想下，即便没有人能够证明妇女后悔选择了堕胎，国会也需要作出决定，“该法案认可了这个事实，”肯尼迪认为。但金斯伯格认为妇女应该自己对自己的想法做决定。“虽然今天的多数派可能认为妇女对此事的感受‘不言而喻’……但最高法院已经重复确认，妇女的命运必须掌握在自己手中，由自己对精神需求和社会地位的概念进行规划。”

关于一个人的退休带来了多么大的影响，“我想用‘孤独’来形容自己在审判席上的处境”，73 岁的金斯伯格在奥康纳离开一年后的一次访谈中说。“这就是桑德拉任职前 12 年的情况。我们谁也没想到这种情况会再次发生。”[②]

并肩战斗的时代已经结束，两位大法官结下了深厚的姐妹情谊。男人们可能把奥康纳视为与他们自己一样的人（并因此而珍惜她），但金斯伯格则在两位女性和七位男性同僚之间看到了不一样的世界。她和奥康纳大法官“有不同的背景”，她承认，“我们在许多重要问题上存在分歧，但我们都有着女性成长的经验，还有着某些男同事们没有的感性”。[③]

270 “直到她离开，我才意识到自己是多么想念她。”[④]

---

① Ibid., Ginsburg dissenting, at page 18 of the dissent draft.

② Joan Biskupic, “Ginsburg ‘Lonely’ without O’Connor,” *USA Today*, January 25, 2007, http://usatoday30.usatoday.com/ news/washington/2007-01-25-ginsburg-court_x.htm.

③ “Ginsburg Feels Isolated on Court,” *Washington Post* (Associated Press), January 28, 2007, http://www.washingtonpost.com/wpdyn/content/article/2007/01/27/AR2007012701065.html.

④ Biskupic, “Ginsburg ‘Lonely’ without O’Connor.”

SISTERS IN LAW

PART V

ABSOLUTE LEGACY

第五部分

绝对馈赠

第十八章

伟大的异见者

奥康纳离开最高法院后的这段时间，在书记官们的眼中，金斯伯格并不是孤独的“异类”，而是一个“活着的传奇”①。金斯伯格那像家一般的办公室里有四名书记官、两名秘书和一名通讯员，安逸而又忙碌。正如一名书记官所描述的那样，在这里如同“从消防栓里品香槟”，因为他们处理了一系列事关最高秩序利益和影响力的案件。只有在为每个家庭成员庆祝生日时，工作才会告一段落，马丁·金斯伯格大厨会献上精美的蛋糕，还有给每个人的礼物。而年轻法律人则以戏剧形式模仿平日严肃的老板，来为自己一年的工作画上句号。

金斯伯格，虽然被称为妇女运动中的瑟古德·马歇尔，但她却与马歇尔大法官有很大不同。她更像是约翰·马歇尔·哈伦、奥利弗·温德尔·霍姆斯（Oliver Wendell Holmes）、约翰·罗伯茨（Jr.）或者路易斯·邓比茨·布兰代斯（Louis D. Brandeis）②，这些法官都是最高法院中伟大的“异见分子”。在最高法院任职期间，这些传奇大法官不仅常与

---

① Michael Li-Ming Wong，interview with the author，July 17，2014.

② Richard A. Primus，“Canon，Anti-Canon，and Judicial Dissent，” *Duke Law Journal* 48（1998）：243 ，http://scholarship.law.duke.edu/cgi/viewcontent.cgi?article=1040&context=dlj.

同事的意见相左，还预见了 20 世纪宪法的每项关键发展：废除吉姆·克劳（Jim Crow）种族隔离法[①]、保护自由言论权以及允许经济管制。最高法院最有名的布朗诉教育委员会案，就充分吸收了哈伦大法官在普莱西诉弗格森案中尖锐的分歧意见。（尽管在这起 1896 年的案件中，最高法院维持了对种族隔离合法的裁决。）而金斯伯格在成为首席“异见分子”前，曾赞助出版了一本哈伦大法官妻子玛丽娜（Malvina）的书。其原因也许是，当种族隔离时期最高法院的大法官们还底线地迁就着美国南方
273 各州的隔离法时，玛丽娜就已经坚定地支持丈夫站在反对者一边。

成为异见者并不是金斯伯格自己的选择，其实她更愿意为多数方撰写意见。当她赢得案件，或者当其他人的胜诉判决中援引了她在律师时期代理的斯蒂芬·维森菲尔德案时，她都会骄傲地给自己最中意的当事人写一封信。[②] 从里德案到 25 年后的弗吉尼亚案，金斯伯格时常会像在维森菲尔德案中一样发出“Woo Hoo”的欢呼——她热爱胜利。

从欢呼（Woo Hoo）到哀叹（Boo Hoo）

金斯伯格一连串的胜利并不会持续太久。奥康纳离开一年之后，金斯伯格一反常态地在一个年度中两次宣读了自己的异议。最高法院的大法官虽然一直都持有异议，但很少有人会宣读。正如金斯伯格所说的：“当作为法庭的一员将异议宣之于众时，这表明在他们看来，最高法院

---

① Linda Greenhouse，“A Justice Champions a Witness to History，” *New York Times*，August 5，2001，http://www.nytimes.com/2001/08/05/us/a-justice-champions-a-witness-to-history.html.

② Ginsburg，letter to Stephen Wiesenfeld，March 2，1977.

的判决不仅是错误的，还会引起严重的误导。”[①] 在 2006 年之前，金斯伯格若干年才会宣读一次异议。对于自己的反常举动，她的解释是：“当法院成员利用机会当众宣读分歧意见时，目的在于提请全国民众审视法院裁决的严肃性。”[②]

这样的表达实际上是司法艺术的体现。多年以来，最高法院都将法庭上公开审议的情况制作成录音并向社会发布，其中就包括金斯伯格引人注意的异议发言。况且，自“水门事件”揭露者鲍勃·伍德沃德（Bob Woodward）出版著名爆料集——《最高法院的兄弟们》（The Brethren）后，最高法院就成了媒体关注的热门对象。几十个记者将最高法院作为“常客”追踪播报。每当这名娇小的大法官在宣判日清清嗓子，或者是打开一沓文件，法庭里的记者们都会争相坐起身来，因为马上又有一个故事要发生了。

寻求国会支持的异议

2007 年，在两起严重打压妇女权利的案件中，金斯伯格表达了她的意见。冈萨雷斯案中，肯尼迪大法官的决定使得最高法院以 5∶4 的票数维持了对某些堕胎的禁止令。而另一起案件，莉莉·莱德贝特诉固特异橡胶轮胎公司案中[③]（Lilly Ledbetter v. Goodyear Tire and Rubber），最 274

① Ruth Bader Ginsburg，“The Role of Dissenting Opinions，” *Minnesota Law Review* 95（2010）：1，http://www.minnesotalawreview.org/wp-content/uploads/2011/07/Ginsburg_MLR.pdf.

② Ruth Bader Ginsburg，“The Role of Dissenting Opinions，” Minnesota Law Review 95（2010）：1，http://www.minnesotalawreview.org/wp-content/uploads/2011/07/Ginsburg_MLR.pdf.

③ Lilly Ledbetter v. Goodyear Tire and Rubber，550 U.S. 618（2007）.

高法院驳回了莱德贝特关于性别歧视的主张，理由是她没有在时效期限内起诉。

然而事实却是，自20世纪70年代起，莉莉·莱德贝特就开始遭受性别歧视，之后的一系列歧视性评价都持续地拉低她的收入。从莱德贝特第一次因歧视导致的低收入开始，直到其退休，她的每一份收入都低于公平对待的水平。1998年，她将此诉诸法律，一直到最高法院。然而，最高法院的态度是，莱德贝特在固特异橡胶轮胎公司对其给予歧视性评价后，按照民权法案的规定，应于6个月内起诉，因此其基于过去的歧视导致低收入的主张不能成立。

针对最高法院的裁决，金斯伯格不仅宣读了她的异议，还与自己的新同事针锋相对，她在宣读异议开场时就说“阿利托大法官宣称……”。相比之下，她在书面的异议意见中，则以更为传统的陈述事实的方式开始：“莉莉·莱德贝特是固特异橡胶轮胎公司亚拉巴马州加兹登的区域经理。”①而作为当时最高法院唯一的女性大法官，她认为自己有义务讲出事实：“工资差别经常以小数额累积的形式发生，正如莱德贝特案呈现的，这使得对歧视存在的怀疑，只有经历相当的时间后才逐渐增长，”她接着写道，“像莱德贝特这样的雇员，如果她想在一个男性统治的岗位上成功，特别是在她之前只有男性从事这一工作的情况下，完全可以理解她们期望避免因争执收入而产生风波。”

与塞缪尔·阿利托大法官的观念不同，金斯伯格认为自己有独特的受众群。作为一名资深的女性运动领袖，在金斯伯格眼中，莉莉·莱德贝特，这名满头银发的母亲和妻子，作为固特异橡胶轮胎公司在南方唯

---

① Jill Duffy and Elizabeth Lambert, “Dissents from the Bench: A Compilation of Oral Dissents by U.S. Supreme Court Justices,” *Law Library Journal* 102 (2010): 1, note 6, http://www.aallnet.org/main-menu/Publications/llj/LLJ-Archives/Vol-102/pub_llj_v102n01/2010-01.pdf.

一的女性区域经理，也是常年歧视的受害者——这正是推动金斯伯格政
治诉求的绝佳机会。她将自己异议的听众瞄向了国会，她喊话：“这已经
不是最高法院第一次对民权法案第七章法案作出限制性解释了，而这与
该法条本身应宽泛救济的立法意图相违背。1991 年，国会纠正了最高法
院对第七章刻薄的曲解。今天，决定权又回到了国会那边。”一年后的
2008 年，莉莉·莱德贝特参加了民主党全国代表大会，要求立法为女性 275
和少数族群争取权益，并指出自己每一笔被贬低的收入都在一次次地违
反《民权法案》。终于在 2009 年 1 月，奥巴马总统签署了他任期内的第
一份法案——以莉莉·莱德贝特命名的《莉莉·莱德贝特公平酬劳法》。①

她的同事难以理解

有时候她的确是“孤军奋战”。在萨福德地区学校诉雷丁案（Safford School District v. Redding）的公开辩论环节中，记者们注意到，作为唯一的女性大法官，金斯伯格的发问明显充满了愤怒。②她的注意力完全集中在本案的原审原告——13 岁的模范生萨万娜·雷丁（Savanna Redding）。这名女孩之所以来到最高法院，是因为她所在的学校接到举报，称雷丁非法持有处方药布洛芬。校方命令她脱掉衣服——包括内衣裤，然后自己抖动衣服，看是否有违禁的止痛药。在没有搜到任何东西的情况下，雷丁又被校长命令在其办公室外的椅子上坐了数个小时，才

① “Ruth's Greatest Hit's [sic]: Ledbetter v. Goodyear,” Ruth Bader GinsBlog, August 15, 2012, http://ruthbaderginsblog.blogspot.com/2012/08/ruths-greatest-hits-ledbetter-v_15.html.

② Dahlia Lithwick, “Search Me,” Slate, April 21, 2009, http://www.slate.com/articles/news_and_politics/supreme_court_dispatches/2009/04/search_me.html.

被允许给自己的母亲打电话。随后，雷丁的母亲向法院提起诉讼，案件之所以被最高法院挑中，是因为其争论焦点是学校以这种方式搜查萨万娜·雷丁是否构成无理搜查。

案件的口头辩论莫名吻合了金斯伯格的思考方式，当有些孩子气的布雷耶大法官开始回忆在更衣室里光着身子的快乐时光，以及其他法官们以好奇他内衣下藏着什么为乐时，金斯伯格愠怒地让男同事们去理解，对于一个 13 岁的女孩而言，脱光衣服意味着什么。“已经不仅仅是脱光衣服！”她打断道，“还要把脱下来的内衣抖来抖去！”在庭审结束后，她罕见地接受了《今日美国》（USA Today）的采访，抱怨她的同事们根本无法理解学校的做法对于一个处在敏感期的 13 岁女孩而言意味着什么。①

在男同事们的懵然无知的恶作剧后，法庭最终以 8∶1 判决学校的搜查违反宪法（但涉案的学校管理者最终被豁免，因为“现行法律并没有
276 明确规定这样的搜查违反宪法第四修正案”。）在这个夏天，金斯伯格很难过地看到她所喜爱的苏特大法官退休，每次苏特陪她参加法院的聚会时都会邀请她“约会”；但同时，她迎来了一个惊喜，奥巴马总统提名了一名女性来接任苏特法官。2009 年 8 月，当来自第二巡回上诉法院的索尼娅·索托马约尔（Sonia Sotomayor）作为最高法院法官的任命被通过时，金斯伯格不再孤单。几个月后，她给维森菲尔德写道：“能有她的陪伴太好了。”②

---

① Joan Biskupic, “Ginsburg: Court Needs Another Woman,” USA Today, October 5, 2009, http://usatoday30.usatoday.com/news/washington/judicial/2009-05-05-ruthginsburg_N.htm.

② Ginsburg, letter to Stephen Wiesenfeld, December 9, 2009.

爱人离去 事业相伴

尽管在国会和雷丁案中获得了胜利，但2009年对于金斯伯格来说却是艰难的一年。在奥巴马签署《莉莉·莱德贝特公平酬劳法》后一个月，常规CT扫描显示，她似乎患上了胰腺癌——死亡率最高的癌症。2009年2月5日，最高法院宣布她即将手术。手术的确发现了一个微小的恶性肿瘤，但医生对于手术结果仍很满意——好在肿瘤在早期阶段就被及时发现。13天后，她在给维森菲尔德的信中确信自己已经“稳定康复”，并准备回到最高法院参加2月23日的庭审。而在当天的萨万娜·雷丁案审理中，她的男同事们恶趣味地开展了一场关于“内衣裤”的讨论。

2009年即将结束，另一个危机也已来临。这次是金斯伯格的丈夫——马丁出了健康问题[①]，他的脊椎上长了一个肿瘤，这让他背部疼痛不已。这个低调的法学家描述——“极度不适”。直到来年的3月，金斯伯格和马丁都还在期望病情好转，马丁专门去看了疼痛专科医生，而他们的女儿简专门来给父亲打气，希望他的精神能好些。[②]但不幸的是，2010年6月27日，他们刚刚过完结婚56周年的纪念日，马丁就去世了。

而24小时后，金斯伯格就又出现在审判席上，她相信自己还好，因为她有这份马丁给予自己莫大支持的好工作。[③]在谈到他们的关系时，金斯伯格说：“他是我的人生伴侣，他认为我的工作和他自己的一样重要，

---

① Ginsburg，letter to Stephen Wiesenfeld，December 29，2009.

② Ginsburg，letter to Stephen Wiesenfeld，March 9，2010.

③ Ginsburg，letter to Stephen Wiesenfeld，June 13，2011.

277 对于我而言，这让一切都与众不同。”[1]马丁去世那年，金斯伯格所填的财产申报表高达4500万美元[2]，这当然足以承担金斯伯格适度的购鞋爱好。而马丁偶尔还会陪金斯伯格买鞋。[3]他有时还会在金斯伯格穿上新鞋时，调侃她的这个怪癖，称她“女王陛下”。在有一年为书记官们举办的晚餐会上，马丁又调侃起金斯伯格慢吞吞的吃饭习惯，他对金斯伯格说：“让这些孩子们回家吧！如果他们要等你吃完晚餐，他们今晚就走不了了！”[4]

的确，马丁一直是金斯伯格不算秘密武器的秘密武器。自1973年起，一直到1993年金斯伯格被提名进入最高法院，每一届民主党政府的大佬们都源源不断地收到赞扬金斯伯格优点的推荐信，甚至还有马丁以及他的律师伙伴以及密友们的拜访，这些都有助于促进她的职业发展。在金斯伯格被提名为华盛顿特区巡回法院法官后，马丁也随即把家搬到了华盛顿。

金斯伯格在哥伦比亚大学任职时的同事——亨利·莫纳汉（Henry Monaghan）教授，一个小气得[5]酷似电影《平步青云》[6]（The Paper

---

① Elahe Izadi, “Ruth Bader Ginsburg’s Advice on Love and Leaning In,” *Washington Post*, July 31, 2014, http://www.washingtonpost.com/news/post-nation/wp/2014/07/31/ruth-bader-ginsburgs-advice-on-love-and-leaning-in/.

② “Supreme Court Runs Financial Gamut,” *New York Times*, June 11, 2010, http://www.nytimes.com/2010/06/12/us/12scotus.html?_r=0.

③ travel diary from 1988 trip to Paris, Ginsburg Archive, Library of Congress, Box 39.

④ Michael Li-Ming Wong, interview with the author, July 17, 2014.

⑤ “Symposium Honors and Roasts Professor Monaghan,” *Columbia Law School Magazine*, Winter 2010, http://www.law.columbia.edu/magazine/153298/symposium-honors-and-roasts-professor-monaghan.

⑥ 又译为《力争上游》《纸追》或《寒窗恋》，美国1973年上映电影，后获得奥斯卡最佳男配角奖。影片讲述了一个哈佛大学法学院学生爱上指导教授的女儿，几经奋斗才通过教授各种考验，最终得以毕业的故事。被许多美国法学院学生视为“入门第一课”。——译者注

Chase）里金斯菲尔德（Kingsfield）教授的人，深深被金斯伯格骨子里的温情融化。“讲一个关于爱的故事，”他回忆起与金斯伯格夫妇在巴黎晚餐的情景，“他们夫妻早已有了自己的默契，和他们相处是动人的体验。与他们的相处中，你只需要去看、去感受，正如芭蕾是视觉化了的美妙乐章，你仿佛被带入了另一个世界。”①

没能掌握裁决权的女性

马丁去世后的那个夏天，金斯伯格的好友，哈佛法学院的前任院长、司法部副部长——埃琳娜·卡根（Elena Kagan）也加入了最高法院。卡根的加入同时也创造了历史——最高法院九名法官中首次出现三名女性。卡根后来说，没人会把她和最高法院的其他大法官们搞混，无论是那些资深大法官还是同样刚刚进入最高法院的索尼娅·索托马约尔。金斯伯格在正式场合的表态中，对于卡根的到来表达了她的欣喜。 278

索托马约尔和卡根到来之后，自由派的评论员们开始质疑金斯伯格以及布雷耶，希望他们主动退休，为奥巴马提名更好更年轻的大法官让出位子。②这让金斯伯格很不高兴，她采取自己标志性的行动予以回击——接受了一系列采访，向记者们强调自己无论是身体上还是精神上都十分健康，她对记者琼·比斯科皮奇说：“难道现在的我不能胜任这

① Henry Paul Monaghan，interview with the author，October 14，2013.

② Randall Kennedy，“The Case for Early Retirement，” New Republic，April 28，2011，http://www.newrepublic.com/article/politics/87543/ginsburg-breyer-resign-supereme-court.

一工作吗？”①

无关她的健康状况，那些让她退休的论调折射出这样的现实——即便整个法官席上都是女性，“人数”仍然很重要；而半个世纪前，布伦南大法官早已揭示出这一规律，特别是关键的第五票。金斯伯格不得不认清这一点，奥康纳离开后，这一票常常落到安东尼·肯尼迪身上。在2010年和2011年度（结束于2012年6月）的案件中，安东尼·肯尼迪9件支持了自由派，10件支持了保守派。②而在刚刚过去的2012年、2013年（结束于2014年6月）两个年度里，他更多的是支持保守派。

每次安东尼·肯尼迪把判决结果推向保守派的一方，金斯伯格都表示了反对。随着史蒂文斯大法官的退休，她继承了分配撰写异议的权力。在大多数她作为异议方的案件，以及那些金斯伯格认为应当予以强调的案件中，她的两位女性同事以及布雷耶都站在了她的一边。她清楚地知道一项异议是多么有力。因此，她把很多最重要的案件异议保留给自己就不足为奇了。

关于权力真相的发言

2011年6月27日，金斯伯格在两起案件中公开发表了异议，一件是几周前一个男子刚刚被从冤狱中获释③，另外一件是一名男子因废金属

---

① Joan Biskupic, “Ruth Bader Ginsburg Resists Retirement Pressure,” Reuters, July 4, 2013.

② Veronika Polakova, “Predicting Anthony Kennedy,” *The Monkey Cage*, American Enterprise Institute blog, July 13, 2012, http://www.aei.org/article/politics-and-public-opinion/judicial/predicting-anthony-kennedy/.

③ Connick v. Thompson, 131 S. Ct. 1350, 563 (2011), http://scholar.google.com/scholar_case?case=16887528200611439212&hl=en&as_sdt=6&as_vis=1&oi=scholar.

处理机故障而被切掉手指[1]。这两起案件的异议形象地告诉公众，金斯伯格并不仅仅是一个女权主义者，她的审判哲学一直致力于使公众平等地获得正义，而这植根于当年在康奈尔大学时与导师罗伯特·库什曼相处的那些岁月。

2011 年金斯伯格亲自陈述的异议中，没有一件是她通常关注的性别和种族平等。诚然，一些进步人士经常批评她，对于对抗警察不当行为 279
的权利，其视角过于狭窄和固化。[2] 尽管她曾经也是律师界的翘楚，但当涉及平等保护问题，还是大法官的身份最能激起热情的关注。[3]

第一起案件中，政府事实上已经计划处死原告。1985 年 5 月，路易斯安那州指控新奥尔良居民约翰·汤普森（John Thompson）犯谋杀罪，他没有就自己的行为作证，因为几周之前，他刚刚因为被指控持枪抢劫，出庭受审并被判有罪，而一旦他出庭作证，陪审团将知晓他刚被判决有罪的事实。但他不知道的是，他本应在抢劫指控中获得很好的辩护理由——警方在现场找到了被害人的一件衣服，上面有罪犯 B 血型的血迹。尽管检察官有宪法上的义务，披露其所发现的有利于辩方甚至可以证明被告人清白的证据，但整个检察官团队却只字未提，因此汤普森在本案中从未接受任何血型鉴定。相反，在汤普森接受审判前，刚好有一名检察官从实验室中拿走了那件衣服，再也没还回来。多年之后，这名销声匿迹的检察官，罹患晚期癌症，终于对一名曾是检察官的同事坦白，自己曾经隐匿可以让汤普森脱罪的证据。

因为不敢在自己的谋杀案中作证，汤普森被陪审团认定有罪。尽管

---

① J. Mcintyre Machinery v. Robert Nicastro，131 S.Ct.2780，564（2011）.

② Lisa Kern Griffin，“Barriers to Entry and Justice Ginsburg’s Criminal Procedure Jurisprudence,” in *The Legacy of Ruth Bader Ginsburg*，edited by Scott Dodson（New York：Cambridge University Press，2015）.

③ Ibid.

嫌疑人可能被处以死刑，但负责这起案件的检察官仍未提出血型鉴定。当汤普森成为将死之人时，他的公设律师所聘的私家侦探发现了这份实验室报告，汤普森后来接受了血型鉴定，鉴定显示，其为O型血。州法院撤销了对其抢劫的有罪判决，新罪名开庭仅30分钟，汤普森就在被指控谋杀一案中同样被判无罪。

此时构陷汤普森的检察官已经离世，汤普森起诉了该检察官所在的检察官办公室，理由是该办公室未能有效地训练其人员遵循宪法训令，向辩护方披露辩护证据，导致其公民权利受到侵害。这起案件诉至最高法院，根据托马斯大法官的观点，最高法院五名保守派法官最终判决检察官办公室对其损害并无责任，尽管这些检察官差点杀死了他。判决认
280 为，毕竟该案中只存在一个侵害，不能因为一个“无赖”检察官的行为而起诉整个检察官办公室。

金斯伯格就此提出了异议，她从这起案件民事权利部分审判中一些毫无争议的内容出发，就裁决提出了精彩而强烈的否定。[①] 她指出，新奥尔良的检察长承认自己不知道宪法要求，他的训练手册曲解了证据披露的义务，他也不知道自己这些还是生手的助理们是否清楚这一义务，当然也就没有在当选后认真研究过这一义务，直到案件发生。而且他还作证，无论如何，遵循这一义务将使他的工作变得困难。针对托马斯的观点，金斯伯格的批驳如此有力，使得同样作为多数意见派的斯卡利亚法官，被迫再次单独提出支持托马斯法官的观点来反驳金斯伯格。而媒体的批评则更加猛烈——“最高法院不可能比这沦陷得更深了”[②]、“托马

---

① Connick v. Thompson，at 1370.

② Mike Appleton，“Connick v. Thompson and Prosecutorial Impunity，” *Jonathan Turley*（*blog*），April 10，2011，http://jonathanturley.org/2011/04/10/connick-v-thompson-and-prosecutorial-impunity/.

斯大法官最恶劣的意见”[①]。

在第二起案件中，金斯伯格以叙事为开篇，来表达自己的异议：“2001 年 10 月 11 日，一台 3 吨重的金属剪切机，切断了罗伯特·尼卡斯特罗（Robert Nicastro）右手的四根手指。”这起案件的关键在于，事故所发生的新泽西州，与生产机器的英国是否存在充分联系，以允许尼卡斯特罗在本州起诉。最高法院的五名保守派法官以及通常是自由派的布雷耶法官，都认为缺乏这一联系。拥有独立司法权的州是否对涉及外国公司的案件有管辖权并要求其应诉，或许是法学院百年来诉讼法课程所讨论的主题。金斯伯格，曾经担任过诉讼法的教师，同时也是这一领域颇有威望的学者，自然对本案十分感兴趣。

不过在庭审中亲口念出自己的异议，体现了金斯伯格的责任感。两起案件的当事人都遭受了严重且难以恢复的侵害，且这种侵害远远超出他们能够承受的范围。因此，在两起案件的异议中，金斯伯格都引导她的听众把注意力放到原告个人与大型社会组织之间的不平等上。约翰·汤普森，一名被奥尔良地方检察官指控犯死罪的非洲裔美国人；罗
伯特·尼卡斯特罗，一名在新泽西从事废金属切割处理的普通工人，当 281
其受到身处组织的侵害时，只有法律才能保护他们。2011 年，当金斯伯格用她那轻柔而不带感情色彩的声音发表异议时，她同时也是在呼吁多数的保守派们通过裁决，不让那些占有优势地位的一方推脱责任。2011 年度，这两项里程碑式的异议让全世界一窥金斯伯格思想的自由主义内涵。她关于平等获取正义的视野远远高于那些让她声名鹊起的具体个案。

---

① Dahlia Lithwick, “Cruel but Not Unusual: Clarence Thomas Writes One of the Meanest Supreme Court Decisions Ever,” Slate, April 1, 2011, http://www.slate.com/articles/news_and_politics/jurisprudence/2011/04/cruel_but_not_unusual.html.

种族与性别

进入2011年，金斯伯格寡居的第一年终于快结束了。最高法院的这份“好工作”使她度过了这艰难的一年。当然，这一年也还有别的慰藉[①]：她在春天获得了哈佛颁发的荣誉学位，与她一同被授予学位的还有普拉西多·多明戈（Placido Domingo）。这位现今最伟大的男高音歌唱家为她高歌一支夜曲——来自威尔第（Verdi）的歌剧《圣洁的阿伊达》（Celeste Aida），金斯伯格开心坏了，她说那是她生命中最美好的时刻之一。这个夏天金斯伯格没有像往年一样出国讲学，但仍然去了纽约库珀斯顿的歌剧节，还和家人一起去了圣达菲。秋季，金斯伯格去了纽约，庆祝女儿和女婿结婚30周年纪念日，她还欣喜地看到，一本致敬马丁的烹调书——《最高法院的主厨》（Chef Supreme），由最高法院历史学会出版。[②]

不过更多时候她比以前更加努力地工作，更多地为女性权利而斗争。

不同于多年前出现的“半生产堕胎”和性骚扰案件，现在已经很少出现类似的新案件。但就当前案件中出现的多数意见来看，最高法院似乎再次陷入争议，重返女权主义法律革命。2012年3月，持新保守倾向的肯尼迪大法官，猛烈攻击《家庭和医疗休假法》（Family and Medical Leave Act）。在9年前，他曾在内华达诉希布斯一案中，表态反对这部法案。2012年，科尔曼诉马里兰上诉法院[③]（Coleman v. Court of Appeals

---

① Ginsburg，letter to Stephen Wiesenfeld，June 13，2011.

② *Martin Ginsburg*：*Chef Supreme*（Washington，D.C.：Supreme Court Historical Society，2011），http://supremecourtgifts.org/chefsupreme.aspx.

③ 566 U.S. 12（2012）.

of Maryland）这起案件，在外行人眼里完全和之前的案件如出一辙。实际上两起案件唯一的区别是，希布斯是因为需要照顾家人而离职，而科 282
尔曼是因为罹患疾病而离职。与内华达州一样，马里兰地方法院驳回了科尔曼的请求。最高法院这一次，肯尼迪和其他四名保守派法官支持了州的诉求，而金斯伯格宣读了她的异议。她指出，《家庭和医疗休假法》整部法律，无论是产假、家庭假还是病假，都是为了修正所有的家庭照料都要来自女性这一假设。当女性被固化认为是照料者，即便是照顾作为孕妇的自己，她们作为劳动者的能力通常也会被贬低。宪法禁止性别歧视，而休假法就是在执行宪法的这一禁令。因此，当州违反了联邦法律，当事人可以起诉所在州。

对金斯伯格而言，最骇人的是，肯尼迪有意忽视诸如病休等社会福利对妇女工作平等的影响，而这些都是宪法第十四修正案所规定的平等权。让法庭将性别歧视视为对宪法第十四修正案的严重侵犯，是金斯伯格毕生的努力。与肯尼迪相比，斯卡利亚更为保守，他从不认为宪法第十四修正案将种族和性别问题同等对待，他的观点将导致最高法院实质上完全否定《休假法》。而肯尼迪则是将斯卡利亚取消所谓宪法规定的女性平等权的观点，以更温和的方式表达出来。

科尔曼案同时也是一个警告——最高法院的保守派将追击诸如《休假法》等保护女性权利的进步法案，这些法案大多是民主党国会，外加一位富有同情心的总统制定的。很多学者和研究最高法院的人士都认为，最高法院似乎回到了罗斯福新政时期频频引用宪法否定法案的阶段。[1]

---

① Laurence Tribe, "The Roberts Court: New Frontiers in Constitutional Doctrine," *Washington Post*, June 6, 2014, http://www.washingtonpost.com/news/volokh-conspiracy/wp/2014/06/06/by-prof-laurence-tribe-the-roberts-court-new-frontiers-in-constitutional-doctrine/.

异见女士

一年后，最高法院进入年度开庭期中很紧张的最后一周，学院派出
283 身的金斯伯格打破了最高法院中一天之内口头陈述异议的记录。[1]2013年6月24日，在这个“异见星期一”，金斯伯格发表了三项异议，全部关于平权。其中两起案件使得女性和少数族裔，运用《民权法案》使工作场所更具包容性的努力更加艰难；另外一起案件则让一些充满善意的机构——比如得克萨斯大学，采取平权行动让自身（尤其是种族问题）更为包容的努力更加困难。

两件雇工歧视的案件很明显是金斯伯格愤怒的目标。在万斯诉鲍尔州立大学一案（Vance v. Ball State）[2]中，最高法院认为民权法案严重削弱了在工作中处于领导层一方的权利。由于领导层才是使用工方为其性别歧视行为承担责任的关键，因此这一判决实际上让被欺凌的雇员更难获得补偿金了。同样，由于损失的可能性小，用工方也没有动力对其雇员进行约束，以免其压榨女性下属。

而在第二件案件，即得克萨斯大学西南医院诉纳萨尔案（University of Texas Southwestern Hospital v. Nassar）[3]中，纳萨尔医生所起诉的医院因为他曾经投诉受到歧视而解雇了他。针对纳萨尔案，肯尼迪异常大胆地反转了9年前奥康纳主导的裁判——在那起案件中，肯尼迪是提出异

---

① Stephen Wermiel, “Dissenting from the Bench,” *SCOTUS for Law Students*, SCOTUS blog, July 2, 2013, http://www.scotusblog.com/2013/07/scotus-for-law-students-sponsored-by-bloomberg-law-dissenting-from-the-bench/.

② 133 S. Ct. 2434（2013）.

③ 570（2012），http://www.supremecourt.gov/opinions/12pdf/12-484_o759.pdf

议的一方。在9年前的女篮教练案，即杰克逊诉伯明翰教育委员会中，尽管只是5∶4的勉强多数，但奥康纳仍然主导了判决结果并撰写了判决。她认为针对投诉歧视者的打击报复，本身就是一种非法的歧视行为。而面对相似的纳萨尔案，肯尼迪如果只是通过自己的多数地位驳回纳萨尔的请求，以此来否定杰克逊案的判决，将过于明显地昭示最高法院人事变动所带来的影响。因此，肯尼迪并没有采取这样明显的政治行动，他通过支持女篮教练案判决的方式来达到同样的目标，即打击报复仍属于宪法意义上的歧视，然而证明“打击报复”的标准比直接证明歧视自身还要高。纳萨尔案中，医院提供了另外一项处罚纳萨尔的理由，这让该案成为一个混合动机的案件，如肯尼迪所说，即使用工方一直试图惩罚投诉者，他们只需要编造一个解雇的理由，就可以逃脱制裁。 284

肯尼迪的意见有些过分。在纳萨尔案之前20年，奥康纳曾在安·霍普金斯诉普华永道（Ann Hopkins's suit against Price Waterhouse）一案中，建议在混合动机案件中对原告的证明标准稍微作些调整。然而肯尼迪在该案中提出了异议，对他而言，奥康纳的调整对女性的倾向性显得过于明显。为了回应奥康纳折中的意见，国会对民权法案进行了调整，对雇主基于混合动机的案件，采用超自由主义的标准来证明歧视的存在。所以当2013年最高法院法庭审理纳萨尔案时，法律的规定是这样的：1. 只要报复与歧视类似；2. 只要雇员证明歧视是因素之一，即可胜诉，即便雇主还有其他的原因。尽管如此，纳萨尔一案，还是有5名法官表决认为，在报复性解雇案件中，雇主只要有其他适当的理由来解雇投诉的员工，其就可以免责。肯尼迪最终阐述的理由是，毕竟报复性解雇涉及《民权法案》另外一部分的内容，而不适用国会修改倾向于原告的那部分条款。

针对肯尼迪的裁判，金斯伯格不再客气，提出了异议。在异议中，金斯伯格反复提醒肯尼迪，他在1989年同样为混合动机的普华永道案中，是以异议者姿态出现的。然而，尽管肯尼迪没有推翻之前两起自己作为异议方案件的判决，但他却让法律对运用《民权法案》维权的原告尽可能严苛起来。

同一天，最高法院还以 7 : 1 的票数对费舍尔诉得克萨斯大学（Fisher v. University of Texas）[1]作出了判决（因为卡根大法官在担任司法部副部长时期参与了相关活动而回避，所以只有 8 名大法官参加审判）。该案是最近的一起种族平权案件，尽管种族平权是宪法标准中最难的一个课题，必须经过严格审查，但 2005 年奥康纳关键的第五票拯救了这类案件。作为多数派，奥康纳的意见认为，密歇根大学招生时考虑种族因素，符合国家在学生主体多样性上的重大利益，而且对于非少数族裔的申请者不会造成"过度伤害"。自从奥康纳离开最高法院，观察家们就已经推测保守派们将完全禁止大学录取时考虑种族因素，而这几乎是所有高等教育机构的做法。相反，保守派们的做法是，将案子发回下级法院重新
285 审理，让下级法院自己判断——得克萨斯大学为实现生源多样性而将种族纳入录取考虑因素，是否因其权重过小而满足严格审查的高标准。这一决定如此不合逻辑且出人意料，评论家们猜测肯尼迪或者罗伯特因为胆怯，不敢主张南北战争后的宪法修正案在这个问题上禁止帮助非裔美国人。[2]

尽管困难重重，金斯伯格仍然提出了异议。2013 年，金斯伯格的自由派同事们感到很宽慰，因为最高法院并没有决绝地认定平权行动本身违宪；然而金斯伯格却不这么认为，她成了唯一的异议者。一边倒的表决形势反倒给了她发表异见的机会。当费舍尔案出现 4 : 4 的局面时，金

---

① 133 S.Ct. 2411，570（2013）.

② Paul M. Barrett，"A Fascinating Supreme Court Punt on Affirmative Action，" BloombergBusinessWeek，June 24，2013，http://www.businessweek.com/articles/2013-06-24/a-fascinating-supreme-court-punt-on-affirmative-action.

斯伯格还必须约束自己保留一些关于平权行动的意见。但是，基于七人中的绝大多数都同意将案件发回重审，金斯伯格反倒可以自由地说自己年纪大了，在审判席上念出她的异议。

针对判决中提出的，下级法院应当审查学校为了实现学生的种族多样性不得过于强调种族因素，金斯伯格认为这只不过是个借口，并特别进行了阐述。她写道，最高法院这一荒谬的判决，使得平权行动的进展倒退了几十年。你不能要求一项旨在实现种族多样性的项目本身却不考虑种族因素，因为平权行动本身就是基于种族而采取的完善措施。任何人所作的不同表述都是谎言，“我曾经在这里反复强调，只有鸵鸟才能对种族无意识采取所谓中立的方法。如苏特大法官在对早先的平权案件格拉茨诉柏林格案（Gratz v. Bollinger）所评论的，这些所谓的可供选择项，受制于其本身被故意赋予的模糊性。就像我对这纸荒谬的判决最后一轮异议中提到的，‘如果大学不能明确地将种族作为录取要素，许多学校将采取欺骗的方式来伪装少数族裔的录取率’。”

金斯伯格同时强调，假装相信这些谎言，将是法律职业者的耻辱：“正如一位著名的法律批评家所说，‘如果你认为你可以在考量与一件事密切相关的其他因素时，而不用考量这件事本身……’，只有这样的法律思维 286
才能推断出，专门为增进种族多样性的录取方案绝不可能保持种族意识。”

金斯伯格反复强调的是（但其他人一直都没明白），没有必要故意和稀泥，因为平权行动本身不存在违宪的问题：“我多次解释为什么政府人员，以及各州的大学不能对‘公开种族隔离的历史’以及‘数百年来的法定不平等’所产生的持续影响视而不见。”①

然而，金斯伯格作为平权行动合宪的呼吁者，却显得有些讽刺。表

① “Realizing the Equality Principle,” at note 123in present draft，Ginsburg Archive，Library of Congress，Box 12.

面上看，法律似乎是在帮助女性，比如金斯伯格曾在70年代挑战过的更为宏观的《社会保障法》，却被框定为平权行动。不同之处在于，金斯伯格在律师时期所挑战的法律，如女性不能担任陪审员，当时常常是道貌岸然地以维护女性利益的面孔出现。正如金斯伯格常说的，我们很难分辨出哪些是犹如桎梏的陈规，因为它们常常披着福利的金外衣。

与之相对，金斯伯格很早就意识到平权行动在实现“平等”原则上的恰当定位不应是“施以好意”，而是“确保女性在工作中，可以与能力同自己相近的男性获得同样的待遇”。金斯伯格尤其明白，与对女性采用保护性法律的方式不同，那些让黑人受益的项目，比如在大学录取时给予的额外考虑，通常能让他们真正受益，这远胜于把他们刻意置于极度历史性不公正造就的境遇之中。在金斯伯格的分析中，历史的遗留影响总是突出的。

费舍尔案中，针对学校的混淆性行为、职业不当行为以及宪法性错误等议题的投票结果是7∶1。但金斯伯格并没有责备她的同僚，在异议中她更担心的是未来。

第二天，她在另一起案件中再次提出了异议。

6月25日，星期二，首席大法官罗伯茨宣布1965年的投票权法案中要求各州（如阿拉巴马）修订其选举法要先与司法部协商——即所谓
287 的预检制度——违反宪法。[①]罗伯茨很有底气地说，看看亚拉巴马州现在已经有多少黑人在投票，而国会仍可以拒绝放开那些长期被监督的南方州，这一规定已经不再合理，也就不再合乎宪法。

金斯伯格提出了异议，在痛心疾首地罗列了一长串阻止黑人投票的活动后，直到最近（2010年）发生在亚拉巴马州的例子，金斯伯格总结：“废除一直在阻止歧视性变化方面发挥作用，并将继续发挥作用的预检

---

① Shelby County Alabama v. Holder，133S.Ct. 2612（2013）.

制度，就如同把伞扔在暴雨里，却告诉大家原因是自己还没有淋湿。”

现在是 2013 年 6 月，金斯伯格把她的异议装入漂流瓶中，以待未来
的法院接受。 288

第十九章

“声名狼藉”的鲁斯·巴德·金斯伯格

夏娜·克里兹尼克（Shana Knizhnik），纽约大学法学二年级学生，认为金斯伯格作为谢尔比县诉霍尔德案（Shelby County v. Holder）中的异议执笔人，应当得到一个比《时代周刊》头条更潮一点的评价。2013年春天早些时候，关于同性婚姻案的口头辩论中，金斯伯格的尖刻意见脱口而出，她为了支持这些“被排挤和被边缘化的”[①]人群所作的霸气雄辩，让她“声名狼藉”。著名说唱歌手，克里斯托弗·乔治·拉图·华莱士（Christopher George LaTore Wallace）——一个又高又壮的家伙，别称“声名狼藉的B.I.G”，而金斯伯格的名字缩写是“R.B.G”与他相似；同样巧合的是，华莱士也出生在布鲁克林，而在他“声名狼藉”之前，他也是一名优秀学生。[②]

克里兹尼克曾经看到一个名叫“希拉里的文字”（Texts from Hillary）的网页，上面用修图工具将这个60岁左右的外交官装扮成一个戴着墨镜拿着智能手机的女老板，吸引了成千上万的粉丝。[③]受到启发，

---

① Shana Knizhnik，interview with the author，August 11，2014.

② “The Notorious B.I.G.,” Wikipedia，http://en.wikipedia.org/wiki/The_Notorious_B.I.G.（accessed November 19，2014）.

③ Texts from Hillary，April 11，2012，http://textsfromhillaryclinton.tumblr.com.

在金斯伯格在霍尔德案作出异议的当天，克里兹尼克又写了一篇博客，题目是《声名狼藉的金斯伯格》[①]。

这篇来自霍尔德案异议的第一篇帖子让金斯伯格“声名鹊起”。当然，她犀利的影响力还在不断发酵：在费舍尔诉得克萨斯州大学一案的异议中批评“鸵鸟”政策；在布什诉戈尔案中批评同僚们自负地预言重新计票不会改变选举结果；以及与黛安·索耶（Diane Sawyer）一起在YouTube上录制视频，表示“9”对于女法官而言是一个不错的数字。在那天结束前，第一件关于她的T恤衫出现了，她仍是传统的法官形象——穿着大家最为熟悉的长法袍和荷叶领。24小时后，又出现了印着她戴上 289
B.I.G皇冠和亮钻图案的“声名狼藉”的T恤。又过了一天，纽约一家杂志（The Cut）报道称金斯伯格已经与碧昂斯（Beyoncé）、希拉里一起成为“网红”[②]。在这周结束前，流行观察员巴兹费德（BuzzFeed）又表示：“有19个理由表明鲁斯·巴德·金斯伯格应当是你最喜爱的最高法院大法官——她完全是一个简单直接的总裁。”[③]一家漫画社（Bluewater）在其连载漫画《女性力量》（Female Force）[④]中专门发布了金斯伯格卷。

这一年快结束了，每个节日都有一个有趣的开场。这一年八卦网站

---

① Notorious R.B.G.: Justice Ruth Bader Ginsburg in All Her Glory (blog), http://notoriousrbg.tumblr.com (accessed November 19, 2014).

② Allison P. Davis, “NYU Law Student Is Making Ruth Bader Ginsburg a Meme,” *New York*, June 27, 2013, http://nymag.com/thecut/2013/06/nyu-law-student-is-making-bader-ginsburg-a-meme.html.

③ Jamison Doran, “19 Reasons Ruth Bader Ginsburg Is Your Favorite Supreme Court Justice: R.B.G. is a complete and total boss. Plain and simple,” *Buzz Feed Community*, July 30, 2013, http://www.buzzfeed.com/jamisond/19-reasons-why-ruth-bader-ginsburg-is-your-favorit-7fxd.

④ Bill Mulligan and Tsubasa Yozora, Preview: Female Force: Ruth Bader Ginsburg #1, *Blue Water Comics*, June 24, 2013, http://www.comicbookresources.com/?page=preview&id=17037.

“法律之上”（Above the Law）的万圣节话题是一张“婴儿金斯伯格”照片。照片里，婴儿穿着金斯伯格标志性的黑色法袍和白色蕾丝衣领，戴着一副圆圆的眼镜，旁边还放了一个法槌——不是摇铃。

到了圣诞节，一款名叫“鲁斯·斯内德·金斯伯格”（Ruth Slayder Ginsburg）的玩具诞生了，这是一个穿着黑丝法袍和白色胸饰的超级英雄。而到了情人节，这款玩具则会说：“你违反了第五修正案，因为你没有以正当程序带走我的心。”

金斯伯格很快知道了自己的“声名狼藉”。书记官乔西·约翰逊（Josh Johnson）的妻子发现了那篇热议的博客，书记官很快把这个消息告诉了大法官。[①] 当她的书记官向她解释“声名狼藉”的由来后，她欣然地处处以此自居。

金斯伯格的老朋友，简奈特·本舒弗（Janet Benshoof），在女性权利组织——全球正义中心，听到了关于金斯伯格的事，她让实习生们制作一个说唱视频，准备送给金斯伯格。[②] 他们决定用“声名狼藉的 B.I.G”的批判性歌曲——《多汁》（Juicy）作为模板。两个聪明的女孩——凯丽·考斯比（Kelly Cosby）和伊丽莎白·嘉文（ Elizabeth Gavin）开始研究关于金斯伯格的一切，包括许多影影绰绰的事件，比如她在哈佛时受到欧文·格里斯沃尔德院长的质疑，以及她标志性的白色衣领。嘉文有一个朋友，会制作录音，也熟悉那些会编辑音乐视频的人。[③] 这些孩子们在全球正义中心待了一天，每个人都认真地参与了制作工作。

这首“声名狼藉的 B.I.G”号称是献给“所有那些告诉我将一事无成的老师”的作品，被改编为“RBGuicy”[④]。在视频里，凯丽·考斯比和伊

---

① Josh Johnson，interview with the author，August 11，2014.

② Akila Radhakrishnan，interview with the author，August 13，2014.

③ Elizabeth Gavin，e-mail to the author，October 31，2014.

④ http://rap.genius.com/Notorious-rbg-rbguicy-lyrics.

丽莎白·嘉文两人穿着金斯伯格的T恤，戴着宝石衣领，品着茶。她们 290
称这首歌是献给那些——

> “因为性别告诉我将一文不值的法官”，以及“那些深居在我曾经挤破头都想进入的象牙塔的人”，“那些将苏珊·B.安东尼印上硬币，以此设法来收买我和所有抗争女性的人”。你知道我在说什么吗？

金斯伯格喜欢这种关注。在纽约城律师协会每年举办的鲁斯·巴德·金斯伯格“女性与法律”年度论坛上，金斯伯格正准备介绍演讲者卡根大法官时，这首说唱歌曲在大屏幕上播放起来。金斯伯格也曾经向简奈特·本舒弗承认，自己在感到沮丧时看过这个改编自歌曲的视频。

没有金斯伯格的真相

很多大法官都曾提出过异议，然而金斯伯格却是历史上唯一一名拥有说唱歌曲的异见者。这首 RBGuicy 唱道：“我之所以引人注目是因为我作出了正确的决定。”考斯比和嘉文两名女生成功地将她塑造为文化偶像，而不仅是醉心于她的蕾丝手套。他们之所以将金斯伯格放到聚光灯下，就如同歌里所唱的，他们认为她作出了正确决定。最高法院被占据多数的保守派牢牢把持，公众对这个激进主义的小老太婆爆发性的支持成了一项政治事件——即便她在 2013 年几乎输掉了所有她关注的争议案件。

改变诸如平权行动、被告人权利以及就业歧视等所涉及的文化土壤是一个痛苦而漫长的过程。这个过程受制于总统和国会选举的轮替，即是否能有一个倾向于运用创新思维的总统和国会。但在这一情况发生前，

291 投票者和有志参政的候选人自身必须率先作出改变。然而显而易见的是，在哈伦大法官向同事们作出“隔离绝不意味着平等”的警告后过了60年，最高法院才在1954年作出了废除种族歧视的判决。

这些异议则是这一过程的种子，特别是在互联网时代，它们契合了互联网固有的对抗性。除了有终身职位的庇护，金斯伯格本身又是一个不愿将就和妥协的人，她不断地用激进和对抗性的词句来形容那些保守甚至有些倒退的男同事。听着她用自己的逻辑来批驳他们，每一个人都由衷地感到振奋。在最高法院的版图上，一边是三名女性和她们的男性盟友——布雷耶，另一边是五名保守的男性法官——这一切都完美运转。

21世纪任何关于力量的故事中，互联网在社会变革中的作用显而易见。“声名狼藉的金斯伯格”的制造者是一名自由主义的同性恋者（“来自希拉里的文字”网站幕后操盘手也是同性恋者）①。而在美国，对于社交媒体的运用，没有比同性恋革命做得更好的社会运动了。事实上，鲁斯·巴德·金斯伯格成为文化偶像始于2013年春天，金斯伯格针对共和党国会一直维护反同性恋的婚姻法，就“真正的婚姻”与“脱脂牛奶婚姻”②（skim milk marriage）义愤地质问共和党国会的律师；那年夏天她成为历史上第一位主持同性结婚仪式的最高法院大法官。她当然知道她的决定所传达出的信息。“她并没有说结婚是宪法赋予的权利，”金斯伯格的书记官约翰逊说，“而华盛顿特区已经作出上述决定，认可他们有权利结婚。她很清楚自己的行动将对公众产生什么影响。”③

---

① Andy Towle, “Gay ‘Texts from Hillary’ Creators Get Invite to State Department Meeting with Hillary,” *Towleroad*（blog）, April 10, 2012, http://www.towleroad.com/2012/04/gay-texts-from-hillary-creators-get-invite-to-state-department-meeting-with-hillary.html.

② 金斯伯格用它来比喻有名无实的婚姻。——译者注

③ Josh Johnson, interview with the author, August 11, 2014.

如同咏叹调的异议

金斯伯格自网络走红的第二年，她作出了最有说服力的异议。在伯维尔诉霍比罗比公司案（Burwell v. Hobby Lobby）[1]中，她不同意让人目瞪口呆的反女权判决（雇主不同意为节育承担医疗保险）。金斯伯格在该案中的异议是一首名副其实的《若你想起舞》（Se vuol ballare）[2]—— 292
法国大革命前夕，莫扎特在歌剧《费加罗的婚礼》（The Marriage of Figaro）为自命不凡的仆人费加罗（Figaro）所作的咏叹调。像费加罗一样，金斯伯格提醒着那些有权有势的人，他们可能现在手握权力，但如同费加罗所说，迟早有一天，"如果你想起舞，我亲爱的小伯爵，我将发号施令；如果你来到我的学校，我将教你如何跳跃！"[3]

多数派意见已经裁决，工艺品零售连锁巨头霍比罗比公司（Hobby Lobby）不必根据联邦医疗保健法的规定支付女性职工医疗保险中的避孕费用。一些避孕措施，比如广泛运用的宫内节育器，在雇主看来某种程度上就像早期堕胎一般，因此违背了他们真诚信奉的宗教信仰。[4]虽然争议的焦点事关宗教信仰自由，但霍比罗比公司案并不是第一起涉及

---

① 573（2014），http://www.law.cornell.edu/supremecourt/text/13-354#writing-13-354_OPINION_3.

② Wikipedia，http://simple.wikipedia.org/wiki/Se_vuol_ballare（accessed November 19，2014）; translation by Jane Bishop，Aria Database，http://www.aria-database.com/translations/nozze03_sevuol.txt（accessed November 19，2014）.

③ Lorenzo da Ponte，libretto to Wolfgang Amadeus Mozart，The Marriage of Figaro，Recording Booklet，at 121，Chandos Music，https：//www.chandos.net/pdf/CHAN%203113.pdf

④ Burwell v Hobby Lobby Stores，573（2014），http://www.law.cornell.edu/supremecourt/text/13-354#writing-13-354_OPINION_3.

第一修正案的案件。相反，最高法院判决认为本案适用恢复宗教自由法（Religious Freedom Restoration Act，1993 年由联邦制定），法案规定“政府不应当为任何人的信仰自由增加实质性的负担，即使该负担来自一项具有普遍适用性的规则”。为了使霍比罗比公司能够豁免联邦健保法中的义务，最高法院不得不采取一些非常大胆的手段。首先，最高法院认定，营利性公司与自然人一样，都可以成为拥有宗教信仰的“人”。其次，最高法院还认定，尽管女性的健康利益，包括她们的避孕需求，可能是一项足够严重的能够限制信仰自由的事项，但联邦并没有表明健保法是保障这一利益的“最低限制手段”。阿利托大法官指出，或许霍比罗比公司的保险公司可以只负担女性员工的宫内节育器费用。或者，如果政府确实关心女性，可以由政府来解决该问题，比如以税收抵免的方式。教会正是采取了这样一些变通式的方法，来规避他们认为与其宗教信仰相抵触的法律义务。

金斯伯格提出异议。霍比罗比公司雇主的真挚信仰与采取避孕措施之间的联系过于微弱，以至于联邦医疗保健法的规定完全不会损及雇主的信仰自由利益。毕竟，“是否根据联邦卫生保健法来主张保险利益，是由享有医疗保险的职工决定，而不是由霍比罗比公司决定，……如果一
293 位女性雇员与雇主有同样的宗教信仰，那么她自然不会考虑使用本案所争议的避孕用具”。金斯伯格接着指出，即使霍比罗比公司的雇主们会因此而沮丧，但的确没有可行的“限制更小”的方法。同时，霍比罗比公司以及其他联邦医疗保健法的反对者们拒绝作出让步，他们不愿意接受国会给予教会的待遇，即让他们的承保人以间接方式负担“可怕的”避孕器具费用。那时，拒绝接受教会待遇的这种阻力，已经将争议推向最高法院。金斯伯格最后总结，多数意见只是提出让政府为霍比罗比公司的信仰自由买单，然而联邦卫生保健法的设立并不是为了将有信仰自由的霍比罗比零售连锁企业的未投保职工转嫁为公共负担。转嫁成本对于

政府来说十分累赘且昂贵，对于其他雇主来说也不公平。

但这些都不是金斯伯格异议中真正的焦点，她毕生为女性平等而战斗，而此时她正在经历一场全新的战役。虽然主笔判决意见的阿利托大法官和撰写协同意见的肯尼迪大法官都表示，他们认识到女性健康是一项强制性的政府利益；而事实上，霍比罗比公司案只是为那些反对女性福利的人创设了一项联邦医疗保健法项下的特别豁免。除此之外别无其他。金斯伯格用形象的措辞让多数派们审视自己的观点：“‘让政府埋单’这种替代性措施的终点在何处？如果雇主的虔诚信仰与疫苗接种保险或者支付最低工资相冲突，又该怎么办？”她问道，并引用了那些存在上述争议并被驳回的案例。为何一个宗教团体甚至试图以信仰为名，来摆脱女性同工同酬的诉求呢？

她问道：“最高法院允许有宗教信仰的、反对特定避孕措施的雇主免于法律义务的豁免性规定，是否会扩展至有其他信仰的雇主呢？比如反对输血（如宗教团体‘耶和华见证人’）、反对抗抑郁药（科学论派的支持者）、反对含有猪成分的药品，包括麻醉、静脉输液以及胶囊药品（某些伊斯兰教、犹太教、印度教教徒）以及疫苗（特别是基督教科学派成员）的雇主。”

金斯伯格强调，对于这些并不只是损害女性利益的问题，“最高法 294
院……认为并没有什么值得担忧的”。最高法院明确表示其决定“不应当被误解为，当保险责任范围的立法规定与雇主的宗教信仰冲突时，该立法规定必须让位。其他保险范围的立法规定，如免疫接种，可能会源于不同类型的利益支持（比如需要对抗传染病的传播），同时可能涉及这种保险的不同类型的最小限制措施。”读者似乎都能听到金斯伯格的质问，这是什么谬论，难道只是为了惩罚女性，而允许最高法院作出这种“一次性”判决吗？

乔纳森·曼（Jonathan Mann），平时在互联网上制作“每日一歌”，迅速将这名酷爱歌剧的女权主义者的伟大异议编成歌曲，上传到“声名狼藉”网站，并在 YouTube 上播放。①

金斯伯格与肯尼迪

金斯伯格与肯尼迪大法官在女性解放问题上长期存在冲突，而这些冲突经常直接被摆到台面上。在霍比罗比案中，肯尼迪投出了至关重要的第五票，并费尽力气地阐述——作为重大利益，政府在提供包含节育的医疗保险时，必须考虑到“很多关于生育的医疗手段都有妊娠禁忌”。金斯伯格的异议揭示出，肯尼迪认为诸如严重心脏病②等一般健康权不同于对女性非常重要的避孕权的真正原因是“女性平等参与经济和社会生活的能力，取决于她们控制生育的能力”，她写道，并引用了肯尼迪在凯西案中的观点：“议会立法的考量是，作为一项全国性的保险，其应当具有较强的综合性，应当按照女性需求包含到预防性的保护措施。”

2014 年 8 月，在案件判决六个星期之后，金斯伯格接受了凯蒂·柯丽克（Katie Couric）的采访。她指出大多数的男性没有足够理解女性生
295 活的能力，也意识不到避孕对女性的重要性。她希望他们可以在“夫人和女儿”的良性影响下“进化”出这一能力。

短暂的几个星期后，金斯伯格借机重申了她与肯尼迪关于女性问题的深刻分歧：“关于冈萨雷斯诉卡哈特案，我关注的是最高法院的态度，

① “Ginsburg’s Hobby Lobby Dissent, Song a Day #2007,” YouTube, June 30, 2014, https: //www.youtube.com/watch?v=GY1TJ8JazkQ.

② Sahar Naderi and Russell Raymond, “Pregnancyand Heart Disease,” Center for Continuing Education, Cleveland Clinic, February 2014, http://www.clevelandclinicmeded.com/medicalpubs/diseasemanagement/cardiology/pregnancy-and-heart-disease/.

他们看那名妇女的眼神，好像她并不是一个独立的成年人。”她对柯丽克说：“他们的观点是，妇女将为自己的选择在悔恨中生活。但这不是最高法院应当考虑和表述的。成年女性就自己生活作出决定的能力，并不比男性差。因此，我认为在卡哈特案中，最高法院逾越了自己的界限。这实际上是‘大哥必须保护女性，以防止她们自身的弱点和不成熟的误判’[①]这一观点的另一种形式。”而执笔卡哈特案判决意见的不是别人，正是安东尼·肯尼迪大法官。

针对金斯伯格2014年大量的公开亮相，观察家们认为这是她试图通过公众的责难给肯尼迪施压。众所周知，肯尼迪十分在意他的公众形象，这一招果然管用。

互联网上的游吟诗人乔纳森·曼是这么唱的：

（合唱）哦！让我担心的法院陷入了无耻的怪老头儿和宗教狂人所制造的雷区。

金斯伯格从不会称自己的同事为“怪老头儿”（geezers），但在这首歌发布当天快结束时，你可以听到金斯伯格用她那柔和的颤音唱着这首歌的最后一句：

哦，但有一件事是清楚的，战斗还没有结束，我们必须站在一起捍卫我们所认为正确的事。

什么是“正确的事”？ 2014年夏天，面对共和党重掌参议院后，越

---

① Jeffrey Rosen, “Ruth Bader Ginsburg Is an American Hero,” *The New Republic*, September 28, 2014, http://www.newrepublic.com/article/119578/ruth-bader-ginsburg-interview-retirement-feminists-jazzercise.

来越高的让她退休的呼声，让她摒弃了其针对退休这一主题一贯的中立
296 态度。甚至在中期选举前，她在接受 ELLE 杂志采访时问：“鉴于我与奥巴马总统的分歧，你认为他会在这个重要时刻任命谁担任大法官？”“他无法成功任命任何一个我所认可的人。（民主党参议院）通过任命联邦地方法院和巡回法院法官，移除了那些唱反调的人，但最高法院里仍有这样的人。所以如果有人认为我退休了，奥巴马就会任命一个和我相似的人，他们就大错特错了。”[①] 当实用主义的桑德拉·奥康纳法官在 2000 年大选之夜计划退休时，似乎任何一个共和党法官都足以取代她的位置。但理论家鲁斯·巴德·金斯伯格却不同，她不会将她的位置让给任何一个民主党人，她一直在等一个与她志同道合的接班人。

2014 年 11 月 4 日，共和党重新占据了参议院多数席位。

2014 年 11 月 25 日，金斯伯格在私人教练指导下锻炼时，出现了胸部疼痛。第二天，医生在她的动脉中植入了支架。[②] 而仅仅 4 天之后，
297 她又坐在了最高法院那张属于她的法官椅上，听取口头辩论。

---

① Jessica Weisberg, “Supreme Court Justice Ruth Bader Ginsburg: I'm Not Going Anywhere,” *Elle*, October 2014, http://www.elle.com/life-love/society-career/supreme-court-justice-ruth-bader-ginsburg.

② Richard Wolf, “Justice Ginsburg Has Stent Implanted in Heart Procedure,” *USA Today*, November 26, 2014.

第二十章

我们的女英雄

至此，金斯伯格大法官和奥康纳大法官的故事完成了一个大循环。在这个故事的大多数版本中，桑德拉·戴·奥康纳是偶像和变革的文化引擎。作为一名盎格鲁—撒克逊裔乡间俱乐部的共和党人，奥康纳偏好低税收和州权力，她是唯一一位能够担负罗纳德·里根任命女性大法官的仓促承诺，并一路坚持走下去的女性。而在紧要关头，她一直都忠于将她推上这一高位的共和党人。她沉着地演绎了一名标准的稀缺女性大法官，成了完美的第一人。

有了奥康纳这个第一人，她的律政姐妹——金斯伯格，自然在最高法院的工作更为得心应手。奥康纳曾说，自己绝不会成为最后一个女大法官。进入最高法院时，史蒂文斯将奥康纳描述为“麻烦”与自由的融合；后来克林顿总统提名金斯伯格，最高法院再也没有人敢发出类似的声音。

金斯伯格首次进入公众视野时，这名来自布鲁克林的犹太人，聪明的美国公民自由联盟领导人，并不像一位为社会变革代言的候选人。和瑟古德·马歇尔相似，她的贡献更多展现在自己犀利的法律分析和富有远见的策略上，并以此逐步激起社会变革，直到最高法院走远，再也无法回到过去。

就像奥康纳帮助自己立足一样，金斯伯格也让埃琳娜·卡根——这位哈佛法学院的首位女院长、司法部首位女性副部长、最高法院第四位女性大法官，在最高法院工作得更顺利。这名 2011 年被任命，同时也是
298 最高法院最年轻的女性大法官，充分信任金斯伯格这位前辈的职业素养："无论当一名诉讼律师还是法官，她改变了美国反歧视法的面貌。"[①] 随着障碍被解除，卡根不出所料地成了一名传统自由派女性主义者。

然而，一些意料之外的事情发生了。新媒体的出现，让金斯伯格成了一名偶像。领导公民自由联盟之后的半个世纪，金斯伯格佩戴的小框眼镜、对古典音乐的品位、精巧而昂贵的服饰，以及她持久而美满的婚姻、满堂儿孙，看上去都是一副老派的风格，直到她开口讲话。随着最高法院愈加保守化，对渴望在男权主导下获得慰藉的年青一代女性而言，金斯伯格这样一个本来不太可能的盟友完全变成了上天的恩赐。"她依然那么激进！"克尼泽尼克惊呼，"即便时间流逝。"

似乎并不明显，这个故事出现了最后的反转。最高法院开始愈加倒退，人们越来越怀念退休已久的奥康纳法官，尽管她语言缺乏煽动性、分析也十分平淡，似乎远远算不上一个重量级的法律思想家，但回顾她在最高法院时的表现，她简直称得上是上帝赐给法学界的礼物。奥康纳所作出的温和、亲女性的决断，似乎十分保守而笼统，一定程度上保护了当权者（雇主、教育管理者）——她代表了在 20 世纪后期及 21 世纪初势不可挡的保守主义复兴大潮中，走得最远的女性——但从她上任后的第一件女性权利案件，到 2006 年的最后一件，她使得法律对女性更加慷慨，或者至少保留了她们过去已经获取的利益。她让公立大学不再

---

① Adam Liptak, "Kagan Says Her Path to Supreme Court Was Made Smoother by Ginsburg's," *New York Times*, February 10, 2014, http://www.nytimes.com/2014/02/11/us/kagan-says-her-path-to-supreme-court-was-made-smoother-by-ginsburg.html.

被性别所隔离，堕胎不再是当然犯罪，民权法案可以阻止雇主们要挟其雇员到汽车旅馆去谈自己的升职问题。

到现在，这对律政姐妹都成了偶像级人物，当之无愧的女权主义法学灯塔。

让一切都不同

女性法官有什么不同吗？还是女性本身就不同？自类人猿从树上下
地，人类社会关于这个话题的争论从未停息。现代女权主义运动就兴起 299
于反对两性区别对待。在过去，因为基于这些所谓的差异，女性无法担任陪审员，也无法拥有自己的酒吧，无法开业当律师，无法获得平等报酬，更无法参政服务国家。但随着这些障碍开始被打破，基于之前女性长期的从属地位，认为女性本该不同的争议很快又卷土重来。

金斯伯格承认，自己总是在“回避”这一问题。她所持的自由主义原则，已经足以支撑她所作出的各项决断。但在《哈佛法律评论》的编辑看来，从 1969 年左右的平等保护主体，到多年后的萨万娜·雷丁校园搜身案，当所谓自由主义的男性对女性的存在视而不见时，金斯伯格一直在那里为她们代言。

而奥康纳则毫不避讳地表示，虽然她仍然坚持了自己的观点，但与其他法官在案件裁决中的分歧还是让她感到不悦。对男性和女性而言，法律是相同的，奥康纳法官在道德观上与同事们也没有明显不同。她所拥有的是一个女人所特有的生活经历。在自己职业生涯的起步阶段，她曾经在完全没有薪水的情况下工作，为的就是从事法律职业。因此，在刚担任最高法院大法官后，在负责撰写判决的密西西比护理学院案中，她就敏锐地发现几乎全是女性的这个护理职业，从未提出过高工资要求。

后来一家阔气的律所给她提供了一份秘书工作。多年之后，她选择立即受理一起涉及被金 & 斯伯丁律所拒绝的涉及女性案件，而非等待下级法院的分歧裁决。当社会主流观点还与之对立时，奥康纳就已经是一名经历丰富的女法律人了。在她的法律职业生涯中，在女性问题上所撰写的意见，到目前为止与其他法律职业者比起来，是最带有自由主义色彩的，与里根任命的其他大法官——斯卡利亚和肯尼迪相比，她的观点更为自由化。

智慧的拉美裔女人

终有一天，有人会承认这一有目共睹的事实。曾经的巡回法院法官——索尼娅·索托马约尔，一名波多黎各移民的女儿，她在 2011 年的
300 演讲中说："我希望，对于作出一个更好判决而言，一名智慧的、拥有丰富经验的波多黎各女人，比一名从未有过相关生活体验的白人男性更具优势。"[1] 批评者在其确认听证上用她的这一表态来攻击她，直到最后她收回这一言论，并称其为"完全达不到效果的华丽辞藻"。[2]

虽然索托马约尔大法官收回了其言论，但她很快就表现出了她所寻求的那种改变。在进入最高法院四年后，她的经历被写成故事，特别是作为一个贫穷的波多黎各移民后裔在布朗克斯的成长经历。这本书成了

---

① Sonia Sotomayor, "A Latina Judge's Voice" (2001), *New York Times*, May 14, 2009, http://www.nytimes.com/2009/05/15/us/politics/15judge.text.html?pagewanted=all&_r=0.

② Robert Barnes and Paul Kane, "Sotomayor Repudiates 'Wise Latina' Comment," *Washington Post*, July 15, 2009, http://www.boston.com/news/nation/washington/articles/2009/07/15/sotomayor_backs_off_wise_latina_quote/.

畅销书，索托马约尔成了一个真正的名人。2014 年，她写下了一篇慷慨激昂的长篇异议，用来针对其白人同事，约翰·罗伯茨所作的允许各州禁止平权行动的判决。这位智慧的拉美裔法官，这样解释如何作出与那位白人男性不同的判决：“年轻女性说起自己的老家，结果被人追问道：‘不会吧，你到底是哪里人？’，这时种族在她的自我感觉中就成了件事，不论她家在多少辈前就已经在这个国家生活了。”她写道：“年轻人遇上陌生人用外语跟他说话，而他听不懂，因为他在家只说英语，这时种族就成了件事。”①

索托马约尔的任命受到争议时，一名采访者问金斯伯格，如果更多的女性进入最高法院，涉歧视案件的结果是否会有所不同。金斯伯格给出了答案：“多数情况下应该是这样的，但我还是保持怀疑，因为女性深受自己经历的影响。”② 301

---

① Adam Liptak, “Sotomayor Finds Her Voice Among Justices,” *New York Times*, May 6, 2014, http://www.nytimes.com/2014/05/07/us/politics/sotomayor-finds-her-voice-among-the-justices.html?smid=pl-share&_r=0.

② Debra Cassens Weiss, “Ginsburg Defends Sotomayor, Calls ‘Wise Latina’ Flap Ridiculous,” *ABA Journal*, July 9, 2009, http://www.abajournal.com/news/article/ginsburg_defends_sotomayor_calls_wise_latina_flap_ridiculous.

致谢

大卫·库恩（David Kuhn），你拯救了我的生活。感谢贝基·韦伦（Becky Sweren）、杰西·博尔坎（Jessie Borkan）以及库恩项目的所有人。再次感谢最优秀的编辑和我最亲爱的朋友，哈珀·柯林斯（Harper Collins）出版社的盖·温斯顿（Gail Winston），以及出版社的其他人——乔纳森·伯纳姆（Jonathan Burnham）和艾米莉·坎宁安（Emily Cunningham）。还要感谢本书的创意者莎拉·布莱斯坦恩（Sarah Blustain）。感谢斯蒂芬·瓦格利（Stephen Wagley）再一次雪中送炭，为本书的引文建言献策。感谢杰西卡·安妮·格雷斯科（Jessica Anne Gresko）和罗伯特·怀塔特（Robert Wyatt）提供学术方面的帮助。没有伟大的林恩·赫克特·沙弗兰（Lynn Hecht Schafran）鼎力相助以及芝加哥大学杰弗里·斯通（Geoffrey Stone）提供的资讯和启发，没人能写出关于女性和审判的文章。感谢所有公开或私下访谈的员工，我从未遇见过如此聪颖的访谈对象。感谢和我一起散步的洛雷塔·麦卡锡（Loretta McCarthy）、吉尔·法伯（Jill Faber）和格洛西亚·费尔特（Gloria Feldt），感谢他们的耐心倾听和力所能及帮助。我在菲尼克斯的好友保罗·埃克斯坦（Paul Eckstein）人脉宽广。感谢华盛顿和李大学的安（Ann）以及肯特·马西（Kent Massie）为我提供食宿，并且包容我。我从鲍威尔（Powell）档案馆的约翰·雅各布斯（John Jacobs）那里得到了难以置信的帮助。因为朋友们的帮助，我才能走到今天。感谢我的律师女儿莎拉·夏皮罗（Sarah Shapiro）提醒我新一代女性已经来到最高法院，使本书顺利收尾。

译后记：异议的漂流瓶

这本书的原名叫 *Sisters in Law*，是个双关语（pun），大家体会一下主人公奥康纳和金斯伯格的关系，就会觉得这个书名起得非常切题。但中文版无法表达这个意思，最终放弃了诸如《律政姐妹》《最高法院姊妹花》《绝代双骄》等标题。主要是有损友说这样的名字土里土气，会影响大家的阅读兴致。

我本来是抱着翻译两个伟大女性，尤其是我的偶像金斯伯格八卦（比如，2010 年金斯伯格所填的财产申报表高达 4500 万美元，差 1000 万就“将近一亿”了啊！是标准的大富婆——这完全可以满足她老人家购鞋的爱好）的初心接下了工作。翻译开始了才发现是一本记录美国性别平权运动的百科全书，既写实又严肃，读者一定会随着书中情节的起伏产生共鸣——对译者而言，这个意思就是翻译中出现许多彼时历史、文化、社会和法律名词，非常困难。

说实话，我本对性别研究完全不感兴趣——或者说我之前觉得中国还没到探讨那一步的时候。但阅毕本书，才发觉自己的想法非常肤浅：美国七十多年来性别平权运动的画卷在面前徐徐展开，与社会文明其他重要进程相比，这并不是先后，而是并进的过程——虽然一样的坎坷。

1981年7月，里根总统践行竞选诺言，提名了美国历史上第一位女性联邦最高法院大法官，名不见经传的奥康纳。这对于我们现在顶多是一句历史白描，可在当年是石破天惊之举——在那60年前，美国女性刚刚获得了选举权。

笔者有一次在位于费城的国家宪法中心参观，展览的几乎最后，放的是那幅经典的"奥康纳大法官宣誓就职照"，可上面的说明却是"权利平等"——可能展览的设计者们也认为，奥康纳的一小步，是平权运动的一大步吧。

就金斯伯格而言，这个出生在纽约布鲁克林的小个子女人，人生堪称完美。黄金履历、常春藤哥大第一位终身教职女性教授、家庭幸福美满，诸如此类。

我更想提醒各位的是，这本书中后半部分描绘的，金斯伯格近十年来，面对最高法院的保守化趋势，一反旧式常态，打破沉默，屡屡公开宣读异议意见，甚至求助媒体，公开呼吁，成为新世纪网红，封号"声名狼藉金斯伯格"。

我摘录几句书中描绘：

> 针对最高法院的判决，金斯伯格不仅宣读了她的异议，还与自己的新同事针锋相对。她在宣读异议开场时就说"阿利托法官宣称……"。
>
> 当法院被占据多数的保守派所牢牢把持时，公众对于对这个激进主义的小老太婆爆发性的支持成了一项政治事件，即便她在2013年几乎输掉了所有她关注的争议案件。

现在是2013年6月，金斯伯格把她的异议装入漂流瓶中，以待未来的法院接受。

每每读到这里，看到已届耄耋的老太太某种堂吉诃德式的奋斗，实在感慨。说实话，我都不太清楚这本书出版的时候或者说出版后多久金斯伯格就会宣布退休。但那并不重要，美国最高法院以及世界性别平权运动的历史中会留下她浓墨重彩的一笔。

书中提到，金斯伯格在将近 40 年前的时候，曾经入选美国律师协会前往中国的十一人代表团，那时在她脑中，中国还是一个“人口无数却没有律师的国家”。那次出行对促进中美法律交流很有意义，对她获得高级联邦法院职位也至关重要。现在是 2017 年了，中国律师已经突破了 30 万，无论如何都是一种巨大的进步。从这个意义上讲，老太太也是中国律师事业进步的见证者。

再说一下本书中文版序言的作者，中国社会科学院中国社会科学杂志社孟宪范编审。

这个世上总会有几个人的要求你会照单全收，无法拒绝。孟宪范老师于我，就是这样的人。我 2007 年年底进入中国社会科学杂志社任法学编辑的时候，孟老其实已经退休多年，我们真正熟络起来，是在 2008 年汶川大地震后的志愿行动热潮之时。那时北京师范大学社会发展与公共政策学院时任院长张秀兰老师受民政部委托，承担了诸多智力支持的任务，其中有一项就是灾区同时也是疫区的尸体处理工作如何进行。当时我们国家尚无这方面成熟经验，于是她们嘱我翻译联合国关于地震灾后工作手册的相关部分。

孟老师和张老师都是热血质的人，意思就是说干就干，不喜欢讨价还价。也不管时间多紧，手册多厚，我是不是这个专业背景的，反正任务是给你了。犹记得当时和几个校友还真就在一周之内大致翻译了出来，其部分内容被日后民政部的《“5·12”地震遇难人员遗体处理意见》所采纳。当时成就感满满。

孟老师和张老师作为女性，都是在各自领域威名赫赫的前辈，这次请孟老作序，就其厚重丰富的人生阅历，回望共和国女性权利之路，也是不二人选。

另外再回应一下孟老在序言中所说的，欢迎我加入女权主义研究队伍之说——那可真是一场华丽的误会。我只不过因为是金斯伯格老奶奶的脑残粉，合计着粉丝中要出个行动党，就接受我的好友刘峰编辑和胡艺编辑的委托，应承了下来，想把她老人家光辉灿烂的一生译介给更多朋友，仅此而已。

前文已经说了，翻译上手之时，才知道这既是一本上乘的人物传记——尤其将两位女性经历穿插进行，有许多令人拍案叫绝之处——但更是一本描绘美国自 20 世纪中叶以降，波澜壮阔的女权主义记录范本。大大超出法学范畴，是写给天下女性和关心女性人士的《陈情表》——后悔已经来不及了。

谈起女性主义、女权运动，有种感觉是来美国访学快半年之后才有的：他们所说女权、种族主义、堕胎、持枪、爱国主义（及美国人对南北战争的看法）以及同志婚姻，和我们所说的不是一回事儿。或者说美国人之所以这么在乎这些的原因、谈起来就是“兹事体大”，动不动就上街游行的原因还不仅仅是我们通常理解的社会进步、权利保障之类的，而是文化的、哲学（人生观）的，具体我很难用语言描述出来，到美国相对长时间感受下才能明白。这个体悟我是看多了诸如布朗诉教育委员会——前两天我还特意去了一趟托皮卡的案件发生地，以及焚烧国旗案之类的判决，开车沿着美国东海岸一路从北往南地参观各种独立战争、南北战争纪念场所，以及自己翻译了这本书之后才生发出的。

有兴趣的朋友可以搜索一下已被封神的艾瑞莎·富兰克林（Aretha Franklin）老奶奶 2015 年年底在肯尼迪中心高歌的那首《宁为女人》（*A*

Natural Woman）。这首歌被誉为20世纪六七十年代以降最伟大的女权主义之歌，如黄钟、似号角。老太太在第二次副歌部分唱激动了把她标志性的裘皮大衣一脱，简直太酷了。看看在场的奥巴马总统及其夫人，以及刚刚获得奥斯卡最佳女配角的奥维拉·戴维斯（Viola Davis）等一众大咖的反应就知道了。我们中国人很难理解。

无比真诚地致谢：以下贤达对这本译稿的最终成型提供了实质性帮助。

我的挚友们，包括原同寝、现四川省检察院研究室符尔加博士，世泽律所学妹潘凌，徐艳及昌平法院董闻昕贤伉俪，北京体育大学童蕴芝同志；我心目中英文天下第一好的中国社会科学杂志社前同事、现中央戏曲学院教授黄觉大师，当了准妈妈还被我折磨看稿子的北京外国语大学法学院杨天娲博士（她说她怀着宝宝看这本满眼堕胎争议的书特别有感慨），身在NYC的APP达人许海芝女士，我的老同学饶茂华法官，会用微信发朋友圈的美国友人龙大瑞（Darius）；以及我的学生刘欢、张东莹、郑唯辰、周诗瑶、林润权、吴泽康、理锦田。

其实我知道你们已经快被平日里我一惊一乍的问题和要求烦死了，但我就当没看出来。或者说，站在推进21世纪中国性别权利进一步升华的伟大历史使命角度看待我折磨你们这个微观问题，是不是生活就充满节奏感了？

翻译特别烧脑，被一个词（主要是那种非母语环境下无法理解的“小”单词）为难个半小时很常见，翻译过类似著作的人就会知道。

在这里我想特别感谢一下康奈尔大学法学院Robert D. Ziff讲席教授凯文·克莱蒙特（Kevin M. Clermont）——虽然他看不懂我在这里用中文感谢他。以及他的“Protégée”（意指“女门徒”，本书第一章也曾反复出现这个单词；凯文教授在我来到法学院后让我学的第一个新单词），我同在康大访学的同事，北京大学法学院袁琳博士。我叫凯文教授“老开”，好在他也听不懂。老先生不用手机，但给我感觉永远坐在电脑前，什么时候我发去邮件问其实和他没有任何关系的译稿问题，基本5分钟之内答疑解惑。说实话这本书我到最后一遍校对时，成天面对的是诸如什么叫“they took her lunch”（答案在本书第17章第1节最后一段——“他们利用了她”；老开告诉我这是“took advantage of her, fooled her”的意思；类似的还有很多），我真已经有点儿要崩溃了，甚至开始理解为什么有些译著当我对照原文时发现经常跳过一些句、词不译。

这本书我前后看了八九遍，有的章节甚至更多；前后将近两年的时间，所有桥段我几乎都已背下。现有评价体系中，译著大多啥也不算，坦白讲，单从功利角度投入这么多精力并不值得。为什么还要干，那就是因为兴趣了——因为兴趣而做某事，是特别好的事情；拥有因为没兴趣而不做的权利，那更加重要，同志们一起努力。

读完这本书，一个有意思的发现是，区别于同类传记，其中出现的每一位传说中的大法官都变成了平凡人：车子抛锚就在路边直接方便、投票前后摇摆耍心机、试图利用敏感案件影响大选、罹患癌症放声痛哭，诸如此类——在这些日常的基础上，作者用将主人公们“双线交织”的方法，细腻描绘两位女大法官筚路蓝缕，为平权运动拼搏一生的点点滴滴，实在令人唏嘘感佩。

对于书中所反映的两位女性大法官的人生，我最大的感受是：奥康纳是一个五线谱上的渐弱符，而金斯伯格是渐强符——这绝不是断言她们各自人生的精彩度或者影响力之类，而主要是说她们因循各自所处环境不同，使得类似“行为处事方法”发生的巨大改变。比如，书中提及奥康纳到达即将退休的后期时，已经充分感受到了最高法院不断保守化的强烈倾向，这位本属共和党的“奥康纳法院首席大法官”的应激反应是不断将手中握有的关键票投给自由派，透露出的所谓政治光谱不断向中甚至向左倾斜。无奈这一切都随着她丈夫罹患重病而戛然终止，史上第一位联邦最高法院女性大法官在75岁时宣布退休了。

而金斯伯格刚好相反——也许与其早年间律师出身相关，她在入职联邦最高法院的前15年左右时间里，虽然政治立场明确左派，但个人言行非常低调谦和。而近些年来，如前文所述，书中描述她“2013年几乎没有一场胜利”（就是说，因为最高法院中右派已经占了上风，老太太在诸多争议性案件中几乎永远是异议者），这使得金斯伯格几乎换了一个人，接受媒体采访、甘当网红，甚至痛骂特朗普而后不得不出面道歉，等等。她甚至还以联邦最高法院现任联席大法官的身份主持同志婚姻来站队表态——何止强势，简直彪悍。

我想提醒各位读者朋友的是，虽然这本书着重强调的是金斯伯格作为女权推动者的一面，但她同时更是一位自由价值的捍卫者。她经常提醒我们的是：“总有勇敢的律师……站出来保护人民。并且告诉立法者，这个国家之所以伟大，是因为我们尊重每个人思想自由、言论自由和出版自由的权利，而不是有一个老大哥似的政府在那里指手画脚，告诉他们什么是正确的思考方式。”

这样做的后果就是，金斯伯格成了大众偶像、文化名人、标准网红：大热美剧《逍遥法外》（How To Get Away With A Murder）里几个主人公对话中就有提到，是不是也想成为“R.B.G”（金斯伯格的姓名首字母缩写）。

PS，最后让我们谈谈爱情。个人认为，这本书的华彩部分在第18章。那里写到了和金斯伯格相濡以沫56年的马丁去世。这本书描述历史长达80多年，出现人物众多，我独爱马丁·金斯伯格。如书中所言，这位“最高法院首席大厨”是金斯伯格大法官不算秘密的秘密武器。读者可以看到，几乎在金斯伯格命运的所有转捩时刻，都有马丁一路保驾护航。要知道，他本人其实也系出名门、事业成功，却甘愿永远站在妻子身后。

在丈夫去世后的24小时，金斯伯格大法官就又坐在了审判席上，她说，因为“这是马丁给我的工作”。这让我想到最近流行的一句话：当爱上一个人的时候，你就有了软肋，同样也拥有了铠甲。

一个细节是，1950年，金斯伯格以班级第六的成绩中学毕业，随后来了康奈尔大学（之后以班级第一的身份成功申请哈佛法学院J.D.）。当时，只有两所常春藤名校接受男女同校，康奈尔是其中之一，可以说是性别平权运动的先锋学校了（最后一所是达特茅斯学院，1972年接受男女同校）。

我现在就坐在康奈尔大学法学院辉煌、壮观、盛大、隆重——愿意使用一切类似词语形容的——哥特式图书馆里，在我长久霸占的一个位置上收尾这本卓越的平权著作，这是冥冥之中的缘分吗？

译得战战兢兢，希望看时高高兴兴。

郭烁

2017年5月19日于康奈尔大学法学院图书馆

北京市版权局出版外国图书合同登记号　图字：01-2016-3255 号

图书在版编目（CIP）数据

温柔的正义：美国最高法院大法官奥康纳和金斯伯格如何改变世界 /（美）琳达·赫什曼（Linda Hirshman）著；郭烁译．—北京：中国法制出版社，2018.2 (2021.3重印)
书名原文：Sisters in law:how Sandra Day O'Connor and Ruth Bader Ginsburg went to the Supreme Court and changed the world
ISBN 978-7-5093-9109-9

Ⅰ．①温…　Ⅱ．①琳… ②郭…　Ⅲ．①最高法院－法官－司法制度－研究－美国　Ⅳ．① D971.262

中国版本图书馆 CIP 数据核字（2017）第 293180 号

责任编辑 / 胡　艺（ngaihu@gmail.com）　周熔希　　　封面设计 / 蒋　怡

温柔的正义
WENROU DE ZHENGYI

著 者 / ［美］琳达·赫什曼
译 者 / 郭　烁
经 销 / 新华书店
印 刷 / 北京虎彩文化传播有限公司
开 本 / 880 毫米 ×1230 毫米　32 开
印 张 / 12.75
字 数 / 398 千

版 次：2018 年 2 月第 1 版 / 2021 年 3 月第 4 次印刷
书 号：ISBN 978-7-5093-9109-9　　　定 价：58.00 元

北京西单横二条 2 号
邮政编码：100031　　　传　真：010-66031119
网　址：http://www.zgfzs.com　　　编辑部电话：010-66034985
市场营销部电话：010-66033393　　　邮购部电话：010-66033288

（如有印装质量问题，请与本社编务印务管理部联系调换。电话：010-66032926）